KB160154

최신판

大學·中庸集註

成百曉 譯註

한국인문고전연구소

차례

附錄

간행사

《論語》와 《孟子》, 《大學》과 《中庸》은 儒家의 대표 경전으로 四子, 또는 四書라 칭하는바, 東洋思想의 꽃이라 할 것이다. 그러나 四書는 대부분 先秦時代의 古文으로 내용이 간략하고 뜻이 깊어 알기 어려운 것이 사실이다. 이에 따라 여러 주석서가 나오게 되었는데, 그 중에도 朱子의 集註는 어느 주석보다도 알기 쉽게 풀이되었으며, 조선조에서는 程朱學을 절대 신봉한 관계로 朱子의 集註를 금과옥조로 여겼기 때문에 우리 선조들의 사상과 문헌을 제대로 알려면 四書集註를 보지 않으면 안 된다.

本人은 뒤늦게 先祖들의 思想과 文化에 관심을 가지고 15여 년 전 《논어》를 독학하기로 결심하였다. 그리하여 근 10여 종의 《논어》 번역서와 《논어집주》를 구입하여 읽어 보았으나, 漢文의 기본 소양이 부족한 본인으로서는 몇 번을 읽어봐도 도무지 이해가 되지 않았다. 게다가 각 본마다 해석이 달라 오히려 혼란을 가중시켰다. 그러다가 전통문화연구회에서 간행한 成百曉 선생의 현토완역본 《논어집주》를 접하게 되었다. 그때의 심정을 표현한다면 어두운 밤거리에서 헤매다가 촛불을 얻은 느낌이라고나 할까. 솔직히 꿈 속에서 깨어난 듯한 기분이었다.

이 《논어집주》가 인연이 되어 성백효 선생을 알게 되었고 경전 강독을 시작하였으며 동지들과 사단법인 해동경사연구소를 설립하였다. 그리하여 지금은 연구소에서 《周易傳義》 강독을 끝마치고 《古文眞寶 後集》을 공부하고 있으며, 전통문화연구회에도 理事로 재임하고 있다.

해동경사연구소를 설립한 목적은 선생의 思惟가 담긴 四書集註와 三經集傳을 재

번역하기 위한 것이었다. 그리하여 성백효 선생은 2013년에 《附按說 論語集註》를, 2014년에 《附按說 孟子集註》를, 2016년에 《附按說 大學·中庸集註》를 차례로 출간하였으며, 이제 이것을 근간으로 하여 學生들의 教材用으로 最新版 四書集註를 간행하게 되었다. 옛 本에 비하여 역주와 字訓이 대폭 보완되었는바, 문자 그대로 최신판이라 하겠다. 同學들의 많은 이용이 있기를 바라마지 않는다.

우리 海東經史研究所에서는 성백효 선생이 좀 더 노쇠하기 전에 四書集註를 육성으로 녹음하여 初學者들이 이용할 수 있도록 준비하고 있으며, 새로운 《古文眞寶 後集》을 출간하기 위해 교정중임을 함께 밝히는 바이다. 이로써 東洋學에 뜻을 둔 젊은 이들이 더욱 열심히 공부하여 우리 선조들의 훌륭한 사상과 정신을 계속해 이어가기를 간절히 바라는 바이다.

2017년 12월
사단법인 해동경사연구소
이사장 權五春

최신판 《大學·中庸集註》를 내면서

本書는 《大學》·《中庸》과 이에 대한 朱子의 章句에 懸吐하고 國譯하여 合本한 것이다. 원래 《大學》은 《禮記》 49篇中 42번째로, 《中庸》은 31번째로 들어 있었다. 그러나 이 두 篇은 儒教의 重要經典으로 인식된 결과, 일찍부터 단행본으로 만들어졌다. 특히 《中庸》은 漢代부터 중시되어, 司馬遷의 《史記》〈孔子世家〉에는 이를 孔子의 孫인 子思의 所作이라 하였으며, 《漢書》〈藝文志〉에는 《中庸說》 2卷이 소개되고 있다. 《大學》에 관해서는 宋代에 司馬光이 《大學廣義》를 지은데 이어 程明道·程伊川이 이를 表章함으로써 儒家正統의 經典으로 위치를 굳히게 되었다.

이들 두 책의 注解로는 《禮記》에 들어있는 鄭玄의 注와 孔穎達의 疏가 가장 오래된 것이다. 이밖에도 程伊川의 《中庸解》가 있으며, 그 門人들의 注解가 많은데, 朱子는 諸家의 說을 綜合, 절충하여 《大學章句》와 《中庸章句》를 짓고, 《大學》·《中庸》을 《論語》·《孟子》와 함께 四書로 竝稱하여 儒教經典의 代表로 推崇하였다.

朱子는 "《大學》을 經文과 傳文으로 나누고, 經文 1章은 孔子의 말씀을 曾子가 記述한 것이며, 傳文 10章은 曾子의 뜻을 그 門人들이 기록한 것이다." 하였다. 그리고 "曾子의 門人中에는 子思가 道統을 傳했다." 하여, 子思가 《大學》의 대부분을 記述하였을 것이라고 추측하였다. 程子(明道·伊川) 역시 "《大學》은 孔氏의 遺書이다." 하였는데, 이 또한 그러한 脈絡에서 말씀한 것이다.

더욱이 朱子는 "《大學》은 옛날 太學에서 사람을 가르치던 法이다." 하여, 明明德·新民·止於至善을 三綱領, 格物·致知·誠意·正心·修身·齊家·治國·平天下를 八條目이라 하여, 君上의 修己治人之術을 밝힌 政治書로 重視하였다. 또한 古本大學은 篇次가 뒤바뀌고 빠진 부분이 있다는 程子의 말씀에 근거하여, 그 篇次를 다시 정하고, 새로이 格物致知章을 지어 넣기도 하였다.

《中庸》에 대하여는 《論語》〈堯曰〉의 '允執其中'과 《書經》〈大禹謨〉의 '人心惟危 道心惟微 惟精惟一 允執厥中'을 《中庸》의 由來로 보고, 이를 子思가 堯舜以來로 전해 온 道統의 淵源을 밝힌 글이라 하였다.

明代에 이르러 王陽明이 古本大學의 正統性을 강조하였고, 清代의 考證學者들이 이를 受容하여, '朱子가 聖經을 어지럽혔다.'는 批判을 가하였다. 우리나라의 茶山 丁若鏞도 《大學公議》를 지어 古本大學의 타당성을 주장하였다. 《中庸》의 경우에도 朱子가 道統의 心法이라고 引據한 〈大禹謨〉의 내용이 僞古文尙書의 것이어서 信憑性이 없다는 說이 유행하기도 하였다.

그러나 우리나라에서는 대부분의 學者들이 朱子의 四書集註를 絶對信奉하였으며, 이것이 朝鮮朝 性理學의 根幹을 이루고 있음은 그 누구도 否認하지 못할 것이다. 뿐만 아니라 《大學》의 三綱領, 八條目은 學問과 政治의 필수적 主題가 되었으며, 《中庸》의 道統說 역시 우리의 思想에 깊이 뿌리박고 있음을 쉽게 찾아볼 수 있다.

本人은 다년간 四書講讀 指導를 통하여 初學者들이 學習에 利用할 수 있는 四書譯刊本이 필요함을 痛感하고, 이에 관한 작업을 계속하여 왔다. 그 결과 전통문화연구회에서 四書集註와 改正增補版을 내었고, 다시 한국인문고전연구소에서 부안설 四書集註(2013년 論語, 2014년 孟子, 2016년 大學·中庸)를 차례로 간행하였으며, 이를 바탕으로 하여 최신판 四書集註를 계획, 이제 《論語集註》와 《孟子集註》, 그리고 《大學·中庸集註》를 끝마침으로써 네 번에 걸친 四書集註의 大長征이 끝나게 되었다. 또한 독자들의 참고를 위해 栗谷의 《大學·中庸諺解》와 艮齋(田愚)의 《中庸諺解》를 뒤에 붙였다.

본인은 本書를 譯刊함에 있어 매번 특별히 깊은 感懷를 억누를 길이 없다. 일찍이 가정에서 四書와 詩·書를 섭렵하고, 18세 때인 1962년 봄 益山에 가서 月谷 黃璟淵 先生의 門下에서 受學하게 되었다. 이때 先生은 躐等의 病弊를 深懲하여 《大學》을 2년 가까이 再讀시켰으며, 《中庸》을 敎誨하시던 중 宿患으로 別世하시어, 애석하게도 《中庸》을 끝마치지 못하고 말았다. 그러나 본인은 이 시절의 修學을 계기로 體系化된 性理學의 대강을 다소나마 눈뜨게 되었다.

오로지 漢學者를 만들어 우리의 傳統文化를 계승시키겠다는 일념으로 世人의 嘲笑와 挽留를 不顧하고 負笈從師시키신 先親과 才誠이 不足한 本人을 정성껏 引導해주신 先師의 深恩에 다시 한번 옷깃여며 敬意를 표한다.

人文學의 고사위기를 맞은 이때 부안설 四書集註와 最新版 四書集註 完譯을 위하여 心血을 기울이신 한국인문고전연구소의 조옥임 대표와 권희준 사장께 깊이 감사드린다.

西曆 2017년 丁酉年 孟冬에 昌山 成百曉는 洌上의 觀一軒에서 삼가 쓰다

凡例

1. 本書는 한문문리습득을 위한 자습서나 강독 교재로 활용할 수 있도록 만든 책으로, 이를 위하여 모든 원문에 懸吐하고 原義에 충실하게 번역하였다. 또 각주에 설명을 첨가하여 《大學章句》와 《中庸章句》를 이해하고 연구하는 데 도움이 되도록 하였다.
2. 本書는 內閣本(學民文化社 影印本 2003)을 國譯底本으로 하고, 中國 中華書局의 《四書章句集注》와 日本의 漢文大系本 등을 교감에 참고하였다.
3. 모든 원문에 懸吐하되, 經文의 吐는 官本諺解를 위주로 하고 栗谷과 艮齋(田愚)의 四書諺解를 참고하였다. 다만 필요에 따라 調整하였으며, 章句의 吐는 艮齋의 懸吐를 따랐으나 句法이 맞지 않는 것은 역주자가 새로이 현토하였다. 《大學》, 《中庸》에 대한 栗谷의 諺解와 艮齋의 《中庸諺解》를 뒤에 附錄으로 실어 참고하게 하였다.
4. 번역은 原義에 충실하게 하여 문리습득과 원전강독에 도움이 되도록 하였으며, 필요한 경우 원문에 없는 내용을 〈 〉 안에 보충하였다.
5. 음이 두 개 이상인 글자와 訓音이 어려운 글자는 ( ) 안에 한글로 음을 표기하였다.
6. 원문의 글자 중 난해한 것은 字義와 음을 하단에 실었다.
7. 각 章에 제목을 붙여 내용을 알기 쉽게 하였는바, 제목은 《朱子語類》와 壺山 朴文鎬의 《大學章句詳說》과 《中庸章句詳說》을 참고하였으며, 章과 節에 일련번호를 달아 讀者들의 편리를 도모하였다.
8. 章句는 별도로 표기하지 않았으며, 章下註는 그 앞에 ⊙표시를 하였다.
9. 章句에서 程明道(程顥)와 程伊川(程頤)를 구분하지 않고 程子曰이라고 표기하였는데, 臺灣 學生書局의 《朱子四書集註典據考》에 의거하고 《大學章句詳說》과 《中庸章句詳說》을 참고하여 ( ) 안에 號(明道/伊川)를 써주었다. 그 외 尹氏, 謝氏 등 성씨만 밝힌 경우에도 ( ) 안에 이름을 써주었다.
10. 經文의 내용을 해설하거나 經文 해석의 異說, 章句에 대한 해설이나 出典 등은 각주로 자세하게 실었다.
11. 經文의 번역은 章句를 따랐으며, 經文과 章句를 번역하고 해설함에 있어 《朱子大全》, 《四書或問》, 《朱子語類》, 《四書集註大全》 및 艮齋(田愚)의 《大學記疑》·《中庸記疑》, 壺山(朴文鎬)의 《大學章句詳說》·《中庸章句詳說》, 官本諺解 및 栗谷諺解 등을 참고하였다. 그 외에 鄭玄·孔穎達의 《禮記正義》, 茶山(丁若鏞)의 《大學公議》·《中庸自箴》 등의 해석을 章句와 비교하고 소개하였다.
12. 人名은 성씨나 字·號로 표기되어 있는 경우, ( ) 안에 이름을 써주었다. 다만 茶山, 艮齋, 壺山은 자주 언급되므로 이름을 병기하지 않았다.
13. 書名은 完稱을 기본으로 하되, 몇 가지는 略稱으로 표기하였는바, 다음과 같다.
    《朱子語類》→《語類》　　《四書或問》→《或問》
    《四書集註大全》→《大全》　　《大學公議》→《公議》
    《中庸自箴》→《自箴》
14. 艮齋의 《大學記疑》·《中庸記疑》와 壺山의 《大學章句詳說》·《中庸章句詳說》 등은 책명을 일일이 표기하지 않고 《記疑》·《詳說》이라고 표기하였는바, 《大學》과 《中庸》에 따라 나누어 보아야 하며, 壺山이 인용한 《朱子大全》, 《四書或問》, 《朱子語類》, 《四書集註大全》의 내용을 재인용한 경우 《詳說》로 書名을 기재하였다.
15. 本書에 사용된 부호는 다음과 같다.
    《 》: 書名　　〈 〉: 篇章節名, 작품명, 원문 보충자, 보충역
    〔 〕: 원문 병기　　( ): 한자의 음, 통용자, 간단한 주석, 衍文
    【 】: 原註(誤字)〔正字〕: 교감표기

大學集註

大學章句[1]序

1. 大學之書는 **古之大(太)學**에 **所以教人之法也**라[2]

《大學》의 책은 옛날 太學에서 사람을 가르치던 법이다.

2-1. 蓋自天降生民으로 **則既莫不與之以仁義禮智之性矣**언마는 **然**이나 **其氣質之稟**이 **或不能齊**[3]라 **是以**로 **不能皆有以知其性之所有而全之也**라 **一有聰明睿智能盡其性者 出於其間**이면 **則天必命之**하사 **以爲**

---

1 〔詳說〕 章句 : 살펴보건대, 章句는 《中庸》과 《大學》을 해석한 註의 명칭이니, 《論語》·《孟子》의 註를 《集註》라고 이름한 것과 똑같은바, 이 한 편에 나아가서 章을 나누고 句를 해석하고 註를 그 사이에 붙이고, 인하여 章句로써 그 註를 이름한 것이다.〔按章句 庸學之註名 與論孟註之名集註者同 蓋就此一篇 分其章 析其句 著註於其間 而仍以章句 名其註〕

2 〔詳說〕 이상은 제1節이다.〔此爲第一節〕 ○ '古之大學 所以教人之法也' 이 두 句는 총괄하여 제기해서 일으켰으니, 〈中庸章句序〉 첫머리의 두 句[1)]와 똑같다.〔此二句總提而起之 與中庸序首二句同〕

譯註 1. 〈中庸章句序〉……두 句 : "《中庸》은 어찌하여 지었는가? 子思子가 道學의 전통을 잃을까 우려하여 지으신 것이다.〔中庸何爲而作也 子思子憂道學之失其傳而作也〕" 한 것을 가리킨다.

譯註 艮齋는 《記疑》에서 "陳氏(陳櫟)는 〈大學章句序〉를 여섯 節로 나누었고 許氏(許謙)는 세 節로 나누었고 蔡氏(蔡淸)와 汪氏(汪份)는 네 節로 나누었고 屛溪(尹鳳九)와 老洲(吳熙常)는 여섯 節로 나누었는데 그 단락이 또 각각 똑같지 않으니, 굳이 세세하게 節을 나눌 필요가 없을 듯하다.〔陳氏以序文分六節 許氏分三節 蔡氏汪氏分四節 屛溪老洲分六節 而其段落又各不同 恐不必屑屑分節〕" 하였다. 그러나 壺山은 여섯 節로 나누고 이를 자세히 설명하였는바, 〈大學章句序〉와 〈中庸章句序〉를 모두 壺山의 說을 따라 예전의 分節을 바꾸었음을 밝혀 둔다.

3 〔詳說〕 其氣質之稟 或不能齊 : 退溪(李滉)가 말씀하였다. "呼吸과 운동은 氣이고, 耳目과 형체는 質이니, 氣는 陽이고 質은 陰이다.〔呼吸運動 氣也 耳目形體 質也 氣陽而質陰也〕" ○ '或'자는 생각해 볼 점이 있다.〔或字有商量〕 ○ 物欲을 언급하지 않은 것은 氣稟이 충분히 物欲을 포함할 수 있기 때문이다. 氣稟이 淸한 자는 物欲에 가려지지 않고, 氣稟이 濁한 자는 物欲에 가려지는 바가 되는 것이다.〔不及物欲者 氣稟足以該物欲也 蓋稟淸者 不蔽於物欲 稟濁者 爲物欲所蔽耳〕

··· 降 내릴 강 與 줄 여 稟 받을 품 齊 가지런할 제 聰 귀밝을 총 睿 밝을 예

億兆之君師하여 **使之治而敎之**하여 **以復其性**[4]케하시니 **此**는 **伏羲, 神農, 黃帝, 堯, 舜 所以繼天立極**이요 **而司徒之職**과 **典樂之官**을 **所由設也**라

하늘이 生民(사람)을 내림으로부터 이미 仁, 義, 禮, 智의 性을 賦與하지 않음이 없건마는 그 氣質을 받은 것이 혹 똑같지 못하다. 이 때문에 모두 그 本性의 所有함을 알아 온전히 함이 있지 못한 것이다. 혹시라도 聰明하고 叡智하여 능히 그 本性을 다한 자가 그 사이에 나오면 하늘이 반드시 그에게 명하시어 억조 만백성의 군주와 스승으로 삼아 그로 하여금 백성을 다스리고 가르쳐서 그(백성) 本性을 회복하게 하시니, 이는 伏羲·神農·黃帝·堯·舜이 하늘의 뜻을 이어 極(표준)을 세우고 司徒의 직책과 典樂의 벼슬을 설치한 이유이다.

2-2. **三代之隆**에 **其法**이 **寖備**하니 **然後**에 **王宮, 國都**로 **以及閭巷**히 **莫不有學**하여 **人生八歲**어든 **則自王公以下**로 **至於庶人之子弟**히 **皆入小學**하여 **而敎之以灑掃應對進退之節**과 **禮樂射御書數之文**하고 **及其十有五年**이어든 **則自天子之元子衆子**로 **以至公卿大夫元士之適(嫡)子**와 **與凡民之俊秀**히 **皆入大學**하여 **而敎之以窮理正心修己治人之道**[5]하니 **此又學校之敎**에 **大小之節**이 **所以分也**라

三代가 융성했을 때에 그 법(敎育하는 제도)이 점점 갖추어졌으니, 그러한 뒤에 天子의 王宮과 諸侯의 國都로부터 閭巷(시골 마을)에 이르기까지 學校가 있지 않은 곳이 없어서, 사람이 태어나 8세가 되면 王·公으로부터 아래로 庶人의 子弟에 이르기까지 모두 小學에 들어가게 해서 이들에게 물 뿌리고 청소하며 응하고 대답하며 나아가고 물러가는 예

---

4 〔詳說〕 以復其性 : 尤菴이 말씀하였다. "《中庸》에는 '心'자가 없다. 그러므로 〈中庸章句序〉에는 心을 말한 것이 특별히 상세하고, 《大學》에는 다만 사람을 등용하고 재물을 다스리는 부분에 간략히 性을 말했으나 이것은 性의 본체를 말한 것이 아니다. 그러므로 〈大學章句序〉에는 性을 말한 것이 특별히 상세하니, 朱子가 사람을 위하신 뜻이 간절하다.〔中庸無心字 故序言心特詳 大學只於用人理財處 略言性 而非言性之本體 故序言性特詳 朱子爲人之意 切矣〕" ○ '性'자는 이 〈大學章句序〉의 골자이다.〔性字此序之骨子〕

5 〔詳說〕 敎之以窮理正心修己治人之道 : 〈'窮理'는〉 格物·致知이고, 〈'正心修己'는〉 誠意·正心·修身이고, 〈'治人'은〉 齊家·治國·平天下이다. ○ 新安陳氏가 말하였다. "窮理는 知의 일이고, 正心 이하는 行의 일이다. 三代시대에는 小學과 大學의 가르치는 법은 있었으나 아직 책은 있지 않았다.〔窮理 知之事 正心以下 行之事 三代有小學大學之敎法 而未有書也〕"

··· 兆 억조 조 羲 복희 희 徒 무리 도 寖 점점 침 閭 마을 려 巷 골목 항 灑 물뿌릴 쇄 掃 쓸 소 御 말몰 어 適 맏아들 적(嫡通) 秀 빼어날 수

절과 禮·樂·射·御·書·數의 文을 가르치고, 15세에 이르면 天子의 元子·衆子로부터 公·卿·大夫·元士의 嫡子와 일반 백성의 俊秀한 자에 이르기까지 모두 太學에 들어가게 해서 이들에게 이치를 궁구하고 마음을 바루며 몸을 닦고 남을 다스리는 道(방법)를 가르쳤으니, 이는 또 學校의 가르침에 크고 작은 절차가 나누어진 이유이다.

2-3. 夫以學校之設이 其廣이 如此하고 教之之術이 其次第節目之詳이 又如此로되 而其所以爲教는 則又皆本之人君躬行心得之餘요 不待求之民生日用彝倫之外라 是以로 當世之人이 無不學하고 其學焉者 無不有以知其性分之所固有와 職分之所當爲[6]하여 而各俛焉以盡其力하니 此古昔盛時에 所以治隆於上하고 俗美於下하여 而非後世之所能及也라[7]

學校의 설치가 그 넓음이 이와 같고 가르치는 방법이 그 차례와 節目의 상세함이 또 이와 같았으나 그 가르치는 所以는 또 모두 人君이 몸소 행하고 마음에 얻은 나머지(결과)에 근본하고, 民生이 일상생활하는 彝倫의 밖에서 구하기를 기다리지 않았다(구할 필요가 없다). 그러므로 당세 사람들은 배우지 않은 이가 없었고, 배운 자들은 그 性分에 固有한 바와 職分에 當然한 바를 알아서 각기 힘써 그 힘을 다하지 않음이 없었으니, 이는 옛날 융성할 때에 정치가 위에서 높고 풍속이 아래에서 아름다워서 後世에 능히 따를 수 있는 바가 아니었던 이유이다.

3. 及周之衰하여 賢聖之君이 不作하고 學校之政이 不修하여 教化陵夷하고 風俗頹敗하니 時則有若孔子之聖이사도 而不得君師之位하여 以行其

---

6 譯註 性分之所固有 職分之所當爲 : '性分'은 仁·義·禮·智·信의 本性을 이르는바 이것은 태어날 때부터 이미 固有한 것이며, '職分'은 자식이 되어서는 마땅히 효도하여야 하고 신하가 되어서는 마땅히 충성하여야 하는 道理를 이르는바 이것은 인간이 당연히 행해야 할 직분인 것이다.

7 〔詳說〕 이상은 제2節이다.〔此爲第二節〕 ○ 이 〈大學章句序〉의 여섯 節의 끝에 두 개의 '也'字와 두 개의 '矣'字, 하나의 '焉'字와 하나의 '云'字는 한계를 분단하는 字眼이다.[1]〔此序六節之末二也字 二矣字 一焉字 一云字 此其分斷界限之字眼云〕

譯註 1. 여섯 節의……字眼이다 : 두 '也'字는 1節의 '教人之法也'와 2節의 '非後世之所能及也'를 이르고, 두 개의 '矣'字는 3節의 '知者鮮矣'와 4節의 '壞亂極矣'를 이르며, 하나의 焉字는 5節의 '與有聞焉'을, 하나의 云字는 6節의 끝부분인 '未必無小補云'을 이른다. '字眼'은 문장에 중요한 글자를 가리킨다.

··· 躬 몸 궁 彝 떳떳할 이 職 직책 직 俛 힘쓸 면 昔 옛 석 隆 높을 륭 衰 쇠할 쇠 作 일어날 작 陵 언덕 릉 夷 평평할 이 頹 무너질 퇴 敗 무너질 패

政教라 於是에 獨取先王[8]之法하여 誦而傳之하사 而詔後世하시니 若曲禮, 少儀, 內則(칙), 弟子職諸篇은 固小學之支流餘裔요 而此篇者는 則因小學之成功하여 以著大學之明法하니 外有以極其規模之大하고 而內有以盡其節目之詳者也라 三千之徒 蓋莫不聞其說이언마는 而曾氏之傳이 獨得其宗일새 於是에 作爲傳義하여 以發其意러시니 及孟子沒而其傳泯焉하니 則其書雖存이나 而知者鮮矣[9]라

周나라가 쇠함에 이르러 어질고 聖스러운 君主가 나오지 않고 學校의 정사가 닦이지 않아서 教化가 陵夷(침체)하고 風俗이 무너지니, 이때에는 孔子와 같은 聖人이 계셔도 군주와 스승의 지위를 얻어 정사와 가르침을 행할 수 없었다. 이에 홀로(다만) 先王의 法을 취하여 외워 전해서 後世를 가르치시니, 〈曲禮〉·〈少儀〉·〈內則〉·〈弟子職〉과 같은 여러 편은 진실로 小學의 支流와 餘裔이며, 이 책(《大學》 經 1章)은 小學의 成功을 인하여 大學의 밝은 법을 드러내었으니, 밖으로는 그 規模의 큼을 다하였고 안으로는 그 節目의 상세함을 다하였다.
3천 명의 門徒가 그 말씀을 듣지 않은 이가 없건마는 曾氏의 전함이 홀로 그 宗旨를 얻었다. 이에 傳義(傳文 10章)를 지어 그 뜻을 발명했었는데 孟子가 별세함에 미쳐 그 전함이 끊기니, 이 책이 비록 남아 있으나 아는 자가 적었다.

4. 自是以來로 俗儒記誦詞章之習이 其功이 倍於小學而無用하고 異端虛無寂滅之教 其高 過於大學而無實하고 其他權謀術數一切以就功名之說과 與夫百家衆技之流 所以惑世誣民하여 充塞仁義者 又紛然雜出乎其間하여 使其君子로 不幸而不得聞大道之要하고 其小人으로 不幸而不得蒙至治之澤하여 晦盲否塞(회맹비색)하고 反覆沈痼하여 以及五季之衰而壞亂極矣라[10]

---

8 〔詳說〕 先王 : 三代의 선왕이다.

9 〔詳說〕 其傳泯焉……而知者鮮矣 : 이상은 제3節이다.〔此爲第三節〕 ○ '泯·鮮'의 句는 아랫절을 일으켰다.〔泯鮮句引起下節〕

10 〔詳說〕 이상은 제4節이다.〔此爲第四節〕

… 誦 외울 송 詔 가르칠 조 支 가지 지(枝通) 裔 옷자락 예 規 법 규 模 규모 모 曾 일찍 증 泯 없어질 민 鮮 적을 선 儒 선비 유 記 기억할 기 詞 말씀 사 端 끝 단, 단서 단 寂 고요할 적 就 이룰 취 惑 혹할 혹 誣 속일 무 塞 막을 색 紛 어지러울 분 蒙 입을 몽 澤 윤택할 택 晦 그믐 회 盲 봉사 맹 否 숨막힐 비 沈 잠길 침 痼 고질 고 壞 무너질 괴

이로부터 이후로 俗儒들의 記誦(기억하고 외움)과 詞章(文章)의 익힘이 그 공부가 小學보다 倍로 하였으나 쓸모가 없었고, 異端의 虛無 寂滅의 가르침이 그 〈이론의〉 높음이 大學보다 더하였으나 실제가 없었으며, 기타 權謀術數로서 일체 功名을 성취한다는 학설과 百家 衆技의 부류로서 세상을 혹하게 하고 백성을 속여 仁義를 막는 자들이 또 紛紛하게 그 사이에 뒤섞여 나왔다. 그리하여 君子(위정자)로 하여금 불행히도 大道의 要諦를 얻어 듣지 못하고 小人(백성)으로 하여금 불행히도 至治의 혜택을 얻어 입지 못하게 하여, 晦盲하고 否塞하며 反覆하고 沈痼하여 五季(五代 말)의 쇠함에 이르러서는 무너지고 혼란함이 지극하게 되었다.

5. 天運이 循環하여 無往不復일새 宋德이 隆盛하여 治敎休明하니 於是에 河南程氏兩夫子出[11]하사 而有以接乎孟氏之傳이라 實始尊信此篇而表章之하시고 旣又爲之次其簡編하여 發其歸趣하시니 然後에 古者大學敎人之法과 聖經賢傳之指 粲然復明於世하니 雖以熹之不敏으로도 亦幸私淑而與(예)有聞焉[12]호라

天運이 循環하여 가면 돌아오지 않음이 없기에 宋나라의 德이 융성하여 정치와 교육이 아름답고 밝았으니, 이에 河南程氏 두 夫子(明道·伊川)가 나오시어 孟氏의 전통을 이으셨다. 그리하여 실로 처음 이 책을 높이고 믿어 表章하시고, 이윽고 또 이를 위하여 그 簡編을 차례하여 歸趣를 밝히시니, 이렇게 한 뒤에야 옛날 太學에서 사람을 가르치던 방법과 聖經·賢傳의 뜻이 찬란하게 다시 세상에 밝아지게 되었다. 그리하여 나(熹)의 不敏함으로도 다행히 私淑하여 참예해서 들음이 있게 되었노라.

6. 顧其爲書 猶頗放失일새 是以로 忘其固陋하고 采而輯之하며 間亦竊附己意하여 補其闕略하고 以俟後之君子하노니 極知僭踰無所逃罪어니와 然이나 於國家化民成俗之意와 學者修己治人之方엔 則未必無小補云

---

11 〔詳說〕 河南程氏兩夫子出 : 尤菴이 말씀하였다. "周濂溪가 비록 끊어진 학문을 이었으나 《中庸》·《大學》을 언급한 것이 없다. 이 때문에 序文에서 언급하지 않은 것이다.〔濂溪雖繼絶學 無言及庸學 故序不及〕"

12 〔詳說〕 이상은 제5節이다.〔此爲第五節〕

··· 循 따를 순 環 돌 환 休 아름다울 휴 程 공부 정 章 드러낼 장 編 엮을 편 趣 뜻 취 指 뜻 지 粲 찬란할 찬 熹 밝을 희 敏 민첩할 민 淑 착할 숙 與 참여할 예(預通) 顧 다만 고, 돌아볼 고 頗 자못 파 放 잃을 방 陋 좁을 루 采 채집할 채 輯 모을 집 竊 몰래 절 闕 빠질 궐 俟 기다릴 사 僭 참람할 참 踰 넘을 유 逃 도망할 도

이니라[13]

淳熙己酉[14]二月甲子에 新安朱熹는 序하노라

다만 이 책이 아직도 佚失됨이 많기 때문에 나의 固陋함을 잊고 다른 책에서 뽑아 모았으며, 사이에 또한 나의 의견을 붙여 闕略(빠진 부분)을 보충하고 後世의 君子를 기다리노니, 참람하고 주제넘어 죄를 피할 수 없음을 지극히 (잘) 알고 있으나 國家의 백성을 교화하고 풍속을 이루려는 뜻과 배우는 자들의 몸을 닦고 남을 다스리는 방법에 있어서는 다소의 도움이 없지 않을 것이다.

淳熙 己酉(1189) 2月 甲子日에 新安 朱熹는 序하다.

---

13 〔詳說〕 이상은 제6節이다.〔此爲第六節〕

14 譯註 淳熙己酉：淳熙는 南宋 孝宗의 연호이며, 己酉는 孝宗 16년(1189)으로 이해에 孝宗이 퇴위하여 上皇이 되고 光宗이 즉위하였다.
〔詳說〕 살펴보건대 이것은 바로 朱子의 60세 때의 일이다. 朱子의 저술은 庚寅(1170 41세)년에 처음 《家禮》를 撰하였고, 壬辰(1172 43세)년에 《語孟精義》를 편집하고, 《資治通鑑綱目》·《名臣錄》을 찬하였고 〈西銘〉을 풀이하였으며, 癸巳년(1173 44세)에 〈太極圖說〉을 풀이하고, 乙未년(1175 46세)에 《近思錄》을 편집하였으며, 丁酉년(1177 48세)에 《語孟集註》·《語孟或問》·《易本義》·《詩集傳》을 찬하였고, 丙午년(1187 57세)에 《易學啓蒙》을 찬하였고, 丁未년(1187 58세)에 《小學》을 편집하였고, 己酉년(1189 60세)에 《大學章句》와 《中庸章句》를 차례로 엮었다. 《大學》과 《中庸》 두 책을 이룬 지 오래되었으나 修正하기를 그치지 않다가 이때에 이르러 마음에 만족하여 처음으로 序文을 지은 것이다. 《大學》과 《中庸》 두 책에는 또 각각 《或問》이 있고, 《中庸》에는 또 《輯略》이 있으며, 庚申년(1200 71세) 易簀(別世)하기 전 3일에 이르러 또다시 誠意章의 주석을 고치셨으니, 이는 《大學》 한 책에 더욱 뜻을 다하신 것이다.〔按此是朱子六十歲時也 蓋朱子著述 自庚寅 始撰家禮 壬辰 編語孟精義 撰綱目 名臣錄 解西銘 癸巳 解太極圖說 乙未 編近思錄 丁酉 撰語孟集註 或問 易本義 詩集傳 丙午 撰易學啓蒙 丁未 編小學 己酉 序庸學章句 蓋二書之成 久矣 修改不輟 至是 以穩愜於心 而始序之 二書又各有或問 而中庸又有輯略 至庚申易簀前三日 又改誠意章註 蓋尤致意於大學一書云〕

··· 淳 순박할 순 熹 밝을 희

讀大學法[15]

朱子曰 語, 孟은 **隨事問答**하여 **難見要領**이어니와 **惟大學**은 **是曾子述孔子說古人爲學之大方**이요 **而門人**이 **又傳述以明其旨**라 **前後相因**하고 **體統都具**하니 **翫(玩)味此書**하여 **知得古人爲學所向**하고 **却讀語, 孟**하면 **便易入**이니 **後面工夫雖多**나 **而大體已立矣**니라

朱子가 말씀하였다.
《論語》와 《孟子》는 일에 따라 問答하여 要領을 보기가 어렵지만, 오직 《大學》은 孔子께서 옛 사람들이 學問하던 큰 방법을 말씀하신 것을 曾子가 記述하셨고 曾子의 門人들이 또 傳述하여 그 뜻을 밝혔다. 그리하여 앞뒤가 서로 因하고(이어지고) 體統(體裁)이 모두 갖추어졌으니, 이 책을 玩味하여 옛 사람들이 學問함에 향했던 바를 알고 《論語》와 《孟子》를 읽으면 곧 들어가기가 쉬우니, 後面에 해야 할 工夫가 비록 많으나 大體는 이미 서게 된다.

看這一書 又自與看語, 孟不同하니 **語, 孟中**엔 **只一項事 是一箇道理**라 **如孟子說仁義處**엔 **只就仁義上說道理**하고 **孔子答顏淵以克己復禮**엔 **只就克己復禮上說道理**어니와 **若大學**은 **却只統說**이라 **論其功用之極**이 **至於平天下**라 **然**이나 **天下所以平**은 **却先須治國**이요 **國之所以治**는 **却先須齊家**요 **家之所以齊**는 **却先須修身**이요 **身之所以修**는 **却先須正心**이요 **心之所以正**은 **却先須誠意**요 **意之所以誠**은 **却先須致知**요 **知之所以至**는 **却先須格物**이니라

---

15 〔詳說〕 讀大學法 : 살펴보건대 '讀大學法'(《大學》을 읽는 법)은 지은 사람의 이름을 드러내지 않았으니, 반드시 《大全》을 만들 적에 보충한 것일 것이다. 그렇다면 例에 마땅히 작은 글자로 써야 하는데, 이미 큰 글자에 붙일 만한 곳이 없다. 그러므로 인하여 큰 글자로 썼으니, 《周易》의 〈綱領〉 따위와 같은 것이다.〔按讀大學法 不著撰人 必是大全時所輯也 然則例當小書 而旣無大書可附 故因作大書 如周易綱領之類云〕

••• 要 허리 요(腰) 領 옷깃 령 翫 즐길 완, 살펴볼 완 却 도리어 각 看 볼 간 這 이것 저 須 모름지기 수

이 한 책을 보는 것은 또 본래《論語》와《孟子》를 보는 것과는 똑같지 않으니,《論語》와《孟子》는 다만 한 가지 일이 하나의 道理일 뿐이다. 예를 들면 孟子께서 仁義를 말씀하신 부분에는 다만 仁義에 나아가 道理를 말씀하였고, 孔子께서 顔淵에게 克己復禮로써 답하신 것에는 다만 克己復禮에 나아가 道理를 말씀하셨을 뿐이다. 그러나《大學》으로 말하면 유독 통합하여 말씀하였으니, 그 功用의 지극함을 논한 것이 天下를 平함에 이른다. 그러나 천하가 평하게 되는 이유는 먼저 모름지기 나라를 다스려야 하고, 나라가 다스려지는 이유는 먼저 모름지기 집안을 가지런히 하여야 하고, 집안이 가지런해지는 이유는 먼저 모름지기 몸을 닦아야 하고, 몸이 닦이는 이유는 먼저 모름지기 마음을 바루어야 하고, 마음이 바루어지는 이유는 먼저 모름지기 뜻을 성실히 하여야 하고, 뜻이 성실해지는 이유는 먼저 모름지기 知識을 지극히 하여야 하고, 지식이 지극해지는 이유는 먼저 모름지기 事物의 이치를 궁구하여야 한다.

○ 大學은 是爲學綱目이니 先讀大學하여 立定綱領하면 他書는 皆雜說在裏許[16]라 通得大學了하고 去看他經이라야 方見得此是格物致知事며 此是誠意正心事며 此是修身事며 此是齊家治國平天下事니라

○《大學》은 학문을 하는 綱目이니, 먼저《大學》을 읽어서 綱領을 세워야 한다. 이렇게 하면 다른 책은 모두 이것저것 말한 것이 이 속에 들어 있다.《大學》을 통달하고 다른 經書를 보아야 비로소 이것이 格物·致知의 일이며 이것이 誠意·正心의 일이며 이것이 修身의 일이며 이것이 齊家·治國·平天下의 일임을 보게(알게) 될 것이다.

今且熟讀大學하여 作間架하고 却以他書塡補去하라

○ 大學은 是通言學之初終이요 中庸은 是指本原極致處니라

○ 問欲專看一書인댄 以何爲先이니잇고 曰 先讀大學하면 可見古人爲學首末次第니 不比他書라 他書는 非一時所言이요 非一人所記니라

이제 우선《大學》을 익숙히 읽어 間架(빈칸)을 만들고 다른 책으로 빈칸을 메워 가도록 하라.

---

16 〔詳說〕皆雜說在裏許 : 다른 책은 모두 널리 언급하고 흩어져 나온 說이니, 또한《大學》한 책의 안에 다 포함되지 않음이 없음을 말한 것이다.〔言佗書皆汎及散出之說也 莫不盡該於大學一書之中〕

··· 裏 속 리 熟 익을 숙 架 시렁 가 塡 메울 전

○ 《大學》은 學問의 처음과 끝을 통틀어 말하였고, 《中庸》은 이 本原의 지극한 부분을 가리켰다.
○ 혹자가 묻기를 "오로지 한 책을 보고자 하는데 무엇을 우선으로 삼아야 합니까?" 하자, 朱子가 말씀하였다. "먼저 《大學》을 읽으면 옛 사람들이 學問을 한 시작과 끝의 차례를 볼 수 있으니, 다른 책에 비할 바가 아니다. 다른 책은 한 때에 말씀한 것이 아니요, 한 사람이 기록한 것이 아니다."

又曰 看大學엔 固是著(착)逐句看去[17]나 也須先統讀傳文教熟이라야 方好從頭仔細看이니 若專不識傳文大意하면 便看前頭亦難이니라

또 말씀하였다.
《大學》을 볼 적에는 진실로 글귀를 따라 보아가야 하나 또 모름지기 먼저 傳文을 統讀하여 익숙하게 하고서야 비로소 처음부터 자세히 보는 것이 좋으니, 만일 傳文의 大意를 전혀 모른다면 앞부분을 보는 것도 또한 어려울 것이다.

又曰 嘗欲作一說하여 教人只將[18]大學하여 一日去讀一遍하여 看他如何是大人之學이며 如何是小學이며 如何是明明德이며 如何是新民이며 如何是止於至善고하여 日日如是讀하여 月來日去하면 自見[19]이니 所謂溫故而知新이니라 須是知新인댄 日日看得新이라야 方得이니 却不是道理解新이요 但自家這箇意思 長長地新이니라

또 말씀하였다.
내 일찍이 한 說을 지어 사람들을 가르쳐서 다만 《大學》을 가지고 하루에 한 차례씩 읽어 저 어떤 것이 大人의 學問이며 어떤 것이 小學이며, 어떤 것이 明明德이며 어떤 것이 新民이며 어떤 것이 止於至善인가를 보아서, 날마다 이와 같이 읽어 달이 가고 날이

---

17 〔詳說〕 逐句看去 : 처음부터 읽음을 말한 것이니, '去'자의 아래에 '然'자의 뜻이 있다.〔言從頭而讀也 去字下有然字意〕

18 譯註 教人只將 : 壺山은 "'只將' 이하는 바로 사람들을 가르치신 한 말씀이다.〔只將以下 卽教人底一說也〕" 하였다.

19 〔詳說〕 自見 : 위에서 말한 다섯 개의 '如何'라는 것을 스스로 알 수 있음을 말씀한 것이다.〔言上所稱五如何者 可以自知耳〕

••• 著 붙일 착 也 또 야 教 하여금 교 仔 자세할 자 遍 두루 편(변)

가면 스스로 알게 되니 이른바 '溫故而知新' 이라는 것이다. 모름지기 새로운 것을 알려고 할진댄 날마다 새로운 것을 보아야 비로소 될 것이니, 이는 道理가 새로워지는 것이 아니요, 다만 자신의 意思가 항상 새로워지는 것이다.

讀大學에 **初間**에 **也只如此讀**이요 **後來**에 **也只如此讀**이로되 **只是初間讀得**엔 **似不與自家相關**이라가 **後來看熟**하면 **見許多說話 須著(착)如此做**요 **不如此做自不得**이니라

○ **讀書**에 **不可貪多**하니 **當且以大學爲先**하여 **逐段熟讀精思**하여 **須令了了分明**이라야 **方可改讀後段**호되 **看第二段**에 **却思量前段**하여 **令文意連屬**이 **却不妨**이니라

《大學》을 읽을 적에는 처음에도 다만 이와 같이 읽고 나중에도 다만 이와 같이 읽되 다만 처음 읽을 때에는 자기와 상관이 없는 듯하다가 나중에 익숙히 보면 허다한 말씀이 모름지기 이와 같이 工夫해야 하고, 이와 같이 工夫하지 않으면 안 됨을 알게 될 것이다.

○ 책을 읽을 적에는 많음을 탐해서는 안되니, 마땅히 우선《大學》을 먼저로 삼아서 단락을 따라 익숙히 읽고 정밀하게 생각하여 모름지기 了了하여 分明하게 하고서야 비로소 뒷단락으로 바꾸어 읽되, 두 번째 단락을 볼 때에 앞단락을 생각하여 글 뜻이 연결되게 함이 無妨하다.

問大學稍通에 **方要讀論語**한대 **曰 且未可**하니 **大學稍通**이면 **正好著(착)心精讀**이니라 **前日讀時**엔 **見得前**하고 **未見得後面**하며 **見得後**하고 **未見得前面**이러니 **今識得大綱體統**이면 **正好熟看**이니 **讀此書功深**이면 **則用博**이니라 **昔**에 **尹和靖**이 **見伊川半年**에 **方得大學, 西銘看**이러니 **今人**은 **半年**에 **要讀多少書**로다 **某且要人讀此**는 **是如何**오 **緣此書却不多而規模周備**일새라 **凡讀書**에 **初一項**에 **須著十分工夫了**면 **第二項**엔 **只費得八九分工夫**요 **第三項**엔 **便只費得六七分工夫**라 **少間讀漸多**하면 **自通貫**이니 **他書**는 **自著不得多工夫**니라

··· 做 지을 주 貪 탐할 탐 逐 쫓을 축 段 계단 단 屬 연결할 촉 稍 조금 초 著 붙일 착 靖 편안할 정 緣 인연할 연 漸 점점 점 貫 꿸 관

혹자가 묻기를 "《大學》을 조금 통함에 바야흐로 《論語》를 읽으려고 합니다." 하자, 朱子가 말씀하셨다. "불가하니, 《大學》을 조금 통하였으면 바로 마음을 붙여 精讀함이 좋다. 前日에 읽을 때에는 전면만 보고 후면은 보지 못하며 후면만 보고 전면은 보지 못하였는데, 이제 大綱과 體統(體裁와 條理)을 알았으면 익숙히 읽는 것이 참으로 좋다. 이 책을 읽어 功力이 깊어지면 쓰임(활용)이 넓을 것이다. 옛날에 尹和靖(尹焞)은 伊川을 뵙고 배운 지 반 년 만에 비로소 《大學》과 〈西銘〉을 볼 수 있었는데, 지금 사람들은 반년 동안에 많은 책을 읽으려 한다. 내가 우선 이 책을 읽으라고 하는 것은 어째서인가? 이 책은 분량이 많지 않으면서도 規模가 두루 완비되었기 때문이다. 무릇 책을 읽을 적에 첫 번째 항목(1項)엔 모름지기 10分의 工夫를 하여야 하니, 이렇게 하면 제 2項에는 다만 8, 9分의 工夫를 쓰면 되고, 제 3項에는 다만 6, 7分의 工夫를 쓰면 된다. 한동안 읽기를 점점 많이 하면 저절로 貫通할 것이니, 다른 책은 자연히 많은 工夫를 하지 않아도 된다."

看大學에 **俟見大指**하여 **乃及他書**니라 **但看時**에 **須是更**(갱)**將大段**하여 **分作小段**하여 **字字句句**를 **不可容易放過**요 **常時暗誦默思**하여 **反覆研究**하여 **未上口時**엔 **須教上口**하고 **未通透時**엔 **須教通透**하고 **已通透後**엔 **便要純熟**하여 **直待不思索時**에도 **此意常在心胸之間**하여 **驅遣不去**라야 **方是**[20]**此一段了**하고 **又換一段看**이니 **令如此數段之後**엔 **心安理熟**하여 **覺工夫省**(생)**力時**에 **便漸得力也**리라

《大學》을 볼 적에는 大旨를 보기를 기다려 비로소 다른 책에 미쳐야 한다. 다만 볼 때에 모름지기 다시 큰 段落을 가지고 나누어 작은 段落으로 만들어서 字字句句를 容易하게 지나쳐 버리지 말 것이요, 항시 암송하고 묵묵히 생각하여 반복해서 연구하여야 한다. 그리하여 아직 입에 오르지 않았을 때에는 모름지기 입에 오르게 하고, 아직 通透하지 않았을 때에는 모름지기 통투하게 하고, 이미 통투한 뒤에는 純熟하기를 요하여, 思索하지 않을 때에도 이 뜻이 항상 마음과 가슴 사이에 있어서 쫓아 내어도 나가지 않기를 기다려서야 바야흐로 이 한 단락을 마치고 또 한 단락을 바꾸어 보아야 할 것이다. 이와 같이 하기를 몇 단락을 한 뒤에는 마음이 편안하고 이치가 익숙해져서 工夫에 힘

---

20 〔詳說〕 方是 : '方可'라고 말한 것과 같다.〔猶言方可〕

··· 段 조각 단 暗 어두울 암 誦 욀 송 默 침묵할 묵 透 통할 투 胸 가슴 흉 驅 몰 구 遣 보낼 견 換 바꿀 환 漸 점차 점 箇 낱 개

이 덜 드는 것을 느낄 것이니, 이러한 때에 곧 점점 得力하게 될 것이다.

又曰 大學은 **是一箇腔子**니 **而今却要塡教他實〈著〉**이라 **如他說格物**엔 **自家須是去格物後塡教他實著**이요 **誠意亦然**하니 **若只讀得空殼子**하면 **亦無益也**니라

○ 讀大學이 **豈在看他言語**리오 **正欲驗之於心如何**니 **如好好色, 惡惡臭**(오악취)를 **試驗之吾心**하여 **果能好善惡惡如此乎**아 **閒居爲不善**이 **是果有此乎**아하여 **一有不至**어든 **則勇猛奮躍不已**라야 **必有長進**이니라 **今不知如此**하면 **則書自書, 我自我**니 **何益之有**리오

또 말씀하였다.

《大學》은 하나의 腔子(빈칸)이니, 지금에 메워가서 이것을 꽉 차게 하여야 한다. 예컨대 格物을 말한 것에는 자신이 모름지기 가서 格物한 뒤에 메워 꽉 차게 하고, 誠意를 할 때에도 또한 이렇게 하여야 한다. 만일 빈 껍데기만을 읽는다면 또한 유익함이 없다.

○ 《大學》을 읽는 것이 어찌 그 言語를 봄에 있겠는가. 바로 이 마음에 어떠한가를 징험하고자 하여야 하니, 마치 好色(아름다운 여색)을 좋아하듯이 하고 惡臭를 미워하듯이 함을 내 마음 속에 시험해 보아서 과연 善을 좋아하고 惡을 미워함을 이와 같이 하는가? 한가히 거처할 적에 不善을 함이 과연 이러한 것이 나에게도 있는가 하여, 조금이라도 지극하지 못함이 있으면 용맹하게 분발하고 뛰어 일어나 그치지 않아야 반드시 큰 進展이 있는 것이다. 이제 이와 같이 할 줄을 알지 못하면 책은 책, 나는 나일 것이니, 무슨 유익함이 있겠는가.

又曰 某一生에 **只看得這文字透**하여 **見得前賢所未到處**로라 **溫公**이 **作通鑑**하고 **言 平生精力**이 **盡在此書**라하더니 **某於大學**에 **亦然**하노니 **先須通此**라야 **方可讀他書**니라

또 말씀하였다.

나는 一生에 오직 이 文字("大學"의 글)만을 通透하게 보아서, 前賢들이 미처 보지 못하신 것을 보았노라. 司馬溫公(司馬光)이 《資治通鑑》을 짓고 '平生의 精力이 모두

··· 腔 창자 강 塡 메울 전 殼 껍질 각 惡 미워할 오, 악할 악 臭 냄새 취 試 시험할 시 驗 징험할 험 猛 사나울 맹 奮 떨칠 분 躍 뛸 약 已 그칠 이

이 책에 있다.' 하였는데, 나도 《大學》에 있어 또한 그러하노니, 먼저 모름지기 이 책을 통달하여야 비로소 다른 책을 읽을 수 있다.

又曰 伊川이 **舊日敎人**에 **先看大學**하시니 **那時**엔 **未解說**이러니 **而今有註解**하여 **覺大段分曉了**하니 **只在仔細看**이니라

또 말씀하였다.
伊川이 옛날 사람을 가르치실 적에 제일 먼저 《大學》을 보게 하셨으니, 그때에는 解說이 없었는데 지금에는 註解가 있어 대단히 분명함을 느끼니, 다만 자세히 봄에 달려 있다.

又曰 看大學엔 **且逐章理會**하여 **先將本文念得**하고 **次將章句來解本文**하고 **又將或問來參章句**니라 **須逐一令記得**하여 **反覆尋究**호되 **待他浹洽**하여 **旣逐段曉得**이어든 **却統看溫尋過**니라

또 말씀하였다.
《大學》을 볼 적에는 우선 章마다 하나하나 理會(理解)해서 먼저 本文을 가지고 생각하여 알고, 다음에는 《章句》를 가지고 本文을 해석하고, 또다시 《或問》을 가지고 《章句》를 參考하여야 한다. 그리하여 모름지기 하나하나 기억하여 반복해서 찾고 연구하되 무젖기를(흡족하기를) 기다려 이미 단락마다 깨우쳤으면 다시 통합하여 보고 복습해야 한다.

又曰 大學一書는 **有正經**하고 **有章句**하고 **有或問**하니 **看來看去**[21]면 **不用或問**하고 **只看章句便了**요 **久之**면 **又只看正經便了**요 **又久之**면 **自有一部大學**이 **在我胸中**하여 **而正經亦不用矣**리라 **然**이나 **不用某許多工夫**면 **亦看某底不出**이요 **不用聖賢許多工夫**면 **亦看聖賢底不出**이니라

또 말씀하였다.
《大學》 한 책에는 正經이 있고 《章句》가 있고 《或問》이 있으니, 이리저리 보다보면 《或

---

21 〔詳說〕看來看去 : 正經과 《章句》와 《或問》을 모두 보는 것을 말한다.〔言正經章句或問 盡看也〕

••• 那 저것 나 曉 밝을 효 逐 쫓을 축 尋 찾을 심 浹 무젖을 협 洽 무젖을 흡 底 어조사 저

問》을 사용하지 않고《章句》만 보아도 곧 알 것이요, 오래하면 또 正經만 보아도 알 것이요, 또 오래하면 자연히 한 권의《大學》이 자신의 가슴속에 있어서 正經 또한 필요없게 될 것이다. 그러나 나의 허다한 공부를 쓰지 않는다면 또한 나의 뜻을 보아내지 못할 것이요, 聖賢의 허다한 工夫를 쓰지 않는다면 또한 聖賢의 뜻을 보아내지 못할 것이다.

又曰 大學解本文未詳者를 **於或問中**에 **詳之**하니 **且從頭逐句理會**하여 **到不通處**어든 **却看**하라 **或問**은 **乃註脚之註脚**이니라

○ 某解書에 **不合太多**일새 **又先准(準)備學者**하여 **爲他設疑說了**하니 **所以致得學者看得容易了**니라

또 말씀하였다.
《大學》의(《章句》 중) 本文을 해석한 것이 상세하지 못한 것을《或問》 가운데에서 상세히 말하였으니, 우선 처음부터 글귀마다 理會하여 통달하지 못하는 곳에 이르거든《或問》을 보라.《或問》은 바로 註脚의 註脚이다.
○ 내(朱子)가 글을 해석함에 너무 많이 하는 것이 마땅하지 않으므로 또 우선 배우는 자들을 대비하여 疑問을 假設해서 설명하였으니, 이는 배우는 자들이 容易하게 보게 하려 해서이다.

人只說某說大學等不略說하여 **使人自致思**라하니 **此事大不然**이라 **人之爲學**이 **只爭箇肯與不肯耳**니 **他若不肯向這裏**면 **略亦不解致思**요 **他若肯向此一邊**이면 **自然有味**하여 **愈詳愈有味**하리라

사람들은 다만 '내가《大學》 등을 해석함에 간략히 설명해서(설명하지 않아서) 사람들로 하여금 스스로 생각을 다하도록 하지 않았다.'고 말하는데, 이 일은 절대로 그렇지 않다. 사람들이 學問을 하는 것은 오직 즐겨하는가 즐겨하지 않는가를 따질 뿐이니, 저들이 만일 이(學問) 속으로 향하기를 즐겨하지 않는다면 간략해도 또한 생각을 다할 줄 모를 것이요, 저들이 만일 이 한 쪽으로 향하기를 즐겨한다면 자연 재미가 있어 상세할수록 더욱 재미가 있을 것이다.

··· 脚 다리 각 准 헤아릴 준 備 갖출 비 肯 즐길 긍 這 이것 저 裏 속 리 邊 가 변 愈 더욱 유 詳 자세할 상

大學章句[1]

子程子[2]曰 大學은 **孔氏之遺書**니 **而初學入德之門也**라 **於今**에 **可見古人爲學次第者**는 **獨賴此篇之存**이요 **而論孟次之**하니 **學者必由是而學焉**이면 **則庶乎其不差矣**리라

子程子가 말씀하였다.

"《大學》은 孔氏의 남긴 글이니, 처음 배우는 자가 德에 들어가는 문이다. 지금에 옛 사람들이 學問을 한 순서를 볼 수 있는 것은 유독 이 篇이 남아 있음을 의뢰하고 《論語》와 《孟子》가 그 다음이 되니, 배우는 자가 반드시 이(《大學》)로 말미암아 배우면 거의 틀리지 않을 것이다."

經1-1. 大學之道는 在明明德하며 在(親)〔新〕民하며 在止於至善이니라

大學(大人의 學問)의 道(방법)는 明德을 밝힘에 있으며 백성을 새롭게 함에 있으며 至善에 그침에 있다.

程子曰 親은 **當作新[3]**이라

---

1 〔章句 音訓〕 大學章句 : '大'는 옛 음이 泰인데, 이제 본자(대)대로 읽는다.〔大 舊音泰 今讀如字〕

2 譯註 子程子 : 程子를 더욱 높여 칭한 것으로, 明道와 伊川을 구분하지 않고 똑같이 程子라 하였으며, 여기서는 특별히 높여 이렇게 칭하였는바, 이 내용은 《二程粹言》과 《程氏遺書》를 혼합한 것이다.
〔詳說〕 新安陳氏(陳櫟)가 말하였다. "程子 위의 '子'자는 《春秋公羊傳》 註에 子沈子의 예[1]를 따른 것이니, 바로 후학들이 先儒를 높여 스승으로 삼는 칭호이다.〔上子字 倣公羊傳注子沈子之例 乃後學宗師先儒之稱〕" ○ 맨 앞 句는 伯子(明道)가 말씀한 것이고 '次之' 이상은 叔子(伊川)가 말씀한 것이며, '學者' 이하는 伯子가 말씀한 것이다.〔首句 伯子 次之以上 叔子 學者以下 伯子〕
譯註 1. 子沈子의 예 : 《春秋公羊傳》 隱公 11년 條의 註에 "沈子의 姓氏 위에 子를 칭한 것은 그가 스승임을 드러낸 것이다.〔沈子稱子 冠氏上者 著其爲師也〕" 하였다.

3 〔詳說〕 程子曰……當作新 : 이것은 본래 正文(經文) 아래의 音訓인데, 지금 우선 大全本을 따라서 여기로 옮겨놓았다.〔此本正文下音訓 而今姑依大全本 移置于此〕 ○ 여기에 '新'을 '親'으로 잘못 쓴 것은

••• 遺 남길 유 賴 의뢰할 뢰 庶 거의 서 差 어그러질 차

○[4] 大學者는 大人之學也라 明은 明之也라 明德者는 人之所得乎天而虛靈不昧하여 以具衆理而應萬事者也라 但爲氣稟所拘와 人欲所蔽[5]면 則有時而昏이라 然이나 其本體之明은 則有未嘗息者라 故로 學者當因其所發[6]而遂明之하여 以復其初也라 新者는 革其舊之謂也니 言 旣自明其明德이면 又當推以及人하여 使之亦有以去其舊染之汚也[7]라 止者는 必至於是[8]而不遷之意요 至善은 則事理當然之極也라 言 明明德, 新民을 皆當止於至善之地而不遷이니 蓋必其有以盡夫天理之極이요 而無一毫人欲之私也라 此三者는 大學之綱領也[9]라

程子(伊川)가 말씀하였다. "'親'은 마땅히 新이 되어야 한다."

○ '大學'은 大人(큰 사람)의 학문이다. '明'은 밝힘이다. '明德'은 사람이 하늘에서 얻은 바, 虛靈하고 어둡지 아니하여 衆理를 갖추고 萬事에 응하는 것이다. 다만 氣稟에 구애되고 人慾

《書經》〈金縢〉에 '親'을 '新'으로 잘못 쓴 것[1]과 같다.〔此之新誤作親 猶書金縢之親誤作新〕

譯註 1. 《書經》〈周書 金縢〉에……것:"나 小子가 친히 公을 맞이함이 우리 國家의 禮에 또한 마땅하다.〔惟朕小子其新(親)逆 我國家禮 亦宜之〕"라고 한 것을 가리킨다.

4 〔詳說〕○ :《中庸》·《大學》의 註에 권점을 가한 것은 글자 풀이가 있는 곳에만 있어, 《論語》·《孟子》와는 같지 않으니, 이는 章 아래에 권점을 가할 필요가 없어서이다.〔庸學註加圈 只於字訓處有之 與語孟不同 蓋章下無所事圈故也〕

5 〔詳說〕爲氣稟所拘 人欲所蔽:新安吳氏(吳浩)가 말하였다. "기품에 구애되는 것은 태어난 초기에 있고, 물욕에 가려지는 것은 태어난 뒤에 있는 것이다.〔氣稟拘之 有生之初 物欲蔽之 有生之後〕"[1]

譯註 1. '有生'은 사람이 태어나는 것으로, 氣稟은 이미 태어나기 전에 부여받고, 物欲은 태어나서 知覺이 있은 뒤에 아는 것이다.

6 〔詳說〕因其所發:朱子가 말씀하였다. "이를테면 어린아이가 우물에 들어가는 것을 보면 깜짝 놀라고, 어진 이를 보면 공경하는 것과 같은 것이니, 아무리 악한 사람이라도 때로 善한 생각이 나올 때가 있다.〔如見孺子入井而怵惕 見賢人而恭敬 雖至惡之人 亦時有善念之發〕"

譯註 뒤에 '誠意'를 설명하면서 '뜻은 마음의 발한 것〔意者 心之所發〕'이라고 하였는바, 여기의 '所發'은 良心의 發露로 四端 등을 이르고, 뒤(誠意)의 '心之所發'은 마음(人心)에서 나온 생각을 이른다.

7 〔詳說〕新者……使之亦有以去其舊染之汚也:尤菴(宋時烈)이 말씀하였다. "明과 新 두 글자는 이름은 다르지만 실제는 똑같으니, 明明德은 자신의 德을 새롭게 하는 것이고, 新民은 백성의 德을 밝히는 것이다.〔明新二字 名異而實同 明明德是新己德也 新民是明民德也〕"

8 〔詳說〕必至於是:沙溪(金長生)가 말씀하였다. "'是'자는 범연히 말한 것이니, 혹 至善으로 보는데, 이는 옳지 않다.〔是字汎說 或以至善看 非是〕"

9 〔詳說〕此三者 大學之綱領也:新安陳氏(陳櫟)가 말하였다. "그물에 벼릿줄이 있는 것과 같으니 벼릿줄이 들리면 그물눈이 펴지게 되고, 갖옷에 옷깃이 있는 것과 같으니 옷깃을 들면 갖옷이 따라 들리게 된다.〔如網之有綱 綱擧則目張 如裘之有領 領挈而裘順〕" ○ 朱子가 말씀하였다. "'明明德, 新民, 止至善'의 여덟 글자가 이미 《大學》 한 편의 뜻을 다 포괄하였다.〔明明德新民止至善八字 已括盡一篇之意〕" ○ 玉溪盧氏(盧孝孫)가 말하였다. "明明德은 格物·致知·誠意·正心·修身의 綱領이고, 新民은 齊家·治國·平天下의 綱領이다.〔明明德 是格致誠正修之綱領 新民 是齊治平之綱領〕" ○ 尤菴(宋時烈)이 말씀하였다. "止至善은 明明德·新民의 綱領이 된다.〔止至善 爲明明德新民之綱領〕"

··· **虛** 빌 허 **靈** 신령 령 **昧** 어두울 매 **稟** 부여받을 품 **息** 숨쉴 식 **復** 회복할 복 **革** 고칠 혁 **舊** 옛 구 **染** 물들 염 **汚** 더러울 오 **遷** 옮길 천 **毫** 터럭 호 **綱** 벼리 강

에 가려지면 어두울 때가 있으나 그 本體의 밝음은 일찍이 쉬지(그치지) 않는다. 그러므로 배우는 자가 마땅히 그 發하는 바를 인하여 마침내 밝혀서 그 처음을 회복해야 하는 것이다.
'新'은 옛 것을 고침을 이르니, 이미 스스로 그 明德을 밝혔으면 또 마땅히 미루어 남에게까지 미쳐서 그로 하여금 또한 옛날에 물들었던 더러운 것을 제거함이 있게 함을 말한다. '止'는 반드시 이에 이르러 옮기지 않는 뜻이요, '至善'은 事理의 當然한 極(극치, 표준)이다.
이는 明明德과 新民을 모두 마땅히 至善의 경지에 그쳐서 옮기지 않음을 말한 것이니, 반드시 天理의 極을 다하고 一毫라도 人慾의 사사로움이 없는 것이다.
이 세 가지는《大學》의 綱領이다.

經1-2. **知止而后**에 **有定**이니 **定而后**에 **能靜**하고 **靜而后**에 **能安**하고 **安而后**에 **能慮**하고 **慮而后**에 **能得**이니라

그칠 데(至善)를 안 뒤에 定함이 있으니, 定한 뒤에 능히 고요하고 고요한 뒤에 능히 편안하고 편안한 뒤에 능히 생각하고 생각한 뒤에 능히 얻는다.

止者는 **所當止之地**니 **卽至善之所在也**니 **知之**면 **則志有定向**이라 **靜**은 **謂心不妄動**이요 **安**은 **謂所處而安**이요 **慮**는 **謂處事精詳**이요 **得**은 **謂得其所止**라

'止'는 마땅히 그쳐야 할 곳이니, 바로 至善이 있는 곳이다. 이것(至善)을 안다면 뜻이 定한 방향이 있게 된다. '靜'은 마음이 망령되이 동하지 않음을 이르고, '安'은 처한 바에 편안함을 이르고, '慮'는 일을 처리하기를 정밀하고 상세히 함을 이르고, '得'은 그 그칠 바를 얻음을 이른다.

經1-3. **物有本末**하고 **事有終始**하니 **知所先後**면 **則近道矣**리라

물건에는 本과 末이 있고 일에는 終과 始가 있으니, 먼저 하고 뒤에 할 것을 알면 道에 가까울 것이다.

明德爲本이요 **新民爲末**이며 **知止爲始**요 **能得爲終**이니 **本始**는 **所先**이요 **末終**은 **所後**라 **此**는 **結上文兩節之意**[10]니라

10 〔詳說〕此 結上文兩節之意 : 玉溪盧氏(盧孝孫)가 말하였다. "'物有本末'은 經文의 제1節을 맺은 것이고, '事有終始'는 經文의 제2節을 맺은 것이며, '知所先後 則近道矣' 두 句는 다시 經文의 1節과 2節

··· 后 뒤 후 靜 고요할 정 慮 생각할 려 妄 망령될 망

明德(德을 밝힘)은 本이 되고 新民은 末이 되며, 知止는 始가 되고 能得은 終이 되니, 本과 始는 먼저 해야 할 것이요, 末과 終은 뒤에 해야 할 것이다.
이는 윗글 두 節의 뜻을 맺은 것이다.

經1-4. 古之欲明明德於天下者는 先治其國하고 欲治其國者는 先齊其家하고 欲齊其家者는 先修其身하고 欲修其身者는 先正其心하고 欲正其心者는 先誠其意하고 欲誠其意者는 先致其知하니 致知는 在格物하니라

옛날에 明德을 천하에 밝히고자 하는 자는 먼저 그 나라를 다스리고, 그 나라를 다스리고자 하는 자는 먼저 그 집안을 가지런히 하고, 그 집안을 가지런히 하고자 하는 자는 먼저 그 몸을 닦고, 그 몸을 닦고자 하는 자는 먼저 그 마음을 바루고, 그 마음을 바루고자 하는 자는 먼저 그 뜻(생각)을 성실히 하고, 그 뜻을 성실히 하고자 하는 자는 먼저 그 知識을 지극히 하였으니, 지식을 지극히 함은 사물의 이치를 궁구함에 있다.

明明德於天下者는 **使天下之人**으로 **皆有以明其明德也**라 **心者**는 **身之所主也**라 **誠**은 **實也**요 **意者**는 **心之所發也**니 **實其心之所發**[11]하여 **欲其必自慊而無自欺也**라 **致**는 **推極也**요 **知**는 **猶識也**니 **推極吾之知識**하여 **欲其所知無不盡也**라 **格**은 **至也**요 **物**은 **猶事**

을 총괄하여 맺은 것이다. 여기의 한 '先'자는 아래 여섯 개의 '先'자를 일으키고, 여기의 한 '後'자는 아래 일곱 개의 '後(后)'자를 일으켰으니, 이는 다만 위 두 節을 맺을 뿐만이 아니요, 또한 아랫글 두 節의 뜻을 일으킨 것이다.〔物有本末 結第一節 事有終始 結第二節 知所先後 則近道矣兩句 再總結兩節 一先字 起下六先字 一後字 起下七後字 不特結上兩節 亦所以起下文兩節之意〕"

11 〔詳說〕 誠……實其心之所發 : 雲峰胡氏(胡炳文)가 말하였다. "《中庸》에서 말한 誠身은 誠意·正心·修身을 겸하여 말한 것이니 몸의 행하는 바가 성실함을 이르고, 여기에서 말한 誠意는 이 마음의 발한 바가 성실하고자 하는 것이다. 《章句》에 무릇 두 번 '발한 바〔所發〕'를 말하였으니, '그 발한 바를 인하여 마침내 밝힌다.〔因其所發而遂明之〕'는 것은 性이 발하여 情이 된 것이요. '그 마음의 발하는 바를 성실히 한다.〔實其心之所發〕'는 것은 心이 발하여 意가 된 것이다. 朱子가 일찍이 말씀하기를 '情은 배와 수레와 같고, 意는 사람이 배와 수레를 부리는 것과 같다.' 하였다. 그렇다면 性이 발하여 情이 된 경우에는 그 처음에 不善함이 없으니 곧바로 마땅히 이것을 밝히는 功夫를 가해야 하고, 心이 발하여 意가 된 경우에는 곧 善과 不善이 있으니 성실히 하는 공부를 가하지 않으면 안되는 것이다.〔中庸言誠身 是兼誠意正心修身而言 謂身之所爲者實 此言誠意 是欲心之所發者實 章句凡兩言所發 因其所發而遂明之 性發而爲情也 實其心之所發 心發而爲意也 朱子嘗曰 情如舟車 意如人使舟車 然則性發爲情 其初無有不善 卽當加明之之功 心發爲意 便有善不善 不可不加誠之之功〕" ○ 栗谷이 말씀하였다. "性이 발하여 情이 되고, 心이 발하여 意가 된다는 것은 뜻이 각각 다른데 있고, 心과 性을 나누어 두 가지 用이라고 한 것이 아닌데, 후세 사람들은 마침내 情과 意를 가지고 두 갈래 길로 만들었다.〔性發爲情 心發爲意 意各有在 非分心性爲二用 而後人遂以情意爲二岐〕"

••• 格 이를 격 慊 만족할 겸(겹) 欺 속일 기

也니 **窮至事物之理**하여 **欲其極處無不到也**라 **此八者**는 **大學之條目也**[12]라

'明德을 천하에 밝힌다.'는 것은 천하 사람들로 하여금 모두 그 明德을 밝힘이 있게 하는 것이다. '心'은 몸의 주재이다. '誠'은 성실함이요 '意'는 마음의 發하는 바이니, 그 마음의 發하는 바를 성실히 하여 반드시 스스로 만족하고 스스로 속임이 없고자 하는 것이다. '致'는 미루어 지극히 함이요 '知'는 識과 같으니, 나의 知識을 미루어 지극히 하여 아는 바가 다하지 않음이 없고자 하는 것이다. '格'은 이름이요 '物'은 事와 같으니, 사물의 이치를 궁구하여 그 極處가 이르지 않음이 없고자 하는 것이다.

이 여덟 가지는 《大學》의 條目이다.

經1-5. **物格而后**에 **知至**하고 **知至而后**에 **意誠**하고 **意誠而后**에 **心正**하고 **心正而后**에 **身修**하고 **身修而后**에 **家齊**하고 **家齊而后**에 **國治**하고 **國治而后**에 **天下平**이니라

사물의 이치가 이른 뒤에 지식이 지극해지고, 지식이 지극해진 뒤에 뜻이 성실해지고, 뜻이 성실해진 뒤에 마음이 바루어지고, 마음이 바루어진 뒤에 몸이 닦아지고, 몸이 닦아진 뒤에 집안이 가지런해지고, 집안이 가지런해진 뒤에 나라가 다스려지고, 나라가 다스려진 뒤에 천하가 平해진다(고르게 된다).

物格者는 **物理之極處 無不到也**요 **知至者**는 **吾心之所知 無不盡也**니 **知既盡**이면 **則意可得而實矣**요 **意既實**이면 **則心可得而正矣**라 **修身以上**은 **明明德之事也**요 **齊家以**

12 〔詳說〕 此八者 大學之條目也 : 朱子가 말씀하였다. "八條目은 三綱領의 조목이다.〔綱領之條目也〕" ○ 또 말씀하였다. "致知와 格物은 바로 이 이치를 궁구하는 것이고, '誠意·正心·修身'은 이 이치를 체행하는 것이며, '齊家·治國·平天下'는 이 이치를 미루는(확대한) 것이다.〔致格是窮此理 誠正修是體此理 齊治平是推此理〕" ○ 또 말씀하였다. "格物은 夢覺關이고, 誠意는 人鬼關[1)]이다.〔格物是夢覺關 誠意是人鬼關〕"

譯註 1. 格物은……人鬼關이다 : 朱子는 "致知와 誠意는 배우는 자들이 통과하여야 할 두 개의 관문이다. 致知 공부는 꿈을 꾸느냐 잠을 깨느냐의 관문〔夢覺關〕이며, 誠意 공부는 善한 사람이 되느냐 惡한 사람이 되느냐의 관문〔善惡關〕이다. 致知의 관문을 통과했으면 꿈을 깬 것이요 그렇지 못하면 꿈을 꾸고 있는 것이며, 誠意의 관문을 통과했으면 선한 사람이요 그렇지 못하면 악한 사람이다." 하였다. 또 格物은 夢覺關이고 誠意는 人鬼關이라고도 했으니, 誠意의 관문을 통과하면 사람이요 그렇지 못하면 귀신(악마)이라는 의미이다.

〔詳說〕 新安陳氏(陳櫟)가 말하였다. "格物은 知의 시작이고 致知는 知의 極이며, 誠意는 行의 시작이고 正心·修身은 行의 極이며, 齊家는 行을 미루는 시작이고 治國·平天下는 行을 미루는 極이다.〔格物 知之始 致知 知之極 誠意 行之始 正修 行之極 齊家 推行之始 治 平 推行之極〕"

••• 到 이를 도 條 조목 조

下[13]는 新民之事也라 物格, 知至는 則知所止矣요 意誠以下는 則皆得所止[14]之序也[15]라

'物格'은 物理의 지극한 곳이 이르지 않음이 없는 것이요, '知至'는 내 마음의 아는 바가 극진하지 않음이 없는 것이다. 지식이 이미 극진해지면 뜻이 성실해질 수 있고, 뜻이 이미 성실해지면 마음이 바루어질 수 있다. 修身 이상은 明明德의 일이요, 齊家 이하는 新民의 일이다. 物格과 知至는 그칠 바를 아는 것이요, 意誠 이하는 모두 그칠 바를 얻는 차례이다.

經1-6. 自天子로 以至於庶人히 壹是皆以修身爲本이니라

天子로부터 庶人에 이르기까지 일체 모두 修身을 근본으로 삼는다.

壹是는 一切(체)也라 正心以上은 皆所以修身也요 齊家以下는 則擧此而措之耳라

'壹是'는 일체이다. 正心 이상은 모두 修身하는 것이고, 齊家 이하는 이것(修身)을 들어 둘 뿐이다.

經1-7. 其本이 亂而末治者 否矣며 其所厚者에 薄이요 而其所薄者에 厚는 未之有也니라

그 근본(身)이 어지럽고서 지엽(天下·國家)이 다스려지는 자는 없으며, 후하게 해야 할 것(家)에 박하게 하고서 박하게 해야 할 것(國·天下)에 후하게 하는 자는 있지 않다.

本은 謂身也[16]요 所厚는 謂家也[17]라 此兩節은 結上文兩節之意니라

---

13 〔詳說〕 修身以上……齊家以下: '上'·'下'는 일의 선후를 말한 것이요, 글의 上下를 말한 것이 아니다.〔上下 謂事之先後 非謂文之上下也〕

14 〔詳說〕 則知所止矣……則皆得所止: '知所止'는 知의 일이요, '得所止'는 行의 일이다.〔知所止 知之事也 得所止 行之事也〕

15 〔詳說〕 得所止之序也: '得'자를 '序'자에서 해석한다. 혹자는 말하기를 "'止'자에서 해석해야 하니, '知所止'와 '得所止'는 바로 서로 대응이 되고, 意誠 이하는 항목이 많기 때문에 또 '之序' 두 글자를 둔 것이다."라고 하니, 다시 그 말을 자세히 살펴보아야 한다.[1]〔得字釋於序字 或云 釋於止字 蓋知所止, 得所止 正相對應 而意誠以下 頭項多 故又有之序二字 更詳之〕

譯註 1. 得자를……한다: 本人은 後者의 說을 따라 번역하였음을 밝혀 둔다.

16 〔詳說〕 本 謂身也: 朱子가 말씀하였다. "天下와 國과 家는 末이 된다.〔天下國家爲末〕" ○ 살펴보건대, 이 節은 위의 '物有本末'의 節과 조응되니, 八條目의 修身은 三綱領의 明明德과 서로 같다. 그러므로 두 가지를 다 '本'이라고 말한 것이다.〔按此節 照應上物有本末節 蓋八目之修身 與三綱之明明德相同

••• 庶 무리 서 切 온통 체 措 둘 조 否 아닐 부 厚 두터울 후 薄 엷을 박

'本'은 몸을 이르고, 후히 할 것은 집안을 이른다. 이 두 節은 윗글 두 節의 뜻을 맺은 것이다.

⊙ **右**는 **經一章**이니 **蓋孔子之言**을 **而曾子述之**하시고 **其傳十章**은 **則曾子之意**를 **而門人記之也**[18]라 **舊本**에 **頗有錯簡**일새 **今因程子所定**하고 **而更考經文**하여 **別爲序次如左**하노라

⊙ 이상은 經文 1章이니, 아마도 孔子께서 말씀하신 것을 曾子가 記述하신 듯하고, 傳文 10章은 曾子의 뜻을 門人이 기록한 것이다. 舊本(옛 책)에 자못 錯簡이 있으므로 이제 程子께서 정한 것을 따르고 다시 經文을 상고하여 별도로 차례를 만들기를 아래와 같이 하였다.

傳文小序 | **凡傳文**이 **雜引經傳**하여 **若無統紀**라 **然**이나 **文理接續**하고 **血脈貫通**하여 **深淺始終**이 **至爲精密**하니 **熟讀詳味**하면 **久當見之**일새 **今不盡釋也**[19]하노라

모든 傳文은 經과 傳을 섞어 인용하여 統紀(條理)가 없는 듯하다. 그러나 文理가 이어지고 血脈이 관통하여 깊고 얕음과 始와 終이 지극히 정밀하니, 익숙히 읽고 자세히 음미하면 오래됨에 마땅히 알게 될 것이므로 이제 다 해석하지는 않는다.

|傳1章 明明德章|

1-1. 康誥曰 克明德이라하며

〈康誥〉에 이르기를 "능히 德을 밝힌다." 하였으며,

故皆以本言之〕 ○ 몸이 닦여지지 못하고서 능히 집안을 가지런히 하고 나라를 다스리고 천하를 균평하게 하는 자가 없음을 말씀한 것이다.〔言身不修而能齊治平者無矣〕

17 〔詳說〕 所厚 謂家也 : 집안에서 박하게 하는 자는 반드시 나라와 천하에 후하게 하지 못함을 말한 것이니, '所'자 아래에 모두 '當'자의 뜻이 있다.〔言薄於家者 必不能厚於國天下也 所字下 皆有當字意〕

18 〔詳說〕 蓋孔子之言……而門人記之也 : 《大全》에 말하였다. "〈'蓋孔子之言'의〉 '蓋'는 의문사이고, 〈'則曾子之意'의〉 '則'은 결단하는 말이다.〔蓋 疑辭 則 決辭〕" ○ 經文과 傳文을 기록하고 전술한 일은 마땅히 篇 머리에 있어야 할 것이나 여기에 있는 것은 그 분명한 글이 없기 때문이다. 그러므로 篇 머리에는 개략적으로 '孔氏의 遺書' 라고 앞에 놓았고, 특별히 經文과 傳文의 사이에 이것을 자세히 드러내어서 위를 잇고 아래를 만들어낸 것이다.〔經傳記述之事 當在於篇題 而在此者 以其無明文也 故於篇題 概以孔氏之遺書冠之 而特詳著於經傳之間 以承上而生下云〕

19 〔詳說〕 凡傳文……今不盡釋也 : 이 註는 마땅히 이 책 끝에 있어야 할 듯하나 여기에 있으니, 이는 傳文을 기록한 說의 아래에 붙인 것이다. 옛날에는 권점을 붙였는데, 지금은 《大全》본에서 한 글자를 낮추어 쓴 것을 따른다.〔此註似當在書末 而在此者 所以附於記傳之說之下也 舊著圈 今依大全 低一字書之〕

··· 頗 자못 파 錯 잘못될 착 簡 편지 간, 대쪽 간 接 이을 접 續 이을 속 脈 맥 맥 密 빽빽할 밀 釋 풀 석
誥 가르칠 고 克 능할 극

康誥는 **周書**[20]라 **克**은 **能也**라

〈康誥〉는 《《書經》의〉 周書이다. '克'은 能함이다.

1-2. 太甲曰 顧諟天之明命이라하며

〈太甲〉에 이르기를 "이 하늘의 明命을 돌아본다." 하였으며,

太甲은 **商書**라 **顧**는 **謂常目在之也**[21]라 **諟**는 **猶此也**니 **或曰 審也**라 **天之明命**은 **卽天之所以與我**하여 **而我之所以爲德者也**[22]니 **常目在之**면 **則無時不明矣**리라

〈太甲〉은 商書이다. '顧'는 항상 눈이 거기에 있음을 이른다. '諟'는 此와 같으니, 혹은 살피는 것이라고 한다. '하늘의 明命'은 바로 하늘이 나에게 주어서 내가 德으로 삼은 것이니, 항상 눈이 여기에 있으면 때마다 밝지 않음이 없을 것이다.

1-3. 帝典曰 克明峻德이라하니

〈堯典〉에 이르기를 "능히 큰 德을 밝힌다." 하였으니,

---

20 譯註 周書:周나라 글이라는 뜻으로 《書經》의 한 분류이다. 書經은 虞·夏·商·周 네 王朝의 글이 수록되어 있으므로 〈虞書〉, 〈夏書〉, 〈商書〉, 〈周書〉로 구분하였다.

21 〔記疑〕 顧 謂常目在之也:'顧諟'는 마땅히 靜存과 動察을 겸해서 보아야 하니, 그렇다면 '明德'의 《章句》에 '因其所發'을 動할 때에만 가지고 볼 수 있겠는가.〔顧諟 當兼靜存動察看 則明德章句因其所發可單就動時看乎〕

22 〔詳說〕 天之明命……而我之所以爲德者也:朱子가 말씀하였다. "사람의 明德은 다른 것이 아니요, 바로 하늘이 나에게 명해 주어서 至善이 보존된 것이다.〔人之明德 非佗也 卽天之所以命我 而至善之所存也〕" ○ 또 말씀하였다. "하늘이 나에게 부여해준 것은 바로 明命이고, 내가 얻어서 본성으로 삼은 것은 바로 明德이다.〔天之所以與我 便是明命 我所得以爲性者 便是明德〕"
〔記疑〕 '天之明命'은 진실로 理를 가지고 말씀한 곳이 있으나 【《書經集傳》[1)]】 오직 《章句》에 虛靈하여 理를 갖추고 일에 응하는 것을 가지고 말씀하였으니, 독자가 각각 자리에 따라 보아야 한다. 이와 같이 하면 수많은 견강부회와 막히는 병통이 없을 것이다.〔天之明命 誠有以理言處 【書傳】 惟章句則卻以虛靈以具理應事者言 讀者當各隨地頭看 如此 則可免多少牽强罣礙之病矣〕
譯註 1. 《書經集傳》:〈太甲上〉에 "明命은 하늘의 드러난 理를 나에게 명한 것이니, 하늘에 있으면 明命이라 하고, 사람에게 있으면 明德이라 한다.〔明命者 上天顯然之理而命之我者 在天爲明命 在人爲明德〕"라고 보인다.

••• 顧 돌아볼 고 諟 이 시, 살필 시 審 살필 심 峻 높을 준

帝典은 堯典[23]이니 虞書라 峻은 大也[24]라

帝典은 〈堯典〉이니 〈虞書〉이다. '峻'은 큼이다.

1-4. 皆自明也니라

모두 스스로 밝히는 것이다.

結所引書[25] 皆言自明己德之意니라

인용한 바의 글(《書經》)이 모두 스스로 자신의 德을 밝히는 뜻을 말했음을 맺은 것이다.

⊙ 右는 傳之首章이니 釋明明德[26]하니라

⊙ 이상은 傳文의 首章이니, 明明德을 해석하였다.

此通下三章至止於信하여 舊本에 誤在沒世不忘之下하니라

이 章은 아래 3章의 '止於信'(3章 3節)까지 통틀어 舊本에 잘못되어 '沒世不忘'(3章 5節)의 아래에 있었다.

|傳2章 新民章|

2-1. 湯之盤銘曰 苟日新이어든 日日新하고 又日新이라하며

湯王의 盤銘에 이르기를 "진실로 어느 날에 새로워졌거든 나날이 새롭게 하고 또 날로

---

23 〔詳說〕帝典 堯典 : 篇 이름은 〈堯典〉인데, 또 〈帝典〉이라고도 통칭한다.〔篇名 堯典 而又通稱帝典〕

24 〔詳說〕峻 大也 : 新安陳氏(陳櫟)가 말하였다. "明德은 이 德의 본체의 밝음을 가지고 말하였고, 峻德은 이 德의 전체의 큼을 가지고 말했으니, 똑같은 것이다. 德의 전체는 본래 한량이 없으니, 능히 이것을 밝힌다면 바로 자기의 본성을 다하는 것이다.〔明德 以此德本體之明言 峻德 以此德全體之大言 一也 德之全體本無限量 克明之 是盡己之性也〕"

25 〔詳說〕結所引書 : '結'자를 여기(所引書)에서 해석한다. 或者는 "'意'자에서 해석한다." 하였다.[1]〔結字釋於此 或云 釋於意字〕 ○ '書'자 아래에 또 '所引書' 세 글자의 뜻이 있다.〔書字下又有所引書三字之意〕
譯註 1. 結자를……하였다 : 前說대로 하면 '結所引書하니'로 懸吐하고, '인용한 바의 글(《書經》)을 맺었으니'로 해석해야 할 것이나, 本人은 後者의 說을 따라 번역하였음을 밝혀둔다.

26 〔詳說〕釋明明德 : 첫 번째 節은 간략히 '明'자를 놓았고, 다음 節은 '顧'로 '明'을 대신하였고 '命'으로 '德'을 대신하였으며, 세 번째 節은 또 '峻'으로 '明'을 대신하였으니, 합하여 보아야 그 뜻이 비로소 완비된다.〔首節略下明字 次節以顧代明 以命代德 三節又以峻代明 合而觀之 其義方備〕

••• 虞 나라이름 우 誤 그릇될 오 沒 없어질 몰 盤 대야 반 銘 새길 명 苟 진실로 구

새롭게 하라." 하였으며,

盤은 **沐浴之盤也**요 **銘**은 **名其器以自警之辭也**[27]라 **苟**는 **誠也**[28]라 **湯**이 **以人之洗濯其心以去惡**이 **如沐浴其身以去垢**라 **故**로 **銘其盤**이라 **言 誠能一日**에 **有以滌**(척)**其舊染之汚而自新**이면 **則當因其已新者**하여 **而日日新之**하고 **又日新之**하여 **不可略有間斷也**[29]라

'盤'은 목욕하는 그릇이요, '銘'은 그 그릇(기물)에 글을 새겨 스스로 경계하는 말이다. '苟'는 진실로이다. 湯王은 사람이 그 마음을 깨끗이 씻어서 惡을 제거하는 것이 마치 그 몸을 목욕하여 때를 제거하는 것과 같다고 여겼다. 그러므로 그 그릇에 銘한 것이다. 진실로 능히 하루(어느 날)에 그 옛날에 물든 더러운 것을 씻어 스스로 새로워짐이 있으면 마땅히 이미 새로워진 것을 인하여 나날이 새롭게 하고 또 날로 새롭게 하여 조금이라도 間斷함이 있어서는 안됨을 말씀한 것이다.

2-2. 康誥曰 作新民이라하며

〈康誥〉에 이르기를 "새로워지는 백성을 振作하라." 하였으며,

鼓之舞之[30]**之謂作**이니 **言 振起其自新之民也**[31]라

---

27 〔詳說〕 銘 名其器以自警之辭也 : 南塘(韓元震)이 말씀하였다. "韻書에 '銘은 이름함이다' 하였으니, 그 그릇에 나아가서 그 의의를 이름하여 말함을 이른 것이니, '名'자로 쓰는 것이 옳을 듯하다.〔韻書 銘名也 謂卽其器而名言其義 作名字似是〕"

28 〔詳說〕 苟 誠也 : 《大全》에 말하였다. "《論語》의 '苟志於仁'[1]에도 또한 誠(진실로)으로 訓하였다.〔論語苟志於仁 亦訓誠〕"

譯註 1. 《論語》의 苟志於仁 : 〈里仁〉 4章에 "진실로 仁에 뜻을 두면 惡함이 없을 것이다〔苟志於仁矣 無惡也〕"라고 하였는데, 《集註》에 '苟는 誠也'라고 訓한 것이 보인다.

29 〔詳說〕 不可略有間斷也 : 말 밖에 나아가서 이 句를 보충하였다.〔就言外 補此句〕

30 譯註 鼓之舞之 : 《周易》〈繫辭傳上〉 12章에 "聖人이 象을 세워 뜻을 다하며, 卦를 베풀어 情僞를 다하며, 글을 달아 그 말을 다하며, 變通해서 이로움을 다하며, 鼓舞하여 神妙함을 다하였다.〔聖人立象以盡意 設卦以盡情僞 繫辭焉以盡其言 變而通之以盡利 鼓之舞之以盡神〕"라고 보인다.

31 〔詳說〕 振起其自新之民也 : '自'자는 欲자의 뜻을 겸하였다.〔自字 兼欲字意〕 ○ 살펴보건대, 이 백성을 내가 진작시키고 새롭게 한다는 것이 《書經》의 本義인데, 《章句》에서 일관된 일로 해석한 것[1]은 중점을 新民에게 돌렸기 때문이다. 아랫절의 註에 '能新其德以及於民'의 여덟 자와 뜻이 같다.〔按斯民 我作之新之 是書本義 而章句釋作一串事者 所以歸重於新民也 與下節註能新其德以及於民八字 同意〕

譯註 1. 이 백성을……것 : 經文의 '作新民'은 '백성을 진작시키고 새롭게 하다.'가 원래의 뜻이어서 두 가지 일이 되는데, '새로워지는 백성을 振作하다.'로 해석할 경우 한 가지 일이 되므로 '일관된 일

··· 沐 머리감을 목 浴 목욕할 욕 洗 씻을 세 濯 씻을 탁 垢 때묻을 구 滌 씻을 척 染 물들일 염 斷 끊을 단
康 편안할 강 誥 가르칠 고 鼓 북칠 고 舞 춤출 무 振 떨칠 진

고무시키는 것을 作이라 이르니, 스스로 새로워지려는 백성을 振作함을 말한 것이다.

2-3. 詩曰 周雖舊邦이나 其命維新이라하니

《詩經》에 이르기를 "周나라가 비록 오래된 나라이지만 그 命이 새롭다." 하였으니,

詩는 **大雅文王之篇**이라 **言 周國雖舊**나 **至於文王**하여 **能新其德以及於民**하여 **而始受天命也**라

詩는 〈大雅 文王〉篇이다. 周나라가 비록 오래된 나라이지만 文王에 이르러 능히 그 德을 새롭게 하여 백성들에게까지 미쳐서 비로소 天命을 받았음을 말한 것이다.

2-4. 是故로 君子는 無所不用其極이니라

이러므로 君子는 그 極을 쓰지 않는 바가 없는 것이다.

自新, 新民을 **皆欲止於至善也**라

自新과 新民을 다 至善에 그치게 하고자 하는 것이다.

⊙ **右**는 **傳之二章**이니 **釋新民**[32]하니라

⊙ 이상은 傳文의 2章이니, 新民을 해석하였다.

| 傳3章 止至善章(淇澳章) |

3-1. 詩云 邦畿千里여 惟民所止라하니라

《詩經》에 이르기를 "나라의 畿內 千里여, 백성들이 멈추어 사는 곳이다." 하였다.

로 해석했다'고 말한 것이다.

32 〔詳說〕 釋新民 : 首節과 3節은 모두 '民'자를 생략하였고 다음 節(2節)은 '作'자로 '新'자를 대신하였는데, 2節에서 말한 '作新民'의 '新'자는 내가 새롭게 하는 것이 아니라, 백성 스스로 새로워지는 것이니, 또한 세 가지를 합하여 보아야 그 뜻이 비로소 구비된다.〔首節三節 皆略民字 次節以作代新 而所言新字 則非吾新之也 亦合而觀之 其義方備〕

••• 邦 나라 방 雅 바를 아 畿 지경 기

詩는 **商頌玄鳥之篇**이라 **邦畿**는 **王者之都也**요 **止**는 **居也**니 **言 物各有所當止之處也**라

詩는 〈商頌 玄鳥〉篇이다. '邦畿'는 王者의 都邑이요 '止'는 거함이니, 물건은 각각 마땅히 그쳐야 할 곳이 있음을 말한 것이다.

3-2. 詩云 緡蠻(면만)黃鳥여 止于丘隅라하여늘 子曰 於止에 知其所止로소니 可以人而不如鳥乎아하시니라

《詩經》에 이르기를 "꾀꼴꾀꼴 우는 黃鳥(꾀꼬리)여, 丘隅에 멈춰 있다." 하였는데, 孔子께서 말씀하시기를 "그침에 있어 그 그칠 곳을 아니, 사람으로서 새만 못해서야 되겠는가." 하셨다.

詩는 **小雅緡蠻之篇**이라 **緡蠻**은 **鳥聲**이라 **丘隅**는 **岑蔚之處**[33]라 **子曰以下**는 **孔子說詩之辭**니 **言人當知所當止之處也**[34]라

詩는 〈小雅 緡蠻〉篇이다. '緡蠻'은 새 울음소리이다. '丘隅'는 산이 높고 숲이 울창한 곳이다. '子曰' 이하는 孔子께서 《詩經》을 해석한 말씀이니, 사람이 마땅히 그쳐야 할 곳을 알아야 함을 말씀한 것이다.

3-3. 詩云 穆穆文王이여 於(오)緝熙敬止라하니 爲人君엔 止於仁하시고 爲人臣엔 止於敬하시고 爲人子엔 止於孝하시고 爲人父엔 止於慈하시고 與國人交엔 止於信이러시다

《詩經》에 이르기를 "穆穆하신 文王이여, 아! 계속하여 밝혀서 공경하여 그치셨다." 하였으니, 人君이 되어서는 仁에 그치시고, 人臣이 되어서는 敬에 그치시고, 人子가

---

33 〔詳說〕 丘隅 岑蔚之處 : 北溪陳氏가 말하였다. "'丘隅'는 언덕의 한 귀퉁이이니, 산이 우뚝이 높고 나무가 울창한 곳이다.〔丘之一角 山岑高而木森蔚處〕"

34 〔詳說〕 言人當知所當止之處也 : 살펴보건대 세 節의 註는 모두 止至善의 뜻에 歸宿(귀결)하였는데, 윗註의 '有'자와 이 註의 '知'자와 아랫註의 '安'자는 또한 次序가 있다.〔按三節註 皆歸宿於止至善之意 而上註之有字 此註之知字 下註之安字 亦有次序〕 ○ 臨川吳氏(吳澄)가 말하였다. "이 節은 윗글의 '물건은 각기 그칠 바가 있다'는 뜻을 이어서 '사람은 마땅히 그칠 바를 알아야 한다'는 뜻을 밝히고, 아랫글에 사람이 마땅히 그쳐야 할 바를 실로 가리킨 說을 일으킨 것이니, 止至善의 단서를 발한 것이다.〔此節 承上文物各有所止之意 以明人當知所止之義 而起下文實指人所當止者之說 蓋發止至善之端也〕"

··· 頌 기릴 송 玄 검을 현 緡 새소리 면 蠻 새소리 만 隅 모퉁이 우 岑 산봉우리 잠 蔚 무성할 울 穆 깊을 목 於 감탄할 오 緝 계속할 집 熙 빛날 희

되어서는 孝에 그치시고, 人父가 되어서는 慈에 그치시고, 國人과 더불어 사귐엔 信에 그치셨다.

詩는 **文王之篇**이라 **穆穆**은 **深遠之意**라 **於**는 **歎美辭**라 **緝**은 **繼續也**요 **熙**는 **光明也**라 **敬止**는 **言其無不敬**[35]**而安所止也**라 **引此而言 聖人之止**가 **無非至善**이로되 **五者**는 **乃其目之大者也**[36]라 **學者於此**에 **究其精微之蘊**하고 **而又推類以盡其餘**하면 **則於天下之事**에 **皆有以知其所止而無疑矣**리라

詩는 〈大雅 文王〉篇이다. '穆穆'은 深遠한 뜻이다. '於'는 감탄하는 말이다. '緝'은 계속함이요, '熙'는 광명함이다. '敬止'는 공경하지 않음이 없어서 그치는 바에 편안함을 말한다. 이것을 인용하여 聖人의 그침이 至善 아님이 없으나 다섯 가지는 바로 그 條目의 큰 것임을 말씀하였다. 배우는 자가 이에 대하여 그 精微함의 蘊蓄을 연구하고 또 類推하여 그 나머지를 다한다면 天下의 일에 대하여 모두 그 그칠 데를 알아 의심함이 없을 것이다.

3-4. **詩云 瞻彼淇澳**(기욱)**혼대 菉竹猗猗**로다 **有斐君子**여 **如切如磋**하며 **如琢如磨**로다 **瑟兮僩兮**며 **赫兮喧**(훤)**兮**니 **有斐君子**여 **終不可諠兮**라하니 **如切如磋者**는 **道學也**요 **如琢如磨者**는 **自修也**요 **瑟兮僩兮者**는 **恂慄**(준율)**也**요 **赫兮喧兮者**는 **威儀也**요 **有斐君子終不可諠兮者**는 **道盛德至善**을 **民之不能忘也**니라

---

35 譯註 敬止 言其無不敬 : '無不敬'은 《禮記》〈曲禮上〉에 "공경하지 않음이 없으며, 엄숙히 생각하는 듯이 하며, 말을 안정되게 하면 백성을 편안히 할 수 있을 것이다.〔毋不敬 儼若思 安定辭 安民哉〕"라고 보인다.
〔詳說〕 西山眞氏가 말하였다. "'敬止'의 敬은 전체를 들어 말한 것이고, '止於敬'은 오로지 人君을 공경함을 가리켜 말하였으니 敬의 한 가지 일이다.〔敬止之敬 擧全體言 止於敬 專指敬君言 敬之一事也〕"
〔記疑〕 '於緝熙敬止'의 이 '敬'자는 '止於敬'의 敬과 다르니, 이는 能이고 저것은 所이다.[1] 聖人의 德은 敬이 주장이 되므로 비록 지극히 작아서 큰 관계가 없는 일이라도 또한 그 敬을 쓰지 않는 바가 없으니, 堯·舜과 湯王과 文王의 德을 말하는 자가 敬을 위주하여 말하지 않은 적이 없다.〔於緝熙敬止此敬字與止於敬之敬異 蓋此能而彼所也 聖人之德 敬爲之主 故雖至小無甚關係底事 亦無所不用其敬 言堯舜湯文之德者 無不以敬爲主也〕

譯註 1. 能이고……所이다 : '能'은 能力으로 마음이 하는 것이고 '所'는 所以然 즉 대상으로 理를 가리키는바, '緝熙敬止'의 敬은 마음이 공경하는 것이고, '止於敬'의 敬은 마음이 그쳐야 할 대상으로 仁·敬·孝·慈·信이 모두 所에 해당한다.

36 〔詳說〕 五者 乃其目之大者也 : 節齋蔡氏(蔡淵)가 말하였다. "'緝熙'와 '敬止'는 至善에 그치는 근본이 되고, 仁·敬·孝·慈·信은 至善에 그치는 조목이 된다.〔緝熙敬止 爲止至善之本 仁敬孝慈信 爲止至善之目〕"

••• 蘊 쌓일 온 類 무리 류 疑 의심할 의 瞻 볼 첨 淇 물이름 기 澳 모퉁이 욱 菉 푸를 록 猗 아들아들할 의 斐 문채날 비 磋 갈 차 琢 쪼을 탁 磨 갈 마 瑟 치밀할 슬 僩 굳셀 한 喧 점잖을 훤 諠 잊을 훤 道 말할 도 恂 두려울 준 慄 두려울 률 赫 빛날 혁

《詩經》에 이르기를 "저 淇水 모퉁이를 보니 푸른 대나무가 무성하도다. 문채나는 君子여, 잘라놓은 듯하고 간 듯하며 쪼아놓은 듯하고 간 듯하다. 엄밀하고 굳세며 빛나고 점잖으니, 문채나는 君子여, 끝내 잊을 수 없다." 하였으니, '如切如磋'는 학문을 말한 것이요, '如琢如磨'는 스스로 행실을 닦음이요, '瑟兮僩兮'는 마음이 두려워함이요, '赫兮喧兮'는 겉으로 드러나는 威儀요, '문채나는 君子여, 끝내 잊을 수 없다.'는 것은 盛德과 至善을 백성들이 능히 잊지 못함을 말한 것이다.

詩는 **衛風淇澳之篇**이라 **淇**는 **水名**이요 **澳**은 **隈也**라 **猗猗**는 **美盛貌**니 **興也**[37]라 **斐**는 **文貌**라 **切以刀鋸**하고 **琢以椎鑿**(추착)하니 **皆裁物使成形質也**요 **磋以鑢錫**(려탕)하고 **磨以沙石**하니 **皆治物使其滑澤也**라 **治骨角者**는 **既切而復磋之**하고 **治玉石者**는 **既琢而復磨之**하니 **皆言其治之有緖而益致其精也**[38]라 **瑟**은 **嚴密之貌**[39]요 **僩**은 **武毅之貌**[40]라 **赫喧**은 **宣著盛大之貌**[41]라 **諠**은 **忘也**라 **道**는 **言也**라 **學**은 **謂講習討論之事**요 **自修者**는 **省察克治之功**[42]이라 **恂慄**은 **戰懼也**라 **威**는 **可畏也**요 **儀**는 **可象也**[43]라 **引詩而釋之**하여 **以明**

---

37 譯註 興也:'興'은《詩經》六義의 하나로, 어떤 일을 詩로 읊을 적에 먼저 다른 사물을 말하여 다음의 글을 일으키는 것을 이른다. 詩의 六義는 風·雅·頌과 興·賦·比의 여섯 가지를 가리키는바, 風·雅·頌은 詩의 내용과 성질을 말하고, 興·賦·比는 詩의 체제와 서술 방식을 말한다.
〔詳說〕'興'은 去聲(일으킬 흥)이니, '瞻彼'로부터 '猗猗'까지를 아울러 가리킨 것이다.〔去聲 并指瞻彼至猗猗〕 ○ 살펴보건대 〈緡蠻〉詩는 인용한 것이 흥기한 바에 그쳤다. 그러므로 註에 '興也'라고 말하지 않았고, 〈節南山〉詩[1)]는 주석에 그 높고 큰 뜻을 아울러 취하였다. 그러므로 또한 '興也'라고 말하지 않았고, 〈淇澳〉詩와 〈桃夭〉詩[2)]는 애당초 흥기한 바에 뜻을 취한 것이 없다. 그러므로 특별히 '興也'라고 말했으니, 《章句》의 정밀하고 간절함이 이와 같다.〔按緡蠻則所引止於所興 故註不言興也 節南山則註釋幷取其高大之義 故亦不言興也 淇澳桃夭則初無取義於所興 故特曰興也 章句之精切如此〕
譯註 1. 〈節南山〉詩:〈節南山〉은《詩經》小雅의 편명으로 傳10章에 "節彼南山 維石巖巖 赫赫師尹 民具爾瞻"이라고 보인다.
譯註 2. 〈桃夭〉詩:〈桃夭〉는《詩經》周南의 편명으로 傳9章에 "桃之夭夭 其葉蓁蓁 之子于歸 宜其家人"이라고 보인다.

38 〔詳說〕切以刀鋸……皆言其治之有緖而益致其精也:《大全》에 말하였다. "'切'과 '琢'은 다스림에 실마리가 있는 것이고, '磋'와 '磨'는 더욱 그 정밀하고 세밀함을 지극히 하는 것이다.〔切琢 是治之有端緖 磋磨 是益致其精細〕"

39 〔詳說〕瑟 嚴密之貌:朱子가 말씀하였다. "'瑟'은 마음을 가지고 말한 것이니, 다만 거칠지 않은 것이다.〔就心言 只是不麤疎〕"

40 〔詳說〕僩 武毅之貌:《大全》에 말하였다. "'僩'은 태만하고 해이하지 않는 것이다.〔不怠弛也〕"

41 〔詳說〕赫喧 宣著盛大之貌:雙峰饒氏(饒魯)가 말하였다. "'宣著'는 '赫'자를 해석하였고, '盛大'는 '喧'자를 해석하였다.〔宣著釋赫字 盛大釋喧字〕"

42 〔詳說〕學……省察克治之功:朱子가 말씀하였다. "뼈와 뿔은 脈理(결)를 찾을 수 있으니 切磋하는 공력은 쉽고, 옥과 돌은 한 덩어리로 되어 단단하니 琢磨하는 공력은 어렵다. 이 때문에 學問과 自修로 구별된

••• 衛 호위할 위, 나라이름 위 隈 모퉁이 외 鋸 톱 거 椎 망치 퇴(추) 鑿 끌 착 裁 마름질할 재 鑢 줄 려 錫 대패 탕 磨 갈 마 滑 매끄러울 활 澤 윤택할 택 毅 굳셀 의 宣 베풀 선 戰 두려워할 전 懼 두려워할 구 象 본받을 상

明明德者之止於至善이라 **道學**[44], **自修**는 **言其所以得之之由**[45]요 **恂慄**, **威儀**는 **言其德容表裏之盛**이니 **卒乃指其實而歎美之也**[46]니라

詩는 〈衛風 淇澳〉篇이다. 淇는 물 이름이고, '澳'은 모퉁이이다. '猗猗'는 아름답고 성한 모양이니, 興이다. '斐'는 문채나는 모양이다. '切'은 칼과 톱으로써 하고 '琢'은 망치와 끌로써 하니 모두 물건을 재단하여 形質을 이루게 하는 것이요, '磋'는 줄과 대패로써 하고 '磨'는 모래와 돌로써 하니 모두 물건을 다스려 매끄럽고 윤택하게 하는 것이다. 뼈와 뿔을 다스리는 자는 이미 잘라놓고 다시 갈며, 玉과 돌(보석)을 다스리는 자는 이미 쪼아놓고 다시 가니, 모두 그 다스림에 실마리(頭緒)가 있어 더욱 그 精密함을 지극히 함을 말한 것이다. '瑟'은 엄밀한 모양이요, '僩'은 굳센 모양이다. '赫'과 '喧'은 드러나고 盛大한 모양이다. '諠'은 잊음이다. '道'는 말함이다. '學'은 講習하고 討論하는 일을 이르고, '自修'는 省察하고 〈私欲을〉 이겨 다스리는 공부이다. '恂慄'은 두려워함이다. '威'는 두려울 만함이요, '儀'는 본받을 만함이다.
《詩經》을 인용하고 이것을 해석하여 明明德하는 자의 止於至善을 밝힌 것이다. '道學'과 '自修'는 이것을 얻게 된 바의 이유를 말한 것이요, '恂慄'과 '威儀'는 德容의 表(威儀)·裏(恂慄)의 성함을 말한 것이니, 마침내 그 실제(盛德과 至善)를 가리켜 歎美한 것이다.

3-5. 詩云 於戲(嗚呼)라 前王不忘이라하니 君子는 賢其賢而親其親하고 小人은 樂其樂而利其利하나니 此以沒世不忘也니라

것이다.〔骨角 脈理可尋 切磋之功易 玉石 渾全堅確 琢磨之功難 所以爲學問自修之別〕" ○ 新安陳氏(陳櫟)가 말하였다. "學은 지식을 지극히 하는 것이니 知는 行에 비하여 쉬움이 되고, 自修는 힘써 행하는 것이니 行은 知에 비하여 어려움이 된다.〔學 所以致知 知視行爲易 自修 所以力行 行視知爲難〕"

43 譯註 威……可象也:《春秋左傳》 襄公 31년 조에 "위엄이 있어서 두려워할 만함을 威라 이르고, 훌륭한 거동이 있어서 본받을 만한 것을 儀라 이른다.〔有威而可畏 謂之威 有儀而可象 謂之儀〕"라고 보인다.

44 〔詳說〕 道學:'道'자는 附帶하여 한 말이다.〔道字 帶過說〕

45 〔詳說〕 道學……言其所以得之之由:玉溪盧氏(盧孝孫)가 말하였다. "切磋는 至善의 그칠 바를 아는 것이고, 琢磨는 至善의 그칠 바를 얻는 것이다.〔切磋 知至善之所止 琢磨 得至善之所止〕"

46 〔詳說〕 恂慄……卒乃指其實而歎美之也:《大全》에 말하였다. "'實'은 盛德과 至善을 가리킨다.〔謂盛德至善〕" ○ '至善'을 위주로 말하였고, '盛德' 또한 附帶로 말한 것이다. 이 節은 '道學'과 '自修', '恂慄'과 '威儀'를 가지고 '盛德'과 '至善'을 陪從하였고, 또다시 '盛德'을 가지고 '至善'을 陪從하였으니, '至善'은 바로 실제의 실제이니, 이 한 節의 주체이다.〔主言至善 而盛德只是帶說 蓋此節 以道學自修恂慄威儀 陪盛德至善 又以盛德 陪至善 至善是實之實 而此一節之主也〕 ○ 新安吳氏(吳浩)가 말하였다. "理가 사물에 있으면 至善이 되고 이 理를 체행하여 얻은 바가 있으면 盛德이 되니, 明德은 사람이 품부 받은 초기에 얻은 것이요, 盛德은 실천한 뒤에 얻어지는 것이다.〔理在事物 則爲至善 體此理而有所得 則爲盛德 明德得於稟賦之初 盛德得於踐履之後〕"

••• 戲 감탄할 호 沒 없을 몰, 죽을 몰

《詩經》에 이르기를 "아, 前王을 잊지 못한다." 하였으니, 君子는 그(前王)의 어짊을 어질게 여기고 그의 친함을 친하게 여기며, 小人은 즐겁게 해 주심을 즐거워하고 이롭게 해 주심을 이롭게 여기니, 이 때문에 세상에 없는데도 잊지 못하는 것이다.

詩는 **周頌烈文篇**이라 **於戲**(오호)는 **歎辭**라 **前王**은 **謂文武也**라 **君子**는 **謂其後賢後王**[47]이요 **小人**은 **謂後民也**라 **此**는 **言 前王所以新民者 止於至善**하여 **能使天下後世**로 **無一物不得其所**하니 **所以既沒世而人思慕之**하여 **愈久而不忘也**라 **此兩節**은 **詠歎淫泆**[48]하여 **其味深長**하니 **當熟玩之**니라

詩는 〈周頌 烈文〉篇이다. '於戲'는 감탄하는 말이다. '前王'은 文王·武王을 이른다. '君子'는 後賢과 後王을 이르고, '小人'은 後民을 이른다. 이는 前王이 백성을 새롭게 한 것이 至善에 그쳐서 능히 天下와 後世로 하여금 한 물건도 제 자리를 얻지 못함이 없게 하였으니, 이 때문에 이미 〈돌아가시어〉 세상에 없는데도 사람들이 그를 思慕하여 더욱 오래도록 잊지 못함을 말한 것이다.
이 두 節은 詠歎하고 淫泆하여 그 맛이 깊고 기니, 마땅히 익숙히 보아야 한다.

⊙ **右**는 **傳之三章**이니 **釋止於至善**[49]하니라

---

47 〔詳說〕 君子 謂其後賢後王 : 本文의 賢·親의 순서를 따라서 먼저 後賢을 말하였다.〔依本文賢親之序而先言後賢〕 ○ 新安陳氏(陳櫟)가 말하였다. "後賢은 前王의 어짊을 어질게 여기고(존경하고) 後王은 前王의 친함을 친하게 여기니, 〈'賢其賢而親其親'에서〉 아래의 '賢·親' 두 글자는 前王 자신을 가리킨다.〔後賢賢其賢 後王親其親 下賢親二字 指前王之身〕"

48 **譯註** 詠歎淫泆 : '詠歎'은 詩를 읊조리고 감탄하는 것이고, '淫泆'은 원래 음탕함에 빠짐을 이르는바 '淫液'의 誤記라 한다. 이 내용은 《禮記》〈樂記〉에 보이는데, 이에 대하여 雙峰饒氏(饒魯)는 "'詠歎'은 그 歌詞를 말한 것이고, '淫泆'은 그 의미가 言詞의 밖에 넘침을 말한 것이다.〔詠歎言其詞 淫泆言其意味溢乎言詞之外也〕" 하였다. 艮齋는 《記疑》에서 "'淫泆'의 泆은 마땅히 《樂記》를 따라 液으로 써야 하니, 일찍이 肅齋(趙秉悳)가 이와 같이 말씀한 것을 보았다. 《樂記》의 註에 '詠歎은 소리를 길게 하여 감탄하는 것이고, 淫液은 소리가 이어져 흐르는 맥이 끊어지지 않는 모양이다.' 하였고, 字典에 淫과 泆은 모두 溢로 訓하였다. '詠歎淫泆'은 朱子 스스로 지어낸 말씀인지는 알지 못하겠으나, 반드시 《樂記》의 글을 인용함은 아닌 듯하다.〔淫泆泆 當依樂記作液 嘗見肅齋 如此說 蓋樂記註 詠歎 長聲而歎也 淫液 聲音連延 流液不絶之貌 字典淫泆皆訓溢 未審是朱子自造語 非必引樂記文耶〕" 하였다.

49 〔詳說〕 右……釋止於至善 : 朱子가 말씀하였다. "앞의 세 節은 그침을 말하였고, 가운데 한 節(4節)은 至善을 말하였고, 〈烈文〉詩(5節)는 또 至善의 뜻을 詠歎하였다.〔前三節說止 中一節說至善 烈文又詠歎至善之意〕" ○ 살펴보건대, 이 章은 열 개의 '止'자와 한 개의 '至善'이라는 글자를 또한 합하여 보아야 그 뜻이 비로소 구비된다.〔按此節十止字 一至善字 亦合而觀之 其義方備〕 ○ 玉溪盧氏(盧孝孫)가 말하였다. "첫 번째 節은 물건이 각각 마땅히 그쳐야 할 바의 곳이 있음을 말하였고, 두 번째 節은 그칠 줄을 아는 일을 가지고 말하였고, 세 번째 節은 그칠 바를 얻은 일을 가지고 말하였고, 네 번째 節은 至善의 體가 확립하는 바를 말하였고, 다섯 번째 節은 至善의 用이 행해지는 바를 말하였다.〔一節

••• 歎 탄식할 탄 詠 읊을 영 淫 넘칠 음 泆 빠질 일 玩 구경할 완

⊙ 이상은 傳文의 3章이니, 止於至善을 해석하였다.

此章內에 **自引淇澳詩以下**는 **舊本**에 **誤在誠意章下**하니라

이 章 안에 〈淇澳〉詩(3章 4節)를 인용한 데서부터 이하는, 舊本에 잘못되어 誠意章(6章) 아래에 있었다.

|傳4章 本末章(聽訟章)|

4. 子曰 聽訟이 吾猶人也나 必也使無訟乎인저하시니 無情者 不得盡其辭는 大畏民志니 此謂知本이니라

孔子께서 말씀하시기를 "爭訟을 다스림은 내 남과 같으나 반드시 백성들로 하여금 爭訟함이 없게 하겠다." 하셨으니, 實情이 없는 자가 그 거짓말을 다하지 못하는 것은 〈爲政者가〉 백성들의 마음을 크게 두렵게 하기 때문이니, 이것을 일러 '근본을 안다.'고 하는 것이다.

猶人은 **不異於人也**[50]라 **情**은 **實也**라 **引夫子之言**하여 **而言 聖人**이 **能使無實之人**으로 **不敢盡其虛誕之辭**[51]는 **蓋我之明德**이 **旣明**[52]하여 **自然有以畏服民之心志**[53]라 **故**로 **訟不待聽而自無也**라 **觀於此言**이면 **可以知本末之先後矣**[54]리라

'猶人'은 남과 다르지 않은 것이다. '情'은 실제이다. 夫子의 말씀을 인용하여, 聖人이 능히 實

言物各有所當止之處 二節 以知止之事言 三節 以得所止之事言 四節 言至善之體所以立 五節 言至善之用所以行〕

50 譯註 猶人 不異於人也:《論語》〈述而〉 32章 '文莫吾猶人也'의 註에 "'猶人'은 남보다 낫지는 못하나 오히려(그래도) 남에게 미칠 수 있음을 말한 것이다.〔猶人 言不能過人而尙可以及人〕" 하였다.

51 〔詳說〕 能使無實之人 不敢盡其虛誕之辭:이치가 아니면서 쟁송하기를 좋아하는 자가 남을 속이는 간사한 계책을 쓰지 못하는 것이니, 그 말을 다하기를 기다리지 않고 그 간사함을 깨닫는 것이다.〔非理健訟者 不能售其欺誣之姦計 蓋不待其盡言而覺其姦〕

52 〔詳說〕 蓋我之明德 旣明:《大全》에 말하였다. "이는 근본을 미루어 말해서 明德을 밝히는 것을 근본으로 삼았으니, 바로 傳文을 지은 자의 말 밖의 뜻이다.〔此推本言之 明明德爲本 乃傳者言外之意〕"

53 〔詳說〕 自然有以畏服民之心志:《大全》에 말하였다. "이것은 바로 新民이다.〔此卽新民〕"

54 〔詳說〕 可以知本末之先後矣:本은 마땅히 먼저 해야 하고 末은 마땅히 뒤에 해야 한다.〔本當先而末當後〕 ○ '聽訟'과 '使無訟'의 本과 末을 가지고 '明明德'과 '新民'의 本과 末을 밝혔는데, 傳文은 중한 것을 들어서 가벼운 것을 포함하였다. 그러므로 '末'자를 말하지 않은 것이다.〔以無訟使無訟之本末 明明明德新民之本末 而傳文擧重以該輕 故不言末字〕

••• 訟 송사 송 猶 같을 유 誕 허탄할 탄 待 기다릴 대 聽 들을 청, 다스릴 청

情이 없는 사람으로 하여금 감히 그 虛誕한 말(거짓말)을 다하지 못하게 하는 것은 나의 明德이 이미 밝아져서 자연히 백성들의 心志를 두렵게 하고 복종시킴이 있으므로 쟁송을 다스릴 필요 없이 쟁송이 저절로 없어짐을 말씀한 것이다. 이 말씀을 본다면 本末의 先後를 알 수 있을 것이다.

⊙ **右**는 **傳之四章**[55]이니 **釋本末**하니라

⊙ 이상은 傳文의 4章이니, 本末을 해석하였다.

此章은 **舊本**에 **誤在止於信下**하니라

이 章은, 舊本에 잘못되어 '止於信'(3章 3節) 아래에 있었다.

(此謂知本)

程子曰 衍文也라

程子(伊川)가 말씀하였다. "衍文(쓸데없이 들어간 글)이다."

|傳5章 格致章|

5. 此謂知之至也니라

이것을 일러 '지식이 지극하다.'고 한다.

此句之上에 **別有闕文**이요 **此特其結語耳**라

이 句의 위에 별도로 빠진 글이 있고, 이것은 다만 그 맺음말일 뿐이다.

⊙ **右**는 **傳之五章**이니 **蓋釋格物致知之義而今亡矣**니라

⊙ 이상은 傳文의 5章이니, 格物 · 致知의 뜻을 해석하였는데 지금은 없어졌다.

此章은 **舊本**에 **通下章**하여 **誤在經文之下**하니라

이 章은, 舊本에 아랫장과 함께 잘못 經文의 아래에 있었다.

---

55 〔詳說〕 右 傳之四章 : 살펴보건대, 이로부터 이하는 여러 傳文의 끝에 모두 '此謂' 두 글자로써 끝을 맺었다.〔按自此以下 諸傳之末 皆以此謂二字結之〕

••• 衍 남을 연 **闕** 빠트릴 궐 **特** 특별할 특, 다만 특

|補亡章|

間[56]嘗竊取程子之意[57]하여 以補之[58]하니 曰 所謂致知在格物者는 言 欲致吾之知인댄 在卽物而窮其理也라 蓋人心之靈이 莫不有知요 而天下之物이 莫不有理언마는 惟於理에 有未窮이라 故로 其知有不盡也니 是以로 大學始敎에 必使學者로 卽凡天下之物하여 莫不因其已知之理而益窮之[59]하여 以求至乎其極하나니 至於用力之久而一旦豁(활)然貫通焉이면 則衆物之表裏精粗[60] 無不到하고 而吾心之全體大用[61]이 無不明矣[62]리니 此

---

56 〔詳說〕 間:沙溪(金長生)가 말씀하였다. "《韻會》에 '間은 時日이다.'하였으니, '中間'의 '間'자와는 똑같지 않다(다르다).〔韻會 時日也 與中間之間不類〕 ○ 살펴보건대, '間'은 近日이라는 말과 같으니, 〈大學章句序〉의 '間亦'의 '間'자와 마땅히 참고해서 보아야 할 것이다.〔按 間猶近日也 與序文間亦之間 當參看〕

57 〔詳說〕 取程子之意:朱子가 말씀하였다. "程子가 말씀하시기를 '배움은 致知보다 앞서는 것이 없다.' 하셨고, 또 말씀하시기를 '大學의 순서는 致知를 먼저 하고 誠意를 뒤에 한다.' 하셨으니, 이는 모두 格物·致知를 마땅히 먼저 해야 하고 뒤에 해서는 안 되는 뜻을 말씀하신 것이다. 여기에서 보충한 것은 비록 程子의 말씀을 다 사용하지는 않았으나, 그 指趣의 要歸는 부합하지 않는 것이 드물다.〔程子曰 學莫先於致知 又曰 大學之序 先致知而後誠意 皆言格物致知當先而不可後之意 此所補 雖不盡用程子之言 然其指趣要歸 則不合者鮮矣〕"

58 〔詳說〕 間嘗竊取程子之意 以補之:朱子가 말씀하였다. "여기서 보충한 제5章은 내 또한 일찍이 《大學》의 文體를 본받아서 지었으나 끝내 이루지 못하였다.〔所補第五章 亦嘗效其文體而爲之 竟不能成〕" ○ 尤菴이 말씀하였다. "능하지 못한 것이 아니요 아마도 하지 않으신 것일 것이니, 만약 朱子가 본연의 이치가 분명하고 뜻이 올바른 문장을 버리고 억지로 옛글을 본받았다면, 어찌 孫叔敖를 흉내낸 優孟[1)]이 되지 않겠는가.〔非不能也 蓋不爲也 若使朱子捨本然理明義正之文章 而强效之 則豈不爲叔敖之優孟耶〕" ○ 내가 살펴보건대, 문장은 古今과 風氣의 차이가 있어서 억지로 본받기 어려움이 있다. 그러므로 起와 結은 傳文의 本體와 본래 말을 사용하였고, 중간은 註體(註의 문체)를 사용하였으니, 註體를 사용한 뒤에야 말이 다할 수 있어서 사람들이 깨닫기 쉽다. 만일 예스럽고 심오한 것을 억지로 본받고, 또 따라서 그 아래에다 스스로 註를 단다면, 어찌 이것이 聖人의 진실한 마음과 정직한 道라고 말할 수 있겠는가.〔按文有古今風氣之殊 有難强效 故起結則用傳文本體與本語 中間則用註體 蓋用註體然後言可盡而人易曉 使其强效古娛 又從而自註其下 則豈可曰聖人之誠心與直道哉〕

譯註 1. 優孟:優孟은 춘추 시대 楚의 樂工이고 孫叔敖는 蔿敖(위오)를 가리킨다. 優孟은 해학과 기지가 뛰어났는데, 재상 蔿敖가 죽고 그의 아들이 매우 곤궁하게 살자 蔿敖의 생시 복장을 하고 1년 이상이나 蔿敖의 거동과 모습을 익힌 다음 莊王을 찾아가 노래로써 왕을 감동시켰다고 한다. 가짜는 아무래도 진짜만은 못함을 비유하는 말로 쓰인다.(《史記 滑稽列傳》)

59 〔詳說〕 人心之靈……莫不因其已知之理而益窮之:《大全》에 말하였다. "'已知'는 바로 윗글 '人心의 영특함은 앎이 있지 않음이 없다'는 그 '知'자이다.〔已知 卽上文人心之靈莫不有知之知〕"

60 〔詳說〕 衆物之表裏精粗:朱子가 말씀하였다. "'表'라는 것은 사람과 물건이 함께 행하는 바이고, '裏'라는 것은 내 마음에 홀로 얻은 것이다.〔表者 人物所共由 裏者 吾心所獨得〕" ○ 또 말씀하였다. "博文은 바로 表이고, 約禮는 바로 裏이다.〔博文是表 約禮是裏〕"

61 〔詳說〕 吾心之全體大用:新安陳氏(陳櫟)가 말하였다. "'全體'는 바로 '具衆理(여러 가지 理를 갖추고 있음)'이고, '大用'은 바로 '應萬事(만 가지 일에 응하는 것)'이다.〔全體卽具衆理者 大用卽應萬事者〕"

62 〔詳說〕 衆物之表裏精粗……無不明矣:이 두 句는 格物·致知의 功效를 말하였다.〔此二句 說格致之功效〕
〔記疑〕 몸은 檢束하지 않음이 있으므로 닦고, 心은 정직하지 않음이 있으므로 바루고, 意는 성실하지 않

••• 竊 몰래 절, 훔칠 절 卽 곧 즉, 나아갈 즉 旦 아침 단 豁 넓을 활 貫 꿸 관 粗 거칠 조(추)

謂物格이며 **此謂知之至也**니라

근간에 내 일찍이 程子의 뜻을 남몰래 취하여 빠진 부분을 다음과 같이 보충하였다. "이른바 '지식을 지극히 함이 사물의 이치를 궁구함에 있다.'는 것은 나의 지식을 지극히 하고자 한다면 사물에 나아가 그 이치를 궁구함에 있음을 말한 것이다. 人心의 영특함은 앎(지식)이 있지 않음이 없고 천하의 사물은 이치가 있지 않음이 없건마는 다만 이치에 대하여 궁구하지 않음이 있기 때문에 그 앎이 다하지 못함이 있는 것이다. 이 때문에 大學에서 처음 가르칠 적에 반드시 배우는 자들로 하여금 모든 천하의 사물에 나아가서 이미 알고 있는 이치를 인하여 더욱 궁구해서 그 極에 이름을 구하지 않음이 없게 한 것이다. 그리하여 힘쓰기를 오래해서 하루아침에 豁然히 관통함에 이르면 모든 사물의 表裏와 精粗가 이르지 않음이 없고, 내 마음의 全體와 大用이 밝지 않음이 없을 것이니, 이것을 일러 '物格'이라 하며 이것을 일러 '知之至(지식이 지극해진다)'라 한다."

|傳6章 誠意章|

6-1. 所謂誠其意者[63]는 毋自欺也니 如惡惡臭(오악취)하며 如好好色이 此之謂自謙(慊)이니 故로 君子는 必愼其獨也니라

이른바 '그 뜻을 성실히 한다.'는 것은 스스로 속이지 않는 것이니, 〈惡을 미워하기를〉 惡臭를 미워하는 것과 같이 하며, 〈善을 좋아하기를〉 好色(아름다운 여색)을 좋아하는 것과 같이 하여야 하니, 이것을 '自慊'이라 이른다. 그러므로 君子는 반드시 그 홀로를 삼가는 것이다.

誠其意者는 **自修之首也**[64]라 **毋者**는 **禁止之辭**라 **自欺云者**는 **知爲善以去惡**[65]이로되 **而**

음이 있으므로 성실히 하고, 知는 극진하지 않음이 있으므로 지극히 하는 것이니, 이는 모두 병을 따라 치료하는 것이다. 그러나 理에 이르러는 원래 지극하여 조그마한 흠결이 없으므로 다만 모름지기 궁구하여 이르는 것이니, 이는 理가 천하의 큰 근본이 되어서 身·心·意·知가 견주어 똑같이 할 수 있는 것이 아님을 알 수 있다. 그러므로 聖學은 理를 궁구하고 天을 아는 것을 급선무로 삼는 것이다.〔身有不檢故修之 心有不直 故正之 意有不實 故誠之 知有不盡 故致之 此皆因病而藥之 至於理 則原自極至 無些子欠缺 故但須窮而至之 此見理爲天下之大本 非身心意知之所可比而同之 故聖學以窮理知天爲先務〕

63 所謂誠其意者 : 壺山은 "'所謂' 두 글자는 經文과 조응되니, 뒤도 이와 같다. 傳文 첫 머리의 '所謂'와 傳文 끝의 '此謂'는 그 예가 똑같다.〔所謂二字 照應經文 後放此 蓋傳首之所謂 傳末之此謂 其例一也〕" 하였다.

64 〔詳說〕 自修之首也 : 淇澳章(3章 4節)의 '自修'와 조응되니, 力行의 시작임을 이른다.〔照淇澳章自修 謂力行之始也〕

••• 毋 말 무 臭 냄새 취 好 좋아할 호, 아름다울 호 謙 만족해할 겸(慊通) 愼 삼갈 신 禁 금할 금

心之所發이 有未實也[66]라 謙[67]은 快也며 足也[68]라 獨者는 人所不知而己所獨知之地也라 言 欲自修者 知爲善以去其惡이어든 則當實用其力하여 而禁止其自欺하여 使其惡惡則如惡惡臭하고 好善則如好好色하여 皆務決去而求必得之하여 以自快足於己요 不可徒苟且以徇外而爲人也라 然이나 其實與不實은 蓋有他人所不及知而己獨知之者라 故로 必謹之於此[69]하여 以審其幾焉[70]이니라

'그 뜻을 성실히 하는 것'은 自修의 첫 번째이다. '毋'는 금지하는 말이다. '自欺'라는 것은 善을 하고 惡을 제거해야 함을 알지만 마음의 發하는 바가 성실하지 못함이 있는 것이다. '謙'은 快함이며 만족함이다. '獨'은 남은 알지 못하고 자신만이 홀로 아는 곳이다. 스스로 닦고자 하는 자가 善을 하고 惡을 제거해야 함을 알았으면 마땅히 실제로 그 힘을 써서 自欺함을 금지하여, 가령 惡을 미워함에는 惡臭를 미워하는 것과 같이 하고 善을 좋아함에는 好色을 좋아하는 것과 같이 하여, 모두 힘써 결단하여 버리고 구함에 반드시 얻어서 스스로 자신에게 만족하게 할 것이요, 한갓 구차히 外面을 따라 남을 위해서는 안되는 것이다. 그러나 그 성실하고 성실하지 못함은 남은 미처 알지 못하고 자신만이 홀로 아는 데 있다. 그러므로 반드시 이것(홀로)을 삼가 그 幾微를 살펴야 함을 말씀한 것이다.

---

65 〔詳說〕知爲善以去惡 : 南塘(韓元震)이 말씀하였다. "'以'자를 굳이 집착하여 볼 것이 없다.〔以字不必泥看〕"

66 〔詳說〕心之所發 有未實也 : 東陽許氏(許謙)가 말하였다. "誠意는 致知 이후의 일이다. 그러므로 '善을 하고 惡을 제거해야 함을 알지만 마음의 발하는 바가 성실하지 못함이 있다.'고 한 것이다.〔誠意是致知以後事 故曰 知爲善以去惡 而心之所發 有未實〕"

67 〔詳說〕謙 : 朱子가 말씀하였다. "'謙'은 慊(겹)과 같이 읽는다.〔讀與慊同〕" ○ 살펴보건대, 諺解의 음이 잘못되었으니, 음훈을 상고할 만하다. 諺解를 할 적에 아랫절의 厭(암)자의 음훈을 살필 줄만 알고 이 謙(겸)의 음은 살필 줄 몰랐으니, 이상하다. 그러나 《孟子》 浩然章의 음훈에는 또 '口와 簟의 反(겸)'을 앞에 두었으니, 다시 살펴보아야 한다.[1]〔按諺音誤 音訓可考 蓋諺解時 知察下節厭字音訓 而不知察此謙音 可異也 然孟子浩然章音訓 則又以口簟反居先 更在詳之耳〕

譯註 1. 諺解의……한다 : 官本諺解의 음은 판본에 따라 '겸'으로 된 것도 있고 '겸'으로 된 것도 있다. 《章句》의 음훈에 "'謙'은 慊으로 읽으니 苦劫反(겹)이다〔謙讀爲慊 苦劫反〕" 하였다. 《孟子》 浩然章의 음훈에는 "'慊'은 口簟反(겸) 또는 口劫反(겹)이다.〔慊 口簟反 又口劫反〕" 하였다.

68 〔詳說〕快也 足也 : 朱子가 말씀하였다. "《孟子》에 慊을 訓한 것[1]은 만족의 뜻이 많고, 《大學》의 訓은 快함의 뜻이 많다.〔孟子訓慊 滿足意多 大學訓 快意多〕"

譯註 1. 《孟子》에……訓한 것 : 《孟子》 〈公孫丑上〉 不動心章(2章)의 '行有不慊於心則餒矣'에 대한 集註에 '慊은 快也 足也'라고 풀이한 내용을 가리킨 것이다.

69 譯註 必謹之於此 : 원문에는 '愼其獨'으로 되어 있으나 宋나라 孝宗의 이름이 昚인데, 昚은 愼의 古字이므로 御諱를 피하여 '愼'자 를 쓰지 않고 '謹'자로 代用한 것이다. 뒤의 10章에 보이는 '先愼乎德'을 《章句》에 '先謹乎德'으로 바꾼 것도 또한 똑같은 이유이다.

70 〔記疑〕以審其幾 : 다른 곳의 '幾'자는 善·惡으로[1] 말했으나 이곳은 성실과 성실하지 않음의 幾로 보아야 할 듯하다.〔以審其幾 佗處幾字 以善惡言 此處似當以實不實之幾看〕

譯註 1. 幾자는 善·惡으로 : 《語類》에 "幾者 動之微 動則有爲 而善惡形矣"라고 보인다.

··· 快 쾌할 쾌 徇 따를 순 審 살필 심 幾 기미 기

6-2. 小人閒居에 爲不善호되 無所不至하다가 見君子而后에 厭(암)然揜其不善하고 而著其善하나니 人之視己 如見其肺肝然[71]이니 則何益矣리오 此謂 誠於中[72]이면 形於外라 故로 君子는 必愼其獨也니라

小人이 한가로이(홀로) 거처할 적에 不善한 짓을 하되 이르지 못하는 바가(짓이) 없다가 君子를 본 뒤에 겸연쩍게 그 不善함을 가리우고 善함을 드러내나니, 남들이 자기를 보기를 자신의 肺肝을 보듯이 할 것이니, 그렇다면 무슨 유익함이 있겠는가. 이것을 일러 '中心에 성실하면 外面에 나타난다.'고 하는 것이다. 그러므로 君子는 반드시 그 홀로를 삼가는 것이다.

閒居는 獨處也라 厭[73]然은 消沮閉藏之貌라 此는 言 小人이 陰爲不善하고 而陽欲揜之[74]하니 則是非不知善之當爲와 與惡之當去也로되 但不能實用其力以至此耳라 然이나 欲揜其惡而卒不可揜하고 欲詐爲善而卒不可詐하니 則亦何益之有哉리오 此는 君子所以重以爲戒而必謹其獨也니라

'閒居'는 홀로 거처하는 것이다. '厭然'은 消沮(意氣가 꺾여 위축됨)하여 은폐하고 감추는 모양이다. 이는 小人이 속으로 不善을 하고 겉으로 이것을 감추고자 하는 것이니, 그렇다면 善

---

71 如見其肺肝然 : 牛溪(成渾)는 "사람들이 소인을 볼 적에 단지 그 외면으로 거짓을 함을 볼 뿐만이 아니요, 속에 있는 폐와 간까지도 보는 것이다.〔人之視小人 不但視其外面作僞而已 亦看得在內之肺肝〕" 하였는데, 栗谷은 "사람들이 스스로 자기의 폐와 간을 보는 것이다.〔人之自視其肺肝〕" 하였다. 壺山은 "살펴보건대, 牛溪의 말씀이 끝내 평탄하고 순한 듯하다. 또 윗글에 두 개의 '其'자와 한 개의 '己'자는 모두 다른 사람의 입장에서 小人을 지목한 말이니, 다르게 보아서는 안 될 듯하다.〔按牛溪說 終似平順 且上文二其一己字 皆自他人而目小人之辭 恐不可異同看〕" 하였다. (《詳說》)

72 誠於中 : 艮齋는 "이 句를 先賢들이 善과 惡을 겸하여 보면서도 중점이 惡에 있었다 하였으나, 내 생각건대 다만 마땅히 惡으로 말해야 할 것이다. 朱子가 《中庸》 20章의 《或問》에 '그 惡을 함이 어떠한 진실함이 이와 같겠는가. 어찌하여 이것을 誠이라 말하지 않을 수 있겠는가.'라고 분명히 말씀하셨고, 小註에 또 '이것은 바로 惡의 眞實無妄이다.'라고 분명히 말씀하였으니, 이러한 부분은 모름지기 그 글을 쓴 大意를 알아야 하고, 글자의 뜻에 구애되어서는 안 된다.〔誠於中此句 先賢有兼善惡看而重在惡邊 竊意但當以惡言 朱子於中庸二十章或問 明言其爲惡也何實如之 而安得不謂之誠 小註又明言此是惡底眞實無妄 此等須領取其立言大意 不可拘於字義也〕" 하였다.

73 〔詳說〕 厭 : 살펴보건대, 《大全》에 '於簡反(안)' 세 글자를 음훈의 끝에 두었으니, 官本諺解의 음이 이 때문에 〈'안'으로〉 잘못되었는바, '簡'은 혹 闞이나 減의 잘못일 것이다.〔按大全本 有於簡反三字於音訓末 諺音因以致誤 簡 或闞與減之訛〕

74 〔詳說〕 陰爲不善 而陽欲揜之 : 《大全》에 말하였다. "한가로이 거처할 때는 陰(속으로 남몰래 惡을 하는 것)이 되고, 君子를 만났을 때는 陽(겉으로 善을 하는 것)이 된다.〔閒居爲陰 見君子爲陽〕"

… 閒 한가할 한 厭 겸연쩍을 암(안) 揜 가릴 엄 肺 허파 폐 肝 간 간 形 드러날 형 消 사라질 소 沮 막힐 저 閉 닫을 폐 藏 감출 장 陰 그늘 음, 속으로 음 詐 거짓 사

을 마땅히 해야 함과 惡을 마땅히 제거해야 함을 알지 못하는 것이 아니나, 다만 실제로 그 힘을 쓰지 못하여 이에 이른 것이다. 그러나 그 惡을 가리고자 해도 끝내 가리지 못하고 거짓으로 善을 하고자 해도 끝내 속일 수가 없으니, 그렇다면 또한 무슨 유익함이 있겠는가. 이는 君子가 거듭 경계하여 반드시 그 홀로를 삼가는 까닭을 말씀한 것이다.

6-3. **曾子曰 十目所視**며 **十手所指**니 **其嚴乎**인저

曾子께서 말씀하셨다. "열 눈이 보는 바이며 열 손가락이 가리키는 바이니, 그 무섭구나."

引此以明上文之意[75]라 **言 雖幽獨之中**이라도 **而其善惡之不可揜**이 **如此**하니 **可畏之甚也**라

이것을 인용하여 윗글의 뜻을 밝힌 것이다. 비록 幽獨(어둡게 홀로 있음)의 가운데라도 그 善·惡의 가릴 수 없음이 이와 같으니, 두려울 만함이 심함을 말씀한 것이다.

6-4. **富潤屋**이요 **德潤身**이라 **心廣體胖**하나니 **故**로 **君子**는 **必誠其意**니라

富는 집을 윤택하게 하고 德은 몸을 윤택하게 하니, 〈德이 있으면〉 마음이 넓어지고(여유롭고) 몸이 펴진다. 그러므로 君子는 반드시 그 뜻을 성실히 하는 것이다.

胖은 **安舒也**라 **言 富則能潤屋矣**요 **德則能潤身矣**[76]라 **故**로 **心無愧怍**이면 **則廣大寬平**

---

75 〔詳說〕 引此以明上文之意 : 尤菴이 말씀하였다. "傳文 10章은 모두 曾子가 經文을 해석한 말씀인데, 이 한 節은 經文을 해석한 것이 아니고, 다만 〈曾子께서〉 일찍이 말씀하고 외워 문인을 경계하신 것이다. 그러므로 문인이 이 傳文 10章을 기록할 적에 인하여 曾子의 말씀을 삽입하고 '曾子曰'을 더하였으니, 이 《章句》의 '引'字를 보면 알 수 있다. 退溪는 曾子가 傳文 가운데 특별히 이 말씀을 외워서 문인에게 경계하셨기 때문에 문인이 특별히 '曾子曰'을 더했다고 하셨는데, 引字의 뜻과 어긋나는 듯하다.〔傳十章皆曾子釋經之辭 而此一節 非所以釋經 特嘗稱誦以戒門人者 故門人記此十傳時 因以揷入 而加曾子字 觀此註引字 可知矣 退溪以爲曾子於傳文中 特誦此說以戒門人 故門人特加曾子曰 恐與引字意相違〕" ○ 살펴보건대, 傳文 10章은 曾子의 뜻을 문인이 기록한 것이니, 이미 그(曾子) 뜻이라고 말했으면 傳文 10章의 글이 반드시 다 曾子의 말씀이 되지는 않는 것이요, 오직 이 한 節은 曾子가 평소에 반드시 이루어 놓은 말씀이 있었기 때문에 특별히 '曾子曰'이라고 칭한 것이리라.〔按傳十章 曾子之意而門人記之 旣曰其意 則十傳之文 未必皆爲曾子之言 惟此一節 曾子平日必有成言 故特稱曾子曰耳〕

76 〔詳說〕 富則能潤屋矣 德則能潤身矣 : 三山陳氏(陳孔碩)가 말하였다. "'潤'은 華澤과 같다.〔潤 猶華澤也〕"

··· 幽 그윽할 유 潤 윤택할 윤 屋 집 옥 胖 펴질 반

하여 **而體常舒泰**[77]하니 **德之潤身者然也**라 **蓋善之實於中而形於外者 如此**[78]라 **故**로 **又言此以結之**하니라

'胖'은 편안하고 펴짐이다. 富하면 능히 집을 윤택하게 하고 德이 있으면 능히 몸을 윤택하게 한다. 그러므로 〈잘못한 일이 없어〉 마음에 부끄러움이 없으면 廣大하고 寬平하여 몸이 항상 펴지고 편안하니, 德이 몸을 윤택하게 함이 그러함을 말한 것이다. 善이 中心에 성실하여 外面에 나타남이 이와 같다. 그러므로 또 이것을 말씀하여 맺은 것이다.

⊙ **右**는 **傳之六章**이니 **釋誠意**하니라

⊙ 이상은 傳文의 6章이니, 誠意를 해석하였다.

經曰 欲誠其意인댄 **先致其知**라하고 **又曰 知至而后意誠**이라하니 **蓋心體之明**이 **有所未盡**이면 **則其所發**이 **必有不能實用其力**하여 **而苟焉以自欺者**[79]라 **然**이나 **或已明而不謹乎此**하면 **則其所明**이 **又非己有**하여 **而無以爲進德之基**[80]라 **故**로 **此章之指**를 **必承上章而通考之然後**에 **有以見其用力之始終**이니 **其序不可亂而功不可闕**이 **如此云**이라

經文에 이르기를 "그 뜻을 성실히 하고자 할진댄 먼저 그 지식을 지극히 하라." 하였고, 또 말하기를 "지식이 지극한 뒤에 뜻이 성실해진다." 하였으니, 心體의 밝음(지식)이 미진한 바가 있으면 그 발하는 바(뜻, 생각)가 반드시 실제로 그 힘을 쓰지 못하여 구차하게 스스로 속임이 있게 된다. 그러나 혹 이미 밝게 알았다 하더라도 이것(홀로)을 삼가지 않으면 그 밝힌 것이 또 자신의 소유가 아니어서 德에 나아가는 기초로 삼을 수 없다. 그러므로 이 章의

---

77 〔詳說〕 則廣大寬平 而體常舒泰 : '則'과 '而' 두 글자를 만약 서로 바꾼다면 본문의 뜻이 더욱 분명하니[1], 혹 傳寫의 잘못인가 보다.〔則而二字 若互換 則本文之義 當尤明切 或傳寫之錯歟〕

譯註 1. 則과……분명하니 : '心無愧怍하여 而廣大寬平하면 則體常舒泰하니(마음에 부끄러움이 없어서 廣大하고 寬平하면 몸이 항상 펴지고 편안하니)'로 하는 것이 本文의 뜻에 더욱 분명하고 간절함을 말한 것이다.

78 〔詳說〕 善之實於中而形於外者 如此 : 朱子가 말씀하였다. "'小人閒居' 이하는 自欺의 정황을 형상한 것이고, '心廣體胖'은 自慊의 뜻을 형용한 것이다.〔小人閒居以下 形容自欺之情狀 心廣體胖 形容自慊之意〕

79 〔詳說〕 經曰……而苟焉以自欺者 : 이상은 중점이 致知에 있으니, 經文의 '그 뜻을 성실히 하고자 할진댄 먼저 그 지식을 지극히 해야 한다.〔欲誠其意 先致其知〕'는 뜻을 해석한 것이다.〔以上 重在致知上 所以釋經文欲誠其意先致其知之義也〕

80 〔詳說〕 然或已明而不謹乎此……而無以爲進德之基 : 이상은 중점이 誠意에 있으니, 經文의 '지식이 지극해진 뒤에 뜻이 성실해진다.〔知至而后意誠〕'는 뜻을 해석한 것이다. '然'자는 上下의 글을 나눈 것이다.〔以上 重在誠意上 所以釋經文知至而后意誠之義也 然字 所以界上下之文也〕

••• 舒 펼 서 愧 부끄러울 괴 怍 부끄러울 작 寬 너그러울 관 苟 구차할 구 闕 빠뜨릴 궐

뜻을 반드시 윗장을 이어서 통하여 상고한 뒤에야 힘을 쓰는 처음과 끝을 볼 수 있으니, 그 순서를 어지럽힐 수 없고 공부를 빠뜨릴 수 없음이 이와 같다.

|傳7章 正心修身章(正心章)|

7-1. 所謂修身이 在正其心者[81]는 (身)〔心〕有所忿懥(치)면 則不得其正하며 有所恐懼면 則不得其正하며 有所好樂(요)면 則不得其正하며 有所憂患이면 則不得其正이니라

이른바 '몸을 닦음이 그 마음을 바룸에 있다.'는 것은 마음에 忿懥하는 바를 두면 그 바름을 얻지 못하며, 恐懼하는 바를 두면 그 바름을 얻지 못하며, 좋아하는 바를 두면 그 바름을 얻지 못하며, 憂患하는 바를 두면 그 바름을 얻지 못한다.

程子曰 身有之身은 **當作心**[82]이라

○ **忿懥**는 **怒也**라 **蓋是四者**는 **皆心之用而人所不能無者**라 **然**이나 **一有之**[83]**而不能察**

---

81 所謂修身 在正其心者:壺山은 "經文에는 본래 '欲修其身 先正其心'으로 되어 있는데, 여기에서 '修身在正其心者'라고 말한 것은 아마도 經文의 끝에 '致知在格物'의 文勢를 인습한 듯하다. 뒤의 세 章도 이와 같다.〔經文本作欲修其身先正其心 而此云修身在正其心者 蓋因乎經文末致知在格物之文勢耳 後三章放此〕" 하였다.

82 〔詳說〕身有之身 當作心:이것은 본래 音訓인 '忿 弗粉反'의 위에 있어야 하는데, 이제 우선《大全》本을 따라서 여기에 옮겨 놓았다.〔此本在音訓忿弗之上 而今姑依大全本 移置于此〕

83 〔詳說〕一有之:沙溪가 말씀하였다. "'一有'라는 것은 조금 있는 것이니, '有之'는 곧 '有所'의 뜻을 해석한 것이다.〔一有者 少有也 有之 卽訓有所之義也〕" ○ 尤菴이 말씀하였다. "'一'은 바로 적다는 뜻이다.〔一是些少之意〕" ○ 退溪가 말씀하였다. "'一有'의 一은 곧 네 가지 중 하나이고, '專一'과 '主一'의 뜻이 아니다. '有'는 바로 사물이 올 적에 기뻐할 만한 것과 노여워할 만한 것이 있는 것이니, '有之' 두 글자는 '有所'의 뜻을 해석한 것이 아니다.〔一有之一 卽四者之一也 非專一主一之義也 有卽事物之來 有可喜可怒者也 有之二字 非訓有所之義也〕" ○ 살펴보건대 '有之'의 '之'자는 虛자가 아니고 바로 '有'자를 모신 것이니, 그렇다면 '有所'를 해석했다고 말한 것이 분명하다. 만약 退溪의 뜻과 같다면 본문에 마땅히 '有一'이라고 써야 하고, 또 '之'자는 남는 것이 되어야 한다.(없어도 된다) '之'자가 있기 때문에 이 '一有'는 序文의 '一有'와는 같지 않고, 다만 '一'자만 같을 뿐이다. '有'자를 만약 退溪와 같이 본다면 위 句의 '不能無' 세 글자와 어긋나는 혐의가 있으니, 諺解에 '有'자를 해석한 것이[1] 매우 옳다.〔按有之之之 非虛字 乃所以陪他有字也 則其謂釋有所 審矣 若如退溪意 則本文當作有一 且之字可衍也 以其有之字 故此一有 與序文之一有 不同 但一字則同耳 有字 若如退溪看 則與其上句不能無三字 有齟齬之嫌 諺釋有字 甚是〕

譯註 1. 諺解에……것이:官本諺解에 '有所'를 'ᄒᆞᄂᆞᆫ 바ᄅᆞᆯ 두면'으로 해석하였다.

〔記疑〕'一有'의 '一'자를 退翁(李滉)은 네 가지 중의 하나라고 하였으나, 이는 조금〔少〕, 겨우〔纔〕, 혹은 잠시〔暫〕의 뜻이다.〔一有一字 退翁以爲四者之一 然此是少纔或暫之意〕

··· 忿 성낼 분 懥 성낼 치 恐 두려울 공 樂 좋아할 요 憂 근심 우 患 근심 환 作 될 작

하면 **則欲動情勝**하여 **而其用之所行**이 **或不能不失其正矣**[84]리라

程子(伊川)가 말씀하였다. "'身有'의 身은 마땅히 心이 되어야 한다."

○ '忿懥'는 怒함이다. 이 네 가지는 모두 마음의 用이니, 사람이 능히 없지 못한 것이다. 그러나 하나(조금이)라도 이것을 가지고 있으면서 살피지 못하면 욕심이 動하고 情이 치우쳐서 그 用의 행하는 바가 혹 올바름을 잃지 않을 수 없을 것이다.

7-2. **心不在焉**이면 **視而不見**하며 **聽而不聞**하며 **食而不知其味**니라

마음이 있지 않으면 보아도 보이지 않으며, 들어도 들리지 않으며, 먹어도 그 맛을 알지 못한다.

---

84 〔詳說〕 其用之所行 或不能不失其正矣 : 用은 行의 시작이고 行은 用의 완성이다.〔用者 行之始 行者 用之成〕 ○ 農巖이 말씀하였다. "正心은 다만 바로 動處의 공부이다.〔正心只是動處工夫〕" ○ 尤菴이 말씀하였다. "正心은 經文과 傳文의 본래 뜻에 모두 用을 주장하였고, 《章句》에서도 분명 用을 가리켜 말하였는데, 〈經筵講義〉와 《或問》에서는 體를 가리킨 듯하니, 아마도 이것은 근본을 미룬 말씀인 듯하다.〔正心 經傳本義 皆主於用 章句分明指用言 而講義或問似指體 恐是推本之言也〕" ○ 沙溪가 말씀하였다. "옛 사람들이 마음을 논할 적에 대부분 用處를 따라 설명하였다. 그 마음을 바르게 한다는 것은 그 마음의 用을 바르게 하는 것이니, 用이 바름을 얻으면 마음의 體가 또한 따라서 바르게 된다. 雲峰은 '正其'와 '其正'을 가지고 體와 用에 나누어 소속시켜서[1] 《章句》와 똑같지 않다.〔古人論心 多從用處說 正其心者 正其心之用也 用得其正 則心之體亦隨而正 雲峰以正其 其正 分屬體用 與章句不同〕"

譯註 1. 雲峰은……소속시켜서 : 雲峰胡氏는 "'在正其心'의 이 '正'자는 바르게 하는 공부를 말한 것이니, 마음의 用에 혹 바르지 못함이 있으면 바르게 하지 않을 수 없음을 말한 것이다. '不得其正'의 이 '正'자는 마음의 體가 본래 바르지 않음이 없는데 사람이 스스로 바름을 잃음을 말한 것이다. '正其'라 하고 '其正'이라 한 것은 각각 用과 體로 나누어진다.〔在正其心此正字 是說正之之工夫 蓋謂心之用或有不正 不可不正之也 不得其正此正字 是說心之體本無不正而人自失之者也 曰正其 曰其正 自分體用〕" 하였다.(《大全》)

85 〔詳說〕 心有不存 : 朱子가 말씀하였다. "한 몸에 主宰가 없는 것이다.〔一身無主宰〕" ○ 退溪가 말씀하였다. "마음이 보존되어 있어야 하니, 혹자는 '軀殼(몸통) 안에 있어야 한다.' 하고, 혹자는 '視聽上에 있어야 한다.' 하니, 두 가지를 마땅히 통틀어서 보아야 한다.〔心在 或云在軀殼內 或云在視聽上 當通看〕"

86 〔詳說〕 心有不存 則無以檢其身 : 農巖은 "《或問》에 인용한 杜詩[1]의 '얼굴을 들어 날아가는 새를 본다.〔仰面貪看鳥〕'는 것은 네 가지 '有所'[2]의 비유이고, '머리를 돌려 사람을 대응하는 것을 잘못한다.〔回頭錯應人〕'는 것은 '三不'[3]의 비유이니, '有所'와 '不在'는 서로 인하여서 두 가지 일이 아니다. 나누어 끊기를 方氏의 說[4]과 같이 해서는 안 된다.〔或問所引 杜詩仰面貪看鳥 四有之譬也 回頭錯應人 三不之譬也 蓋有所與不在 相因而非二事 不容分截如方氏說也〕" 하였다.

譯註 1. 《或問》에……杜詩 : 《或問》에 "오직 이 마음의 신령스러움이 이미 '한 몸의 主宰'라고 하였으니, 마음이 진실로 그 바름을 얻어 여기에 있지 않음이 없으면 耳·目·口·鼻와 四肢와 百骸(온갖 몸)가 모두 명령을 들어 그 일에 바치는 바가 있어서 動靜·語默과 出入·起居가 오직 내(本心)가 시키는 대로 하여 道理에 부합하지 않음이 없을 것이요, 만일 그렇지 못하면 몸이 이곳에 있어도 마음이 저곳으로 달려가서 血肉의 몸이 管攝받는 바가 없으니, 그 '얼굴을 들어 날아가는 새를 보거나

··· 視 볼 시 味 맛 미

心有不存[85]이면 **則無以檢其身**[86]이라 **是以**로 **君子必察乎此**[87]하여 **而敬以直之**[88]하니 **然後**에 **此心常存**하여 **而身無不修也**라

마음이 보전되지 못함이 있으면 그 몸을 檢束할 수가 없다. 이 때문에 君子가 반드시 이를 살펴서 敬하여 마음을 곧게 하니, 그런 뒤에야 이 마음이 항상 보존되어 몸이 닦이지 않음이 없는 것이다.

7-3. 此謂修身이 在正其心이니라

이것을 일러 '몸을 닦음이 그 마음을 바룸에 있다.'고 하는 것이다.

머리를 돌려 사람을 대응하는 것을 잘못 하지 않는 자'가 별로 없을 것이다.〔惟是此心之靈 旣曰一身之主 苟得其正 而無不在是 則耳目口鼻 四肢百骸 莫不有所聽命以供其事 而其動靜語默 出入起居 惟吾所使 而無不合於理 如其不然 則身在於此 而心馳於彼 血肉之軀 無所管攝 其不爲仰面貪看鳥回頭錯應人者 幾希矣〕"라고 보인다.

譯註 2. 네 가지 有所 : 有所忿懥, 有所恐懼, 有所好樂, 有所憂患을 가리킨다.

譯註 3. 三不 : 視而不見, 聽而不聞, 食而不知其味를 가리킨다.

譯註 4. 方氏의 說 : 蛟峰方氏(方逢辰)가 말하였다. "위 1節은 마음이 있는 자의 병통을 말하였고, '心不在焉'은 마음이 없는 자의 병통을 말하였다. 윗절은 마음에 치우쳐 주장함이 있어서는 안 됨을 말하였고, 이 節은 마음에 보전하여 주장함이 없어서는 안 됨을 말하였다. 있으면 안 되는 것은 사사로운 주장이고, 없으면 안 되는 것은 主宰의 주장이다.〔上一節 說有心者之病 心不在焉 說無心者之病 上節 說心不可有所偏主 此節 說心不可無所存主 不可有者 私主也 不可無者 主宰之主也〕"(《大全》)

〔詳說〕 살펴보건대 傳文의 起와 結이 모두 몸과 마음을 겸하여 들었으나 章 안에 '身'자는 언급하지 않았다. 그러므로 '三不'의 註에 곧바로 '身不修'로 해석하여, 傳文의 부족한 뜻을 보충하였다. '無以檢其身' 한 句는 '三不'의 뜻을 해석한 것이 이미 충분하고, '是以' 이하는 또 그 병폐를 구원하는 일을 논하였으니, 이것은 병을 다스리는 약이다.〔按傳文起結 皆兼擧身心 而章中不及身字 故三不註 直以身不修釋之 以補傳文未足之意 無以檢其身一句 釋三不義 已足 是以以下 又論其救弊之事 此其治病之藥也〕

87 〔詳說〕 必察乎此 : 退溪가 말씀하였다. "'此'는 마음이 있지 않은 병통을 가리킨 것이다.〔指不在之病處〕"

88 譯註 敬以直之 : 《周易》〈坤卦 文言〉에 '直은 바름이고 方은 義로움이니, 君子가 敬하여 안(마음)을 곧게 하고 義로워 밖을 方正하게 해서, 敬과 義가 확립되면 德이 외롭지 않다.〔直其正也 方其義也 君子敬以直內 義以方外 敬義立而德不孤〕'라 하였는바, 《章句》에서는 '內'를 바꾸어 '之'라고 하였다.

〔記疑〕 南塘이 《章句》의 '敬以直之'를 근거하여 〈正心을〉 "靜時의 功夫이다." 하였으니, 이는 또 굽은 것을 바로잡다가 너무 지나치게 곧게 한 듯하다. 또 "妄動을 버리고 本體를 보존한다." 하여, 이로 인해서 〈正心을〉 오로지 存養에 소속시켜서 省察과 상대로 만들었는데, 近齋(朴胤源)가 이 說을 취하였으나 老洲(吳熙常)는 옳게 여기지 않고, 매양 "《大學》의 正心은 體·用을 겸하였는데 用을 주장하고, 《中庸》의 戒懼는 動·靜을 통합하였는데 靜을 주장했다." 하고, 南塘의 說을 傳文의 本旨가 아니라고 하였다.〔南塘據章句敬以直之 爲靜時功夫 此又似矯枉而過直也 又云 去妄動 存本體 因此專屬之存養與省察作對 近齋取此說 而老洲不以爲然 每曰 大學正心 兼體用而主用 中庸戒懼 統動靜而主靜 以南塘說 爲非傳文本旨〕

••• 檢 검속할 검 直 곧을 직

⊙ 右는 傳之七章이니 釋正心修身[89]하니라

⊙ 이상은 傳文의 7章이니, 正心 · 修身을 해석하였다.

此亦承上章하여 以起下章[90]이라 蓋意誠이면 則眞無惡而實有善矣니 所以能存是心以檢其身[91]이라 然이나 或但知誠意하고 而不能密察此心之存否면 則又無以直內而修身也[92]라 自此以下는 竝以舊文爲正하노라

이 또한 윗장을 이어서 아랫장을 일으킨 것이다. 뜻이 성실해지면 참으로 惡이 없고 진실로 善이 있을 것이니, 이 때문에 능히 마음을 보존하여 그 몸을 檢束하는 것이다. 그러나 혹 다만 誠意만을 알고, 이 마음의 보존되고 보존되지 않음을 치밀히 살피지 못한다면 또 안을 곧게 하여 몸을 닦을 수가 없다.

이로부터 이하는 모두 옛글(古本大學)을 옳은 것으로 삼는다.

| 傳8章 修身齊家章(修身章) |

8-1. 所謂齊其家 在修其身者는 人이 之其所親愛而辟(僻)焉하며 之其所賤惡(오)而辟焉하며 之其所畏敬而辟焉하며 之其所哀矜而辟焉하며

---

89 〔詳說〕 右……釋正心修身 : 이것은 비록 正心과 修身을 함께 해석하였으나 주된 생각은 항상 正心에 있으니, 뒤의 세 章도 이와 같다.〔此雖夾釋正心修身 而其主意則常在於正心 後三章放此〕 ○ 무릇 章 머리의 '所謂'와 章 끝의 '此謂'는 바로 호응하는 말인데, 誠意章에서 '故'자를 사용한 것은 그 시작한 말이 딴 例와 다르기 때문이다. 그러므로 結語에 또한 여기에 걸맞게 한 것이다. 齊家章(9章)에서 '故'와 '此謂'를 아울러 쓴 것은 거듭 맺었기 때문이요, 마지막 章(10章)에 부름(呼, 所謂)만 있고 응답(應, 此謂)이 없는 것은 아마도 책의 끝이기 때문에 그 예를 바꾼 듯하다.〔凡章首之所謂, 章末之此謂是呼應之辭也 而誠意章之用故字 以其起語之異於他例 故結語亦與稱之 齊家章之幷用故與此謂者 以其重結也 卒章之有呼無應 蓋以書末而變其例也〕

90 〔詳說〕 此亦承上章 以起下章 : 윗장의 章下註에 조응하여 '亦'자를 놓았다. 註의 머리에 마땅히 "經文에 '그 마음을 바로잡고자 한다면 먼저 그 뜻을 성실하게 해야 한다.' 하였고, 또 말하기를 '뜻이 성실한 뒤에 마음이 바루어진다.' 하였다."라고 말한 것이 있어야 하는데, 없는 것은 아마도 윗장의 註를 이어서 생략한 듯하다. 그러나 그 뜻은 이미 '亦承上章' 네 글자 안에 다 포함되어 있다.〔照上章章下註 而著亦字 註首當有云經曰 欲正其心 先誠其意 又曰 意誠而后心正 而無者 蓋蒙上章註而省之 然其意則已該於亦承上章四字中耳〕

91 〔詳說〕 蓋意誠……所以能存是心以檢其身 : 이상은 중점이 誠意에 있으니, 經文에 '그 마음을 바르게 하고자 한다면 먼저 그 뜻을 성실하게 해야 한다.'는 뜻을 해석한 것이다.〔以上 重在誠意上 所以釋經文欲正其心先誠其意之義也〕

92 〔詳說〕 然或但知誠意……則又無以直內而修身也 : 이상은 중점이 正心에 있으니, 經文의 '뜻이 성실해진 뒤에 마음이 바루어진다.'라는 뜻을 해석한 것이다.〔以上重在正心上 所以釋經文意誠而后心正之意也〕

••• 密 치밀할 밀 辟 편벽될 벽 矜 불쌍할 긍

之其所敖惰而辟焉하나니 **故**로 **好而知其惡**(악)하며 **惡**(오)**而知其美者 天下**에 **鮮矣**니라

이른바 '그 집안을 가지런히 함이 몸을 닦음에 있다.'는 것은, 사람은 親히 하고 사랑하는 바에 편벽되며, 천히 여기고 미워하는 바에 편벽되며, 두려워하고 존경하는 바에 편벽되며, 가엽게 여기고 불쌍히 여기는 바에 편벽되며, 오만하고 태만히 하는 바에 편벽되는 것이다. 그러므로 좋아하면서도 그의 나쁨을 알며 미워하면서도 그의 아름다움을 알 자가 천하에 적은 것이다.

人은 **謂衆人**이라 **之**는 **猶於也**[93]요 **辟**은 **猶偏也**라 **五者在人**에 **本有當然之則**[94]이라 **然**이나 **常人之情**은 **惟其所向**[95]**而不加察焉**하니 **則必陷於一偏**하여 **而身不修矣**니라

---

93 〔詳說〕 之 猶於也 : 文勢를 가지고 말하면 '於'와 같고, 글 뜻을 가지고 본다면 '往(감)'과 같다. 그러므로 《語類》에는 또 '之'는 '往'과 같다고 말한 것이다.〔以文勢則猶於也 以文意則猶往也 故語類又云 之猶往也〕

94 〔詳說〕 五者在人 本有當然之則 : 여기의 '人'자는 衆人과 君子를 통틀어서 말한 것이다.〔此人字 通衆人君子言〕 ○ 朱子가 말씀하였다. "'敖惰'는 다만 넓게 대략 보아 지나가야 하니, 상대방이 오만하게 대해도 될 만한 것을 인하여 오만하게 그를 대한다면 이것도 사리에 당연한 것이다. 상대방의 德이 아직 공경할 만한 정도에 이르지 못하고, 악함이 아직 천하게 여길 만한 정도에 이르지 않았다면 그를 보기를 범연히 하여 길가는 사람과 같이 대할 뿐이다. 또 이보다 낮은 자는 夫子(孔子)가 비파를 취하여 노래한 자[1]와 孟子가 안석에 기대어 누운 자[2]들이니, 그 自取함을 인하여 그를 오만하게 대한 것이니, 어찌 이것을 凶德이라고 말할 수 있겠는가.〔敖惰 只是闊略過去 因人之可敖而敖之 則是事理之當然也 德未至於可敬 惡未至於可賤 則視之汎然如塗人而已 又其下者 則夫子之取瑟而歌 孟子之隱几而臥 因其自取而敖之 安得謂之凶德哉〕"

譯註 1. 夫子(孔子)가……노래한 자 : 《論語》〈陽貨〉 20章에 "孺悲가 孔子를 뵙고자 하였는데, 孔子께서는 병이 있다고 사양하시고 명령을 전달하는 자가 문밖으로 나가자, 비파를 가져다가 타면서 노래를 부르시어 그로 하여금 듣게 하셨다.〔孺悲欲見孔子 孔子辭以疾 將命者出戶 取瑟而歌 使之聞之〕"라고 보인다.

譯註 2. 孟子가……누운 자 : 《孟子》〈公孫丑下〉 11章에 "孟子께서 齊나라를 떠나실 적에 晝땅에 유숙하셨는데, 王을 위해 〈孟子의〉 떠나감을 만류하고자 하는 자가 앉아서 말하였으나, 〈孟子께서〉 응하지 않으시고 几(안석)에 기대어 누우셨다.〔孟子去齊 宿於晝 有欲爲王留行者 坐而言 不應 隱几而臥〕"라고 보인다.

〔詳說〕 勿軒熊氏(熊禾)가 말하였다. "'親愛'와 '畏敬'과 '哀矜'은 사랑하는 사람에 이 세 등급이 있음을 가리킨 것이요, '賤惡'와 '敖惰'는 미워하는 사람에 이 두 등급이 있음을 가리킨 것이니, 위아래의 문장이 서로 조응하는 것이 이와 같다.〔親愛畏敬哀矜 指所愛之人有此三等 賤惡敖惰 指所惡之人有此二等 上下文相照應如此〕"

95 〔詳說〕 惟其所向 : 살펴보건대 《或問》에 이르기를, "이 다섯 가지에 한 가지라도 향하는 바가 있다."고 하여, 〈'之其所'의 之에〉 이미 '於'의 뜻을 취하였고 또 '往(행해 감)'의 뜻을 취하였는데, 이 註에서는 이미 '於'로 '之'를 훈하였고 또 '向'으로 '之'를 해석하였으니, 또한 두 가지를 모두 취한 것이 《或問》에서 말한 것과 같다.〔按或問云 於此五者一有所向 旣取於義 又取往義 而此註則旣以於訓之 又以向釋之

••• **敖** 거만할 오 **惰** 게으를 타 **鮮** 고울 선, 드물 선 **偏** 치우칠 편 **陷** 빠질 함

'人'은 衆人을 이른다. '之'는 於와 같고 '辟'은 偏과 같다. 〈親愛 · 賤惡 · 畏敬 · 哀矜 · 敖惰〉 이 다섯 가지는 사람에게 있어 본래 當然한 법칙이 있다. 그러나 常人의 情은 오직 향하는 바대로 가고 살핌을 加하지 않으니, 그렇다면 반드시 한쪽으로 빠져서 몸이 닦이지 않을 것이다.

8-2. 故로 諺에 有之하니 曰 人이 莫知其子之惡하며 莫知其苗之碩이라하니라

그러므로 속담에 이러한 말이 있으니, "사람들이 자기 자식의 악함을 알지 못하며 자기 苗(벼 싹)의 큼을 알지 못한다." 하였다.

諺은 **俗語也**라 **溺愛者**는 **不明**하고 **貪得者**는 **無厭**[96]하니 **是則偏之爲害**하여 **而家之所以不齊也**라

'諺'은 속담이다. 사랑에 빠진 자는 밝지 못하고 얻음을 탐하는 자는 만족함이 없으니, 이것은 편벽됨이 害가 되어 집안이 가지런해지지 못하는 이유이다.

8-3. 此謂身不修면 不可以齊其家니라

이것을 일러 '몸이 닦이지 않으면 그 집안을 가지런히 하지 못한다.'고 하는 것이다.

⊙ **右**는 **傳之八章**이니 **釋修身齊家**하니라

⊙ 이상은 傳文의 8章이니, 修身 · 齊家를 해석하였다.

|傳9章 齊家治國章(齊家章, 治國章)|

9-1. 所謂治國이 必先齊其家者는 其家를 不可敎요 而能敎人者 無之라 故로 君子는 不出家而成敎於國하나니 孝者는 所以事君也요 弟者는 所

蓋亦兩取 如或問云〕

96 〔詳說〕溺愛者……無厭 : 위 節의 끝에는 다섯 가지 편벽된 것으로부터 요약하여 사랑과 미워함이 되었고, 이 節은 또 사랑과 미워함으로부터 요약하여 사랑에 빠진 것만을 말해서 마침내 얻음을 탐하는 것에 미쳤으니, 얻음을 탐하는 것도 사랑의 등속이다. 사랑에 치우친 폐해가 심하구나!〔上節末 自五辟而約之 爲愛惡(오) 此節又自愛惡而約之 單說溺愛 遂及貪得 而貪得是亦愛之屬也 偏愛之害 甚矣哉〕

··· 諺 속담 언 苗 싹 묘 碩 클 석 溺 빠질 닉(익) 弟 공경 제 慈 사랑 자

以事長也요 **慈者**는 **所以使衆也**니라

이른바 '나라를 다스림이 반드시 먼저 그 집안을 가지런히 함에 있다.'는 것은 그 집안을 가르치지 못하고 능히 남을 가르치는 자는 없는 것이다. 그러므로 君子는 집을 나가지 않고 나라에 가르침을 이루니, 孝는 군주를 섬기는 것이요, 弟는 長官을 섬기는 것이요, 慈는 여러 백성들을 부리는 것이다.

身修則家可敎矣라 **孝, 弟, 慈**는 **所以修身而敎於家者也**[97]라 **然而國之所以事君, 事長, 使衆之道**가 **不外乎此**하니 **此所以家齊於上而敎成於下也**[98]라

몸이 닦이면 집안을 가르칠 수 있다. '孝 · 弟 · 慈'는 몸을 닦아 집안을 가르치는 것이다. 그러나 나라의 군주를 섬기고 長官을 섬기고 백성을 부리는 바의 道가 여기(孝 · 弟 · 慈)에서 벗어나지 않으니, 이는 집안이 위에서 가지런해짐에 가르침이 아래에서 이루어지는 것이다.

9-2. 康誥曰 如保赤子라하니 心誠求之면 雖不中이나 不遠矣니 未有學養子而后에 嫁者也니라

〈康誥〉에 이르기를 "赤子(갓난아이)를 보호하듯이 한다." 하였으니, 마음에 진실로 구하면 비록 꼭 맞지는 않으나 멀지 않은 것이니, 자식 기르는 것을 배운 뒤에 시집가는 자는 있지 않다.

此는 **引書而釋之**[99]하여 **又明立敎之本**이 **不假强爲**요 **在識其端而推廣之耳**[100]니라

---

97 〔詳說〕 孝弟慈 所以修身而敎於家者也 : 雲峰胡氏가 말하였다. "유독 이 세 가지만을 든 것은 齊家의 입장에서 말했기 때문이니, 임금을 섬기고 長官을 섬기고 백성을 부림이 장차 治國의 입장에서 말하려 한 것이다.〔獨擧三者 蓋從齊家上說 事君, 事長, 使衆 方從治國上說〕"

98 〔記疑〕 此所以家齊於上而敎成於下也 : '孝·弟·慈'는 君子가 몸을 닦는 행실이 집안을 나가지 않은 것이요 '事君·事長·使衆'은 나라에 가르침을 이루는 것이다. 이 節의 章句의 後本에 특별히 '國'자를 들어 말하였으니, 文理가 본래 이와 같다. 그런데 明·淸 간의 儒者들은 대부분 孝·弟·慈와 事君·事長·使衆을 모두 君子에 소속시켜 말하니, 이는 절대로 傳文의 本旨가 아니다. 汪長洲(汪份)의 辨論이 상세하고 또 분명하다.〔孝弟慈 是君子修身之行 不出家者 所以事君事長使衆 是成敎於國也 此節章句後本 特擧國字言之 文理自是如此 明淸間儒者 多以孝弟慈與事君事長使衆 竝屬君子說 殊非傳文本旨 汪長洲辨論 詳且明矣〕

99 〔詳說〕 引書而釋之 : '心誠求之' 이하는 바로 《書經》의 뜻을 풀이한 것이다.〔心誠以下 是釋書意也〕

100 〔詳說〕 又明立敎之本……在識其端而推廣之耳 : 栗谷이 말씀하였다. "小註에 朱子가 '이것은 다만 감

••• 外 벗어날 외 誥 가르칠 고 赤 붉을 적 誠 정성 성, 진실로 성 遠 멀 원 嫁 시집갈 가

이는《書經》을 인용하고 이것을 해석해서 또 가르침을 세우는 근본이 억지로 함을 빌리지 않고 그 단서를 알아서 미루어 넓힘에 있을 뿐임을 밝힌 것이다.

9-3. 一家仁이면 一國이 興仁하고 一家讓이면 一國이 興讓하고 一人이 貪戾하면 一國이 作亂하나니 其機如此[101]하니 此謂一言이 僨(분)事며 一人이 定國이니라

한 집안(군주의 집안)이 仁하면 한 나라가 仁을 興起하고, 한 집안이 사양하면 한 나라가 겸양을 흥기하고, 군주 한 사람이 탐하고 어그러지면 한 나라가 亂을 일으키니, 그 機(기틀)가 이와 같다. 이것을 일러 '〈군주의〉 한 마디 말이 일을 그르치며 〈군주〉 한 사람이 나라를 안정시킨다.'고 하는 것이다.

一人은 謂君也[102]라 機는 發動所由也라 僨은 覆敗也라 此는 言敎成於國之效[103]라

'一人'은 人君을 이른다. '機'는 發動함이 말미암는 것이다. '僨'은 전복되고 패함이다. 이는 가르침이 나라에 이루어지는 효험을 말씀한 것이다.

9-4. 堯舜이 帥(솔)天下以仁하신대 而民이 從之하고 桀紂帥天下以暴한대 而民이 從之하니 其所令이 反其所好면 而民이 不從하나니 是故로 君子는

동시켜 교화함을 근본으로 삼음을 말하였고 아직 미루는 데까지는 말하지 않았으며, 뒤에서야 비로소 완전히 미루어 말했다.' 하였으니, 여기의 朱子 말씀은 治國章 한 章을 통론한 것인데 이 말씀이 잘못 여기에 나와 있다.〔小註朱子說 此只說動化爲本 未說到推上 後方全是說推 此說是通論一章 而誤在此〕" ○ 沙溪가 말씀하였다. "朱子의 이 말씀은 마땅히 '一家仁' 節 아래에 있어야 할 듯하다.〔此說 疑當在一家仁節下〕"

101 其機如此 : 新安陳氏(陳櫟)는 "'機'는 쇠뇌의 기아이니, 화살이 말미암아 발동하는 것이다. 仁과 讓의 흥기가 그 기틀이 군주의 한 집안에서 시작되고, 悖亂의 일어남이 그 기틀이 군주 한 사람에서 시작됨을 비유하였다. 그러므로 총괄하여 결단하기를 '그 기틀이 이와 같다.'라고 한 것이다.〔機 弩牙 矢之發動所由 譬仁讓之興 其機由一家 悖亂之作 其機由一人 故總斷云 其機如此〕" 하였다.(《詳說》)

102 〔詳說〕 一人 謂君也 : '一家'의 家와 '一言'의 言도 다 임금을 가지고 말한 것이다.〔家與言 亦皆以君言〕

103 〔詳說〕 此 言敎成於國之效 : 雙峰饒氏(饒魯)가 말하였다. "仁과 讓은 上文의 '孝·弟'를 근본해서 말하였으니, 仁은 孝에 속하고 讓은 弟에 속한다. 위에서는 집안을 나가지 않고서 가르침을 나라에 이루는 도리를 말하였고, 여기서는 집안을 나가지 않고서 가르침을 나라에 이루는 효험을 말하였다.〔仁讓本上文孝弟而言 仁屬孝 讓屬弟 上言不出家成敎於國底道理 此言不出家成敎於國底效驗〕"

••• 假 빌릴 가, 거짓 가 戾 어그러질 려 機 틀 기 僨 전복할 분 覆 뒤엎을 복 敗 패할 패 帥 거느릴 솔 桀 홰대 걸 紂 고삐 주 暴 사나울 포

有諸己而後에 **求諸人**하며 **無諸己而後**에 **非諸人**하나니 **所藏乎身**이 **不恕**요 **而能喩諸人者 未之有也**니라

堯·舜이 천하를 仁으로써 거느리시자(솔선하시자) 백성들이 그를 따랐고, 桀·紂가 천하를 포악함으로써 거느리자 백성들이 그를 따랐으니, 그 명령하는 바가 그(君主)가 좋아하는 바와 반대가 되면 백성들이 따르지 않는다. 이러므로 君子는 자기 몸에 善이 있은 뒤에 남에게 善을 요구하며, 자기 몸에 惡이 없은 뒤에 남의 惡을 비난하는 것이다. 자기 몸에 간직하고 있는 것이 恕할(자신을 미루어 남에게 미칠) 수 없으면서 능히 남을 깨우치는 자는 있지 않다.

此는 **又承上文一人定國而言**이라 **有善於己然後**에 **可以責人之善**이요 **無惡於己然後**에 **可以正人之惡**[104]이니 **皆推己以及人**이니 **所謂恕也**라 **不如是**면 **則所令**이 **反其所好**하여 **而民不從矣**라 **喩**는 **曉也**[105]라

이는 또 윗글의 '한 사람이 나라를 안정시킨다.'는 것을 이어서 말씀한 것이다. 자기 몸에 善이 있은 뒤에 남의 善을 責(요구)할 수 있고, 자기 몸에 惡이 없은 뒤에 남의 惡을 바로잡을 수 있다. 이는 모두 자기를 미루어 남에게 미치는 것이니, 이른바 '恕'라는 것이다. 이와 같이 하지 않으면 그 명령하는 바가 명령을 내리는 자신이 좋아하는 바와 반대가 되어 백성들이 따르지 않을 것이다. '喩'는 깨달음이다.

9-5. **故**로 **治國**이 **在齊其家**니라

그러므로 나라를 다스림이 그 집안을 가지런히 함에 있는 것이다.

通結上文이라

윗글을 통하여 맺은 것이다.

9-6. **詩云 桃之夭夭**여 **其葉蓁蓁**이로다 **之子于歸**여 **宜其家人**이라하니 **宜**

---

104 〔詳說〕 正人之惡 : '악을 비난하는 것'은 그의 惡을 바로잡는 것이다.〔非之 所以正之也〕

105 〔詳說〕 喩 曉也 : 타일러 깨우쳐서 자기를 따르게 하는 것이다.〔喩之 使從己〕

··· **恕** 용서할 서 **喩** 깨우칠 유 **曉** 깨우칠 효 **桃** 복숭아 도 **夭** 예쁠 요 **葉** 잎새 엽 **蓁** 무성할 진 **歸** 시집갈 귀 **宜** 마땅 의

其家人而后에 **可以教國人**이니라

《詩經》에 이르기를 "복숭아꽃이 곱고 고움이여, 그 잎이 무성하구나. 이 아가씨의 시집감이여, 그 집안 식구를 마땅(화합)하게 할 것이다." 하였으니, 그 집안 식구를 마땅하게 한 뒤에 나라 사람들을 가르칠 수 있는 것이다.

詩는 **周南桃夭之篇**이라 **夭夭**는 **少好貌**요 **蓁蓁**은 **美盛貌**니 **興也**[106]라 **之子**는 **猶言是子**니 **此**는 **指女子之嫁者而言也**라 **婦人謂嫁曰歸**라 **宜**는 **猶善也**[107]라

詩는 〈周南 桃夭〉篇이다. '夭夭'는 어리고 예쁜 모양이요 '蓁蓁'은 아름답고 성한 모양이니, 興이다. '之子'는 是子라는 말과 같으니, 이는 女子의 시집가는 자를 가리켜 말한 것이다. 婦人이 시집가는 것을 '歸'라 한다. '宜'는 善(좋음)과 같다.

9-7. **詩云 宜兄宜弟**라하니 **宜兄宜弟而后**에 **可以教國人**이니라

《詩經》에 이르기를 "형에게도 마땅하고 아우에게도 마땅하다." 하였으니, 형에게도 마땅하고 아우에게도 마땅한 뒤에야 나라 사람을 가르칠 수 있는 것이다.

詩는 **小雅蓼蕭篇**이라

詩는 〈小雅 蓼蕭〉篇이다.

9-8. **詩云 其儀不忒**이라 **正是四國**이라하니 **其爲父子兄弟 足法而后**에 **民**이 **法之也**니라

《詩經》에 이르기를 "그 威儀가 어그러지지 않는지라 이 사방 나라를 바르게 한다." 하였으니, 그(군주)의 父子와 兄弟된 자가 족히 본받을 만한 뒤에야 백성들이 본받는 것이다.

---

106 〔詳說〕 興也 : '桃之夭夭 其葉蓁蓁' 두 句를 가리킨 것이니, 淇澳章(3章 4節) 註와 참고해서 보아야 한다.〔指桃之二句也 當與淇澳註參看〕

107 〔詳說〕 宜 猶善也 : 宜는 和와 같다.〔猶和也〕

••• **指** 가리킬 지, 손가락 지 **嫁** 시집갈 가 **蓼** 쑥 륙, 길고큰모양 륙 **蕭** 쑥 소 **儀** 거동 의 **忒** 어그러질 특

詩는 **曹風鳲鳩篇**이라 **忒**은 **差也**라

詩는 〈曹風 鳲鳩〉篇이다. '忒'은 어그러짐이다.

9-9. 此謂治國이 在齊其家니라

이것을 일러 '나라를 다스림이 그 집안을 가지런히 함에 있다.'고 하는 것이다.

此三引詩는 **皆以詠歎上文之事**[108]요 **而又結之如此**[109]하여 **其味深長**하니 **最宜潛玩**이니라

여기에 세 번 인용한 詩는 모두 윗글의 일을 詠歎하였고 또 맺기를 이와 같이 하여 그 맛이 深長하니, 가장 마음을 잠겨 玩索하여야 할 것이다.

⊙ **右**는 **傳之九章**이니 **釋齊家治國**하니라

⊙ 이상은 傳文의 9章이니, 齊家 · 治國을 해석하였다.

|傳10章 平天下章(絜矩章)|

10-1. 所謂平天下在治其國者는 上老老而民興孝하며 上長長而民興弟하며 上恤孤而民不倍(背)하나니 是以로 君子有絜矩(혈구)之道也[110]니라

---

108 〔詳說〕 此三引詩 皆以詠歎上文之事 : 三山陳氏(陳孔碩)가 말하였다. "옛사람은 말을 다하고도 뜻이 무궁(미진)한 곳에는 대부분 詩를 인용해서 그 남은 뜻을 詠歎하였다.〔古人 凡辭有盡而意無窮者 多援詩 以吟詠其餘意〕"

109 〔詳說〕 又結之如此 : 다시 한번 맺은 것은 열 章의 傳文 가운데 홀로 있는 예이다.〔再結 是十傳中所獨之例也〕

110 所謂平天下……有絜矩之道也 : 雲峰胡氏(胡炳文)는 "이 章(10章)은 마땅히 여덟 節로 나누어야 한다. 이상은 이 章의 첫 번째 節이니 絜矩의 道가 있는 이유를 말한 것이다. 不踰矩와 絜矩는 단지 하나의 矩자이지만, 不踰矩의 矩는 혼연히 聖人(孔子)의 마음속에 있는 것이니 矩의 體이고, 絜矩의 矩는 사람과 내가 사귀고 응접할 때에 나타나는 것이니 矩의 用이다. 規와 矩가 모두 法度(표준)의 물건인데, 여기에 유독 矩만을 말한 것은, 規는 둥근 것이고 矩는 모난 것이어서, 둥근 것은 움직이고 모난 것은 그치기 때문이다. 不踰矩는 바로 明明德이 至善에 그친 것이고, 絜矩는 바로 新民이 至善에 그친 것이다.〔此章當分爲八節 右第一節 言所以有絜矩之道 不踰矩, 絜矩 只是一箇矩字 但不踰矩之矩 渾然在聖人方寸中 是矩之體 絜矩之矩 於人己交接之際見之 是矩之用 規矩皆法度之器 此獨曰矩者 規圓矩方 圓者動而方者止 不踰矩 卽是明德之止至善 絜矩 卽是新民之止至善〕" 하였는데, 農巖은 "雲峰胡氏가 여덟 節로 나눈 것은 본래 朱子의 說에서 나왔다.〔雲峰分爲八節 本出朱子說〕" 하였다.(《詳說》)

··· 鳲 뻐꾸기 시 鳩 비둘기 구 潛 잠길 잠 玩 가지고놀 완, 살펴볼 완 恤 구휼할 휼 孤 외로울 고 倍 등질 배(背同) 絜 잴 혈 矩 곱척 구

이른바 '천하를 平하게 함(고르게 다스림)이 그 나라를 다스림에 있다.'는 것은 윗사람이 노인을 노인으로 섬김에 백성들이 孝를 흥기하며, 윗사람이 어른을 어른으로 대우함에 백성들이 弟를 흥기하며, 윗사람이 孤兒를 구휼함에 백성들이 저버리지 않는 것이다. 이러므로 君子는 絜矩의 道가 있는 것이다.

老老는 **所謂老吾老也**라 **興**은 **謂有所感發而興起也**라 **孤者**는 **幼而無父之稱**이라 **絜**은 **度**(탁)**也**[111]라 **矩**는 **所以爲方也**[112]라 **言 此三者**는 **上行下效**가 **捷於影響**[113]하니 **所謂家齊而國治也**[114]니 **亦可以見人心之所同**하여 **而不可使有一夫之不獲**[115]**矣**라 **是以**로 **君子必當因其所同**하여 **推以度物**[116]하여 **使彼我之間**으로 **各得分願**하면 **則上下四旁**이 **均齊方正**하여 **而天下平矣**리라

'老老'는 《孟子》〈梁惠王上〉에〉 이른바 '내 노인을 노인으로 섬긴다.'는 것이다. '興'은 感發한 바가 있어 興起함을 이른다. '孤'는 어려서 아버지가 없는 자의 칭호이다. '絜'은 헤아림이다. '矩'는 네모진 것을 만드는 기구이다. 이 세 가지는 윗사람이 행하면 아랫사람이 본받는 것

---

111 〔詳說〕 絜 度也 : 朱子가 말씀하였다. "《莊子》의 이른바 '絜之百圍(헤아려 보니 백 아름이다.)'와 《賈子》의 이른바 '度長絜大(길이를 헤아려 보고 크기를 헤아려 본다.)'라는 것이다. 이전의 諸儒들이 억지로 絜(깨끗할 결)로 해석하였으니, 전혀 의미가 없었다. 先友 范太史(范祖禹)가 홀로 이것을 말씀하니, 그런 뒤에 그 이치가 통할 수 있었다.〔莊子所謂絜之百圍, 賈子所謂度(탁)長絜大者也 前此諸儒 强訓以絜(潔) 殊無意謂 先友范太史獨以此言之 而後其理可得而通也〕" ○ 雙峰饒氏(饒魯)가 말하였다. "絜은 새끼줄로 물건을 둘러싸서 그 大小를 아는 것이다.〔絜者 以索(삭)圍物 而知其大小也〕"

112 〔詳說〕 矩 所以爲方也 : 《大全》에 말하였다. "세속에서 曲尺이라고 부르니, 이것은 빌어서 비유한 것이다.〔俗呼曲尺 此借以爲喩〕"
〔記疑〕 矩는 천하에 지극히 네모진 것이니, 지극히 네모진 기구로 헤아리면 그 이루어지는 바가 반드시 네모지게 된다.〔矩者 天下之至方者也 以至方之器絜之 則其所就必至方矣〕"

113 譯註 捷於影響 : 물체가 있으면 그림자가 있고 소리를 지르면 즉시 메아리가 되울려오는 것처럼 그 효과가 즉시 나타남을 비유한 것이다.

114 〔詳說〕 上行下效……所謂家齊而國治也 : 新安陳氏(陳櫟)가 말하였다. "'上行'은, 노인을 노인으로 섬기고 어른을 어른으로 받들며 외로운 이를 구휼함을 이르고, '下效'는 孝를 흥기하고 弟를 흥기하고 배반하지 않음을 이른다. 이는 곧 윗장(9章 1節)의 '孝·弟·慈가 집안을 나가지 않고 가르침을 나라에 이룬다.'는 것이니, 《章句》는 윗장을 이어서 말한 것이다.〔上行 謂老老長長恤孤 下效 謂興孝興弟不倍 此卽上章孝弟慈 所以不出家而成敎於國者 章句接上章說下來〕"

115 譯註 一夫之不獲 : 《書經》〈商書 說命下〉에 "한 지아비라도 제 살 곳을 얻지 못하면 이는 나의 잘못이다.〔一夫不獲 則曰時予之辜〕"라고 한 伊尹의 말씀이 보인다.

116 〔詳說〕 君子必當因其所同 推以度物 : 《大全》에 말하였다. "物은 바로 人(남)이다.〔物卽人也〕 ○ 이 句는 바로 絜자를 해석하였다.〔此句 正釋絜字〕
〔記疑〕 《章句》의 '所同'은 矩이고 '度物'은 絜이고 '均齊方正'은 功效이다.〔章句所同 矩也 度物 絜也 均齊方正 效也〕

••• 度 헤아릴 탁 捷 빠를 첩 影 그림자 영 響 메아리 향 獲 얻을 획 旁 곁 방

이 그림자와 메아리보다도 빠르니, 이른바 '집안이 가지런해짐에 나라가 다스려진다.'는 것이니, 또한 사람의 마음이 똑같은 바여서 한 지아비라도 살 곳을 얻지 못함이 있게 해서는 안 됨을 볼 수 있다. 이 때문에 君子가 반드시 마땅히 그 같은 바를 인하여 미루어서 남을 헤아려 彼我의 사이로 하여금 각각 分數와 소원을 얻게 하는 것이니, 이렇게 하면 上下와 四方이 고르고 方正하여 천하가 平해질 것이다.

10-2. 所惡(오)於上으로 毋以使下하며 所惡於下로 毋以事上하며 所惡於前으로 毋以先後하며 所惡於後로 毋以從前하며 所惡於右로 毋以交於左하며 所惡於左로 毋以交於右가 此之謂絜矩之道[117]니라

윗사람에게서 싫었던 것으로써 아랫사람을 부리지 말며, 아랫사람에게서 싫었던 것으로써 윗사람을 섬기지 말며, 앞사람(前任者)에게서 싫었던 것으로써 뒷사람(後任者)에게 加하지 말며, 뒷사람에게서 싫었던 것으로써 앞사람을 따르지 말며, 오른쪽에게서 싫었던 것으로써 왼쪽에게 사귀지 말며, 왼쪽에게서 싫었던 것으로써 오른쪽에게 사귀지 말 것이니, 이것을 일러 '絜矩의 道'라고 한다.

此는 覆解上文絜矩二字之意라 如不欲上[118]之無禮於我어든 則必以此度(탁)下之心하여 而亦不敢以此無禮使之하며 不欲下之不忠於我어든 則必以此度上之心하여 而亦不敢以此不忠事之라 至於前後左右에 無不皆然이면 則身之所處[119] 上下四旁[120]에 長短廣狹이 彼此如一하여 而無不方矣리니 彼同有是心而興起焉者 又豈有一夫之不獲哉리오 所操者約이나 而所及者廣하니 此는 平天下之要道也라 故로 章內之意 皆自此而推之[121]하니라

---

117 所惡於上……此之謂絜矩之道 : 雲峰胡氏는 "이상은 이 章의 두 번째 節이니, '이것을 일러 絜矩의 道라고 한다.'를 말한 것이니, 모름지기 〈1節 말미의〉 '是以有'와 〈2節 말미의〉 '此之謂'의 여섯 글자를 살펴보아야 할 것이다.〔右第二節 言此之謂絜矩之道 須看是以有 此之謂六字〕" 하였다.(《詳說》)

118 〔詳說〕 上 : 君(군주)과 親(어버이)이 모두 上이다.〔君親皆上也〕

119 〔詳說〕 身之所處 : 朱子가 말씀하였다. "자신은 중앙에 있는 것이다.〔自家在中央〕"

120 〔詳說〕 四旁 : 《大全》에 말하였다. "前後와 左右는 四旁이 되니, '四旁'은 바로 四方이다.〔前後左右爲四旁 四旁卽四方也〕"

121 〔詳說〕 章內之意 皆自此而推之 : 살펴보건대 이 句와 章下註에는 모두 絜矩를 미루어 말하였으니, 바로 서로 호응이 된다. 그 사이 註에 모두 다섯 번 絜矩를 제기하였다.〔按此句與章下註 皆推言絜矩 正

··· 毋 말무 覆 반복할 복 狹 좁을 협 方 바를 방 操 잡을 조 約 요약할 약

이는 윗글의 '絜矩' 두 글자의 뜻을 반복하여 해석한 것이다. 내가 만일 윗사람이 나에게 無禮함을 원하지 않거든 반드시 이로써 아랫사람의 마음을 헤아려서 나 역시 감히 이 無禮함으로써 아랫사람을 부리지 말며, 아랫사람이 나에게 不忠함을 원하지 않거든 반드시 이로써 윗사람의 마음을 헤아려서 나 역시 이 不忠함으로써 윗사람을 섬기지 말아야 한다. 前·後와 左·右에 이르러서도 모두 이렇게 하지 않음이 없으면 몸이 처한 바의 上下와 四方(前後左右)에 길고 짧음과 넓고 좁음이 彼此가 똑같아져서 方正하지 않음이 없을 것이니, 저 똑같이 이 마음을 가지고 있어서 興起하는 자가 또 어찌 한 지아비라도 살 곳을 얻지 못함이 있겠는가. 잡는 바는 요약되지만 미치는 바는 넓으니, 이는 天下를 平하게 하는 要道(중요한 방도)이다. 그러므로 章 안의 뜻이 모두 이로부터 미루어 간 것이다.

10-3. 詩云 樂只君子여 民之父母라하니 民之所好를 好之하며 民之所惡(오)를 惡之[122] 此之謂民之父母니라

《詩經》에 이르기를 "즐거운(和樂한) 君子여, 백성들의 父母이다." 하였으니, 백성들이 좋아하는 바를 좋아하며 백성들이 싫어하는 바를 싫어하는 것, 이것을 일러 '백성의 父母'라 하는 것이다.

詩는 小雅南山有臺之篇이라 只는 語助辭라 言 能絜矩而以民心爲己心[123]이면 則是愛民如子하여 而民愛之如父母矣[124]리라

詩는 〈小雅 南山有臺〉篇이다. '只'는 어조사이다. 능히 絜矩하여 백성들의 마음으로써 자신의 마음을 삼는다면 이는 백성을 사랑하기를 자식과 같이 하는 것이어서 백성들이 군주를 사랑하기를 父母와 같이 함을 말씀한 것이다.

相爲呼應 其間註 凡五提絜矩〕 ○ 朱子가 말씀하였다. "絜矩의 큰 것은 재물에 있으니, 재물은 사람들이 똑같이 좋아하는 것이다. 이 때문에 후면에 다만 재물만을 말한 것이다.〔絜矩之大者 在於財 財者人之所同好也 所以後面只說財〕"

122 好之……惡之 : 艮齋는 "'好之'와 '惡之'를 尋常하게 보아서는 안 되니, 요컨대 人民의 上이 된 자는 마땅히 반복하여 자세히 살펴서 一毫라도 백성들의 好惡와 다른 곳이 없어야 비로소 絜矩할 수 있는 것이다.〔好之惡之 不可尋常看 要爲人上者 宜反覆周察 無一毫與民之好惡異處 方是能絜矩〕" 하였다.

123 〔詳說〕 能絜矩而以民心爲己心 : 朱子가 말씀하였다. "좋아하는 바를 백성들을 위하여 모아 주고, 싫어하는 바를 베풀지 않는 것이다.〔所好 與之聚之 所惡 不以施焉[1]〕"

譯註 1. 所好……不以施焉 : 《孟子》〈離婁上〉 9章의 '所欲 與之聚之 所惡 勿施爾也'를 약간 변형하여 쓴 것이다.

124 〔詳說〕 民愛之如父母矣 : 《大全》에 말하였다. "이것은 絜矩를 잘한 효과를 말한 것이다.〔此言能絜矩之效〕"

••• 只 어조사 지 臺 대 대

10-4. 詩云 節(截)彼南山이여 維石巖巖이로다 赫赫師尹이여 民具(俱)爾瞻이라하니 有國者 不可以不愼이니 辟則爲天下僇(륙)矣니라

《詩經》에 이르기를 "깎아지른 저 南山이여, 돌이 높고 높구나. 赫赫한 太師 尹氏여, 백성들이 모두 너를 본다." 하였으니, 나라를 소유한 자는 삼가지 않으면 안되니, 편벽되면 천하의 죽임이 되는 것이다.

詩는 **小雅節南山之篇**이라 **節**은 **截然高大貌**라 **師尹**은 **周太師尹氏也**라 **具**는 **俱也**요 **辟**은 **偏也**라 **言 在上者**는 **人所瞻仰**이니 **不可不謹**이라 **若不能絜矩**하여 **而好惡**를 **徇於一己之偏**[125]이면 **則身弑國亡**하여 **爲天下之大戮矣**[126]리라

詩는 〈小雅 節南山〉篇이다. '節'은 截然히 높고 큰 모양이다. 師尹은 周나라 太師인 尹氏이다. '具'는 모두이고, '辟'은 편벽됨이다. 윗자리에 있는 자는 사람들이 보고 우러르는 바이니, 삼가지 않을 수 없다. 만일 絜矩하지 못해서 좋아하고 미워함을 자기 한 몸의 편벽됨을 따르면 자신은 시해당하고 나라는 망하여 천하에 큰 죽임이 됨을 말씀한 것이다.

10-5. 詩云 殷之未喪師엔 克配上帝[127]러니라 儀(宜)監于殷이어다 峻命不易(이)라하니 道得衆則得國하고 失衆則失國[128]이니라

《詩經》에 이르기를 "殷나라가 무리(民衆)를 잃지 않았을 적에는 능히 上帝를 짝했었

---

125 〔記疑〕 好惡 徇於一己之偏 : 〈經文의〉 '不可不愼'의 愼은 범연히 謹愼함이 아니요 바로 그 好惡를 삼가는 것이다. 군주와 백성의 好惡에 한 가지 일이라도 어긋남이 있으면 바로 조심하고 謹愼해서 감히 소홀히 함이 있어서는 안 되는 것이다.〔不可不愼 愼非泛泛謹愼 正愼其所好惡 君民好惡 纔有一事差互 便小心謹愼 不敢有忽〕

126 〔詳說〕 爲天下之大戮矣 : 天下가 함께 그를 주벌한다면 이것은 큰 죽임〔大戮〕이 되는 것이다.〔天下共誅之 是大戮也〕 ○ 《大全》에 말하였다. "이것은 絜矩하지 못한 禍를 말하였으니, 위의 節(10章 3節)과 정반대이다.〔此言不能絜矩之禍 與上節正相反〕"

127 殷之未喪師 克配上帝 : 艮齋는 "'殷之未喪師인 克配上帝러니라'로 吐를 달아야 하니, 이와 같이 읽은 뒤에야 '未喪師' 안에 喪師의 뜻이 포함되어서 비로소 아래의 '무리를 얻으면 나라를 얻고 무리를 잃으면 나라를 잃는다.'의 해석과 서로 응하게 된다.〔殷之未喪師인克配上帝러니라 如此讀 然後未喪師中包喪師意 方與下得衆得國失衆失國之釋相應〕" 하였는바, 官本諺解와 栗谷諺解에 모두 '未喪師애'로 되어 있으므로 이렇게 말한 것이다.

128 詩云……失衆則失國 : 雲峰胡氏는 "이상은 세 번째 節이니, 좋아하고 미워하는 것에 나아가서 絜矩의 道를 말한 것이다." 하였다.

··· 節 산깎아지른듯할 절(截通) 巖 높을 암 赫 빛날 혁 具 갖출 구, 모두 구 爾 너 이 瞻 볼 첨 僇 죽일 륙
仰 우러를 앙 徇 따를 순 戮 죽일 륙 喪 잃을 상 師 무리 사 配 짝 배 儀 마땅할 의 監 볼 감 峻 클 준

다. 그러하니 마땅히 〈멸망한〉 殷나라를 거울로 삼을지어다. 큰 命을 보존하기가 쉽지 않다." 하였으니, 무리를 얻으면 나라를 얻고 무리를 잃으면 나라를 잃음을 말씀한 것이다.

詩는 **文王篇**이라 **師**는 **衆也**[129]라 **配**는 **對也**니 **配上帝**는 **言其爲天下君而對乎上帝也**라 **監**은 **視也**요 **峻**은 **大也**라 **不易**는 **言難保也**[130]라 **道**는 **言也**라 **引詩而言此**하여 **以結上文兩節之意**라 **有天下者 能存此心而不失**이면 **則所以絜矩而與民同欲者**[131] **自不能已矣**리라

詩는 〈大雅 文王〉篇이다. '師'는 무리(民衆)이다. '配'는 짝함이니, '配上帝'는 천하의 군주가 되어 上帝와 짝함을 말한다. '監'은 봄이요, '峻'은 큼이다. '不易'는 보존하기 어려움을 말한다. '道'는 말함이다. 《詩經》을 인용하고 이것을 말하여 윗글 두 節(10章 3節, 4節)의 뜻을 맺은 것이다. 천하를 소유한 자가 능히 이 마음을 보존하고 잃지 않으면 絜矩하여 백성들과 하고자 함을 함께 함이 자연 그만둘 수 없을 것이다.

10-6. **是故**로 **君子**는 **先愼乎德**이니 **有德**이면 **此有人**이요 **有人**이면 **此有土**요 **有土**면 **此有財**요 **有財**면 **此有用**이니라

이러므로 君子는 먼저 德을 삼가는 것이니, 德이 있으면 이에 人民이 있고 人民이 있으면 이에 土地가 있고 土地가 있으면 이에 재물이 있고 재물이 있으면 이에 用이 있는 것이다.

先謹乎德[132]은 **承上文不可不謹而言**[133]이라 **德**은 **卽所謂明德**이라 **有人**은 **謂得衆**이요

---

129 〔詳說〕 師 衆也 : '喪師'는 바로 '失衆'이다. '未喪師'는 본래 紂王이 무리를 잃음을 위하여 말한 것이다. 그러므로 끝구에 아울러 '失衆'을 언급한 것이다.〔喪師卽失衆也 未喪師 本爲紂之喪師而言 故末句幷及失衆〕

130 〔詳說〕 不易 言難保也 : 紂王을 위주하여 말하였기 때문에 다만 보존하기 어려움만을 말하고, 얻기 어려움을 말하지 않은 것이다.〔主言紂 故只言難保 而不言難得〕

131 〔詳說〕 所以絜矩而與民同欲者 : 백성들이 좋아하는 것을 좋아하고, 백성들이 싫어하는 것을 싫어하는 것이다.〔所好 好之 所惡 惡之〕

132 譯註 先謹乎德 : 원문에는 '先愼乎德'으로 되어 있으나 朱子가 당시 宋나라 孝宗의 諱를 피하여 뜻이 비슷한 '謹'으로 바꿔 쓴 것으로 '不可不謹'과 '謹獨' 역시 그러하다. 앞의 傳文 6章 譯註에 자세히 보인다.

133 〔記疑〕 承上文不可不謹而言 : 上文의 '不可不愼'은 好惡를 위주하여 말한 것이고, 여기에 '先愼乎德'을 말한 것은 格物·致知·誠意·正心·修身을 모두 포함하여 말한 것이다. 愼德은 天德인 絜矩가 있어

··· 已 그만둘 이 愼 삼갈 신

有土는 **謂得國**이라 **有國**이면 **則不患無財用矣**[134]리라

'먼저 德을 삼간다.'는 것은 윗글(10章 4節)의 '不可不謹'을 이어서 말씀한 것이다. '德'은 곧 이른바 明德이란 것이다. '有人'은 무리를 얻음을 이르고, '有土'는 나라를 얻음을 이른다. 나라가 있으면 財·用이 없음을 걱정할 것이 없으리라.

10-7. **德者**는 **本也**요 **財者**는 **末也**니

德은 근본이요 재물은 末이니,

本上文而言[135]이라

윗글을 근본하여 말한 것이다.

10-8. **外本內末**이면 **爭民施奪**이니라

근본(德)을 밖으로 하고 末(재물)을 안으로 하면 백성들을 다투게 하여 劫奪하는 가르침을 베푸는 것이다.

人君이 **以德爲外**하고 **以財爲內**하면 **則是爭鬪其民**하여 **而施之以劫奪之敎也**라 **蓋財者**는 **人之所同欲**이어늘 **不能絜矩而欲專之**면 **則民亦起而爭奪矣**리라

人君이 德을 밖으로(뒷전으로) 여기고 재물을 안으로(우선으로) 여긴다면 이는 백성들을 爭鬪하게 하여 劫奪하는 가르침을 베푸는 것이다. 재물은 사람들이 똑같이 바라는(원하는) 바인데, 絜矩하지 못하여 독차지하고자 한다면 백성들 또한 일어나 다투어 빼앗게 될 것이다.

야 비로소 王道를 말할 수 있는 것인데, 후세의 人君은 천하를 다스리고자 하면서 道德에 근본하지 않고 도리어 權謀를 가지고 주장하였으니, 아 슬프다.〔上文不可不愼 主好惡言 此言先愼乎德 總包格致誠正修而言 愼德 是有天德絜矩 方可語王道 後世人君 欲治天下 而不本道德 卻將權謀爲主 噫〕

134 〔詳說〕 有國 則不患無財用矣 : 살펴보건대, 饒氏(饒魯)가 '此'는 斯와 같다고 말한 것이 맞는다. 斯자에는 則자의 뜻이 있으니, 註 가운데 한 '則'자는 네 '此'자를 다 포함한 것이다.〔按饒氏以爲此猶斯也者得之 斯字有則字義 註中一則字 所以該四此字也〕

譯註 1. 栗谷이……않다 : 살펴보건대 여기의 '用'은 윗절의 '用之者舒'의 用이다.

135 〔詳說〕 本上文而言 : 新安陳氏(陳櫟)가 말하였다. "德이 있은 이후에 인민이 있고 토지가 있고, 토지가 있은 이후에 비로소 재물이 있으니, 德이 근본이 되고 재물이 末이 됨을 알 수 있다.〔有德而後 有人有土 有土而後 方有財 可見德爲本而財爲末矣〕"

··· 施 베풀 시 奪 빼앗을 탈 劫 위협할 겁 鬪 싸울 투 專 오로지 전

10-9. 是故로 財聚則民散하고 財散則民聚니라

이러므로 재물이 모이면 백성이 흩어지고, 재물이 흩어지면 백성들이 모이는 것이다.

外本內末故로 財聚하고 爭民施奪故로 民散이라 反是면 則有德而有人矣리라

근본을 밖으로 하고 末을 안으로 하기 때문에 재물이 모이고, 백성들을 다투게 하여 刼奪하는 가르침을 베풀기 때문에 백성들이 흩어지는 것이다. 이와 반대로 하면 德이 있어서 人民이 있게 될 것이다.

10-10. 是故로 言悖而出者는 亦悖而入하고 貨悖而入者는 亦悖而出이니라

이러므로 말이 도리에 어긋나게 나간 것은 또한 도리에 어긋나게 들어오고, 재물이 도리에 어긋나게 들어온 것은 또한 도리에 어긋나게 나가는 것이다.

悖는 逆也라 此는 以言之出入으로 明貨之出入也라 自先謹乎德以下로 至此는 又因財貨하여 以明能絜矩與不能者之得失也라

'悖'는 어그러짐이다. 이는 말의 나가고 들어옴을 가지고 재물의 나가고 들어옴을 밝힌 것이다. '先謹乎德'(10章 6節) 이하로부터 여기까지는 또다시 財貨를 인하여 능히 絜矩한 자와 능히 絜矩하지 못한 자의 得失을 밝힌 것이다.

10-11. 康誥曰 惟命은 不于常이라하니 道善則得之하고 不善則失之矣[136]니라

〈康誥〉에 이르기를 "天命은 일정한 곳에 하지 않는다." 하였으니, 善하면 얻고 善하지 않으면 잃음을 말한 것이다.

道는 言也라 因上文引文王詩之意而申言之[137]하니 其丁寧反覆之意 益深切矣로다

---

136 康誥曰……不善則失之矣 : 雲峰胡氏는 "이상은 네 번째 節이니, 財用에 나아가서 絜矩를 말하였다.〔右第四節 就財用 言絜矩〕" 하였다.《詳說》

137 〔詳說〕 因上文引文王詩之意而申言之 : 玉溪盧氏(盧孝孫)가 말하였다. "'命不于常'은 바로 '하늘의 큰 命을 보존하기 쉽지 않다'는 뜻이요, '善則得 不善則失'은 바로 10章 5節의 '무리를 얻으면 나라를 얻고 무리를 잃으면 나라를 잃는다.'는 뜻이다. 善은 바로 止於至善의 善이다.〔命不于常 卽駿命不易之意 善

··· 聚 모을 취 散 흩을 산 悖 어그러질 패 逆 거스릴 역 財 재물 재 貨 재화 화 道 말할 도 覆 반복할 복

'道'는 말함이다. 윗글(10章 5節)의 〈文王〉詩를 인용한 뜻을 인하여 거듭 말하였으니, 그 丁寧하고 반복한 뜻이 더욱 깊고 간절하다.

10-12. 楚書曰 楚國은 無以爲寶요 惟善을 以爲寶라하니라

〈楚語〉에 이르기를 "楚나라는 보배로 여기는 것이 없고 오직 善人을 보배로 여긴다." 하였다.

楚書는 楚語라 言不寶金玉而寶善人也[138]라

楚書는《國語》〈楚語〉이다. 金玉을 보배로 여기지 않고 善人을 보배로 여김을 말한 것이다.

10-13. 舅犯曰 亡人은 無以爲寶요 仁親을 以爲寶[139]라하니라

舅犯이 말하기를 "도망온 사람은 보배로 여기는 것이 없고, 어버이를 사랑함을 보배로 여긴다." 하였다.

則得 不善則失 卽得國失國之意 善卽止至善之善〕"

138 譯註 楚書……言不寶金玉而寶善人也 : '楚書'는 楚語로《國語》의 편명이고 '善人'은 楚나라 昭王 때의 大夫인 觀射父(관역보, 또는 관야보)와 靈王 때의 左史인 倚相을 가리킨다.《大全》에《國語》〈楚語〉에 "楚나라의 大夫인 王孫圉가 晉나라에 빙문을 가자 晉나라 定公이 그에게 연향을 베풀어주었다. 이때 趙簡子(趙鞅)가 佩玉을 울리면서 禮를 도왔는데, 王孫圉에게 묻기를 '楚나라의 보물인 白珩(白玉으로 만든 佩玉)이 아직도 楚나라에 있습니까? 보물의 가치는 얼마나 됩니까?' 하니, 王孫圉가 말하였다. '우리 楚나라의 보물은 대부인 觀射父입니다. 그는 訓辭에 뛰어나 제후국에 가서 외교활동에 종사하여 우리 임금께 시빗거리가 되지 않게 합니다. 또 左史인 倚相이 있어 先王의 訓辭와 典籍에 관한 것을 달통하여 여러 가지 일을 차례에 맞게 정하고 아침저녁으로 前代의 成敗를 우리 임금께 아뢰어서 先王의 功業을 잊지 않게 하며, 제후들이 지나치게 좋은 폐백을 좋아하면 訓辭로써 인도합니다. 그리하여 우리 임금께서 제후들에게 잘못을 저지르지 않고 백성들을 보호하게 하니, 이것이 우리 楚나라의 보배입니다. 白珩으로 말하면 先王께서 구경하시고 갖고 놀던 물건이니, 어찌 보배로 여길 것이 있겠습니까?'〔王孫圉聘於晉 定公饗之 趙簡子鳴玉以相 問於王孫圉曰 楚之白珩 猶在乎 其爲寶也 幾何矣 曰 楚之爲寶者 曰觀射父 能作訓辭 以行事於諸侯 使無以寡君爲口實 又有左史倚相 能通訓典 以叙百物 以朝夕獻善敗於寡君 使寡君無忘先王之業 若諸侯之好幣具而導之以訓辭 寡君其可以免罪於諸侯而國民保焉 此楚國之寶也 若夫白珩 先王之玩也 何寶之焉〕" 하였다.

139 舅犯曰……以爲寶 : 雲峰胡氏는 "이상은 다섯 번째 節이니, 마땅히 윗글(10章 11節)의 善·不善과 연결하여 보아야 한다. 두 '寶'자는 윗글의 財用과 善과 仁을 맺었고, 또 아래 글의 뜻을 일으켰다. 세 번째 節(10章 3~5節)은 好惡를 말하였고, 네 번째 節(10章 6~11節)은 財用을 말하였고, 이 節(10章 12~13節)은 財用과 好惡를 겸하여 말하였다.〔右第五節 當連上文善與不善看 兩寶字 結上文財用善仁 又起下文之意 蓋第三節言好惡 第四節言財用 此則兼財用好惡言也〕" 하였다.(《詳說》)

··· 楚 초나라 초 舅 외삼촌 구 犯 범할 범

舅犯은 晉文公舅狐偃이니 字子犯[140]이라 亡人은 文公이 時爲公子하여 出亡在外也라 仁은 愛也라 事見(현)檀弓[141]하니라 此兩節은 又明不外本而內末之意라

舅犯은 晉나라 文公의 외숙인 狐偃이니, 字가 子犯이다. '亡人'은 文公이 당시 公子가 되어서 〈晉나라를〉 나가 망명하여 밖에 있었던 것이다. '仁'은 사랑함이다. 일이 《禮記》〈檀弓〉에 보인다.

이 두 節은 또 '근본을 밖으로 하고 末을 안으로 하지 않는 뜻'을 밝힌 것이다.

10-14. 秦誓曰 若有一个臣이 斷斷兮無他技나 其心이 休休焉其如有容焉[142]이라 人之有技를 若己有之하며 人之彦聖을 其心好之 不啻若自其口出이면 寔(식)能容之라 以能保我子孫黎民이니 尙亦有利哉인저 人之

---

140 **譯註** 晉文公舅狐偃 字子犯 : 壺山은 "'晉文公舅狐偃字子犯' 아홉 글자가 한 句이다.〔九字一句〕" 하였는데, 아홉 글자를 한 句로 보고 '晉나라 文公의 외숙인 狐偃의 字가 子犯이다.'로 해석한 것이다.

141 **譯註** 舅犯……事見檀弓 : '亡人'은 喪人과 같은 말로 晉나라의 公子인 重耳인데, 당시 망명 중이었기 때문에 자신을 亡人이라 칭한 것이다. 《禮記》〈檀弓下〉에 "晉나라 獻公의 喪에 秦나라 穆公이 사람을 시켜 公子 重耳에게 조문을 하게 하고, 또 말하기를 '寡人은 들으니, 「나라를 잃는 것도 항상 이러한 때에 있었고, 나라를 얻는 것도 항상 이러한 때에 있었다.」 하니, 비록 그대가 엄숙하게 喪服의 가운데에 있으나 지위를 잃는 것(망명생활)을 또한 오래 할 수 없고 이 기회를 또한 놓칠 수 없으니, 孺子(重耳)는 도모하라.' 하였다. 重耳가 이 말을 외숙인 子犯에게 전하자, 子犯이 말하기를 '孺子는 사양하라. 「喪人(지위를 잃은 사람)은 보배로 삼을 것이 없고 어버이를 사랑함을 보배로 여깁니다. 아버지의 죽음이 어떤 일입니까? 그런데 또 따라서 이익으로 삼는다면 천하에 그 누가 나를 위해 변명해 주겠습니까.」라고 孺子는 사양하라.' 하였다.〔晉獻公之喪 秦穆公 使人弔公子重耳 且曰 寡人聞之 亡國恒於斯 得國恒於斯 雖吾子儼然在憂服之中 喪亦不可久也 時亦不可失也 孺子其圖之 以告舅犯 舅犯曰 孺子其辭焉 喪人無寶 仁親以爲寶 父死之謂何 又因以爲利 而天下其孰能說之 孺子其辭焉〕"라고 보인다. 춘추시대 晉나라 獻公은 戎을 정벌하여 驪姬라는 여인을 얻고는 그녀의 미모에 혹하여 그녀의 참소하는 말을 듣고 太子인 申生을 죽이니, 公子 重耳 등이 모두 외국으로 망명하였다. 獻公이 죽자 秦나라 穆公은 사람을 보내어 重耳에게 조문하는 한편 자신이 병력을 보내어 지원해줄 테니, 빨리 本國으로 돌아가 임금의 자리를 차지하라고 하였다. 經文의 내용은 重耳가 외숙인 狐偃(子犯)에게 대답할 말을 물으니, 狐偃이 일러준 말이다. 한편 秦나라 穆公은 또 다른 公子인 夷吾에게 위와 똑같은 제의를 하여 夷吾가 本國으로 돌아가 즉위하니, 이가 바로 惠公이다. 이로써 重耳는 어버이를 사랑할 줄 아는 仁人君子로 세상에 알려졌으나 본국에 돌아가지 못하고 망명생활을 계속하다가 惠公이 죽고 그의 아들 懷公이 즉위하여 失政이 많자, 重耳가 귀국하여 즉위하니, 이가 文公으로 齊나라를 이어 霸者가 되어 晉나라는 오랫동안 패권을 잡게 되었다.

142 其心休休焉其如有容焉 : 南塘은 "'有容' 두 글자는 바로 '休休'의 訓詁이다. 그러므로 다시 訓하지 않은 것이다.〔有容二字 卽休休之訓詁 故不更訓〕" 하였는데, 壺山은 "살펴보건대, 栗谷諺解에 위 '焉'자에 句를 떼지 않았으니, 南塘이 아마도 그 뜻을 얻으신 듯하다.〔按栗谷諺解 上焉字 不句絶 南塘蓋得其意〕" 하였다.(《詳說》)

··· **狐** 여우 호 **偃** 누울 언 **檀** 박달나무 단 **秦** 진나라 진 **誓** 맹세할 세 **个** 낱 개(個同) **斷** 한결같을 단 **技** 기술 기 **休** 아름다울 휴 **彦** 선비 언 **啻** 뿐 시 **寔** 진실로 실(식) **黎** 검을 려 **尙** 거의 상

有技를 媢疾以惡(오)之하며 人之彦聖을 而違之하여 俾不通이면 寔不能容이라 以不能保我子孫黎民이니 亦曰殆哉인저

〈秦誓〉에 이르기를 "만일 어떤 한 신하가 斷斷하고 다른 技藝가 없으나 그 마음이 곱고 고와 용납함이 있는 듯하여, 남이 가지고 있는 技藝를 자신이 소유한 것처럼 여기며 남의 훌륭하고 聖스러움을 그 마음에 좋아함이 자기 입에서 나오는 것보다도 더한다면 이는 남을 포용하는 것이어서 나의 子孫과 黎民을 보전할 것이니, 거의 또한 이로움이 있을 것이다. 〈만일 어떤 한 신하가〉 남이 가지고 있는 技藝를 시기하고 미워하며 남의 훌륭하고 聖스러움을 어겨서 통하지 못하게 한다면 이는 포용하지 못하는 것이어서 나의 子孫과 黎民을 보전하지 못할 것이니, 또한 위태로울 것이다." 하였다.

秦誓는 **周書**라 **斷斷**은 **誠一之貌**라 **彦**은 **美士也**요 **聖**은 **通明也**라 **尙**은 **庶幾也**라 **媢**는 **忌也**라 **違**는 **拂戾也**라 **殆**는 **危也**라

〈秦誓〉는 《書經》〈周書〉이다. '斷斷'은 정성스럽고 한결같은 모양이다. '彦'은 아름다운 선비요, '聖'은 通明함이다. '尙'은 庶幾(거의)이다. '媢'는 猜忌(시기)함이다. '違'는 어김이다. '殆'는 위태로움이다.

10-15. 唯仁人이야 放流之[143]호되 迸諸四夷하여 不與同中國하나니 此謂[144]唯仁人이야 爲能愛人하며 能惡(오)人이니라

오직 仁人이어야 이(시기하는 사람)들을 추방하여 유배 보내되 사방 오랑캐 땅으로 내쫓아 〈이들과〉 더불어 中國에 함께 살지 않으니, 이를 일러 '오직 仁人이어야 남을 제대로 사랑하고 남을 제대로 미워한다.'고 하는 것이다.

迸은 **猶逐也**라 **言 有此媢疾之人**하여 **妨賢而病國**이면 **則仁人**이 **必深惡(오)而痛絶之**하나니 **以其至公無私**[145]라 **故**로 **能得好惡之正**이 **如此也**라

---

143 唯仁人放流之：艮齋는 "'放流之'에 '호되'의 吐를 사용함이 맞으니, 《或問》을 근거해보면 마땅히 이와 같이 懸吐해야 한다.〔放流之 用호되 辭爲得 據或問 當如此〕" 하였다.

144 此謂：新安陳氏(陳櫟)는 "《論語》의 孔子의 말씀을 인용하였다. 그러므로 '此謂'를 앞에 놓았으니, 이것은 바로 옛말을 인용하여 쓰는 예이다.〔引論語孔子之言 故以此謂冠之 乃引援古語之例〕" 하였다.《詳說》

145 〔詳說〕 至公無私：'至公無私' 네 글자는 '仁'자를 해석한 것이다.〔四字釋仁字〕

··· 媢 시기할 모 疾 미워할 질 俾 하여금 비 殆 위태로울 태 拂 어길 불 戾 어그러질 려 放 추방할 방 迸 쫓을 병 逐 쫓을 축

'迸'은 逐과 같다. 이 시기하고 미워하는 사람이 있어서 어진 이를 방해하고 나라를 병들게(해롭게) 하면 仁人이 반드시 깊이 미워하고 통렬히 끊어버리니, 至公無私하기 때문에 능히 좋아하고 미워함의 올바름을 얻음이 이와 같음을 말한 것이다.

10-16. **見賢而不能擧**하며 **擧而不能先**이 **(命)〔慢〕也**요 **見不善而不能退**하며 **退而不能遠**이 **過也**니라

어진 이를 보고도 들어 쓰지 못하며 들어 쓰되 속히 하지 못함이 태만함이요, 不善한 이를 보고도 물리치지 못하며 물리치되 멀리하지 못함이 잘못이다.

命은 **鄭氏云 當作慢**[146]이라하고 **程子云 當作怠**[147]라하시니 **未詳孰是**[148]라 **若此者**는 **知所愛惡矣**로되 **而未能盡愛惡之道**하니 **蓋君子而未仁者也**라

'命'은 鄭氏(鄭玄)는 '마땅히 慢이 되어야 한다.' 하고, 程子(伊川)는 '마땅히 怠가 되어야 한다.' 하였으니, 누가 옳은지 자세하지 않다. 이와 같은 자는 사랑하고 미워할 바를 알되 사랑하고 미워하는 도리를 다하지 못한 것이니, 君子이나 아직 仁하지 못한 자이다.

10-17. **好人之所惡**(오)하며 **惡人之所好**를 **是謂拂人之性**이라 **菑(災)必逮夫身**[149]이니라

사람(남)의 미워하는 바를 좋아하며 사람의 좋아하는 바를 미워함을 이것을 일러 '사람의 性을 거스른다.'고 하는 것이다. 〈이러한 자는〉 재앙이 반드시 그 몸에 미친다.

---

146 〔詳說〕 鄭氏云 當作慢 : 《禮記》〈大學〉편의 註를 인용한 것이다.〔蓋引用禮記大學篇注〕 ○ 《大全》에 말하였다. "命과 慢은 음이 서로 비슷하니, 慢이 옳음에 가깝다.〔命慢 聲相近 近是〕
〔記疑〕《困勉錄》에 "慢은 게으름과 소홀함, 나약함의 세 뜻을 겸하니, 느림의 뜻이 아니다." 하였으니, 이 말이 뜻에 맞는다.〔困勉錄曰 慢 兼懈怠忽略懦弱三意 非遲慢之意 此說得之〕

147 〔詳說〕 程子云 當作怠 : 命과 怠는 글자가 서로 비슷한 것이다.〔命, 怠 字相似者也〕

148 譯註 未詳孰是 : '怠'와 '慢'이 뜻은 같으나 '慢'의 音이 '命'과 가까우므로 '慢'으로 읽는 것이 옳다고 한 것이다. 이 때문에 經文에 慢으로 수정하였다.

149 好人之所惡……菑(災)必逮夫身 : 雲峰胡氏는 "이상은 여섯 번째 節이니, 사람을 등용함을 가지고 말하였다. 《大學》은 여기에서 '仁'자를 드러내 보였고, 《章句》에서는 또 '未仁'과 '不仁'을 가지고 말하였다. 絜矩는 恕의 일이니, 恕는 仁을 행하는 것이기 때문에 특별히 仁으로 맺은 것이다.〔右第六節 就用人言 大學於此提出仁字 而章句又以未仁不仁言之 蓋絜矩是恕之事 恕 所以行仁 故特以仁結之〕" 하였다.(《詳說》)

··· 慢 거만할 만 拂 거스를 불 菑 재앙 재(災同) 逮 미칠 체

拂은 **逆也**라 **好善而惡惡**(오악)은 **人之性也**니 **至於拂人之性**이면 **則不仁之甚者也**라 **自秦誓至此**는 **又皆以申言好惡公私之極**하여 **以明上文所引南山有臺, 節南山之意**라

'拂'은 거스름이다. 善을 좋아하고 惡을 미워함은 사람의 性이니, 사람의 性을 거스름에 이르면 不仁이 심한 자이다.

〈秦誓〉(10章 14節)로부터 여기까지는 또 모두 좋아하고 미워하기를 公으로 함과 私로 함의 지극함을 거듭 말하여 윗글에 인용한 〈南山有臺〉(10章 3節)와 〈節南山〉(10章 4節)의 뜻을 밝힌 것이다.

10-18. **是故**로 **君子有大道**하니 **必忠信以得之**하고 **驕泰以失之**[150]니라

이러므로 君子(在位者)는 큰 道(方法)가 있으니, 반드시 忠과 信으로써 얻고 교만함과 방자함으로써 잃는다.

君子는 **以位言之**[151]라 **道**는 **謂居其位而修己治人之術**[151]이라 **發己自盡**이 **爲忠**이요 **循物無違 謂信**이라 **驕者**는 **矜高**요 **泰者**는 **侈肆**라 **此**는 **因上所引文王康誥之意而言**이라

---

150 是故……驕泰以失之 : 朱子는 "'忠信'과 '驕泰'로써 끝맺은 것은, 마음에 나아가 得失의 이유를 말해서 결단한 것이다. 忠信은 바로 天理가 이 때문에 보존되는 것이요, 驕泰는 바로 天理가 망하는 것이다.〔終之以忠信驕泰 是就心上 說出得失之由以決之 忠信乃天理之所以存 驕泰乃天理之所以亡〕" 하였다.(《詳說》)

雲峰胡氏는 "이상은 일곱번째 節이다. 好惡와 財用의 絜矩를 나누어 말하지 않고, 다만 大道가 있다고만 말했으니, 이 '道'자는 바로 章 머리의 絜矩의 道이다. 앞에서 得失을 두 번 말한 것은 사람들의 마음(民心)과 天命이 보존되느냐 망하느냐의 기미이고, 여기에서 得失을 말한 것은 내 마음의 天理가 보존되느냐 망하느냐의 기미이니, 《章句》의 이 〈'天理存亡之幾'의〉 '幾'자는 마땅히 誠意章(6章)의 '幾'자와 참고해서 보아야 한다.〔右第七節 不分言好惡與財用之絜矩 但言有大道 此道字 卽章首絜矩之道也 前兩言得失 人心天命存亡之幾也 此言得失 吾心天理存亡之幾也 章句此幾字 當與誠意章幾字參看〕" 하였다.(《詳說》)

151 〔詳說〕 君子 以位言之 : 《大全》에 말하였다. "나라를 다스리고 천하를 균평히 하는 君子이다.〔治國平天下之君子〕" ○ 윗 글에 세 君子[1]는 모두 德과 地位를 겸하여 말하였고, 이 節의 得失은 오로지 지위를 가지고 말하였다. 그러므로 특별히 君子를 訓한 것이다.〔上文三君子 皆兼德位言之 而此節之得失專以位言 故特訓之〕

譯註 1. 세 君子 : 이 章의 '君子有絜矩之道'(1節), '樂只君子 民之父母'(3節), '君子先愼乎德'(6節)을 가리킨다.

152 〔詳說〕 道 謂居其位而修己治人之術 : 《大全》에 말하였다. "'道'는 바로 大學의 道이니, 修己는 明德을 밝히는 일이고 治人은 백성을 새롭게 하는 일이다.〔道卽大學之道 修己 明明德之事 治人 新民之事〕" ○ 살펴보건대 '大學之道'라고 말한 것은 한 책을 가지고 말한 것이고, '絜矩之道'라고 말한 것은 한 章을 가

••• 驕 교만할 교 泰 잘난체할 태 循 따를 순 矜 자랑 긍 侈 잘난체할 치 肆 방자할 사

章內에 **三言得失而語益加切**[153]하니 **蓋至此而天理存亡之幾 決矣**로다

'君子'는 지위로써 말한 것이다. '道'는 지위에 居하여 자신을 닦고 남을 다스리는 방법을 이른다. 자기 마음에서 나와 스스로 다함을 忠이라 하고, 물건(사람)의 이치를 따라 어김이 없음을 信이라 이른다. '驕'는 자랑하고 높은 체함이요, '泰'는 사치하고 방자함이다. 이는 위에 인용한 〈文王〉詩(10章 5節)와 〈康誥〉(10章 11節)의 뜻을 인하여 말씀한 것이다.

이 章 안에 '得·失'을 세 번 말씀하였는데 말씀이 갈수록 더 간절하니, 이에 이르러 天理가 보존되고 멸망하는 기미가 판가름 난다.

10-19. **生財有大道**하니 **生之者衆**하고 **食之者寡**하며 **爲之者疾**하고 **用之者舒**하면 **則財恒足矣**리라

재물을 생산함이 큰 道(방법)가 있으니, 생산하는 자가 많고 먹는 자가 적으며 하기를 빨리 하고 쓰기를 느리게 하면 재물이 항상 풍족할 것이다.

呂氏曰 國無遊民이면 **則生者衆矣**요 **朝無幸位**면 **則食者寡矣**요 **不奪農時**면 **則爲之疾矣**요 **量入爲出**이면 **則用之舒矣**[154]니라 **愚按 此因有土有財而言**하여 **以明足國之道 在乎務本而節用**[155]이요 **非必外本內末而後財可聚也**라 **自此以至終篇**이 **皆一意也**라

지고 말한 것이다. 만약 한 節을 가지고 말한다면 마땅히 '忠信'을 가리켜야 하니, '忠信'은 '大道'를 해석한 것이고, '得'자는 '君子'와 조응된다. '驕泰以失之' 한 句는 다만 '忠信以得之'를 인하여 부대하여 아울러 언급했을 뿐이다. 아랫절(19節) '有大道'의 아래에 곧바로 이 일을 가지고 해석하였으니, 위와 아래의 '有大道'의 文勢가 차이가 있어서는 안 된다. 더구나 註 안에 '修己'는 '發己'와 부합하고, '治人'은 '循物'과 부합함에 있어서랴.〔按 謂之大學之道者 以一書言也 謂之絜矩之道者 以一章言也 若以一節言 則當指忠信 忠信釋大道 得字應君子 驕泰以失之一句 只是因忠信得之 而帶過幷及耳 蓋下節有大道之下 卽以其事釋之 則上下有大道之文勢 不宜異同 況註中修己襯發己 治人襯循物者乎〕

153 譯註 章內 三言得失而語益加切 : 得失을 세 번 말했다는 것은 10章 5節 〈文王〉詩 뒤의 '得衆則得國 失衆則失國'과 10章 11節 〈康誥〉 뒤의 '善則得之 不善則失之'와 여기의 '忠信以得之 驕泰以失之'를 가리킨다. '民衆을 얻으면 나라를 얻고 民衆을 잃으면 나라를 잃는다.'는 것보다 '善하면 얻고 不善하면 잃는다.'는 것이 더 간절하며, '忠과 信으로써 얻고 교만함과 방자함으로써 잃는다.'는 것이 더 구체적이고 절실함을 말한 것이다. 民衆을 얻으려면 善해야 하고 善하려면 忠信해야 함을 알 수 있다.

154 〔詳說〕 則生者衆矣……則用之舒矣 : 사람을 위주하여 者(生者, 食者)라고 말하였고, 일을 위주하여 之(爲之, 用之)라고 말했으니, 본문에는 두 가지를 겸해서 말했으나, 註에서는 나누어 말하였다.〔主人而曰者 主事而曰之 本文兼言 而註分言〕

155 〔詳說〕 務本而節用 : 新安陳氏(陳櫟)가 말하였다. "'근본을 힘쓴다.'는 것은 생산하는 자가 많고 하기를 빨리함을 이르니 재물의 근원을 열어주는 것이고, '쓰기를 절약함'은 먹는 자가 적고 쓰기를 느리게 함을

··· 寡 적을 과 疾 빠를 질 舒 펼 서, 느릴 서 幸 요행 행 聚 모을 취

呂氏(呂大臨)가 말하였다. "나라에 노는 백성이 없으면 생산하는 자가 많을 것이요, 朝廷에 요행으로 얻은 지위가 없으면 먹는 자가 적을 것이요, 농사철을 빼앗지 않으면 하기를 빨리 할 것이요, 수입을 헤아려 지출을 하면 쓰기를 느리게 할 것이다."
내(朱子)가 살펴보건대 이는 〈10章 6節의〉 '有土'와 '有財'를 인하여 말씀해서 나라를 풍족하게 하는 방도가 근본(농업)을 힘쓰고 쓰기를 절약함에 있는 것이요, 반드시 근본(德)을 밖으로 하고 지엽(재물)을 안으로 한 뒤에 재물을 모을 수 있는 것이 아님을 밝힌 것이다. 이로부터 끝篇까지는 모두 똑같은 뜻이다.

10-20. 仁者는 以財發身하고 不仁者는 以身發財니라

仁者는 재물로써 몸을 일으키고, 不仁한 자는 몸으로써 재물을 일으킨다.

發은 猶起也라 仁者는 散財以得民하고 不仁者는 亡身以殖貨라

'發'은 起와 같다. 仁者는 재물을 흩어서 백성을 얻고, 不仁한 자는 몸을 망쳐서 재물을 증식한다.

10-21. 未有上好仁而下不好義者也[156]니 未有好義요 其事不終者也며 未有府庫財 非其財者也니라

윗사람이 仁을 좋아하고서 아랫사람이 義를 좋아하지 않는 경우는 있지 않으니, 〈아랫사람들이〉 義를 좋아하고서 그(윗사람)의 일이 끝마쳐지지 못한 경우는 없으며, 府庫의 재물이 그(윗사람)의 재물이 아닌 경우는 없다.

上好仁以愛其下하면 則下好義以忠其上이니 所以事必有終이요 而府庫之財 無悖出之患也라

이르니 재물의 흐름을 절제하는 것이다.〔務本 謂生者衆 爲者疾 所以開財之源也 節用 謂食者寡 用者舒 所以節財之流也〕"

156 未有上好仁而下不好義者也 : 朱子는 "다만 똑같은 도리인데, 윗사람에게 있으면 仁이라고 부르고, 아랫사람에게 있으면 義라고 부른다.〔只是一箇道理 在上便喚做仁 在下便喚做義〕" 하였다.《詳說》
壺山은 "본문의 이 句(未有上好仁而下不好義者也)는 〈이 章 윗부분의〉 다섯 개의 '仁'자로부터 〈이하의〉 네 개의 '義'자가 이어지는 樞紐가 되니, 仁은 體가 되고 義는 用이 된다. 그러므로 '義'자를 가지고 平天下의 일을 끝맺은 것이다.〔本文此句 是自五仁字爲四義字之承接樞紐也 仁爲體而義爲用 故以義字終平天下之事〕" 하였다.

··· 殖 번성할 식 府 창고 부 庫 창고 고 悖 어그러질 패

윗사람이 仁을 좋아하여 그 아랫사람을 사랑하면 아랫사람들이 義를 좋아하여 그 윗사람에게 충성하니, 이 때문에 일이 반드시 끝마침이 있고 府庫의 재물이 어긋나게 나가는 폐단이 없는 것이다.

10-22. **孟獻子曰 畜**(휵)**馬乘**은 **不察於鷄豚**하고 **伐冰之家**는 **不畜牛羊**하고 **百乘之家**는 **不畜聚斂之臣**하나니 **與其有聚斂之臣**으론 **寧有盜臣**이라 하니 **此謂 國**은 **不以利爲利**요 **以義爲利也**니라

孟獻子가 말하기를 "馬乘을 기르는 자(처음 大夫가 된 자)는 닭과 돼지를 기름을 살피지 않고, 얼음을 쓰는 집안(卿大夫 이상)은 소와 양을 기르지 않고, 百乘의 집안(采地가 있는 집안)은 聚斂하는 신하(가렴주구하여 윗사람을 부유하게 하는 신하)를 기르지 않으니, 聚斂하는 신하를 기르기보다는 차라리 도둑질하는 신하를 두라." 하였으니, 이것을 일러 '나라는 利를 이익으로 여기지 않고 義를 이익으로 여긴다.'고 한 것이다.

孟獻子는 **魯之賢大夫仲孫蔑也**[157]라 **畜馬乘**은 **士初試爲大夫者也**요 **伐冰之家**는 **卿大夫以上喪祭用冰者也**요 **百乘之家**는 **有采地**[158]**者也**라 **君子寧亡己之財**언정 **而不忍傷民之力**이라 **故**로 **寧有盜臣**이언정 **而不畜聚斂之臣**이라 **此謂以下**는 **釋獻子之言也**라

孟獻子는 魯나라의 어진 大夫인 仲孫蔑이다. '馬乘을 기른다.'는 것은 士가 처음 등용되어 大夫가 된 자이다. '伐冰之家'는 卿·大夫 이상으로 初喪과 祭祀에 얼음을 쓰는 자이고, '百乘之家'는 采地(食邑)를 가지고 있는 자이다. 君子는 차라리 자신의 재물을 잃을지언정 차마 백성들의 힘을 상하게 하지 못한다. 그러므로 차라리 도둑질하는 신하를 둘지언정 聚斂하는 신하를 기르지 않는 것이다. '此謂' 이하는 獻子의 말을 해석한 것이다.

---

157 〔詳說〕 孟獻子 魯之賢大夫仲孫蔑也：孟獻子는 孔子 이전의 세상에 있었으니, 어떻게 子思에게 배웠겠는가.[1] 尤翁(尤菴)은 일찍이 孟獻子가 두 사람이 있다고 의심하였다.〔獻子在孔子以前世 何從而師子思乎 尤翁嘗疑孟獻子有兩人云〕

譯註 1. 子思에게 배웠겠는가：《大全》에 玉溪盧氏(盧孝孫)가 "孟獻子가 일찍이 子思에게 배워 義와 利의 구분을 알았으므로 능히 絜矩의 道를 안 것이다.〔獻子嘗師子思 能知義利之分 故能知絜矩之道〕"라고 하였으므로 말한 것이다.

158 〔詳說〕 采地：《大全》에 말하였다. "신하의 食邑이다.〔臣之食邑也〕"

··· **獻** 올릴 헌 **畜** 기를 휵 **鷄** 닭 계 **豚** 돼지 돈 **冰** 얼음 빙 **斂** 거둘 렴 **寧** 차라리 녕 **蔑** 없을 멸 **喪** 초상 상 **采** 식읍 채

10-23. **長國家而務財用者**는 **必自小人矣**니 **(彼爲善之)小人之使爲國家**면 **菑害竝至**라 **雖有善者**라도 **亦無如之何矣**리니 **此謂 國**은 **不以利爲利**요 **以義爲利也**[159]니라

국가에 우두머리가 되어 財用을 힘쓰는 자는 반드시 小人의 인도로부터 비롯되니, 小人으로 하여금 국가를 다스리게 하면 天災와 人害가 함께 이른다. 비록 잘하는 자가 있더라도 또한 어쩔 수가 없을 것이니, 이것을 일러 '나라는 利를 이익으로 여기지 않고 義를 이익으로 여긴다.'고 한 것이다.

彼爲善之此句上下에 **疑有闕文誤字**라

○ **自**는 **由也**니 **言由小人導之也**라 **此一節**은 **深明以利爲利之害**하여 **而重言以結之**[160]하니 **其丁寧之意 切矣**로다

'彼爲善之' 이 句의 위아래에는 의심컨대 闕文이나 誤字가 있는 듯하다.

○ '自'는 말미암음이니, 小人이 인도함으로 말미암음을 말한 것이다.

이 한 節은 利를 이익으로 삼는 弊害를 깊이 밝혀 거듭 말씀하여 맺었으니, 그 丁寧(간곡)한 뜻이 간절하다.

⊙ **右**는 **傳之十章**이니 **釋治國平天下**하니라

⊙ 이상은 傳文의 10章이니, 治國·平天下를 해석하였다.

此章之義는 **務在與民同好惡而不專其利**하니 **皆推廣絜矩之意也**[161]라 **能如是**면

---

159 長國家而務財用者……以義爲利也 : 雲峰胡氏는 "이상은 여덟번째 節이다. 재물을 생산하는 큰 道는 또한 바로 絜矩하는 道이니, 사람을 등용하는 것도 마땅히 이 絜矩를 취하여야 한다. 義와 利의 구분은《大學》책에서는 이것을 가지고 끝맺었고,《孟子》책에서는 이것을 가지고 시작하였다.〔右第八節 生財大道 亦卽絜矩之道 用人亦當取其絜矩也 義利之辨 大學之書 以此終 孟子之書 以此始〕" 하였다.《詳說》

160 〔詳說〕 深明以利爲利之害 而重言以結之 : 이 章은 대부분 財利를 말했으니, 利를 이익으로 여기는 폐해를 열어놓을까 염려하였다. 그러므로 마지막에 이르러서 특별히 '義'자를 말하여 이것을 바로잡은 것이다. 네 개의 '義'자는 章 가운데 열한 개의 '財'자와 한 개의 '貨'자, 네 개의 '寶'자와 일곱 개의 '利'자를 충분히 빼앗을 만하다.〔此章多言財利 恐啓以利爲利之弊 故至末 特言義字以救之 四箇義字 足以奪章中十一財字 一貨字 四寶字 七利字云〕

161 〔詳說〕 此章之義……皆推廣絜矩之意也 : 朱子가 말씀하였다. "이 章은 好惡와 義利 두 가지를 벗어나지 않는다.〔此章不過好惡義利兩端而已〕" ○ 이 章은 문장이 길어서 독자가 쉽게 알 수가 없다. 그러므로 특별히 章下註를 만들어서 그 요점을 제시하였다.〔此章文長 讀者未易領會 故特爲章下註 以提其要〕

··· 菑 재앙 재 竝 아우를 병 導 인도할 도 絜 잴 혈 矩 곱척 구

則親, 賢, 樂, 利가 **各得其所**[162]하여 **而天下平矣**리라

이 章의 뜻은 힘씀이 백성들과 더불어 좋아하고 싫어함을 함께 하고 그 이익을 독차지하지 않음에 있으니, 모두 絜矩의 뜻을 미루어 넓힌 것이다. 능히 이와 같이 하면 親 · 賢과 樂 · 利가 각각 제자리를 얻어서 천하가 平하게 될 것이다.

傳文統論 | **凡傳十章**에 **前四章**은 **統論綱領**[163]**旨趣**[164]요 **後六章**은 **細論條目**[165]**工夫**[166]라 **其第五章**은 **乃明善之要**요 **第六章**은 **乃誠身之本**이니 **在初學**에 **尤爲當務之急**[167]이니 **讀者不可以其近而忽之也**니라

무릇 傳文 열 章 중에 앞의 네 章은 綱領(三綱領)의 旨趣를 통합하여 논하였고, 뒤의 여섯 章은 條目(八條目)의 공부를 세세히 논하였다. 제5章(格物致知 補亡章)은 바로 善을 밝히는 要體이고 제6章(誠意章)은 바로 몸을 성실히 하는 근본이니, 初學者에 있어서 더욱 마땅히 힘써야 할 急先務이니, 읽는 자들은 淺近하다고 하여 소홀히 해서는 안될 것이다.

---

162 譯註 親, 賢, 樂, 利 各得其所 : '親, 賢, 樂, 利'는 앞의 傳文 3章 5節에 보이는 '賢其賢 親其親 樂其樂 利其利'를 축약하여 쓴 것으로 親賢은 用人(인재를 등용함)에 해당하고 樂利는 理財(재물을 다스림)에 해당하는바, 이 章은 앞에서는 理財를, 뒤에서는 用人을 말하였고 끝에서는 두 가지를 합하여 말하였다. 雙峰饒氏(饒魯)는 이에 대하여 "〈10章 6節의〉 '先愼乎德' 이하는 理財를 말하였고 〈10章 14節의〉 '〈秦誓〉' 이하는 用人을 말하였으며, 〈10章 19節의〉 '生財有大道' 이하는 또 다시 理財를 말하여 두 가지를 반복해서 말하였으며, 맨 끝(10章 23節)에는 또 '財用을 힘쓰는 자는 小人의 인도로부터 시작된다.'고 말하였으니, 理財와 用人은 또 똑같은 일일 뿐이다.〔先愼以下說理財 秦誓以下說用人 生財以下又說理財 二事反覆言之 末後又說務財用必自小人 則理財用人又只是一事〕" 하였다. '各得其所'는 각각 제자리를 얻는 것으로 《論語》〈子罕〉에 "雅와 頌이 각기 제자리를 얻었다.〔雅頌各得其所〕"라고 보인다.
〔詳說〕 朱子가 말씀하였다. "이 章은 오로지 財用을 말하고 뒤이어 用人을 말하였다.〔此章專言財用 繼言用人〕"

163 〔詳說〕 綱領 : 明明德의 註에 조응하였다.〔照明明德註〕

164 〔詳說〕 旨趣 : 三綱領의 指趣이다.〔三綱領之指趣〕

165 〔詳說〕 條目 : 古之欲明明德의 註에 조응하였다.〔照古之欲明明德註〕

166 〔詳說〕 工夫 : 八條目의 工夫이다.〔八條目之工夫〕 ○ 이상은 열 章을 총괄하여 논하였고, 이 아래에는 또다시 두 章(5章과 6章)을 끄집어내서 중점을 여기로 돌린 것이다.〔以上總論十章 此下又摘出兩章 而歸重焉〕

167 譯註 當務之急 : 이 네 글자는 《孟子》〈盡心上〉 46章에 "지혜로운 자는 알지 않음이 없으나 마땅히 힘써야 할 일을 급하게 여기고, 仁者는 사랑하지 않음이 없으나 賢者를 親히 함을 급하게 여기니, 堯·舜의 지혜로도 물건을 두루 알지 않음은 먼저 힘써야 할 것을 급하게 여겼기 때문이요, 堯·舜의 仁으로도 두루 사람을 사랑하지 않음은 賢者를 친히 함을 급하게 여겼기 때문이다.〔知(智)者無不知也 當務之爲急 仁者無不愛也 急親賢之爲務 堯舜之知(智) 而不徧物 急先務也 堯舜之仁 不徧愛人 急親賢也〕"라고 보인다.

··· 旨 뜻 지 趣 뜻 취 忽 소홀할 홀

|附錄. 大學圖 (退溪 聖學十圖中)|

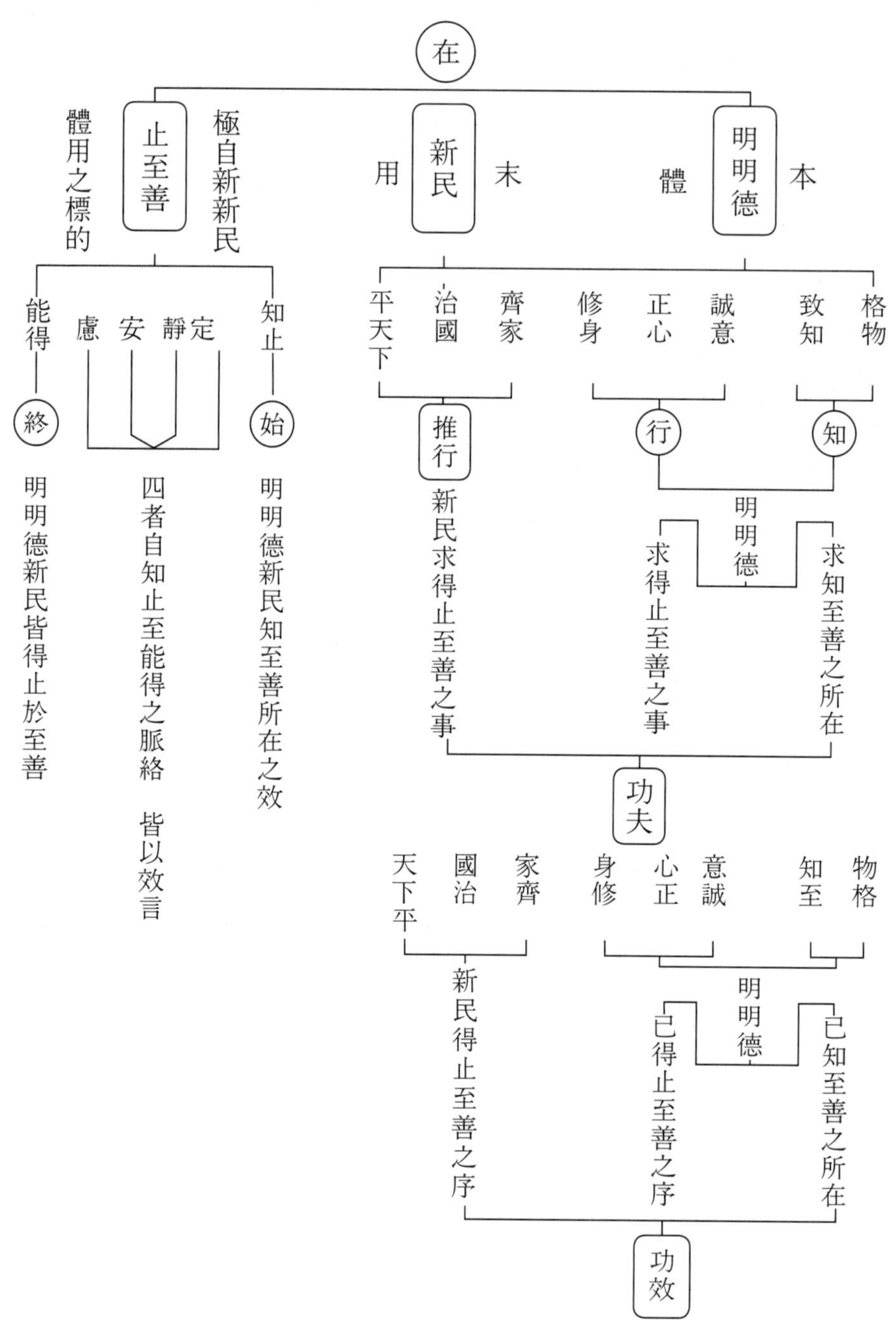

|附錄.《大學章句》의 體系|

<table>
<tr><td rowspan="7">經</td><td rowspan="7">1章</td><td>1節</td><td>三綱領</td><td>明明德(修己)·新民(治人)·止於至善</td></tr>
<tr><td>2節</td><td>知止…能得</td><td>止至善：知至善所在…得止於至善</td></tr>
<tr><td>3節</td><td>結上文兩節</td><td>本(明德)·末(新民), 始(知止)·終(能得)</td></tr>
<tr><td>4節</td><td>八條目(工夫)</td><td>修身以上：明明德之事
齊家以下：新民之事</td></tr>
<tr><td>5節</td><td>八條目(功效)</td><td>物格知至：知所止
意誠以下：得所止之序</td></tr>
<tr><td>6節</td><td rowspan="2">結上文兩節</td><td rowspan="2"></td></tr>
<tr><td>7節</td></tr>
<tr><td rowspan="10">傳</td><td>1章</td><td>明明德章</td><td rowspan="3">釋三綱領</td><td></td></tr>
<tr><td>2章</td><td>新民章</td><td></td></tr>
<tr><td>3章</td><td>止至善章</td><td></td></tr>
<tr><td>4章</td><td>聽訟章</td><td>釋本末</td><td></td></tr>
<tr><td>5章</td><td>格致章+補亡章</td><td rowspan="6">釋八條目</td><td>知(格物·致知)</td></tr>
<tr><td>6章</td><td>誠意章</td><td rowspan="2">行(誠意·正心·修身)</td></tr>
<tr><td>7章</td><td>正心修身章</td></tr>
<tr><td>8章</td><td>修身齊家章</td><td rowspan="3">推行(齊家·治國·平天下)</td></tr>
<tr><td>9章</td><td>齊家治國章</td></tr>
<tr><td>10章</td><td>平天下章</td></tr>
</table>

英祖大王御製序

夫三代盛時에 設庠序學校而敎人하니 此正禮記所云 家有塾, 黨有庠, 州有序, 國有學者也라 故人生八歲어든 皆入小學하고 於大學則天子之元子衆子로 以至公卿大夫元士之適子와 與凡民之俊秀者히 及其成童하여 皆入焉하니 可不重歟아 大學之書有三綱焉하니 曰明明德, 曰新民, 曰止於至善也요 有八條焉하니 曰格物, 曰致知, 曰誠意, 曰正心, 曰修身, 曰齊家, 曰治國, 曰平天下也라 次序井井하고 條理方方하며 其學問之道를 紫陽朱夫子序文詳備하니 以予蔑學으로 何敢加一辭리오 然是書與中庸相爲表裏하여 次序條理若是瞭然이로되 而學者其猶書自書, 我自我하니 可勝歎哉아 噫라 明德在何오 卽在我一心이요 明明德之工在何오 亦在我一心이라 若能實下工夫면 正若顔子所云舜何人余何人者也어늘 而三代以後로 師道在下하고 學校不興하여 莫能行灑掃之敎라 故筋骸已强하고 利欲交中하여 在我之明德을 不能自明이라 旣不能格致하니 又何以誠意하며 旣不能正心하니 又何以修身이리오 不能格致하고 不能誠正하니 家齊國治를 其何望哉아 其何望哉아 予於十九歲에 始讀大學하고 二十九歲에 入學也하여 又講此書로대 而自顧其行하면 其亦書自我自하여 心常恧焉이라 六十三에 視學明倫堂也에 先讀序文하고 仍令侍講官及儒生으로 次第以講하니 其日은 卽甲子也니 與朱夫子作序文之日로 偶然相符라 日雖相符나 功效愈邈하니 尤切靦然이라 望七之年에 因追慕하여 行三講하고 而欲取反約하여 以中庸循環以講하며 因經筵官之請하여 繼講此書하니 自此以後로 庸學을 將輪回以講이라 少時講此에 未見其效하니 暮年重講에 其何望效리오 尤爲慨然者는 紫陽序文에 豈不云乎아 一有能盡其性者면 天必命之하사 以爲億兆之君師라하시니 以予晩學涼德으로 旣無誠正之工하고 亦無修齊之效하고 而白首衰耗에 三講此書하니 豈不自恧乎아 然孔聖云 溫故而知新이라하시니 若能因此而知新이면 於予에 豈不大有益也哉리오 仍作序文하여 自勉靈臺하노라 歲戊寅十月甲寅序하노라

以洪武正韻體命書하노라

夏·殷·周 三代가 흥성했던 때에 庠·序·學·校를 설치하여 백성들을 가르쳤으니, 이는 바로《禮記》에 이른바 "25家에는 塾이 있고 黨에는 庠이 있고 州에는 序가 있고 國都에는 太學이 있었다."는 것이다. 그러므로 사람이 태어나 여덟 살이 되면 모두 小學에 들어가고, 太學에는 天子의 元子·衆子로부터 公·卿·大夫·元士의 嫡子와 일반 백성의 俊秀한 자들에 이르기까지 成童(15살)이 되면 모두 들어갔으니, 어찌 중대하지 않을 수 있겠는가.《大學》의 책에는 三綱領이 있으니 明明德과 新民과 止於至善이며, 八條目이 있으니 格物·致知·誠意·正心·修身·齊家·治國·平天下이다. 次序가 정연하고 條理가 方方하며 그 학문하는 방도를 紫陽 朱夫子의 序文에 자세히 갖추었으니, 나의 蔑學으로 어찌 감히 한 마디를 더하겠는가.

그러나 이 책은《中庸》과 서로 表裏가 되어 次序와 條理가 이와 같이 분명한데도, 배우는 자들이 오히려 책은 책이고 나는 나이니, 이루 탄식할 수 있겠는가. 아! 明德은 어디에 있는가? 바로 나의 한 마음에 있으며, 明明德의 공부는 어디에 있는가? 또한 나의 한 마음에 있다. 만약 능히 실제로 공부를 하면 바로 顔子가 말씀한 '舜임금은 어떤 사람이며 나는 어떤 사람인가'와 같이 되는데, 三代 이후로는 師道가 아래에 있고 學校가 흥성하지 못해서 물 뿌리고 청소하는 가르침을 능히 행하지 못했기 때문에 힘줄과 뼈가 이미 굳어지고 利欲이 마음속에서 교차하여 자신에게 있는 明德을 스스로 밝히지 못하였다. 이미 格物·致知를 하지 못했으니 또 어찌 뜻을 성실히 하겠으며, 이미 마음을 바루지 못하였으니 또 어찌 몸을 닦겠는가. 格物·致知를 못하였고 誠意·正心을 못하였으니, 집안이 가지런해지고 나라가 다스려지기를 어찌 바라겠는가. 어찌 바라겠는가.

내가 19세에 처음《大學》을 읽고, 29세에 入學하였을 적에 또 이 책을 講하였으나, 스스로 행실을 돌아보건대 또한 책은 책이고 나는 나여서 마음에 항상 부끄러웠다. 63세에 明倫堂에서 학문하는 것을 시찰할 적에 먼저 序文을 읽고 인하여 侍講官과 儒生들로 하여금 차례로 講하게 하였는데, 그 날이 바로 甲子일이었으니 朱夫子가 序文을 지은 날과 우연히 부합하였다. 날은 비록 부합하나 功效는 더욱 아득하니 더욱 부끄러운 마음 간절하였다. 70을 바라보는 나이에 추모함으로 인하여 세 번 講을 행하고 돌이켜 요약하고자 해서《中庸》과 함께 돌아가며 講하고, 經筵官의 주청으로 인하여 계속해서 이 책을 講하니, 이후로《中庸》과《大學》을 장차 돌아가면서 講하려 한다. 어려서 이 책을 講할 적에 그 효험을 보지 못했는데 늘그막에 거듭 講함에 어찌 효험을 바라겠는가.

더욱 서글픈 것은, 紫陽(朱子)의 序文에 말하지 않았는가. "한 사람이라도 그 本性을 다한 자가 있으면 하늘이 반드시 그에게 명하시어 억조 만백성의 군주와 스승으로 삼는다'고 하셨는데, 나의 늦은 배움과 부족한 덕으로 이미 誠意와 正心의 공부가 없고 또한 修身과 齊家의 공효도 없으면서 흰머리 노쇠한 몸으로 이 책을 세 번 講하니 어찌 스스로 부끄럽지 않겠는가. 그러나 聖人이신 孔子께서 말씀하시기를 "옛 것을 잊지 아니하여 새 것을 안다" 하셨으니, 만약 이로 인하여 새로운 것을 안다면 내게 어찌 크게 유익하지 않겠는가. 인하여 서문을 지어 스스로 마음을 권면하노라.

戊寅년(1758) 10월 甲寅일에 序하노라.

《홍무정운(洪武正韻)》체로 명하여 쓰게 하노라.

中庸集註

中庸章句序

1. 中庸은 何爲而作也오 子思子[1] 憂道學之失其傳而作也[2] 시니라[3]

《中庸》은 어찌하여 지었는가? 子思子가 道學의 傳함을 잃을까 걱정하여 지으신 것이다.

2-1. 蓋自上古聖神繼天立極으로 而道統之傳이 有自來矣[4]라 其見(현)

---

1 〔詳說〕 子思子 : 두번째 '子'자는 또한 스승을 높이는 칭호이다.〔下子字 亦宗師之稱〕

2 〔詳說〕 憂道學之失其傳而作也 : 雲峰胡氏(胡炳文)가 말하였다. "唐(堯)·虞(舜)와 三代(夏·殷·周)의 융성했을 때에는 이 道가 해가 중천에 떠 있는 것과 같아서 《中庸》을 짓지 않아도 괜찮았는데, 子思 때에 이르러서는 異端이 그 학설을 함부로 퍼트려서 道學이 그 전함을 얻지 못함을 근심하였다.〔唐虞三代之隆 斯道如日中天 中庸可無作 至子思時 憂異端肆其說 道學不得其傳也〕"

3 〔詳說〕 이상은 제1節이다. 大意를 총괄하였으니, 또한 〈大學章句序〉의 머릿절[1]과 같고 그 글의 짧은 것도 서로 같다. 다만 《大學》을 지은 사람은 옛날에 분명한 증거가 없었으므로 序文의 첫머리에 표출하지 않았고, 《中庸》을 지은 것은 역사에 분명한 글이 있으므로 序文의 첫머리에 특별히 쓴 것이니, 《史記》 〈孔子世家〉에 "子思가 宋나라에서 곤궁하실 적에 《中庸》을 지었다."라고 하였다.〔右第一節 總括大意 亦如大學序首節 其文之短 又相同 但大學撰人 古無明據 故序首不爲表出 中庸之作 史有明文 故序首特書之 史記孔子世家云 子思困於宋 作中庸〕

譯註 1. 〈大學章句序〉의 머릿절 : "《大學》의 책은 옛날 太學에서 사람을 가르치던 법이다.〔大學之書 古之大(太)學 所以教人之法也〕"라고 한 부분이다. 〈中庸章句序〉의 分節은 〈大學章句序〉와 마찬가지로 壺山의 《詳說》을 모두 따랐음을 밝혀 둔다.

4 譯註 蓋自上古聖神……有自來矣 : '上古聖神'은 上古時代의 聖人(聖君)인 伏羲·神農·黃帝를 이른다. 孟子는 人品의 등급을 말씀하면서 "大人이면서 저절로 변화한 것을 聖人이라 하고, 聖스러워 측량할 수 없는 것을 神人이라 한다." 하였는데,(《孟子》〈盡心下〉 25章) 朱子는 "聖人 위에 따로 神人이 있는 것이 아니요, 聖人의 德이 神妙하여 측량해 알 수 없으므로 이렇게 칭한 것이다." 하였다. '繼天立極'은 聖人이 하늘의 뜻을 이어받아 人極(사람이 마땅히 행해야 할 표준)을 세운 것으로 聖人의 가르침을 이른다. 〔詳說〕 〈大學章句序〉는 性을 논하였기 때문에 生民의 시초를 근원하여 말하였고, 이 〈中庸章句序〉는 道統을 논하였기 때문에 '上古의 聖神'으로부터 잘라 말하였다.〔學序論性 故推原生民之始 言之 此序論道統 故截自上古聖神 言之〕 ○ 六經이 아직 나오지 않았을 때에는 道가 聖人에게 있었다. 그러므로 그 道統이 전함이 있었던 것이다.〔六經未興之時 道在聖人 故其統有傳〕 ○ 《大全》에 말하였다. "'道

··· 庸 떳떳할 용 憂 근심 우 自 부터 자 極 표준 극 見 나타날 현

於經은 則允執厥中者는 堯之所以授舜也[5]요 人心惟危 道心惟微 惟精惟一[6] 允執厥中者는 舜之所以授禹也[7]니 堯之一言이 至矣盡矣어시늘 而舜이 復(부)益之以三言者는 則所以明夫堯之一言을 必如是而後에 可庶幾也[8]라

上古時代에 聖神이 하늘의 뜻을 이어 極(인간의 표준)을 세움으로부터 道統의 전함이 由來가 있게 되었다. 經書에 나타난 것으로는 '진실로 그 中(中道)을 잡으라(지키라).'는 것은 堯임금이 舜임금에게 전수해 주신 것이요, '人心은 위태롭고 道心은 隱微하니, 精히 하고 한결같이 하여야 진실로 그 中을 잡을 수 있다.'는 것은 舜임금이 禹임금에게 전수해 주신 것이니, 堯의 한 말씀이 지극하고 다하였는데 舜이 다시 세 말씀을 더한 것은 堯의 한 말씀을 반드시 이와 같이 한 뒤에야 거의 中道를 지킬 수 있음을 밝힌 것이다.

統' 두 글자는 이 序文의 綱領이니, 뒷면에 여러 번 제기하여 조응하였다.〔道統二字 爲此序綱領 後面屢提掇照應〕" ○ '道學'과 '道統'의 두 '道'자는 中庸의 道를 가리킨 것이다. 그러므로 이 아래에 마침내 '中'자로 이어받은 것이다.〔二道字 蓋指中庸之道 故此下遂以中字承之〕

5 〔詳說〕 允執厥中者 堯之所以授舜也 : 이 내용은 《書經》〈大禹謨〉와 《論語》〈堯曰〉[1)]에 보인다.〔見書大禹謨及論語堯曰〕

譯註 1. 《書經》〈大禹謨〉와 《論語》〈堯曰〉 : 《論語》〈堯曰〉 1章에 "堯임금이 말씀하셨다. '아! 너 舜아, 하늘의 曆數가 너의 몸에 있으니, 진실로 그 中道를 잡아라. 四海가 곤궁하면 하늘의 祿이 영원히 끊길 것이다.'〔堯曰 咨爾舜 天之曆數 在爾躬 允執其中 四海困窮 天祿永終〕"라고 보이고, 《書經》〈虞書 大禹謨〉에 舜임금이 禹임금에게 전수한 말씀으로 "人心은 위태롭고 道心은 은미하니, 精하게 하고 한결같이 하여야 진실로 그 中道를 잡을 것이다.〔人心惟危 道心惟微 惟精惟一 允執厥中〕"라고 보인다. 《書經集傳》에 "堯임금이 舜임금에게 고할 적엔 다만 '允執其中'이라고 말씀하였는데, 이제 舜임금이 禹임금에게 명할 적엔 또 그 所以를 미루어 자세히 말씀하였다.〔堯之告舜 但曰允執其中 今舜命禹 又推其所以而詳言之〕"라고 하였다.

6 〔記疑〕 惟一 : 惟一은 마땅히 動과 靜을 관통해야 한다. 約禮·固執·誠身·篤行과 같은 것이 모두 惟一을 말하는 것이니 어떻게 단지 動하는 측면의 공부로만 보겠는가.〔惟一 當通貫動靜 如約禮 固執 誠身 篤行 皆惟一之謂也 如何只作動上工夫〕

7 〔詳說〕 人心惟危……舜之所以授禹也 : 이 내용은 《書經》〈大禹謨〉에 보인다.〔見書大禹謨〕 ○ 新安陳氏(陳櫟)가 말하였다. "이 네 句를 인용하여 中庸의 宗祖를 나타내어 道統의 淵源을 접하였다.〔引此四句 以見中庸之宗祖 以接道統之淵源〕" ○ '中'을 말하여 '庸'을 포함하였다.〔言中以該庸〕

8 〔詳說〕 堯之一言……可庶幾也 : 〈'如是'는 '人心惟危 道心惟微 惟精惟一'의〉 세 말씀을 가리킨 것이다.〔指三言〕 ○ 朱子가 말하였다. "堯임금은 舜임금에게 한 句를 고해줌에 이미 깨달았는데, 舜임금은 禹王이 아직 깨닫지 못할까 염려하였으므로 또다시 세 句를 더하신 것이다. 이는 '진실로 中을 잡기〔允執厥中〕' 이전의 일로 禹王에게 工夫하는 곳을 가르쳐 주신 것이다.〔堯告舜以一句 已曉得 舜怕(파)禹尙未曉得 故又添三句 是允執厥中以前事 教禹做工夫處〕"

••• 允 진실로 윤 厥 그 궐 授 줄 수 微 작을 미 庶 거의 서 幾 거의 기

2-2. 蓋嘗論之컨대 心之虛靈知覺은 一而已矣어늘 而以爲有人心道心之異者는 則以其或生於形氣之私[9]하고 或原於性命之正[10]하여 而所以爲知覺者 不同[11]이라 是以로 或危殆而不安하고 或微妙而難見耳라 然이나 人莫不有是形이라 故로 雖上智나 不能無人心하고 亦莫不有是性이라 故로 雖下愚나 不能無道心[12]하니 二者雜於方寸之間하여 而不知所以治之면 則危者愈危하고 微者愈微[13]하여 而天理之公이 卒無以勝夫人欲之私矣[14]리라 精은 則察夫二者之間而不雜也요 一은 則守其本心之正而不離也[15]니 從事於斯하여 無少間斷하여 必使道心常爲一身之主하고 而人心每聽命焉이면 則危者安하고 微者著[16]하여 而動靜云爲[17] 自無過不

---

9 〔詳說〕 形氣之私 : 朱子가 말씀하였다. "굶주림과 배부름, 추움과 따뜻함의 따위는 나의 血氣와 形體에서 생겨나 他人은 관여됨이 없으니, 이른바 '私'라는 것이다. 〈이 私〉 또한 곧바로 나쁜 것이 아니나 다만 한결같이 따라서는 안 될 뿐이다.〔飢飽寒燠之類 生於吾之血氣形體 而他人無與焉 所謂私也 亦未便是不好 但不可一向徇之耳〕"

10 〔詳說〕 或原於性命之正 : 原은 本과 같고 命은 理와 같다.〔原猶本也 命猶理也〕

11 〔詳說〕 而所以爲知覺者 不同 : '所以爲'는 所從爲란 말과 같다.〔所以爲 猶言所從爲〕 ○ 朱子가 말씀하였다. "知覺이 耳目을 따라가면 바로 人心이고, 知覺이 義理를 따라가면 바로 道心이다.〔知覺從耳目上去 便是人心 知覺從義理上去 便是道心〕"

12 〔詳說〕 雖下愚 不能無道心 : 朱子가 말씀하였다. "'道心'은 惻隱之心과 같은 것이 이것이다.〔如惻隱之心是〕"

13 〔詳說〕 則危者愈危 微者愈微 : 《大全》에 말하였다. "더욱 위태로워지면 惡으로 흐르고, 더욱 은미해지면 없는 데에 가깝게 된다.〔愈危流於惡 愈微幾於無〕" ○ 이는 위태로움과 은미함으로부터 또 아래 한 층으로 빠진 것이다.〔此則自危微 而又陷於下一層〕

14 〔詳說〕 而天理之公 卒無以勝夫人欲之私矣 : 이는 人心이 주장이 되는 것이다.〔此則人心爲主〕 ○ 雲峰胡氏(胡炳文)가 말하였다. "人心은 바로 人欲이 아니고, 다스릴 줄을 모름에 이르러야 비로소 人欲이라고 말할 수 있다. 윗글의 '形氣의 私'는 '性命의 正'과 상대하여 말하였으니 '私'자는 나쁜 것이 되지 않고, 여기에서 말한 '人欲의 私'는 '天理의 公'과 상대하여 말하였으니 '私'자는 비로소 좋지 않은 것이다.〔人心未便是人欲 到不知治之 方說得人欲 上文形氣之私 與性命之正對言 私字未爲不好 此云人欲之私 與天理之公對言 私字方是不好〕"

15 〔詳說〕 精……則守其本心之正而不離也 : 朱子가 말씀하였다. "'精'은 정밀하게 살펴 分明한 것이고 '一'은 지켜 떠나지 않는 것이다.〔精是精察分明 一是守得不離〕" ○ '다스릴 줄 모르는 것〔不知治之〕'과 상반된다.〔與不知治之相反〕

16 〔詳說〕 則危者安 微者著 : 이는 위태롭고 은미함으로부터 또다시 한 층 위로 나아간 것이다.〔此則自危微 而又進於上一層〕

17 〔詳說〕 云爲 : '云爲'는 言行(말과 행실)이란 말과 같다.〔云爲猶云言行〕

··· 虛 빌 허 靈 신령 령 原 근본 원 殆 위태로울 태 雜 섞일 잡 愈 더욱 유 卒 병사 졸, 마칠 졸 離 떠날 리
著 드러날 저 靜 고요 정

及之差矣[18]리라

일찍이 논하건대, 心의 虛靈과 知覺은 하나일 뿐인데 人心과 道心의 다름이 있다고 한 것은 혹(人心)은 形氣의 私에서 나오고 혹(道心)은 性命의 올바름에서 근원하여 知覺으로 삼은 것(所從來)이 똑같지 않기 때문이다. 이 때문에 혹은 위태로워 편안하지 못하고 혹은 微妙하여 보기가 어렵다. 그러나 사람은 이 형체를 가지고 있지 않은 이가 없으므로 비록 上智라도 人心이 없지 못하고, 또한 이 性을 가지고 있지 않은 이가 없으므로 비록 下愚라도 道心이 없지 못하니, 〈人心과 道心〉 이 두 가지가 方寸(마음)의 사이에 뒤섞여 있어서 다스릴 바를 알지 못하면 위태로운 것(人心)은 더욱 위태로워지고 은미한 것(道心)은 더욱 은미해져서 天理의 공변됨이 끝내 人慾의 사사로움을 이길 수가 없을 것이다.

精은 〈人心과 道心〉 두 가지의 사이를 살펴 뒤섞이지 않게 하는 것이고 一은 本心의 올바름을 지켜 떠나지 않게 하는 것이니, 이(精·一)에 從事하여 조금도 間斷함이 없어 반드시 道心으로 하여금 항상 一身의 주장이 되게 하고 人心으로 하여금 매양 〈道心의〉 命令을 듣게 하면 위태로운 것(人心)이 편안하게 되고 은미한 것(道心)이 드러나게 되어 動·靜과 말하고 행하는 것이 저절로 過·不及의 잘못이 없게 될 것이다.

2-3. **夫堯舜禹**는 **天下之大聖也**요 **以天下相傳**은 **天下之大事也**니 **以天下之大聖**으로 **行天下之大事**하사되 **而其授受之際**에 **丁寧告戒 不過如此**[19]하시니 **則天下之理 豈有以加於此哉**리오[20]

堯·舜·禹는 天下의 큰 聖人이시고 天下로써 서로 전함은 天下의 큰 일이니, 천하의 큰 聖人으로서 천하의 큰 일을 행하시되 주고 받을 때에 丁寧(간곡)히 말씀해 주신 것

18 〔詳說〕 自無過不及之差矣 : 朱子가 말씀하였다. "자연히 中하지 않음이 없는 것이다.〔自然無不中〕" ○ 이는 道心이 주장이 된 것이다.〔此則道心爲主〕 ○ 雲峰胡氏가 말하였다. "다만 精·一이 바로 中을 잡는 공부이니, 이 때문에 여기에서 다시 '執'자를 해석하지 않은 것이다. 그러나 '守其本心'의 한 '守'자는 곧 잡는 工夫를 볼 수 있으니, 먼저 함은 惟精에 있고 중점은 惟一에 있다.〔只精一便是執之之工夫 所以於此不復釋執字 然守其本心之一守字 便見得執之之功 先在惟精 而重在惟一〕" ○ '蓋嘗' 이하로 여기까지는 범연히 논하여 《書經》의 네 句의 뜻을 해석하였고, 이 아래에는 또다시 堯·舜·禹의 身上으로 돌아와 論斷하였다.〔蓋嘗以下至此 是汎論 以釋書四句之義 此下又說還堯舜禹身上 而論斷之〕

19 〔詳說〕 不過如此 : 이는 〈人心惟危 이하의〉 네 句를 가리킨 것이다.〔指四句〕

20 〔詳說〕 이상은 제2節이다. 《中庸》이 나온 바의 근본을 논하였으니, 또한 〈大學章句序〉의 2節과 같고 그 글의 길이도 서로 같다.〔右第二節 論中庸所出之本 亦如學序之二節 其文之長又相同〕

••• 差 어긋날 차 際 사이 제 豈 어찌 기

이 이와 같음에 지나지 않으셨으니, 그렇다면 천하의 이치가 어찌 이보다 더한 것이 있겠는가.

3-1. 自是以來로 **聖聖相承**하시니 **若成湯, 文, 武之爲君**과 **皐陶**(고요)[21], **伊, 傅, 周, 召之爲臣**이 **旣皆以此而接夫道統之傳**[22]하시고 **若吾夫子**는 **則雖不得其位**하시나 **而所以繼往聖, 開來學**은 **其功**이 **反有賢於堯舜者**라

이로부터 이후로 聖人과 聖人이 서로 傳承하셨으니, 成湯과 文王·武王과 같은 군주들과 皐陶·伊尹·傅說(부열)·周公·召公과 같은 신하들이 이미 모두 이것으로 道統의 전함을 이으셨고, 우리 夫子(孔子)로 말하면 비록 그 지위를 얻지 못하셨으나 가신(옛) 聖人을 잇고 오는 後學들을 열어 주신 것은 그 功이 도리어 堯·舜보다 더함이 있으시다.

3-2. 然이나 **當是時**하여 **見而知之者**는 **惟顏氏曾氏之傳**이 **得其宗**[23]이러시니 **及曾氏之再傳**하여 **而復得夫子之孫子思**하여는 **則去聖遠而異端起矣**라 **子思懼夫愈久而愈失其眞也**[24]하사 **於是**에 **推本堯舜以來相傳之**

---

21 〔記疑〕 皐陶 : 유독 皐陶만을 거론하고 稷과 契을 언급하지 않은 것은, 舜임금은 천하를 禹임금에게 주고 禹임금은 皐陶에게 사양하였기 때문이다. 孟子도 말씀하시기를 "舜임금은 禹임금과 皐陶를 얻지 못함을 근심하였다."라 하셨다. 그러므로 序文이 이와 같은 것이다.〔獨擧皐陶而不及稷契者 舜以天下與禹 禹讓皐陶 孟子亦曰 舜以不得禹皐陶爲憂 故序文如此〕

22 〔詳說〕 旣皆以此而接夫道統之傳 : 新安陳氏(陳櫟)가 말하였다. "'此'자는 세 聖人이 전수하고 받은 말을 가리킨 것이니, 다시 '道統' 두 글자를 제시하여 앞과 서로 조응된다.〔此字指三聖授受之說 再提道統二字 與前相照應〕" ○ 여러 聖人을 간략히 말하여 堯·舜으로부터 孔子에 이르는 階梯(사다리)를 만들었다.〔諸聖略說過 以作自堯舜至孔子之階梯〕

23 〔詳說〕 惟顏氏曾氏之傳 得其宗 : 新安陳氏가 말하였다. "顏子의 博文은 精이고 約禮는 一이며, 曾子의 格致는 精이고 誠正은 一이다.〔顏子博文 精也 約禮 一也 曾子格致 精也 誠正 一也〕 ○ 《大學》은 曾氏의 일이므로 〈大學章句序〉에는 顏氏를 언급하지 않았고, 《中庸》은 子思의 일이므로 序文에 顏氏와 曾氏를 언급하였으니, 傳하여 가르친 것은 曾氏이고 가려서 지킨 것은 顏氏이다.〔大學曾氏之事 故學序不及顏氏 中庸子思之事 故序並及顏曾 蓋傳而詔者 曾氏也 擇而守者 顏氏也〕

24 〔詳說〕 子思懼夫愈久而愈失其眞也 : 《大全》에 말하였다. "첫머리 두 句(中庸何爲而作也 子思子憂道學之失其傳而作也)의 뜻을 발명하였다.〔發首二句意〕"

··· 皐 언덕 고 陶 즐거울 요 伊 저 이 傳 스승 부 賢 나을 현 顏 얼굴 안 曾 일찍 증 端 끝 단, 단서 단 起 일어날 기 懼 두려울 구

意하시고 **質以平日所聞父師之言**[25]하사 **更**(경)**互演繹**[26]하여 **作爲此書**하여 **以詔後之學者**하시니 **蓋其憂之也深**이라 **故**로 **其言之也切**하고 **其慮之也遠**이라 **故**로 **其說之也詳**하니 **其曰天命率性**은 **則道心之謂也**요 **其曰擇善固執**은 **則精一之謂也**[27]요 **其曰君子時中**은 **則執中之謂也**[28]니 **世之相後 千有餘年**이로되 **而其言之不異 如合符節**하니 **歷選前聖之書**컨대 **所以提挈**(제설)**綱維**하여 **開示蘊奧 未有若是之明且盡者也**라[29]

그러나 이 때를 당하여 보고 안 자는 오직 顔氏와 曾氏의 傳함이 그 宗統을 얻으셨는데, 曾氏가 두 번째 전하여 다시 夫子의 손자 子思를 얻음에 이르러서는 聖人과의 거리가 멀어짐에 異端이 일어났다. 子思는 더욱 오래되면 더욱 그 眞(道)을 잃을까 두려워하셔서, 이에 堯·舜 이래로 서로 전해 온 뜻을 미루어 근본하시고 平日(평소)에 父師에게 들은 말씀을 주장(바탕)으로 삼으시어, 번갈아 서로 演繹해서 이 책을 지어 後世의 배우는 자들을 가르치셨다.

그 걱정하심이 깊기 때문에 말씀하심이 간절하고, 염려하심이 멀기 때문에 설명하심이 자세하니, 그 天命·率性이라고 말씀하신 것은 道心을 이름이요, 擇善·固執이라고 말씀하신 것은 精·一을 이름이요, 君子時中이라고 말씀하신 것은 執中을 이름이니, 세대가 서로 떨어짐이 千餘年이 되지만 그 말씀의 다르지 않음이 符節을 합한 것과 같다.

---

25 〔詳說〕 質以平日所聞父師之言 : '質'은 주장함이다.〔質 主也〕 ○ 이 책 가운데 인용한 仲尼의 말씀은 아마도 모두 曾子가 孔子에게 들은 바를 子思에게 告한 것인 듯하다. 그러므로 '民鮮'이란 말을 제외하고는 딴 經傳에는 보이지 않는 것이다.[1]〔此書中所引仲尼之言 蓋皆曾子所聞以詔子思者 故除民鮮一語外 不見於他經〕

譯註 1. 民鮮이란……것이다 : 아래 3章에 '中庸其至矣乎 民鮮能久矣'라고 보이는데, 《論語》〈雍也〉에도 '中庸之爲德也 其至矣乎 民鮮久矣'라고 비슷한 내용이 한 번 보이므로 말한 것이다.

26 〔詳說〕 演繹 : 그 말을 敷演하고 그 뜻을 紬繹(실마리를 끌어내어 찾아냄)한 것이다.〔敷演其言 紬繹其意〕

27 〔詳說〕 其曰擇善固執 則精一之謂也 : 朱子가 말씀하였다. "擇善은 바로 惟精이고, 固執은 바로 惟一이다.〔擇善卽惟精 固執卽惟一〕"

28 〔詳說〕 其曰天命率性……則執中之謂也 : 세 개의 '其曰'은 또 《書經》 가운데의 文句로 堯·舜의 세 마디 말씀[1]과 부합시킨 것이다.〔三其曰 又以書中句語 合之於堯舜之三言〕

譯註 1. 세 마디 말씀 : 道心惟危·惟精惟一·允執厥中을 가리킨다.

29 〔詳說〕 이상은 제3節이다. 바로 子思가 仲尼의 말씀과 德을 전술하여 《中庸》을 지은 본래의 일을 말씀하였으니, 또한 〈大學章句序〉의 3節과 같다. 이에 序文 머리 두 句(中庸何爲而作也 子思子憂道學之失其傳而作也)의 뜻이 이미 완전하게 충족되었다.〔右第三節 正說子思述仲尼之言與德 以作中庸之本事 亦如學序之三節 於是乎序首二句之意 已完足矣〕

… 質 바탕 질, 질정할 질 更 번갈아 경 演 넓힐 연 繹 이을 역 詔 가르칠 조 慮 생각 려 率 따를 솔 符 병부 부 提 들 제 挈 끌 설 維 벼리 유 蘊 쌓일 온 奧 깊을 오

옛 聖人들의 책을 하나하나 뽑아 보건대 綱維를 제시하고 깊은 내용을 열어 보여 주신 것이 이 《中庸》처럼 분명하고 다한 것은 있지 않다.

4. **自是而又再傳**하여 **以得孟氏**하여 **爲能推明是書**[30]하여 **以承先聖之統**이러시니 **及其沒而遂失其傳焉**하니 **則吾道之所寄**는 **不越乎言語文字之間**이요 **而異端之說**이 **日新月盛**하여 **以至於老佛之徒出**하여는 **則彌近理而大亂眞矣**[31]라[32]

이로부터 또다시 전하여 孟氏를 얻어서 능히 이 책을 미루어 밝혀서 先聖의 道統을 이으셨는데 그 別世함에 미쳐 마침내 그 전함을 잃으니, 우리 道가 붙여 있는 것은 言語와 文字의 사이에 지나지 않고, 異端의 말은 날로 새로워지고 달로 성하여 老子와 佛家의 무리가 나옴에 이르러서는 더욱 이치에 가까워 眞을 크게 어지럽혔다.

---

30 〔詳說〕 以得孟氏 爲能推明是書 : 《孟子》 7篇 가운데에 '中庸' 두 글자를 논한 것이 있지 않다. 그러므로 다만 '미루어 밝혔다'고 말한 것이다.〔孟子七篇中 未有論中庸二字 故只以推明言之〕 ○ 格菴趙氏(趙順孫)가 말하였다. "《孟子》의 '思誠章'[1] 한 章은 모두 《中庸》에서 근본하였으니, 淵源이 유래한 바를 충분히 볼 수 있다.〔孟子思誠一章 悉本於中庸 足以見淵源之所自〕"

譯註 1. 思誠章 : 《孟子》 〈離婁上〉 12章에 "〈자연스럽게〉 성실히 함은 하늘의 道요, 성실히 할 것을 생각함은 사람의 道이다.〔誠者 天之道也 思誠者 人之道也〕"라고 보이는바, 이는 《中庸》 20章에 "誠者 天之道也 誠之者 人之道也"라고 보이므로 말한 것이다.

31 〔詳說〕 則彌近理而大亂眞矣 : 陳氏(陳淳)가 말하였다. "매우 서로 유사하나 전혀 다른 것이다.〔甚相似而絶不同也〕" ○ 이치에 가깝기 때문에 眞을 어지럽히는 것이니, 가라지(피)가 곡식과 비슷하기 때문에 벼싹을 어지럽힐 수 있는 것[1]과 같다. 이 '眞'자는 바로 윗글의 '失其眞'의 '眞'자이다.〔惟其近理 所以亂眞 如莠似穀 故能亂苗耳 此眞字 卽上文失其眞之眞字〕

譯註 1. : 가라지(피)가……것 : 《孟子》 〈盡心下〉 37章에 "孔子께서 말씀하시기를 '같으면서 아닌 것〔似而非〕을 미워하노니, 가라지(피)를 미워함은 벼싹을 어지럽힐까 두려워해서요……鄕原을 미워함은 德을 어지럽힐까 두려워해서이다.' 하셨다.〔孔子曰 惡似而非者 惡莠 恐其亂苗也……惡鄕原 恐其亂德也〕"라고 보인다.

32 〔詳說〕 이상은 제4節이다. 孟子가 별세하고서 道統이 전함을 잃음을 논하였으니, 또한 〈大學章句序〉의 4節[1]과 같다.〔右第四節 論孟子沒而道統失傳 亦如學序之四節〕

譯註 1. 〈大學章句序〉의 4節 : "이로부터 이후로 俗儒들의 記誦(기억하고 외움)과 詞章(文章)의 익힘이 그 공부가 小學보다 배가 되었으나 쓸모가 없었고……小人(백성)으로 하여금 불행히도 至治의 혜택을 얻어 입지 못하게 하여, 晦盲하고 否塞하며 反覆하고 沈痼하여 五季의 쇠함에 이르러 무너지고 혼란함이 지극하였다.〔自是以來 俗儒記誦詞章之習 其功倍於小學而無用……其小人不幸而不得蒙至治之澤 晦盲否塞 反覆沈痼 以及五季之衰而壞亂極矣〕"라고 한 부분이다.

••• 沒 죽을 몰 寄 붙일 기 越 넘을 월 彌 더할 미

5. 然而尙幸此書之不泯이라 **故**로 **程夫子兄弟者出**[33]하사 **得有所考**하여 **以續夫千載不傳之緖**하시고 **得有所據**하여 **以斥夫二家似是之非**하시니 **蓋子思之功**이 **於是爲大**요 **而微程夫子**면 **則亦莫能因其語而得其心也**리라 **惜乎**라 **其所以爲說者不傳**[34]이요 **而凡石氏之所輯錄**[35]은 **僅出於其門人之所記**[36]라 **是以**로 **大義雖明**이나 **而微言未析**하고 **至其門人所自爲說**[37]하여는 **則雖頗詳盡而多所發明**이나 **然倍(背)其師說而淫於老佛者 亦有之矣**라[38]

그러나 다행히 이 책이 없어지지 않았다. 그러므로 程夫子 兄弟(程顥·程頤)께서 나오시어 상고할 바가 있어 千載(千年) 동안 전해지지 않던 傳統을 이으셨고, 근거할 바가 있어 二家(老·佛)의 옳은 것 같은 그름을 배척할 수 있었으니, 子思의 功이 이에 크게 되었고 程夫子가 없었다면 또한 그(子思) 말씀을 인하여 그 마음을 얻지 못하였을 것이다. 哀惜

33 〔詳說〕 然而尙幸此書之不泯……程夫子兄弟者出 : 가르치고 배우는 법은 시대마다 있지 않은 적이 없었으므로 〈大學章句序〉에는 '宋나라 德의 융성함'을 말한 것이요,[1] 道統의 전함은 후세의 中等의 군주가 참여할 수 있는 것이 아니므로 이 序文에는 宋나라 德을 언급하지 않은 것이다.〔敎學之法 無代無之 故學序言宋德之隆 道統之傳 非後世中主所能與 故此序不及宋德〕

譯註 1. 〈大學章句序〉에는……것이요 : "天運이 循環하여 가면 돌아오지 않음이 없기에 宋나라의 德이 융성하여 정치와 교육이 아름답고 밝았다. 이에 河南程氏 두 夫子(明道·伊川)가 나오시어 孟氏의 전통을 접함이 있었다.〔天運循環 無往不復 宋德隆盛 治敎休明 於是河南程氏兩夫子出 而有以接乎孟氏之傳〕"라고 보인다.

34 〔詳說〕 其所以爲說者不傳 : 朱子가 말씀하였다. "明道는 미처 책을 만들지 못하였고, 伊川은 이미 책을 만들었으나 스스로 뜻에 불만족하게 여겨 불태우셨다.〔明道不及爲書 伊川已成書 自以不滿意而火之〕"

35 〔詳說〕 石氏之所輯錄 : 〈石氏는〉 이름이 墩(돈)이고, 字가 子重이고 會稽 사람이니, 朱子와 동시대 사람이다. 石氏가 일찍이 周濂溪·程子(明道와 伊川)·張子(橫渠)·呂大臨·謝良佐·游酢·楊時·侯仲良 등 아홉 명 大家의 說을 모아서 《中庸集解》 2권을 지었는데 朱子가 序文을 쓰셨으니, 여기에서 이리이리 말씀한 것은 이 가운데 程子의 說을 가리켜 말씀한 것이다.〔名墩 字子重 會稽人 與朱子同時 石氏嘗集周程張呂謝游楊侯九家之說 著中庸集解二卷 而朱子序之 此所云云 蓋指其中程子說而言之〕

36 〔詳說〕 僅出於其門人之所記 : 尤菴(宋時烈)이 말씀하였다. "〈門人은〉 程子의 門人이다.〔程子門人〕" ○ 이 가운데 程子의 說은 바로 그 門人들이 기록한 것이니, 이는 語錄이다.〔其中程子說 乃其門人所記 蓋語錄也〕

37 〔詳說〕 至其門人所自爲說 : 謝氏·游氏·楊氏·侯氏의 여러 說을 가리킨 것이다.〔指謝游楊侯諸說〕

38 〔詳說〕 이상은 제5節이다. 程子가 나와서 道統을 접하였음을 논하였으니, 또한 〈大學章句序〉의 5節[1]과 같다.〔右第五節 論程子出而接道統 亦如學序之五節〕

譯註 1. 〈大學章句序〉의 5節 : "天運이 循環하여 가면 돌아오지 않음이 없기에 宋나라의 德이 융성하여 정치와 교육이 아름답고 밝았다……비록 나(熹)의 不敏함으로도 또한 다행히 私淑하여 참여해서 들음이 있었노라.〔天運循環 無往不復 宋德隆盛 治敎休明……雖以熹之不敏 亦幸私淑而與有聞焉〕"라고 한 부분이다.

··· 泯 없어질 민 考 상고할 고 續 이을 속 載 해 재 緖 실마리 서 據 근거할 거 斥 배척할 척 微 없을 미 惜 아낄 석 輯 모을 집 僅 겨우 근 析 나눌 석 頗 자못 파 淫 빠질 음

하다. 그(程子) 해설하신 것이 전해지지 않고, 무릇 石氏(石𡼖)가 모아 기록한 것은 겨우 그(程子) 門人들이 기록한 바에서 나왔다. 이 때문에 大義가 비록 밝으나 은미한 말씀이 분석되지 못하였고, 그 門人들이 각자 말한 것에 이르러서는 비록 자못 상세하고 다하여 發明한 바가 많으나 스승의 말씀을 저버리고 老·佛에 빠진 자도 있었다.

6. 熹自蚤(早)歲로 **卽嘗受讀而竊疑之**하여 **沈潛反復**이 **蓋亦有年**이러니 **一旦**에 **怳然似有得其要領**[39]**者**라 **然後**에 **乃敢會衆說而折其衷**하여 **旣爲定著章句一篇**하여 **以俟後之君子**하고 **而一二同志**로 **復取石氏書**하여 **刪其繁亂**하여 **名以輯略**[40]하고 **且記所嘗論辨取舍之意**하여 **別爲或問**[41]하여 **以附其後**하니 **然後**에 **此書之旨 支分節解**[42]하여 **脈絡貫通**하며 **詳略相因**하고 **巨細畢擧**하여 **而凡諸說之同異得失**이 **亦得以曲暢旁通**하여 **而各極其趣**하니 **雖於道統之傳**에 **不敢妄議**어니와 **然**이나 **初學之士 或有取焉**이면 **則亦庶乎行遠升高之一助云爾**[43]니라[44]

---

39 〔詳說〕 要領 : 東陽許氏(許謙)가 말하였다. "치마의 허리와 옷의 목은 모두 總合한 곳이다.〔裳之要 衣之領 皆是總會處〕"

40 〔詳說〕 輯略 : 《中庸輯略》 2권이다.

41 〔詳說〕 或問 : 《或問》 3권이다.

42 〔詳說〕 此書之旨 支分節解 : 東陽許氏(許謙)가 말하였다. "《章句》·《中庸輯略》·《或問》 세 책이 이미 구비된 뒤에야 《中庸》의 책이 四肢와 몸통이 나누어지고 뼈와 마디가 풀린 것처럼 될 수 있는 것이다.〔章句 輯略 或問三書旣備然後 中庸之書 如支體之分, 骨節之解〕"

43 〔詳說〕 則亦庶乎行遠升高之一助云爾 : 《大全》에 말하였다. "'먼 곳에 가려면 가까운 데로부터 하며〔行遠自邇〕', '높은 곳에 오르려면 낮은 데로부터 한다.〔升高自卑〕'는 《中庸》의 말[1]을 인용하여 〈中庸章句序〉를 끝마쳤으니, 더욱 간절하다.〔行遠自邇, 升高自卑 引中庸語 以結中庸序 尤切〕"

譯註 1. 《中庸》의 말 : 15章에 "君子의 道는 비유하면 먼 곳에 가려면 반드시 가까운 데로부터 하며, 높은 곳에 오르려면 반드시 낮은 데로부터 함과 같다.〔君子之道 辟(譬)如行遠必自邇 辟如登高必自卑〕"라고 보인다.

44 〔詳說〕 이상은 제6節이다. 《章句》를 지은 본래의 일을 바로 말씀하였으니, 또한 〈大學章句序〉의 끝절[1]과 같다. 여기 序文에 2개의 '也'자, 2개의 '矣'자, 1개의 '哉'자, 1개의 '爾'자는[2] 또 節을 나눈 한계의 字眼[3]이다.〔右第六節 正說著章句之本事 亦如學序之末節 而此序之二也字, 二矣字, 一哉字, 一爾字又其分節界限之字眼云〕

譯註 1. 〈大學章句序〉의 끝절 : 제6節이니 "다만 그 책이 아직도 佚失됨이 많기 때문에……배우는 자들의 몸을 닦고 남을 다스리는 방법에 있어서는 다소의 도움이 없지 않을 것이다.〔顧其爲書 猶頗放失……學者修己治人之方 則未必無小補云〕"라고 한 부분이다.

··· 熹 밝을 희 蚤 일찍 조(早通) 竊 몰래 절, 훔칠 절 沈 잠길 침 潛 잠길 잠 旦 아침 단 怳 황홀할 황 折 꺾을 절 俟 기다릴 사 刪 깎을 산 繁 번성할 번 支 가지 지(枝通) 脈 맥락 맥 絡 이을 락 貫 꿸 관 巨 클 거 畢 마칠 필 曲 자세할 곡 暢 통할 창 旁 곁 방(方通) 趣 뜻 취 妄 망령될 망 升 오를 승

淳熙己酉春三月戊申에 新安朱熹는 序하노라

나(熹)는 젊었을 때부터 일찍이 이 책을 받아 읽고 속으로 의심하여 沈潛하고 反復한 것이 또한 여러 해였는데, 하루 아침에 恍然히 그 要領을 터득함이 있는 듯하였다. 그런 뒤에 마침내 감히 여러 사람의 말을 모아 折衷해서 이미 《章句》 한 책을 정하여 만들어 後世의 君子를 기다리고, 한두 명의 同志들과 함께 다시 石氏의 글(책)을 취하여 번잡하고 혼란함을 刪削하여 《輯略》이라 이름하고, 또 일찍이 論辨하여 取捨한 뜻을 모아 별도로 《或問》을 만들어 그 뒤에 붙이니, 그러한 뒤에야 이 책의 뜻이 가지마다 나누어지고 마디마다 풀려서 脈絡이 貫通하며 상세함과 간략함이 서로 因하고 큰 것과 가는(작은) 것이 모두 들려져서 모든 學說의 同異과 得失이 또한 곡진히 통하고 사방으로 통하여 각각 그 旨趣를 다하게 되었다. 내 비록 道統의 전함에 있어 감히 망령되이 의논할 수 없으나 처음 배우는 선비가 혹 취함이 있으면 또한 먼 곳에 가고 높은 곳에 오르는 데에 얼마간의 도움이 될 것이다.

淳熙 己酉年(1189) 春三月 戊申日에 新安 朱熹는 序하다.

譯註 2. 2개의……'爾'자는 : 두 '也'자는 1節의 '憂道學之失其傳而作也'와 3節의 '未有若是之明且盡者也'를 가리키고, 두 '矣'자는 4節의 '彌近理而大亂眞矣'와 5節의 '涇於老佛者亦有之矣'를 가리키고, 한 '哉'자는 2節의 '豈有以加於此哉'를 가리키고, 한 '爾'자는 6節의 '行遠升高之一助云爾'를 가리킨다.

譯註 3. 字眼 : 글 중에서 가장 要緊하게 쓴 글자나 또는 詩文 가운데서 안목이 되는 가장 주요한 글자이다. 《滄浪詩話》에 "시를 짓는데 있어 힘을 기울여야 할 것이 세 가지이니, 起結·句法·字眼이다." 하였다.

讀中庸法[45]

朱子曰 中庸一篇을 **某妄以己意**로 **分其章句**하니 **是書豈可以章句求哉**리오 **然**이나 **學者之於經**에 **未有不得於辭而能通其意者**니라

朱子가 말씀하였다.
《中庸》 한 책을 내가 망령되이 내 뜻으로 章句를 나누었으니, 이 책이 어찌 章句로써 찾을 수 있겠는가. 그러나 배우는 자가 經書에 대하여 말(글)을 알지 못하면서 그 뜻을 통달하는 자는 있지 않다.

又曰 中庸은 **初學者未當理會**니라

○ 中庸之書難看하니 **中間**에 **說鬼說神**하여 **都無理會**하니 **學者須是見得箇道理了**라야 **方可看此書將來印證**이니라

또 말씀하였다.
《中庸》은 처음 배우는 자가 理會할 수 없다.
○ 《中庸》이란 책은 보기 어려우니, 中間에 鬼를 말하고 神을 말하여 도무지 理會할 수 없다. 배우는 자가 모름지기 이 道理(眞理)를 見得하여야만 비로소 이 책을 봄에 印證(證明)할 수 있을 것이다.

○ 讀書之序는 **須是且著(착)力去看大學**하고 **又著力去看論語**하고 **又著力去看孟子**하여 **看得三書了**하면 **這中庸**은 **半截都了**[46]라 **不用問人**하고

---

45 〔詳說〕 讀中庸法 : 《中庸》을 읽는 방법은 또한 반드시 《大學》의 〈讀法〉과 같으나 여기에는 또 小註가 있는 것이 다를 뿐이다.〔讀法亦必與大學同 而此則又有小註者爲異耳〕

46 〔詳說〕 看得三書了……半截都了 : 이 세 책을 다 읽고 나면 이 《中庸》은 그 절반이 이미 세 책에 포함되어 있음을 말한 것이다.〔言讀三書畢 則此中庸之書 其半部已該於三書矣〕

··· 看 볼 간 都 모두 도 會 알 회 印 도장 인 著 붙일 착 這 이것 저 截 끊을 절

只略略恁看過요 **不可掉了易底**하고 **却先去攻那難底**[47]니라 **中庸**은 **多說無形影**하여 **說下學處少**하고 **說上達處多**하니 **若且理會文義**하면 **則可矣**니라

○ 讀書의 순서는 모름지기 우선 힘을 붙여(써서) 《大學》을 보고 또 힘을 붙여 《論語》를 보고 또 힘을 붙여 《孟子》를 보아 이 세 책을 보고 나면 이 《中庸》은 반절을 모두 마치게 된다. 남에게 물을 필요 없이 다만 대강 보고 지나가야 할 것이요, 쉬운 것을 놓아두고 먼저 어려운 것을 다스려서는 안 된다. 《中庸》은 形影이 없는 것을 많이 말하여 下學(人事)을 설명한 부분이 적고 上達(天理)을 말한 부분이 많으니, 우선 글 뜻을 理會한다면 可할 것이다.

讀書에 **先須看大綱**하고 **又看幾多間架**니 **如天命之謂性, 率性之謂道, 修道之謂敎**는 **此是大綱**이요 **夫婦所知所能**과 **與聖人不知不能處**는 **此類是間架**라 **譬人看屋**에 **先看他大綱**하고 **次看幾多間**하고 **間內又有小間**이니 **然後**에 **方得貫通**이니라

책을 읽을 적에는 먼저 모름지기 大綱을 보고, 또 間架가 얼마인가를 보아야 한다. 예를 들면 '하늘이 命한 것을 性이라 하고 性을 따름을 道라 하고 道를 品節한 것(조목지어 놓은 것)을 敎라 한다.'는 것이 바로 大綱이요, '夫婦가 아는 바와 능한 바와 聖人도 알지 못하고 능하지 못한' 부분의 이러한 종류가 바로 間架이다. 비유하면 사람이 집을 볼 때에 먼저 대강을 보고 다음에 몇 칸인가와 칸 안에 또 작은 칸이 있음을 보아야 하는 것과 같으니, 이렇게 한 뒤에야 비로소 貫通하게 된다.

---

47 譯註 不可掉了易底 却先去攻那難底 : 壺山은 "그 깨닫기 쉬운 것을 진실로 放過해서는 안 되고, 더욱 마땅히 먼저 그 깨닫기 어려운 것을 다스려야 함을 말한 것이다. 혹자는 말하기를 '「不可」 두 글자를 「難底」에서 해석해야 하니, 쉬운 것으로부터 어려운 것에 이르는 뜻이다.'라고 하는바, 자세히 살펴보아야 할 것이다.〔言其易曉者 固不可放過 而尤當先治其難曉者耳 或曰 不可二字 釋於難底 蓋自易至難之意也 更詳之〕" 하였다. 本人은 혹자의 說을 따랐음을 밝혀 둔다. 그 이유는 朱子가 위에서 '《中庸》은 보기가 어렵다.' 하고, 《中庸》을 四書의 맨 뒤에 읽어야 함을 밝혔기 때문이다.

… 恁 이것 임 掉 흔들 도 那 저것 나 影 그림자 영 架 시렁 가 譬 비유할 비 屋 집 옥

又曰 中庸은 **自首章以下**로 **多對說將來**하여 **直是整齊**라 **某舊讀中庸**에 **以爲子思做**러니 **又時復有箇子曰字**라 **讀得熟後**에 **方見得是子思參夫子之說**하여 **著爲此書**로라 **自是**로 **沈潛反覆**하여 **遂漸得其旨趣**하니 **定得今章句擺布得來**에 **直恁麽細密**이로라

○ **近看中庸**하여 **於章句文義間**에 **窺見聖賢述作傳授之意 極有條理**하여 **如繩貫棋局之不可亂**이로라

또 말씀하였다.
《中庸》은 首章으로부터 이하는 相對하여 말한 것이 많아 참으로 整齊하다. 내가 옛날 《中庸》을 읽을 적에 子思가 지으신 것이라고 여겼었는데, 또 때로 다시 '子曰'이라는 글자가 있었다. 읽기를 익숙히 한 뒤에야 비로소 子思가 夫子의 말씀을 참고하여 이 책을 저술하였음을 발견하였노라. 이로부터 沈潛하고 反復하여 마침내 점점 그 旨趣를 알았으니, 이제 章句를 정하여 펼쳐 놓음에 참으로 이처럼 세밀히 하게 되었노라.
○ 近間에 《中庸》을 보고서 章句의 글 뜻 사이에서 聖賢들이 述作하고 傳授한 뜻이 지극히 條理가 있어 먹줄이 바둑판을 꿰뚫음과 같아 어지럽힐 수 없음을 엿보았노라.

中庸은 **當作六大節看**[48]이니 **首章**이 **是一節**이니 **說中和**하고 **自君子中庸**

---

48 〔記疑〕 當作六大節看 : 尤菴(宋時烈)이 말씀하시기를 "《中庸》을 크게 구분하면 네 節이 되고, 세밀하게 구분하면 여섯 節이 된다. 이 두 가지를 겸하여 두고서 아울러 보는 것이 좋으니, 어찌 그 사이에서 취사선택할 필요가 있겠는가?"라고 하셨다. 尤菴의 說은 비록 이와 같더라도 내 생각건대 아마도 마땅히 《章句》에서 정한 네 가지 큰 支節을 正義로 삼아야 할 듯하며, 讀法에 실려 있는 것도 따로 한 說이 된다.〔尤菴曰 大分之則爲四節 細分之則爲六節 兼存而竝觀可矣 何必取舍於其間耶 竊疑尤翁說雖如此 恐當以章句所定四大支 爲正義 而讀法所載 自爲一說〕
〔詳說〕 '六大節' 운운은 살펴보건대, 小註에 있는 王氏의 四大節의 說[1]이 더욱 《章句》의 뜻에 부합한다. 이것을 마땅히 따라야 하니, 이 六大節의 말은 그 한 뜻을 구비했을 뿐이다.〔六大節云云 按小註王氏四大節之說 尤合於章句之意 當從之 而此六大節之說 蓋備其一義耳〕
譯註 1. 王氏의 四大節의 說 : 《大全》에 王氏가 말하였다. "이 편은 나누어 네 개의 큰 支節로 삼아야 한다. 第1支의 首章은 子思가 글을 쓰신 것이고 아래 열 章은 夫子의 말씀을 인용하여 이 장의 뜻을 마쳤으며, 第2支는, 12章은 子思의 말씀이고 아래 여덟 章은 夫子의 말씀을 인용하여 밝혔으며, 第3支는, 21章은 子思가 윗장 夫子의 天道와 人道를 이어서 말씀하였고 아래 열한 章은 子思가 이 章의 뜻을 미루어 밝혔으며, 第4支는 33章으로, 子思가 앞 章 極致의 말씀을 인하여 그 근본을 돌이켜 찾아서 다시 下學이 마음을 세우는 시초로부터 戒懼·愼獨의 일을 미루어 말씀해서 그 極에 서서히 이르는 내용이다.〔是篇分爲四大支 第一支首章 子思立言 下十(一)章 引夫子之言 以終

··· **整** 가지런할 정 **齊** 가지런할 제 **做** 지을 주 **參** 참고할 참 **漸** 점차 점 **擺** 열 파 **恁** 생각할 임, 이와같을 임 **麽** 어조사 마 **繩** 노끈 승 **棋** 바둑 기

以下十章이 **是一節**이니 **說中庸**하고 **君子之道費而隱以下八章**이 **是一節**이니 **說費隱**하고 **哀公問政以下七章**이 **是一節**이니 **說誠**하고 **大哉聖人之道以下六章**이 **是一節**이니 **說大德小德**하고 **末章**이 **是一節**이니 **復申首章之義**하니라

《中庸》은 마땅히 여섯 개의 큰 節로 나누어 보아야 한다. 首章이 한 節이니 中·和를 말하였고, '君子中庸'으로부터 이하 열 章이 한 節이니 中庸을 말하였고, '君子之道費而隱' 이하 여덟 章이 한 節이니 費·隱을 말하였고, '哀公問政' 이하 일곱 章이 한 節이니 誠을 말하였고, '大哉聖人之道' 이하 여섯 章이 한 節이니 大德·小德을 말하였고, 끝 章이 한 節이니 다시 首章의 뜻을 거듭 말하였다.

問中庸大學之別한대 **曰 如讀中庸求義理**는 **只是致知功夫**요 **如謹獨修省**은 **亦只是誠意**니라 **問 只是中庸**은 **直說到聖而不可知處**로소이다 **曰 如大學裡**에 **也有如前王不忘**은 **便是篤恭而天下平底事**니라

혹자가 《中庸》과 《大學》의 차이를 묻자, 朱子가 말씀하였다. "예를 들면 《中庸》을 읽어 義理를 찾는 것은 바로 〈《大學》의〉 致知工夫이고, 홀로를 삼가며 닦고 살핌은 또한 바로 〈《大學》의〉 誠意工夫이다."
혹자가 "오직 《中庸》에는 聖스러워 알 수 없는 부분(神)을 곧바로 말씀하였습니다." 하고 묻자, 朱子가 말씀하였다. "예컨대 《大學》 속에도 '前王을 잊을 수 없다.'고 한 것은 바로 《中庸》의 '공손함을 지극히 하면 天下가 평해진다.'는 일이다."

此章之義 第二支 十二章 子思之言 下八章 引夫子之言以明之 第三支 二十一章 子思承上章夫子天道人道以立言 下十(二)〔一〕章 子思推明此章之義 第四支 三十三章 子思因前章極致之言 反求其本 復自下學立心之始 推言戒懼愼獨之事 以馴致其極〕" 즉 1節은 1章부터 11章까지이고, 2節은 12章부터 20章까지이고, 3節은 21章부터 32章까지이고, 4節은 마지막 章인 33章이다.

••• 費 넓을 비 裡 속 리 底 어조사 저

中庸章句

中者는 **不偏不倚, 無過不及之名**이요 **庸**은 **平常也**[1]라

'中'은 편벽되지 않고 치우치지 않고 過와 不及이 없음의 이름이요, '庸'은 平常함이다.

子程子曰 不偏之謂中이요 **不易之謂庸**이니 **中者**는 **天下之正道**요 **庸者**는 **天下之定理**라 **此篇**은 **乃孔門傳授心法**이니 **子思恐其久而差也**라 **故**로 **筆之於書**하여 **以授孟子**하시니 **其書始言一理**하고 **中散爲萬事**하고 **末復**(부)**合爲一理**[2]하여 **放之則彌六合**하고 **卷**

---

1 〔詳說〕 中者……平常也 : 이 '章句'는 中庸이란 册名의 뜻을 풀이한 것이다. 여기에서는 특히 中을 '不偏不倚'와 '無過不及'의 두 가지로 풀이한 것에 주목하여야 하는바, 아래 章句의 程子 說에 中을 '不偏'이라고 풀이한 것과 대조하면 그 차이가 분명하다. 朱子가 中을 不偏不倚로만 풀이하지 않고 無過不及과 병렬한 것은, 中庸의 中이 未發의 中과 已發의 中을 모두 포함한다고 보았기 때문이다. '不偏不倚'는 마음의 體로써 말한 것으로 喜怒哀樂이 未發했을 때에 마음이 散亂하거나 昏昧하지 아니하여 天命之性을 보존한 상태이고, '無過不及'은 마음의 用으로써 말한 것으로 喜怒哀樂이 이미 發했을 때에 감정이나 일이 모두 節度에 맞아 지나치거나 미치지 못함이 없는 것으로 이것이 時中이다. 《中庸》 1장에서 말한 中和의 中은 已發의 中인 和와 對待하는 개념이므로 未發의 의미만 있지만, 中庸의 中은 未發과 已發을 모두 포함한다.

이 〈中者不偏不倚無過不及之名 庸平常也〉 16자는 본래 책 이름 아래의 註인데, 《大全》을 만들 적에 이곳에 옮겨 놓았으니, 지금 따른다.〔此十六字 本書名下註 而大全時移置于此 今從之〕

2 〔詳說〕 其書始言一理……末復合爲一理 : 朱子가 말씀하였다. "'처음에 한 이치를 말씀했다.'는 것은 '하늘이 명한 것을 性이라 함'을 가리키고, '끝에 다시 합하여 한 이치가 되었다.'는 것은 '上天의 일'을 가리키니, 처음에 합하였다가 열 때에는 그 엶이 漸進함이 있고, 끝에 열었다가 합할 때에도 그 합함이 또한 漸進함이 있다. '중간에 흩어져 만사가 되었다.'는 것은 바로 《中庸》에서 말한 허다한 일이니, 중간에 조그마한 틈도 없어서 句句마다 진실하다.〔始言一理 指天命謂性 末復合爲一理 指上天之載 始合而開 其開也有漸 末開而合 其合也亦有漸 中散爲萬事 是中庸所說許多事 中間無些子罅隙 句句是實〕" ○ 살펴보건대 두 개의 '理'자는 이 책머리와 끝에 있는 '天'자1)를 가리켰으니, 天은 理가 부터 나온 곳이니, 바로 만물과 만사의 이치가 한 근원으로 총합한 곳이다. 天은 理로 말한 경우가 있으니 여기의 두 '天'자의 따위가 이것이고, 또 氣로 말한 경우가 있으니 '昭昭한 하늘', '浩浩한 하늘'2)과 같은 따위가 이것이다.〔按二理字 指此書首末兩天字 天者 理之所從出 是萬物萬事之理 一原總會處也 天有以理言

••• **偏** 치우칠 편 **倚** 기댈 의, 의지할 의 **筆** 기록할 필 **散** 흩어질 산 **放** 놓을 방 **彌** 뻗칠 미 **卷** 거둘 권

之則退藏於密[3]하여 其味無窮하니 皆實學也라 善讀者 玩索而有得焉이면 則終身用之라도 有不能盡者矣[4]리라

子程子가 말씀하였다. "편벽되지 않음을 中이라 이르고 변치 않음을 庸이라 이르니, 中은 천하의 正道요 庸은 천하의 定理이다. 이 책은 바로 孔門에서 傳授해 온 心法이니, 子思께서 오래됨에 잘못됨이 있을까 두려워하셨다. 그러므로 이것을 책에 써서 孟子에게 주신 것이다. 이 책은 처음에는 한 이치를 말하고, 중간에는 흩어져 萬事가 되고, 끝에는 다시 합하여 한 이치가 되어서 이것을 풀어놓으면 六合(宇宙)에 가득하고 거두어들이면 물러가 은밀한 데 감추어져서 그 맛이 무궁하니, 모두 진실한 學問이다. 잘 읽는 자가 玩索하여 얻음이 있으면 종신토록 쓰더라도 다하지 않음이 있을 것이다.

|性道教章|

1-1. 天命之謂性이요 率性之謂道요 修道之謂教[5]니라

者 此兩天字之類是也 又有以氣言者 如昭昭之天, 浩浩之天之類是也〕

譯註 1. 책머리와 끝에 있는 '天'자 : 1章의 '天命之謂性'과 33章의 '上天之載 無聲無臭'의 '天'자를 가리킨다.

譯註 2. 昭昭한 하늘, 浩浩한 하늘 : 26章의 '今夫天 斯昭昭之多'와 32章의 '肫肫其仁 淵淵其淵 浩浩其天'을 가리킨다.

3 譯註 退藏於密 : 《周易》〈繫辭傳〉에 보이는 말로, '密'은 은밀하여 볼 수도 없고 들을 수도 없는 것으로 마음의 本體를 가리킨다.

4 〔記疑〕 子程子曰……有不能盡者矣 : '不偏之謂中 不易之謂庸'까지는 明道의 말씀이고, '中者天下之正道 庸者天下之定理'까지는 伊川의 말씀이며, '此篇乃孔門傳授心法……故筆之於書以授孟子'까지는 伊川의 말씀이고, '其書始言一理……卷之則退藏於密'까지는 明道의 말씀이며 '其味無窮……有不能盡者矣'까지는 伊川의 말씀이다.〔不偏止謂庸 明道 中者止定理 伊川 此篇止孟子 伊川 其書止於密 明道 其味止者矣 伊川〕

5 天命之謂性……修道之謂教 : 《中庸》 한 책을 대표하는 말을 찾는다면 이 세 句를 들 수 있을 것이다. 三山陳氏(陳孔碩)는 "이 章은 바로 《中庸》의 綱領이고, 이 세 句는 또 한 章의 綱領이다.〔此章 乃中庸之綱領 此三句 又一章之綱領〕" 하였다. 이 세 句가 핵심이 되는 이유는, 여기에 나오는 개념들인 天·性·道·教의 중요성 때문이다. 王氏는 이 넷의 體用 관계를 설명하여 "이 책은 모두 道의 體와 用을 말하였으니, 첫 번째 句는 하늘이 體이고 性이 用이며, 두 번째 句는 性이 體이고 道가 用이며, 세 번째 句는 道가 體이고 教가 用이다.〔此書皆言道之體用 第一句 天是體 性是用 第二句 性是體 道是用 第三句 道是體 教是用〕" 하였다. 그렇다면 이 개념들 중에 歸重點은 어디일까? 雙峰饒氏(饒魯)는 "性·道·教에 '道'자가 중하다. 《中庸》 한 책은 대체로 道를 말하였으니, 이 때문에 아랫글에 곧바로 '道也者'라고 말한 것이며, '君子의 道', '聖人의 道'와 같은 것에 모두 '道'자를 제기하여 말하였으니, 이로써 중요함이 '道'자에 있음을 알 수 있다.〔性道教 道字重 中庸一書 大抵說道 所以下文便說道也者 如君子之道 聖人之道 皆提起道字說 以此見重在道字〕" 하였다.(《詳說》)

··· 藏 감출 장 密 빽빽할 밀 玩 구경할 완 索 찾을 색 率 따를 솔

하늘이 命하신 것을 性이라 이르고, 性을 따름을 道라 이르고, 道를 品節(하나하나 조목 지음)해 놓음을 敎라 이른다.

命은 **猶令也**요 **性**은 **卽理也**라 **天以陰陽五行**으로 **化生萬物**에 **氣以成形而理亦賦焉**하니 **猶命令也**라 **於是**에 **人物之生**이 **因各得其所賦之理**하여 **以爲健順五常之德**[6]하니 **所謂性也**라 **率**은 **循也**요 **道**는 **猶路也**[7]라 **人物**이 **各循其性之自然**이면 **則其日用事物之間**에 **莫不各有當行之路**하니 **是則所謂道也**[8]라 **修**는 **品節之也**라 **性道雖同**이나 **而氣稟或異**라 **故**로 **不能無過不及之差**하니 **聖人**이 **因人物之所當行者而品節之**하사 **以爲法於天下**하시니 **則謂之敎**니 **若禮樂刑政之屬**이 **是也**라 **蓋人**이 **知己之有性而不知其出於天**하고 **知事之有道而不知其由於性**하고 **知聖人之有敎而不知其因吾之所固有者裁之也**라 **故**로 **子思於此**에 **首發明之**하시니 **而董子所謂道之大原出於天**이 **亦此意也**[9]니라

艮齋는 "'率性'에 대하여 官本諺解에 풀이한 것은 栗谷의 해석만 못한 듯하다.【栗谷諺解에 "性을 率ᄒᆞᆫ 거ᄉᆞᆯ"이라고 하였다.】〔率性 官本諺解所釋 似未若栗解也【栗解曰 性을 率ᄒᆞᆫ 거ᄉᆞᆯ】〕"하였다.

6 譯註 健順五常之德 : 德은 理를 가리킨 것으로 健은 陽의 德이고 順은 陰의 德이며, 五常은 仁·義·禮·智·信의 德을 가리킨다.

7 〔詳說〕 道 猶路也 : 《大全》에 말하였다. "《孟子》에 '道는 大路와 같다.'[1] 하였으니, 이에 근본하여 '道'자를 해석하였다.〔孟子曰 道若大路然 本此以釋道字〕"

譯註 1. 孟子에……같다 : 〈告子下〉 2章에 "道는 大路와 같으니, 어찌 알기 어렵겠는가.〔夫道若大路然 豈難知哉〕"라고 보인다.

8 〔聖學輯要〕 人物……是則所謂道也 : 朱子가 말씀하였다. "率性은 사람이 억지로 道를 따르는 것이 아니요, 다만 자신의 本然의 性을 따르기만 하면 자연 허다한 도리가 있다는 것이다. 혹 率性을 두고 性命의 理를 따르는 것이라 하니, 그렇다면 이는 道가 사람으로 인하여 비로소 생겨나는 것이 된다.〔率性 非人率之也 只是循吳本然之性 便自有許多道理 或以率性爲順性命之理 則却是道因人方有也〕"

9 〔詳說〕 蓋人……亦此意也 : 新安陳氏(陳櫟)가 말하였다. "朱子의 이 총괄하여 결단한 말씀이 元本에는 '사람이 사람이 된 所以와 道가 道가 된 所以와 聖人이 가르침을 하신 所以가 부터 나온 바를 근원해 보면 한 가지도 하늘에서 근본하고 나에게 갖추어지지 않은 것이 없으니, 배우는 자가 이것을 알면 그 학문함에 힘쓸 바를 알아서 저절로 그치지 못할 것이다. 그러므로 子思가 여기에서 첫 번째로 발명하셨으니, 독자가 마땅히 깊이 체행하여 묵묵히 알아야 할 것이다.'라고 되어 있다. 다른 본[1]에는 대부분 元本을 따랐고 오직 祝氏(祝洙)의 附錄은 定本을 따랐다. 定本은 子思의 뜻을 발명하여 다시 餘蘊(미진함)이 없다. 그러므로 지금 한결같이 定本을 따르는 것이다.〔朱子此總斷之語 元本云 蓋人之所以爲人 道之所以爲道 聖人之所以爲教 原其所自 無一不本於天而備於我 學者知之 則其於學 知所用力 而自不能已矣 故子思於此首發明之 讀者所宜深體而默識也 他本多依元本 惟祝氏附錄 從定本耳 定本發子思之意 無復餘蘊 故今一遵定本云〕"

譯註 1. 다른 본 : 趙順孫(宋)의 《中庸纂疏》, 胡炳文(元)의 《中庸通》, 眞德秀의 《大學衍義》, 衛湜(宋)의 《禮記集說》 등을 가리킨 것이다.

··· 賦 줄 부 循 따를 순 稟 받을 품 屬 무리 속 裁 마름질할 재 董 성 동

'命'은 令과 같고 '性'은 바로 理이다. 하늘이 陰陽과 五行으로 萬物을 化生할 적에 氣로써 형체를 이루고 理 또한 賦與하니, 命令함과 같다. 이에 사람과 물건이 태어남에 각각 부여받은 바의 理를 얻음으로 인하여 健順과 五常의 德(理)을 삼으니, 이른바 性이라는 것이다. '率'은 따름이고 '道'는 路와 같다. 사람과 물건이 각각 그 性의 自然을 따르면 일상생활하는 사이에 각각 마땅히 행하여야 할 길이 있지 않음이 없으니, 이것이 이른바 道라는 것이다. '修'는 品節함(品數를 구별하고 절차를 정함)이다. 性과 道가 비록 같으나 氣稟이 혹 다르기 때문에 過하고 不及한 차이가 없지 못하다. 그러므로 聖人이 사람과 물건이 마땅히 행하여야 할 것을 인하여 品節해서 天下의 法으로 삼으셨으니 이것을 일러 敎라 하니, 禮樂과 刑政 같은 등속이 이것이다.

사람들이 자기 몸에 性이 있음은 알지만 하늘에서 나온 것은 알지 못하고, 일에 道가 있음은 알지만 性에서 말미암음은 알지 못하고, 聖人의 가르침이 있음은 알지만 나(자신)의 固有한 것(性)을 인하여 만들었음은 알지 못한다. 그러므로 子思께서 여기에 첫 번째로 이것을 發明하셨으니, 董子(董仲舒)의 이른바 '道의 큰 근원이 하늘에서 나왔다.'는 것도 또한 이러한 뜻이다.

1-2. **道也者**는 **不可須臾離也**니 **可離**면 **非道也**라 **是故**로 **君子**는 **戒愼乎其所不睹**하며 **恐懼乎其所不聞**[10]이니라

---

10 戒愼乎其所不睹 恐懼乎其所不聞 : 여기에서 제시된 戒愼恐懼의 공부는 크게 보면 動·靜을 관통하는 것이지만, 아랫절의 愼獨과 對待할 때에는 戒懼는 未發 공부에 속하고 愼獨은 已發 공부에 속한다. 이에 대하여 朱子는 "'戒懼'는 너무 중하게 말해서는 안 되고 다만 간략히 수습하여서 마음이 여기에 있게 해야 하니, 伊川의 이른바 '敬자를 말했다.'는 것이니, 크게 得力할 수가 없다. '보지 않고 듣지 않는 바'라는 것은 귀를 닫고 눈을 감고 있는 때가 아니요, 다만 만사가 모두 싹트기 전에 자신이 곧바로 먼저 戒懼하여 未然에 막는 것이니, 이로써 그 未發을 기르는 것이다.〔戒懼 不可說得太重 只是略略收拾來 便在這裏 伊川所謂道箇敬字也 不大段用得力 所不睹不聞 不是閉耳合眼時 只是萬事皆未萌芽 自家便先戒懼 防於未然 所以養其未發〕"하였다. 艮齋는 "諺解는 마땅히 "不睹ᄒᆞᄂᆞᆫ바에도", "不聞ᄒᆞᄂᆞᆫ바에도"라고 해야 한다. 이와 같이 해석한다면 보고 듣는 것까지 이 가운데 포함하게 된다.〔諺解當云 不睹ᄒᆞᄂᆞᆫ바에도 不聞ᄒᆞᄂᆞᆫ바에도 如此 則包睹聞在其中〕" 하였는데, 이는 戒愼恐懼를 動·靜을 관통하는 공부로 본 것으로, 아래 章句에 "雖不見聞 亦不敢忽"이라고 한 것과 조응하는바, 道는 잠시도 떠날 수 없는 것이기에 戒懼가 動·靜을 관통하는 공부가 되는 것이다. 말하자면 戒愼恐懼는 動·靜을 관통하는 공부인데 그 중점은 靜時에 있다고 할 수 있다. 壺山은 "살펴보건대 '不睹 不聞'은 '보이는 것이 없고 들리는 것이 없다.〔無睹無聞〕'라고 말한 것과 같다. 諺解의 해석에는 '보지 못하고 듣지 못하는' 뜻으로 삼았으니, 마땅히 다시 살펴보아야 할 듯하다.〔按不睹不聞 猶言無睹無聞 諺釋作不能睹, 不能聞之意 恐合更詳〕" 하였다. 官本諺解에서 '보디 몯ᄒᆞᄂᆞᆫ 바에'와 '듣디 몯ᄒᆞᄂᆞᆫ 바에'로 해석한 것은 뜻을 알기 어렵다. '不睹 不聞'은 아직 사물을 접하지 않고 思念하는 바가 없어서 보지도 듣지도 않는 때(靜時)를 이른다.

··· **須** 잠깐 수 **臾** 잠깐 유 **離** 떠날 리 **戒** 경계할 계 **睹** 볼 도 **恐** 두려울 공 **懼** 두려울 구

道란 것은 須臾(잠시)도 떠날 수 없는 것이니, 떠날 수 있으면 道가 아니다. 이러므로 君子는 그 보지 않는 바에도 戒愼하며 그 듣지 않는 바에도 恐懼하는 것이다.

道者는 **日用事物當行之理**니 **皆性之德而具於心**[11]하여 **無物不有**[12]하고 **無時不然**[13]하니 **所以不可須臾離也**라 **若其可離**면 **則豈率性之謂哉**아 **是以**로 **君子之心**이 **常存敬畏**[14]하여 **雖不見聞**이라도 **亦不敢忽**하니 **所以存天理之本然**[15]하여 **而不使離於須臾之頃也**니라

道는 日用事物(일상생활하는 사이)에 마땅히 행하여야 할 理이니, 모두 性의 德으로서 마음에 갖추어져 있어서 사물마다 있지 않음이 없고 때마다 그렇지 않음이 없으니, 이 때문에 잠시도 떠날 수 없는 것이다. 만일 떠날 수 있다면 어찌 率性이라고 말할 수 있겠는가. 이러므로 君子의 마음이 항상 공경함과 두려워함을 보존하여 자신이 비록 보고 듣지 않더라도 또한 감히 소홀히 하지 않으니, 이 때문에 天理의 本然을 보존하여 잠시 동안이라도 〈道를〉 떠나지 않게 하는 것이다.

1-3. **莫見**(현)**乎隱**이며 **莫顯乎微**니 **故**로 **君子**는 **愼其獨也**[16]니라

---

11 〔詳說〕 日用事物當行之理 皆性之德而具於心 : 《大全》에 말하였다. "윗구는 道의 用을 말하였고, 아랫구는 道의 體를 말하였다.〔上句言道之用 下句言道之體〕"

12 〔詳說〕 無物不有 : 《大全》에 말하였다. "道의 큼을 말하였으니 橫(공간)으로 말한 것이다.〔言道之大 橫說〕"

13 〔詳說〕 無時不然 : 《大全》에 말하였다. "道의 오램을 말하였으니, 直(縱, 시간)으로 말한 것이다.〔言道之久 直說〕"

14 〔詳說〕 常存敬畏 : 《大全》에 말하였다. "'敬'은 戒愼을 이르고, '畏'는 恐懼를 이른다.〔敬謂戒愼 畏謂恐懼〕"

15 〔詳說〕 所以存天理之本然 : 北溪陳氏(陳淳)가 말하였다. "물건에 감동되지 않았을 때에는 온전히 이 天理이다.〔未感物時 渾是天理〕"

16 莫見乎隱……愼其獨也 : 朱子는 위의 節(2節)을 靜할 때에 戒愼恐懼하는 것으로 보아 자신이 보지 않고 자신이 듣지 않는 것으로 해석하고, 이 節(3節)은 思慮가 動할 때에 愼獨하는 것으로 보았다. 그래서 上節은 存天理, 이 節은 遏人欲으로 나누고 存天理는 致中, 遏人欲은 致和의 工夫로 兩分하였다. 아래는 이에 대한 朱子의 설명이다.
"'道를 떠날 수 없다'는 것은 存養하지 않으면 안 됨을 말한 것이고, '是故' 이하는 사람들에게 存養 공부를 하도록 한 것이며, '莫見'과 '莫顯'은 省察하지 않으면 안 됨을 말한 것이요, '故' 이하는 사람들이 사사로운 뜻이 일어나는 곳을 성찰하여 막도록 한 것이니, 다만 두 개의 '故'자를 보면 이것을 알 수 있다.〔道不可離 是說不可不存養 是故以下 是教人做存養工夫 莫見莫顯 是說不可不省察 故以下 是教人察私意起處防之 只看兩故字可見〕"(《詳說》)
'其所不睹 其所不聞'에 대하여, 이를 표로 나타내면 다음과 같다.

••• 忽 갑자기 홀 頃 잠깐 경 見 드러날 현 隱 숨을 은 顯 나타날 현 微 작을 미 獨 홀로 독

隱(숨겨진 곳)보다 드러남이 없으며 微(드러나지 않은 작은 일)보다 나타남이 없으니, 그러므로 君子는 그 홀로를 삼가는 것이다.

隱은 **暗處也**요 **微**는 **細事也**[17]라 **獨者**는 **人所不知而己所獨知之地也**[18]라 **言 幽暗之中, 細微之事**는 **跡雖未形**이나 **而幾則已動**하고 **人雖不知**나 **而己獨知之**하니 **則是天下之事 無有著見明顯而過於此者**[19]라 **是以**로 **君子旣常戒懼**[20]하고 **而於此**에 **尤加謹焉**[21]하니 **所以遏人欲於將萌**[22]하여 **而不使其潛滋暗長**[23]**於隱微之中**하여 **以至離道之遠也**니라

'隱'은 어두운 곳이고 '微'는 작은 일이다. '獨'은 다른 사람들은 미처 알지 못하고 자신만이 홀로 아는 곳이다. 幽暗의 가운데와 細微한 일은, 자취는 비록 나타나지 않았으나 幾微는 이미 動하였고 남은 비록 알지 못하나 자신만은 홀로 알고 있으니, 이는 天下의 일이 드러나 보이고 밝게 나타남이 이보다 더함이 없는 것이다. 이러므로 君子가 이미 항상 戒懼(戒愼恐懼)하고 여기(獨)에 더욱 삼감을 가하는 것이니, 人慾을 장차 싹트려 할 때에 막아서 인욕이 隱微한 가운데에 속으로 불어나고 자라나서 道를 떠남이 멂에 이르지 않도록 하는 것이다.

未發(靜時)의 공부	已發(動時)의 공부
戒愼恐懼(戒懼)	愼獨
存天理	遏人欲
致中	致和
存養(靜存)	省察(動察)

17 〔詳說〕 隱……細事也 : 〈'暗處'는〉 땅(처소)을 가지고 말한 것이고〔以地言〕 〈'細事'는〉 일을 가지고 말한 것이다.〔以事言〕

18 〔詳說〕 獨者 人所不知而己所獨知之地也 : 雲峰胡氏(胡炳文)가 말하였다. "'獨'자는 바로 '隱·微' 두 글자를 말한 것이다.〔獨字 正是說隱微二字〕" ○ 朱子가 말씀하였다. "이 '獨'은 단지 자기 혼자 있을 때뿐만 아니라 衆人과 마주하여 앉았더라도 마음속에서 나오는 생각이 혹은 바르기도 하고 혹은 바르지 않기도 하니, 이 또한 혼자 있는 곳이다.〔這獨也不只是獨自時 如與衆人對坐 自心中發念 或正或不正 此亦是獨處〕"

19 〔詳說〕 無有著見明顯而過於此者 : '此'자는 '隱·微' 두 글자를 가리킨 것이다.〔此字 指隱微二字〕

20 〔詳說〕 君子旣常戒懼 : 《大全》에 말하였다. "윗글 한 節(戒愼乎其所不睹 恐懼乎其所不聞)을 가리킨 것이다.〔指上文一節〕"

21 〔詳說〕 尤加謹焉 : 陳氏가 말하였다. "평상시에 이미 항상 戒懼하다가 이때에 이르면 또 마땅히 十分 삼감을 더하는 것이다.〔平時已常戒懼 至此又當十分加謹〕"

22 〔詳說〕 所以遏人欲於將萌 : 윗주의 '存天理' 句와 서로 조응되고 상대된다.〔與上註存天理句相照對〕

23 譯註 潛滋暗長 : 潛과 暗은 모두 남이 알지 못하는 속에서 이루어지는 것으로, 악한 마음이 남몰래 불어나고 자라남을 말한다.

••• 幽 그윽할 유 暗 어두울 암 遏 막을 알 萌 싹 맹 潛 잠길 잠 滋 불어날 자

1-4. 喜怒哀樂之未發을 謂之中이요 發而皆中節을 謂之和니 中也者는 天下之大本也요 和也者는 天下之達道也니라

기뻐하고 노하고 슬퍼하고 즐거워하는 情이 發하지 않은 때를 中이라 이르고, 發하여 모두 節度에 맞는 것을 和라 이르니, 中은 천하의 큰 근본이요 和는 천하의 공통된 道이다.

喜怒哀樂은 **情也**요 **其未發**은 **則性也**니 **無所偏倚**[24]**故**로 **謂之中**이요 **發皆中節**은 **情之正也**니 **無所乖戾**[25]**故**로 **謂之和**라 **大本者**는 **天命之性**이니 **天下之理 皆由此出**하니 **道之體也**요 **達道者**는 **循性之謂**니 **天下古今之所共由**니 **道之用也**[26]라 **此**는 **言性情之德**[27]하여 **以明道不可離之意**하니라

喜怒哀樂은 情이요 이것이 發하지 않은 것은 性이니, 편벽되고 치우친 바가 없으므로 中이라 이르고, 發함에 모두 節度에 맞는 것은 情의 올바름이니 어그러지는 바가 없으므로 和라 이른다. '大本'은 하늘이 명하신 性으로 천하의 理가 모두 이로 말미암아 나오니 道의 體이고, '達道'는 性을 따름을 이른 것으로 天下와 古今에 함께 행하는 것이니 道의 用이다. 이는 性·情의 德을 말씀하여 道를 떠날 수 없는 뜻을 밝힌 것이다.

---

24 〔詳說〕 無所偏倚 : 中의 體를 가지고 말하였기 때문에 〈'無過不及'은 말하지 않고〉 오직 '不偏不倚'만을 취한 것이다.〔以中之體言 故只取不偏不倚〕

25 〔詳說〕 無所乖戾 : 北溪陳氏가 말하였다. "이 理와 서로 어긋나지 않는 것이다.〔與是理不相咈戾〕"

26 〔記疑〕 大本者……道之用也 : 위의 두 節은 心의 공부를 말한 것이고, 이 節은 道의 體·用을 말한 것이다.[1]〔上兩節 言心之工夫 此節 言道之體用〕

譯註 1. 위의……것이다 : 위의 두 節은 戒愼恐懼와 愼獨의 節(2節)을 가리키고, 이 節(3節)은 中·和를 가리킨다. 道의 體는 中을, 道의 用은 和를 가리킨 것으로, 靜時에 戒愼恐懼의 공부를 하면 저절로 未發之中이 보존되고, 動時에 愼獨의 공부를 하면 자연 發而皆中節하여 和가 되므로 이렇게 말한 것이다.

27 譯註 此 言性情之德 : 아랫절의 '致中和'의 '致'가 공부이고 이 節의 '中·和'는 道이다.
〔詳說〕 北溪陳氏가 말하였다. "모름지기 戒愼恐懼의 공부가 있어야 비로소 未發의 中을 보존할 수 있고, 모름지기 謹獨의 공부가 있어야 비로소 已發의 和를 가질 수 있는 것이다.〔須有戒懼工夫 方存得未發之中 須有謹獨工夫 方有已發之和〕"
〔聖學輯要〕 이것(中·和)은 性情의 德의 體段이 이와 같음을 말한 것이고 공부를 가리켜서 말한 것이 아니다. 윗글의 戒懼와 愼獨은 곧 아래 글의 '致中和'의 공부이다.〔此言性情之德體段如是 非指工夫而言 上文戒懼愼獨 乃下文致中和之工夫也〕

··· 乖 어그러질 괴 戾 어그러질 려 致 지극할 치

1-5. 致中和면 天地位焉하며 萬物育焉이니라

中과 和를 지극히 하면 天地가 제자리를 편안히 하고 萬物이 잘 生育된다.

致는 推而極之也라 位者는 安其所也요 育者는 遂其生也라 自戒懼而約之[28]하여 以至於至靜之中[29]無所偏倚而其守不失이면 則極其中而天地位矣요 自謹獨而精之하여 以至於應物之處[30]無少差謬而無適不然[31]이면 則極其和而萬物育矣라 蓋天地萬物이 本吾一體[32]라 吾之心正이면 則天地之心亦正矣요 吾之氣順이면 則天地之氣亦順矣[33]라 故로 其效驗이 至於如此하니 此는 學問之極功이요 聖人之能事로되 初非有待於外[34]요 而修道之教 亦在其中矣[35]라 是其一體一用이 雖有動靜之殊나 然必其體立而後에 用有以行하니 則其實은 亦非有兩事也라 故로 於此에 合而言之하사 以結上文之意하시니라

'致'는 미루어 지극히 함이다. '位'는 그 자리를 편안히 함이요, '育'은 그 삶을 이루는 것이다. 戒懼로부터 요약하여 지극히 靜한 가운데에 편벽되고 치우친 바가 없어서 그 지킴이 잃지 않는 데에 이르면 그 中을 지극히 하여 天地가 제자리를 편안히 할 것이요, 謹獨으로부터 精密

---

28 譯註 約之 : 約은 마음이 흩어지지 않도록 檢束하고 收斂함을 이른다.

29 〔詳說〕 至靜之中 : 未發이다.

30 〔詳說〕 應物之處 : 發한 것이다.〔已發〕

31 〔記疑〕 以至於至靜之中無所偏倚而其守不失……以至於應物之處無少差謬而無適不然 : 두 개의 '以至'의 뜻은 모두 '그 지킴이 잃지 않는다.'와 '가는 곳마다 그렇지 않음이 없다.' 까지 이르니, 이것이 이른바 '미루어 지극히 한다.'는 뜻이다.〔兩以至之意 皆至於其守不失 無適不然 是所謂推而極之也〕

32 〔記疑〕 天地萬物 本吾一體 : '天地萬物 本吾一體'라는 이 말은 천지 만물이 본래 나의 한 몸이라는 것이지, 본래 나와 一體가 된다고 말한 것이 아니다. '천지 만물이 본래 나의 한 몸이다.'라는 것은 體이고 '仁者는 천지 만물을 한 몸으로 여긴다.'는 것은 用이다.〔天地萬物本吾一體 此謂天地萬物 本是吳之一體 非謂本與吾爲一體也 蓋天地萬物本吾一體 體也 仁者以天地萬物爲一體 用也〕

33 〔詳說〕 吾之心正……則天地之氣亦順矣 : 《大全》에 '吾之心正'은 '致中'이고, '天地之心亦正'은 '천지가 자리를 정하는 것이다.〔天地位〕'라고 하였으며, '吾之氣順'은 '致和'이고, '天地之氣亦順'은 '천지의 기운이 순하면 만물이 길러지는 것이다.〔天地氣順 則萬物育〕'라고 하였다.
〔記疑〕 '천지 만물은 본래 나의 한 몸이다.'라고 한 것은 體에 나아가 말한 것이고, '나의 心과 氣가 바르고 순하면 천지의 心과 氣 또한 바르고 순하다.'는 것은 用에 나아가 말한 것이다.〔天地萬物本吾一體 是就體上說 吾之心氣正且順 則天地之心氣亦正且順 是就用上說〕

34 〔詳說〕 初非有待於外 : 《大全》에 말하였다. "내 性의 밖에 벗어나지 않는 것이다.〔不出吾性之外〕"

35 〔詳說〕 修道之教 亦在其中矣 : 陳氏가 말하였다. "致中은 바로 天命의 性이고 致和는 바로 率性의 道이며, 位育은 修道의 가르침이 또한 이 가운데에 들어있는 것이다.〔致中卽天命之性 致和卽率性之道 位育則修道之教亦在其中〕"

··· 遂 이룰 수 約 묶을 약, 약속할 약 謬 어그러질 류(무) 適 갈 적 驗 징험할 험 殊 다를 수

히 하여 事物을 應하는 곳에 조금도 잘못됨이 없어서 가는 곳마다 그렇지 않음이 없는 데에 이르면 그 和를 지극히 하여 萬物이 生育될 것이다. 天地와 萬物이 본래 나의 한 몸이다. 나의 마음이 바르면 天地의 마음이 또한 바르고, 나의 기운이 순하면 天地의 기운이 또한 순하다. 그러므로 그 效驗이 이와 같음에 이르는 것이니, 이는 學問의 지극한 功效요 聖人의 能事인데, 애당초 밖에서 구할 필요가 없고 修道之敎도 또한 이 안에 들어 있다. 이는 한 體와 한 用이 비록 動·靜의 다름이 있으나 반드시 그 體가 선 뒤에 用이 행해질 수 있으니, 그렇다면 그 실제는 또한 두 가지 일이 있는 것이 아니다. 그러므로 여기에서 합하여 말씀하여 윗글의 뜻을 맺은 것이다.

⊙ 右는 **第一章**[36]이라 **子思述所傳之意以立言**하사 **首明道之本原出於天而不可易**[37]과 **其實體備於己而不可離**[38]하시고 **次言存養省察之要**[39]하시고 **終言聖神功化之極**[40]하시니 **蓋欲學者於此**에 **反求諸身而自得之**하여 **以去夫外誘之私而充其本然之善**[41]이니 **楊氏所謂一篇之體要 是也**라 **其下十章**은 **蓋子思引夫子之言**하사 **以終**

---

36 〔記疑〕 右 第一章 : 尤菴이 "《中庸》의 章下註를 章자 아래에 이어서 쓴 것은 節을 나눈 곳이다. 《中庸》은 네 節로 나뉜다. 그러므로 이어서 쓴 것이 모두 네 章이니, 제1章, 제12章, 제21章, 마지막 章이다."라고 하셨다. 내가 살펴보건대, 朱子의 《章句》는 네 곳 큰 支節의 章下註에는 원래 이어서 썼고, 그 사이 小節의 章下註에는 원래 작은 글자로 구분하여 썼다. 그런데 永樂朝에 諸家들의 說을 모아 註脚함에 이르러서 《章句》에 작은 글자로 나누어 쓴 것이 다시는 구분됨이 없었다. 그러므로 小節의 章下註에는 반드시 두 칸을 비워 썼던 것이다.〔尤菴曰 中庸章下註 連書於章字下者 是分節處也 中庸分四節 故連書者凡四章 首章十二章二十一章末章也 愚按朱子章句 於四大支處章下註 原來連書 其間小節章下註 原以小字分書 至永樂朝 輯諸家說爲註脚 則章句小字分書者 更無分別 故必空二格書之〕

37 〔詳說〕 首明道之本原出於天而不可易 : 《大全》에 말하였다. "머리(앞) 세 句(性·道·敎)이다.〔首三句〕"

38 〔詳說〕 其實體備於己而不可離 : 《大全》에 말하였다. "'道不可離' 두 句이다.〔道不可離二句〕"

39 〔詳說〕 次言存養省察之要 : 《大全》에 말하였다. "'戒懼'와 '愼獨' 두 節이다.〔戒懼愼獨二節〕" ○ 살펴보건대 '大本 達道' 한 節은 또한 마땅히 '存養·省察'의 일에 속해야 할 것이다.〔按大本達道一節 亦當屬存養省察事〕

40 〔詳說〕 終言聖神功化之極 : 《大全》에 말하였다. "'致中和', '天地位', '萬物育'의 세 句이다.〔中和位育三句〕"

41 〔詳說〕 反求諸身而自得之 以去夫外誘之私而充其本然之善 : 新安陳氏(陳櫟)는 '反求諸身而自得之 以去夫外誘之私'는 '홀로를 삼가서 인욕을 막는 것〔愼獨以遏人欲〕'이고, '充其本然之善'은 '大本의 中과 達道의 和를 지극히 하는 것〔致大本之中 達道之和〕'이라 하였다.
〔記疑〕 首章(1章)은 겨우 109자이지만 무한한 도리를 포함하고 무궁한 功化를 포괄하고 있는데, 그 요점은 '외물의 유혹의 사사로움을 버리고 본연의 善을 채움'에 불과할 뿐이다. 이른바 '본연의 善'이란 '天命'·'率性'의 理를 가리킨 것으로 사람마다 모두 가지고 있는 體이며, 이른바 '채운다'는 것은 戒懼·愼獨의 功夫를 가리킨 것으로 오직 君子만이 할 수 있는 用이다.【人能弘道章[1]과 참고하여 보아야 한다.】〔首章纔百有九字 包涵無限道理 括盡無窮功化 其要不過去外誘之私 而充其本然之善而已 所謂本然之善 是指天命率性之理 人人皆有之體也 所謂充 是指戒懼愼獨之功 惟君子所能之用也【與人能弘道

••• 備 갖출 비 反 돌이킬 반 誘 꾈 유

此章之義하시니라

⊙ 이상은 제1章이다. 子思께서 傳授받은 바의 뜻을 記述하여 글을 지으셔서 맨 먼저 道의 本原이 하늘에서 나와 바뀔 수 없음과 그 實體가 자기 몸에 갖추어져 떠날 수 없음을 밝히셨고, 다음에 存養(存天理) · 省察(遏人欲)의 요점을 말씀하셨고, 맨 끝에 聖神의 功化의 지극함을 말씀하셨으니, 배우는 자들이 이에 대하여 자기 몸에 돌이켜 찾아서 스스로 터득하여 外誘(외물의 유혹)의 사사로움을 버리고 本然의 善을 충만하게 하고자 하신 것이니, 楊氏(楊時)의 이른바 '한 편(《中庸》)의 體要'라는 것이 이것이다. 이 아래 열 章은 子思가 夫子의 말씀을 引用하여 이 章의 뜻을 맺으신 것이다.

參看]〕

譯註 1. 人能弘道章 :《論語》〈衛靈公〉 28章에 "사람이 道를 크게 할 수 있고, 道가 사람을 크게 하는 것은 아니다.〔人能弘道 非道弘人〕"라고 한 것을 가리킨다.

|附錄. 栗谷의 《聖學輯要》〈統說第一〉[42] |

聖賢의 學問은 몸을 닦고 사람을 다스리는 데 지나지 않을 뿐이다. 이제 《中庸》과 《大學》 첫 章의 말씀을 엮으니, 실로 서로 表裏가 되어 修己(明明德)·治人(新民)의 방도가 다 갖추어지지 않은 것이 없다. 天命의 性은 明德이 갖춘 바이고, 率性의 道는 明德이 행하는 바이고, 修道의 敎는 新民의 法度이다. 戒懼라는 것은 靜할 적에 存心하는 것으로 正心의 등속이고, 愼獨이라는 것은 動할 적에 省察하는 것으로 誠意의 등속이며, '中和를 지극히 하여 天地가 자리를 편안히 하고 萬物이 길러진다.'는 것은, 明德과 新民이 至善에 그쳐 明德을 천하에 밝히는 것을 말한다. 다만 미치는 바에 많고 적음이 있어 功效에 넓고 좁음이 있을 뿐이니, 中和를 지극히 하는 功이 한 집안에 그치면 곧 한 집안의 天地가 자리를 편안히 하고 만물이 길러져서 明德이 한 집안에 밝혀지고,【한 집안에 天地와 萬物이 어찌 따로 있겠는가. 다만 父子와 夫婦와 兄弟가 각각 그 분수를 바르게 하는 것이 天地位의 기상이며, 아버지는 사랑하고 자식은 효도하며 형은 우애하고 아우는 공손하며 남편은 선창하고 부인은 따라서 각각 그 情을 다하는 것이 萬物育의 기상이다.】〈中和를 지극히 한 功이〉 한 나라에 그치면 한 나라의 천지가 안정되고 만물이 길러져서 明德이 한 나라에 밝혀지며, 천하에 미치면 천하의 천지가 안정되고 만물이 길러져서 명덕이 천하에 밝혀지게 된다.〔聖賢之學 不過修己治人而已 今輯中庸大學首章之說 實相表裏 而修己治人之道 無不該盡 蓋天命之性 明德之所具也 率性之道 明德之所行也 修道之敎 新民之法度也 戒懼者 靜存而正心之屬也 愼獨者 動察而誠意之屬也 致中和而位育者 明德新民止於至善 而明明德於天下之謂也 但所及有衆寡 而功效有廣狹 致中和之功 止於一家 則一家之天地位萬物育 而明德明於一家【一家豈別有天地萬物乎 只是父子夫婦兄弟 各正其分 是天地位氣象 慈孝友恭唱隨 各盡其情 是萬物育氣象】止於一國 則一國之天地位萬物育 而明德明於一國 及於天下 則天下之天地位萬物育 而明德明於天下矣〕

---

42 栗谷의 《聖學輯要》〈統說第一〉: 이는 栗谷이 《大學》과 《中庸》 각각의 개념들을 짝 지워 설명한 것이다. 이를 표로 나타내면 다음과 같이 정리할 수 있다.

	修己	治人
大學	明明德	新民
中庸	天命之謂性(明德所具) 率性之謂道(明德所行)	修道之謂敎(新民法度)

	靜時 공부(存心)	動時 공부(省察)
大學	正心	誠意
中庸	戒愼恐懼	愼獨

附錄. 中庸首章分釋之圖 (陽村 權近)

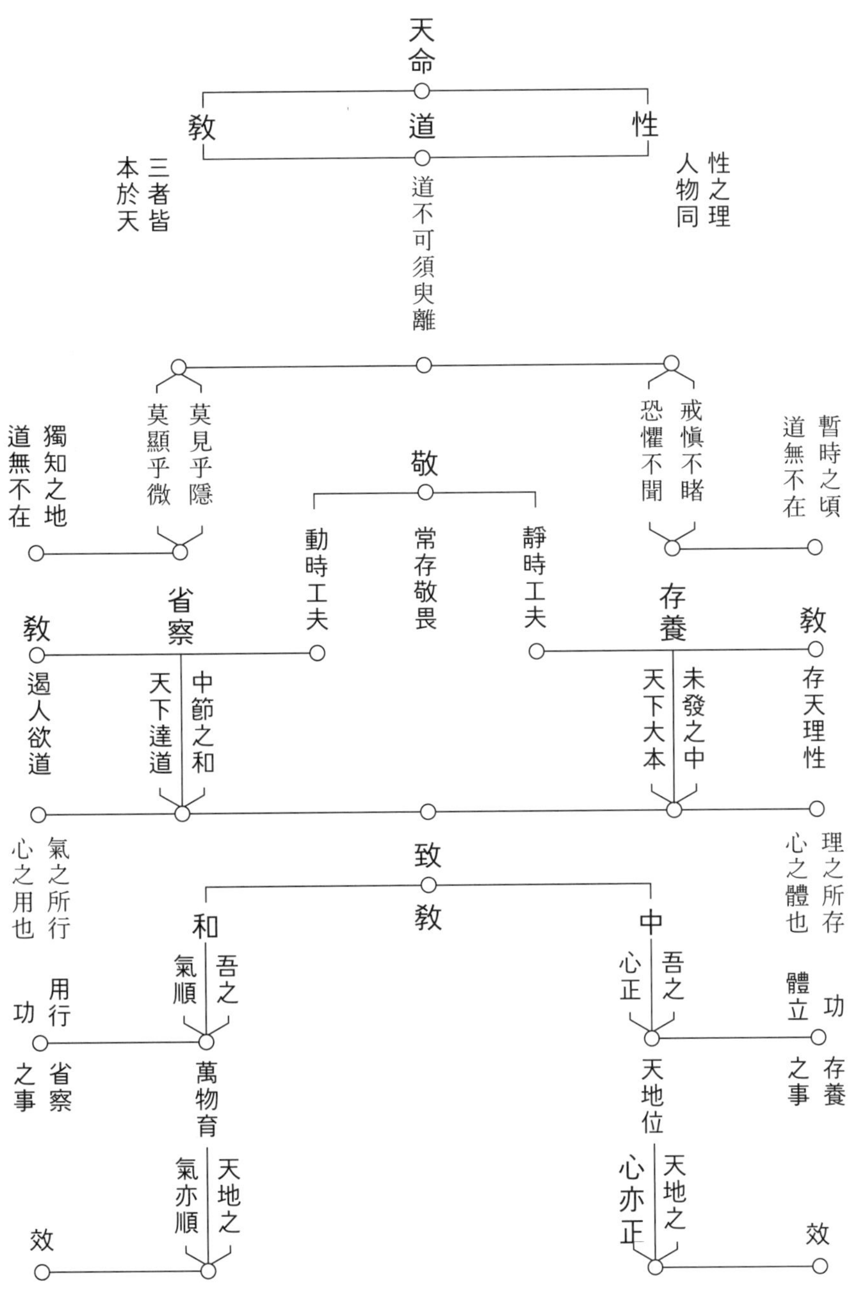

| 君子中庸章 |

2-1. 仲尼曰[43] 君子는 中庸이요 小人은 反中庸이니라

仲尼께서 말씀하셨다. "君子는 中庸을 하고 小人은 中庸에 반대로 한다.

中庸者는 **不偏不倚無過不及而平常之理**니 **乃天命所當然精微之極致也**라 **唯君子爲能體之**[44]요 **小人**은 **反是**니라

中庸은 편벽되지 않고 치우치지 아니하여 過와 不及이 없어서 平常한 이치이니, 바로 天命에 當然한 바 精微함의 극치이다. 오직 君子만이 이를 體行할 수 있고, 小人은 이와 반대이다.

2-2. 君子之中庸也는 君子而時中[45]이요 小人之〈反〉中庸也는 小人而無

---

43 仲尼曰:尤菴은 "이 章은 夫子의 訓說의 시작이고, 제30章은 夫子의 德行의 시초이다. 그러므로 모두 仲尼를 칭하여 다른 章에서 말한 '子曰'이란 것이 모두 仲尼임을 나타내었다.〔此章 夫子訓說之始也 第三十章 夫子德行之始也 故皆稱仲尼 以見他章所謂子曰者皆仲尼也〕" 하였고, 朱子는 "만약 孔子라고 말하면 외면하는 말이고, 만약 夫子라고 말하면 당시의 衆人이 서로 부르는 통칭이다. 古人은 字를 諱하지 아니하여 《儀禮》의 제사에 관한 글에 모두 그 할아버지를 일러 '伯某甫'라고 하였다.〔若曰孔子則外之之辭 若曰夫子 則當時衆人相呼之通稱 古人不諱字 儀禮祭祀皆稱其祖爲伯某甫〕" 하였다. 壺山은 이 두 說을 인용하고서 "살펴보건대 仲尼는 친근히 하는 말이고, 子는 높이는 말이다.〔按仲尼親之之辭 子尊之之辭〕"라고 정리하였다.

44 〔記疑〕 唯君子爲能體之:'능히 체행한다.〔爲能體之〕'는 것은 곧 이른바 '知之'·'守之'·'斷之'[1]이다.〔爲能體之 卽所謂知之守之斷之也〕

　譯註 1. 知之 守之 斷之: 程子가 "가림은 智에 있고 지킴은 仁에 있고 결단함은 勇에 있다.〔擇之則在乎智 守之則在乎仁 斷之則在乎勇〕" 한 말씀을 인용한 것이다.(《二程遺書》)

〔詳說〕 '君子中庸'의 諺解의 구두는 君子의 몸이 바로 中庸인 혐의가 있고, 君子가 몸소 中庸을 행하는 뜻이 없으니, 마땅히 栗谷의 구두[1]로 바름을 삼아야 할 것이다. 이 句의 '體'자와 아래 註의 '爲'자를 마땅히 익숙히 보아야 한다.〔君子中庸之諺讀 有君子之身卽是中庸之嫌 而無君子窮行中庸之意 當以栗谷之讀爲正 此句之體字 下註之爲字 當熟看〕

　譯註 1. 諺解의……구두:官本諺解에는 "君子ᄂᆞᆫ 中庸이오" 하였고, 栗谷諺解에는 "君子ᄂᆞᆫ 中庸ᄒᆞ고" 하였다.

45 君子而時中:朱子는 中을 平聲으로 읽고 '때에 따라 中에 處함〔隨時以處中〕'으로 해석하였다. 中을 '가운데'로 하면 平聲, '맞는다'로 하면 去聲으로 읽는바, 時中의 中을 '가운데'의 의미로 訓한 것이다. 時中은 '때에 맞게 함'으로 해석하는 것이 편할 듯하지만 '喜怒哀樂未發之謂中'과 '君子而時中'을 다르게 읽을 수 없어 똑같이 平聲으로 읽고 '中에 處함'으로 해석한 것이다. 이 때문에 時中에 대한 諺解는 모두 '때로 中흠이오'로 되어 있다. 이는 '中을 하다', '中을 행하다'로 본 것이다. 그러나 經文에 處자와 爲자가 없기 때문에 부득이한 해석으로 보인다. 本人은 時中을 '때에 따라 中(節度)에 맞는 것'으로 보는 것이 좋을 것으로 생각한다. 앞 1章의 發而皆中節의 '節'과 20章의 從容中道의 '道'는 바로 所이고 앞의 中(맞게 함)이 能이다. 여기의 君子而時中과 20章의 不勉而中은 아래에 節자나 道(中)자가 생략된 것으

··· 尼 여승 니 體 체행할 체

忌憚也니라

君子가 中庸을 함은 君子이면서 때에 따라 道에 맞게 하기 때문이요, 小人이 中庸에 반대로 함은 小人이면서 忌憚이 없기 때문이다."

王肅本[46]에 **作小人之反中庸也**어늘 **程子亦以爲然**하시니 **今從之**하노라

○ **君子之所以爲中庸者**는 **以其有君子之德**하고 **而又能隨時以處中也**요 **小人之所以反中庸者**는 **以其有小人之心**하고 **而又無所忌憚也**라 **蓋中無定體**하여 **隨時而在**하니 **是乃平常之理也**라 **君子**는 **知其在我**라 **故**로 **能戒謹不覩(睹)**하고 **恐懼不聞**하여 **而無時不中**이요 **小人**은 **不知有此**하니 **則肆欲妄行而無所忌憚矣**니라

王肅의 本에 '小人之反中庸也'로 되어 있는데 程子(伊川) 또한 '이것이 옳다.'고 하셨으니, 지금 이를 따른다.
○ 君子가 中庸을 행하는 까닭은 君子의 德이 있고 또 능히 때에 따라 中에 처하기 때문이요, 小人이 中庸에 반대로 하는 까닭은 小人의 마음이 있고 또 忌憚하는 바가 없기 때문이다. 中은 一定한 體가 없어 때에 따라 있으니, 이것이 바로 平常의 理이다. 君子는 이것이 자신에게 있음을 안다. 이 때문에 보지 않을 때에도 戒愼하고 듣지 않을 때에도 恐懼하여 때마다 中하지 않음이 없고, 小人은 이 中이 있음을 알지 못하니 욕심을 부리고 망령되이 행동하여 忌憚하는 바가 없다.

⊙ **右**는 **第二章**이라 **此下十章**은 **皆論中庸**하여 **以釋首章之義**하니 **文雖不屬**이나 **而意實相承也**라 **變和言庸者**는 **游氏曰 以性情言之**하면 **則曰中和**요 **以德行言之**하면 **則曰中庸**[47]이라하니 **是也**라 **然**이나 **中庸之中**이 **實兼中和之義**[48]하니라

로 보아 보충 해석하는 것이 무방하다고 생각한다. 단 時中의 中을 평성이라 한 朱子의 音訓에 맞지 않는 것이 未安하다.

46 譯註 王肅本 : 王肅은 魏나라 사람으로, 그가 註解한 《禮記》의 〈中庸〉을 가리킨다.
〔詳說〕 字는 子雍이니, 魏나라 東海 사람이다.〔字子雍 魏東海人〕

47 〔詳說〕 以性情言之……則曰中庸 : 黃氏가 말하였다. "性情은 하늘이 낳은(자연히 생긴) 것이니 사람마다 동일하고, 德行은 사람이 행하는 것이니 사람마다 동일하지 않다.〔性情天生底 人人一般 德行人做底 人人不同〕" ○ 장차 中庸을 말하려 하면서 먼저 中和를 말하여 시작하였으니, 中和와 中庸은 약간 賓·主의 구분[1])이 있다.〔將言中庸 而先言中和以起之 中和與中庸 微有賓主之分〕
譯註 1. 賓·主의 구분 : 중점이 中庸에 있으므로 中和를 賓으로, 中庸을 主로 본 것이다.
〔記疑〕 黃氏가 "德行은 사람마다 동일하지 않다."라고 한 것이 옳다. 그렇다면 中庸도 차이가 있는 것인가? 游氏의 說 가운데, '性情' 아래에 '之德' 두 글자를 놓고 '德行' 아래에 '之理' 두 글자를 놓고서 본

··· 忌 꺼릴 기 憚 꺼릴 탄 覩 볼 도(睹通) 肆 방자할 사 屬 이을 속(촉) 游 헤엄칠 유

⊙ 이상은 제2章이다. 이 아래 열 章은 모두 中庸을 논하여 首章의 뜻을 해석하였으니, 글이 비록 연결되지 않으나 뜻은 실로 서로 이어진다. 和를 바꾸어 庸이라고 말한 것은 游氏(游酢)가 말하기를 "性情으로써 말하면 中和라 하고 德行으로써 말하면 中庸이라 한다." 하였으니, 그 말이 옳다. 그러나 中庸의 中은 실로 中和의 뜻을 겸하였다.

| 民鮮能章 |

3. 子曰 中庸은 其至矣乎인저 民鮮能이 久矣[49]니라

孔子께서 말씀하셨다. "中庸은 지극할 것이다. 사람들이 능한 이가 적은 지 오래되었다."

過則失中이요 **不及則未至**[50]라 **故**로 **惟中庸之德**이 **爲至**라 **然**이나 **亦人所同得**하여 **初無難事**로되 **但世敎衰**하여 **民不興行**이라 **故**로 **鮮能之 今已久矣**[51]라 **論語**엔 **無能字**하니라

過하면 中을 잃고 不及하면 이르지 못한다. 그러므로 오직 中庸의 德이 지극함이 되는 것이다. 그러나 또한 사람이 똑같이 얻은 바여서 애당초 어려운 일이 아닌데, 다만 世敎가 쇠하여

다면, 말의 뜻과 文理가 더욱 분명하게 구비될 것이다.〔黃氏德行人人不同之云 是矣 然則中庸亦有異乎 就游氏說中 性情下 著之德二字 德行下 著之理二字看 則語意文理益明備矣〕

48 譯註 中庸之中 實兼中和之義：'中庸之中'은 中庸의 中이란 뜻이며, 中庸의 가운데란 뜻이 아니다. 朱子는 中을 '不偏不倚 無過不及'으로 해석하였는바, 不偏不倚는 靜時의 未發之中인 性之德을 가리키고 無過不及은 動時의 已發之和인 情之德을 가리키므로 中庸의 中은 中和의 뜻을 겸했다고 말한 것이다.

49 中庸……久矣：이 내용은 《論語》〈雍也〉 27章에 "中庸의 德이 지극하구나. 사람들이 〈이 德을〉 소유한 이가 적은 지 오래이다.〔中庸之爲德也 其至矣乎 民鮮久矣〕"라고 보이는데, 《中庸》에는 '之爲德也' 네 글자가 빠져있고 '能'자가 첨가되어 있다. 이에 대하여 格菴趙氏(趙順孫)는 "여기에는 '之爲德也' 네 글자가 없다. 그러므로 아랫구에 '能'자가 있으니, 《論語》는 바로 夫子의 本文이고 이것은 子思가 가감하여 만든 것이다.〔此無之爲德也四字 故下句有能字 論語是夫子本文 此是子思檃栝〕" 하였고, 壺山은 "살펴보건대 '德'자를 앞에 놓지 않으면 아랫구에 모름지기 '能'자가 있어서 계승하여야 하니, 그런 뒤에 글뜻이 마침내 완성된다. 《論語》는 이 德을 소유함을 가지고 말하였고, 여기서는 이 德을 능히 알고 능히 행함을 가지고 말하였다. 그러므로 말에 똑같지 않음이 있는 것이다.〔按不以德字冠之 則下句須有能字以承之 然後文義乃成 蓋論語以有此德言之 此以能知能行此德言之 故語有不同〕" 하였다.(《詳說》)

50 〔詳說〕 過則失中 不及則未至：中의 用을 가지고 말하였기 때문에 다만 無過不及을 취하였다.〔以中之用言故只取無過不及〕

51 〔詳說〕 過則失中……今已久矣：마땅히 《論語》의 註[1]와 참고해 보아야 한다.〔當與論語註參看〕
譯註 1. 《論語》의 註：《論語》의 《集註》에, 朱子는 "사람들이 이 德을 소유한 이가 적은 지 이제 이미 오래되었음을 말한 것이다.〔言民少此德 今已久矣〕" 하였고, 程子의 "世敎가 쇠퇴한 후부터 사람들이 中庸을 행하는데 홍기하지 않아서 이 德을 소유한 이가 적은 지 오래되었다.〔自世敎衰 民不興於行 少有此德久矣〕" 한 말씀을 인용하였다.

••• **鮮** 적을 선 **難** 어려울 난 **衰** 쇠할 쇠

사람들이 興行(행함을 일으킴)하지 않는다. 그러므로 능한 이가 적은 지가 이제 이미 오래된 것이다. 《論語》〈雍也〉에는 能字가 없다.

⊙ 右는 第三章이라

⊙ 이상은 제3章이다.

| 知者過之章 |

4-1. 子曰 道之不行也를 我知之矣로니 知(智)者는 過之하고 愚者는 不及也일새니라 道之不明也를 我知之矣로니 賢者는 過之하고 不肖者는 不及也일새니라

孔子께서 말씀하셨다. "道가 행해지지 못하는 이유를 내가 아노니, 지혜로운 자는 過하고 어리석은 자는 不及하기 때문이다. 道가 밝아지지 못하는 이유를 내가 아노니, 어진 자는 過하고 어질지 못한 자는 不及하기 때문이다.

道者는 天理之當然이니 中而已矣라 知(智)愚賢不肖之過不及은 則生稟之異而失其中也라 知(智)者는 知之過하여 旣以道爲不足行하고 愚者는 不及知하여 又不知所以行하니 此道之所以常不行也[52]라 賢者는 行之過하여 旣以道爲不足知하고 不肖者는 不及行하여 又不求所以知하니 此道之所以常不明也[53]라

道는 天理의 當然함이니, 中일 뿐이다. 智·愚와 賢·不肖의 過하고 不及함은 타고난 資稟이 달라 그 中을 잃은 것이다. 지혜로운 자는 앎이 지나쳐 道를 족히 행할 것이 못된다 하고, 어리석은 자는 또 앎에 미치지 못하여 행할 바를 알지 못하니, 이는 道가 항상 행해지지 못하는 所以이다. 어진 자는 行이 지나쳐 이미 道를 족히 알 것이 못된다 하고, 어질지 못한 자는 또 行에 미치지 못하여 알 바를 구하지 않으니, 이는 道가 항상 밝아지지 못하는 所以이다.

---

52 〔詳說〕 此道之所以常不行也 : 사람들이 알지 못하기 때문에 道가 행해지지 못하는 것이다.〔由人不知 故道不行〕

53 〔詳說〕 知(智)者……此道之所以常不明也 : 사람들이 행하지 않기 때문에 道가 밝아지지 못하는 것이다.〔由人不行 故道不明〕 ○ 雲峰胡氏가 말하였다. "이 章은 道가 행해지지 못하고 밝아지지 못함을 나누었고, 아랫장은 大舜의 지혜에 나아가 道가 행해지는 이유를 말하고(6장) 顏回의 어짊에 나아가 道가 밝아지는 이유를 말하여(8장) 후면에 智·仁·勇을 말하고자 하는 뜻을 아울렀으니, 이 章은 智·仁·勇 세 가지를 위하여 단서를 열어놓은 것이다.〔此章分道之不行不明 而下章卽舜之知 言道之所以行 卽回之賢 言道之所以明 兼後面欲說知仁勇 此章爲此三者發端〕"

••• 肖 어질 초 稟 부여받을 품

4-2. **人莫不飮食也**언마는 **鮮能知味也**니라

사람들이 飮食을 먹고 마시지 않는 이가 없건마는 능히 맛을 아는 이가 적다."

道不可離로되 **人自不察**이라 **是以**로 **有過不及之弊**라

道는 떠날 수가 없는데 사람들이 스스로 살피지 않는다. 이 때문에 過하고 不及한 폐단이 있는 것이다.

⊙ **右**는 **第四章**[54]이라

⊙ 이상은 제4章이다.

| 道其不行章 |

5. **子曰 道其不行矣夫**인저

孔子께서 말씀하셨다. "道가 행해지지 못하겠구나."

由不明故로 **不行**이라

밝지 못하기 때문에 행해지지 못하는 것이다.

⊙ **右**는 **第五章**이라 **此章**은 **承上章而擧其不行之端**하여 **以起下章之意**니라

⊙ 이상은 제5章이다. 이 章은 윗장을 이어 〈道가〉 행해지지 못하는 端緖를 들어서 아랫장의 뜻을 일으킨 것이다.

| 舜好問章 |

6. **子曰 舜**은 **其大知(智)也與**신저 **舜**이 **好問而好察邇言**하사되 **隱惡而**

---

54 〔詳說〕 右 第四章 : 雙峰饒氏가 말하였다. "이 章은 위의 두 章을 이어서 小人이 中庸에 반대로 하는 이유와 衆人이 中庸에 능한 이가 적은 이유가 모두 氣質에 편벽됨이 있음을 밝혀서 아래 여섯 章의 뜻을 일으킨 것이다. 그러나 오로지 過와 不及을 가지고 말하여 中만 말하고 庸을 말하지 않은 듯하다. 하지만 中은 바로 庸을 하는 것이니, 두 가지가 있는 것이 아니다.〔此章承上二章 明小人所以反中庸與衆人所以鮮能中庸者 皆以氣質之有偏 以起下六章之意 然專以過不及爲言 似言中而不及庸 蓋中卽所以爲庸 非有二也〕"

••• 擧 들 거 端 끝 단, 단서 단 邇 가까울 이 隱 숨길 은

揚善하시며 **執其兩端**하사 **用其中於民**하시니 **其斯以爲舜乎**신저

孔子께서 말씀하셨다. "舜임금은 큰 지혜이실 것이다. 舜임금은 묻기를 좋아하시고 淺近한 말씀을 살피기 좋아하시되, 惡(나쁜 말)을 숨겨 주고 善(좋은 말)을 드러내시며 두 끝을 잡으시어 그 中을 백성에게 쓰셨으니, 이것이 舜임금이 되신 이유일 것이다."

舜之所以爲大知者는 **以其不自用而取諸人也**라 **邇言者**는 **淺近之言**이로되 **猶必察焉**하시니 **其無遺善**을 **可知**라 **然**이나 **於其言之未善者**엔 **則隱而不宣**하고 **其善者**엔 **則播而不匿**하여 **其廣大光明**이 **又如此**[55]하시니 **則人孰不樂**(락)**告以善哉**리오 **兩端**은 **謂衆論不同之極致**라 **蓋凡物**이 **皆有兩端**하니 **如小大厚薄之類**라 **於善之中**에 **又執其兩端**하여 **而量度**(탁)**以取中然後**에 **用之**하시니 **則其擇之審而行之至矣**라 **然**이나 **非在我之權度**(도)[56] **精切不差**면 **何以與**(예)**此**리오 **此**는 **知之所以無過不及而道之所以行也**니라

舜임금이 큰 지혜가 되신 까닭은 자기 지혜를 쓰지 않고 남에게서 취하셨기 때문이다. '邇言'은 淺近한 말인데도 오히려 반드시 살피셨으니, 그 버린 善이 없음을 알 수 있다. 그러나 그 말의 善하지 못한 것은 숨겨 주고 드러내지 않으며 그 善한 것은 퍼뜨리고 숨기지 아니하여 廣大하고 光明함이 또 이와 같으셨으니, 사람들이 그 누가 善으로써 말해 주기를 즐거워하지 않겠는가. '兩端'은 衆論이 같지 않음의 극치를 이른다. 모든 사물에는 다 兩端이 있으니, 小와 大, 厚와 薄과 같은 종류이다. 善한 가운데에 또 그 두 끝을 잡고서 헤아려 中을 취한 뒤에 쓰셨으니, 그렇다면 擇함이 자세하고 행함이 지극한 것이다. 그러나 자신에게 있는 權度(저울과 자)가 精하고 간절하여 어그러지지 않는 자가 아니면 어찌 이에 참여할 수 있겠는가. 이는 知가

---

55 〔詳說〕 其廣大光明 又如此：朱子가 말씀하였다. "善을 구하는 마음이 廣大하고 光明한 것이다.〔求善之心 廣大光明〕" ○ 新安陳氏가 말하였다. "惡을 숨겨줌에서 그 廣大하여 능히 포용함을 볼 수 있고, 善을 드날림에서 그 光明하여 가리지 않음을 볼 수 있다.〔隱惡見其廣大能容 揚善見其光明不蔽〕"

56 〔詳說〕 我之權度：〈'權度'는〉 바로 《孟子集註》에 말한바 '本然의 權度'[1]라는 것이다.〔卽孟子註所云本然之權度〕

譯註 1. 孟子集註에……權度：《孟子》〈梁惠王上〉 7章에 "저울질을 한 뒤에 輕重을 알며, 재어본 뒤에 長短을 알 수 있다. 사물이 다 그러하지만 그중에도 마음이 유독 심하다.〔權然後 知輕重 度然後知長短 物皆然 心爲甚〕" 하였는데, 《集註》에 "'權'은 저울의 추요, '度'는 丈尺(길과 자)이다. '度之'는 저울질하고 헤아림을 이른다. 물건의 輕重과 長短은 사람들이 똑같게 하기 어려운 것이니, 반드시 저울과 자를 가지고 헤아린 뒤에야 〈輕重과 長短을〉 알 수 있다. 마음이 사물에 응함으로 말하면 그 輕重과 長短을 가지런히 하기가 어려워서 本然의 權度(마음의 기준 또는 판단)로써 헤아리지 않을 수 없는 것이 물건보다도 더욱 심한 점이 있다.〔權 稱錘也 度 丈尺也 度之 謂稱量之也 言物之輕重長短 人所難齊 必以權度度之而後可見 若心之應物 則其輕重長短之難齊 而不可不度以本然之權度 又有甚於物者〕"라고 보인다.

··· **揚** 드날릴 양 **淺** 얕을 천 **遺** 버릴 유 **宣** 베풀 선 **播** 전파할 파 **匿** 숨길 닉 **薄** 엷을 박 **審** 살필 심 **權** 저울 권 **度** 자 도

過·不及이 없어서 道가 행해지게 된 이유이다.

⊙ **右**는 **第六章**[57]이라

⊙ 이상은 제6章이다.

| 人皆曰予智章 |

7. 子曰 人皆曰予知(智)로되 驅而納諸罟擭陷阱(고화함정) 之中而莫之知辟(避)也하며 人皆曰予知로되 擇乎中庸而不能期月守也니라

孔子께서 말씀하셨다. "사람들이 모두 말하기를 내가(자신이) 지혜롭다 하나 몰아서 罟(그물)와 擭(덫)와 陷阱의 가운데로 넣어도 피할 줄을 알지 못하며, 사람들이 모두 말하기를 내가 지혜롭다 하나 中庸을 擇하여 期月(1개월)도 지키지 못한다."

罟는 **網也**요 **擭**는 **機檻也**요 **陷阱**은 **坑坎**(갱감)**也**니 **皆所以掩取禽獸者也**라 **擇乎中庸**은 **辨別衆理**하여 **以求所謂中庸**이니 **卽上章好問用中之事也**라 **期月**은 **匝**(잡)**一月也**[58]라 **言知禍而不知避**하여 **以況能擇而不能守**하니 **皆不得爲知(智)也**라

'罟'는 그물이요 '擭'는 덫이요 '陷阱'은 구덩이이니, 모두 禽獸를 엄습하여 잡는 것이다. '中庸을 택한다.'는 것은 여러 이치를 변별하여 이른바 中庸이란 것을 찾음이니, 바로 윗장의 묻기를 좋아하고 中을 쓰는 일이다. '期月'은 만 1개월이다. 禍를 알면서도 피할 줄을 알지 못함을 말씀하여 능히 中庸을 택하고도 지키지 못함을 비유하였으니, 이는 모두 지혜라 할 수 없는 것이다.

⊙ **右**는 **第七章**이라 **承上章大知而言**이요 **又擧不明之端**하여 **以起下章也**[59]라

---

57 〔詳說〕 右 第六章:《大全》에 말하였다. "이 章은 智의 일을 말하였다.〔此章言知(智)之事〕"

58 〔詳說〕 期月 匝一月也:《論語》의 '期月'[1]과는 똑같지 않다.〔與論語期月不同〕
譯註 1. 論語의 期月:《論語》〈子路〉 10章에 "만일 나를 등용해 주는 자가 있다면 朞月(1년)만 하더라도 괜찮을 것이다.〔苟有用我者 朞月而已 可也〕"라고 보이는데, 《集註》에 "'朞月'은 1년의 12개월을 一周함을 이른다.〔朞月 謂周一歲之月也〕" 하였다.

59 〔詳說〕 承上章大知而言……以起下章也:雲峰胡氏가 말하였다. "윗장의 능히 擇하는 智를 맺어서 아랫장의 능히 지키는 仁을 일으켰다.〔結上章能擇之知(智) 起下章能守之仁〕"

··· 驅 몰 구 罟 그물 고 擭 덫 화 陷 함정 함 阱 함정 정 辟 피할 피(避同) 網 그물 망 機 덫 기 檻 우리 함 坑 구덩이 갱 坎 구덩이 감 掩 가릴 엄 匝 돌 잡 況 비유할 황 端 끝 단, 단서 단

⊙ 이상은 제7章이다. 윗장의 大智를 이어 말씀하였고, 또 道가 밝아지지 못하는 端緖를 들어 아랫장을 일으킨 것이다.

| 擇乎中庸章 |

8. 子曰 回之爲人也 擇乎中庸하여 得一善이면 則拳拳服膺而弗失之矣니라

孔子께서 말씀하셨다. "顔回의 사람됨이 中庸을 擇하여 한 善을 얻으면 拳拳히(잘 받들어) 가슴속에 두어 잃지 않는다."

回는 **孔子弟子顔淵名**이라 **拳拳**은 **奉持之貌**라 **服**은 **猶著**(착)**也**요 **膺**은 **胸也**니 **奉持而著之心胸之間**이니 **言能守也**라 **顔子蓋眞知之**라 **故**로 **能擇能守如此**[60]하시니 **此**는 **行之所以無過不及而道之所以明也**니라

回는 孔子의 弟子인 顔淵의 이름이다. '拳拳'은 받들어 잡는 모양이다. '服'은 著(붙여 둠)과 같고 '膺'은 가슴이니, 잘 받들어 잡아서 마음과 가슴의 사이에 붙여 둠이니, 능히 지킴을 말한 것이다. 顔子는 참으로 알았다. 그러므로 능히 택하고 능히 지킴이 이와 같으셨으니, 이는 行이 過·不及이 없어서 道가 밝아지게 된 이유이다.

⊙ **右**는 **第八章**[61]이라

⊙ 이상은 제8章이다.

| 天下國家可均章 |

9. 子曰 天下國家를 可均也며 爵祿을 可辭也며 白刃[62]을 可蹈也로되 中庸은 不可能也니라

---

60 〔詳說〕能擇能守 如此 : 程子가 말씀하였다. "가림은 智에 있고 지킴은 仁에 있고 결단함은 勇에 있다.〔擇之在知(智) 守之在仁 斷之在勇〕"

61 〔詳說〕右 第八章 : 新安陳氏(陳櫟)가 말하였다. "이 章은 仁의 일을 말하였다.〔此章言仁之事〕"

62 天下國家……白刃 : 官本諺解에는 '天下國家'와 '爵祿', '白刃' 아래에 모두 '도'로 현토하였으나《章句》에 '亦'자가 없으므로 栗谷諺解를 따랐음을 밝혀둔다.

··· 回 돌 회 拳 정성스러울 권 服 둘 복 膺 가슴 응 顔 얼굴 안 淵 못 연 持 가질 지 著 붙일 착 胸 가슴 흉 爵 벼슬 작 祿 녹봉 록 辭 사양할 사 刃 칼날 인 蹈 밟을 도

孔子께서 말씀하셨다. "天下와 國家를 均平히 다스릴 수 있으며 爵祿을 사양할 수 있으며 흰 칼날을 밟을 수 있으나 中庸은 능히 할 수 없다."

均은 **平治也**라 **三者**는 **亦知(智), 仁, 勇之事**[63]니 **天下之至難也**라 **然**이나 **皆倚於一偏**이라 **故**로 **資之近而力能勉者**[64] **皆足以能之**어니와 **至於中庸**하여는 **雖若易能**이나 **然非義精仁熟**[65]**而無一毫人欲之私者**면 **不能及也**라 **三者**는 **難而易**하고 **中庸**은 **易而難**하니 **此**는 **民之所以鮮能也**니라

'均'은 均平하게 다스림이다. 이 세 가지 또한 智·仁·勇의 일이니, 천하에 지극히 어려운 일이다. 그러나 모두 한쪽에 치우쳐 있기 때문에 資稟이 이에 가깝고 功力을 힘쓰는 자는 모두 충분히 할 수 있지만, 中庸에 이르러서는 비록 능하기 쉬울 것 같으나 義가 精하고 仁이 익숙하여 一毫라도 人慾의 私가 없는 자가 아니면 미치지 못한다. 세 가지는 어려우면서도 쉽고, 中庸은 쉬우면서도 어려우니, 이는 사람 중에 능한 이가 적은 이유이다.

⊙ **右**는 **第九章**이라 **亦承上章以起下章**이라

⊙ 이상은 제9章이다. 이 또한 윗장을 이어서 아랫장을 일으킨 것이다.

| 子路問强章 |

10-1. 子路問强한대

子路가 强함을 묻자,

子路는 **孔子弟子仲由也**라 **子路好勇**이라 **故**로 **問强**이라

子路는 孔子의 弟子 仲由이다. 子路가 용맹을 좋아하였으므로 강함을 물은 것이다.

---

63 〔詳說〕 三者 亦知(智)仁勇之事 : 陳氏가 말하였다. "균평히 다스릴 수 있음은 智와 비슷하고, 爵祿을 사양할 수 있음은 仁과 비슷하고, 흰 칼날을 밟을 수 있음은 勇과 비슷하다.〔可均似知 可辭似仁 可蹈似勇〕"

64 〔詳說〕 資之近而力能勉者 : 北溪陳氏(陳淳)가 말하였다. "〈'資之近'은〉 明敏(智)하고, 廉潔(仁)하고, 勇敢(勇)한 것이다.〔明敏 廉潔 勇敢〕"

65 譯註 義精仁熟 : 義精은 의리가 정밀해지는 것으로 知工夫에 속하고, 仁熟은 仁이 익숙해지는 것으로 行工夫에 속한다.

••• 毫 터럭 호 强 강할 강

10-2. 子曰 南方之强與아 北方之强與아 抑而强與아

孔子께서 말씀하셨다. "南方의 강함인가? 北方의 강함인가? 아니면 네가 힘써야 할 강함인가?

抑은 **語辭**요 **而**는 **汝也**라

'抑'은 語助辭이고 '而'는 너이다.

10-3. 寬柔以教요 不報無道는 南方之强也니 君子居之니라

너그럽고 柔順하여 가르쳐 주고 無道함에 보복하지 않는 것은 南方의 강함이니, 君子가 이에 處한다.

寬柔以教는 **謂含容巽順**하여 **以誨人之不及也**요 **不報無道**는 **謂橫逆**[66]**之來**에 **直受之而不報也**라 **南方**은 **風氣柔弱**이라 **故**로 **以含忍之力勝人**으로 **爲强**[67]하니 **君子之道也**라

'너그럽고 유순하여 가르쳐 준다'는 것은 含容(寬容)하고 巽順(柔順)하여 남의 미치지 못함을 가르쳐 주는 것을 이르고, '無道함을 보복하지 않는다'는 것은 橫逆이 옴에 다만 받기만 하고 보복하지 않는 것을 이른다. 南方은 風氣가 柔弱하기 때문에 包容하고 참는 힘이 남보다 나음을 강함으로 여기니, 君子의 道이다.

---

66 譯註 橫逆:《孟子》〈離婁下〉 28章에 "여기에 어떤 사람이 있는데 나를 橫逆으로 대하거든 君子가 반드시 스스로 돌이킨다.〔有人於此 其待我以橫逆 則君子必自反也〕"라고 보이는데, 《集註》에 "'橫逆'은 强暴(橫暴)하여 이치를 따르지 않음을 이른다.〔橫逆 謂强暴不順理也〕"라고 풀이하였다.

67 〔詳說〕 南方……爲强:雙峰饒氏(饒魯)가 말하였다. "陽의 體는 강하고 陰의 體는 柔順한데 남쪽은 유순하고 북쪽은 강함은 어째서인가? 陽은 발생을 위주하기 때문에 그 用이 유순하고 陰은 肅殺을 주장하기 때문에 그 用이 강하니, 含忍을 가지고 남을 이김은 이른바 '柔가 능히 강함을 이긴다.'[1)]는 것이다.〔陽體剛 陰體柔 而南柔北剛 何也 陽主發生 故其用柔 陰主肅殺 故其用剛 以含忍勝人 所謂柔能勝剛也〕" ○ 살펴보건대 하늘의 기운을 가지고 말하면 남쪽은 陽이고 북쪽은 陰이며, 山川을 가지고 말하면 남쪽은 토질이 淺薄하고 북쪽은 深厚하다. 그러므로 사람의 성질 또한 땅과 같은 것이다.〔按以天氣言 則南陽而北陰 以山川言 則南淺薄而北深厚 故人之性亦如之〕

譯註 1. 柔가……이긴다:《道德經》 36章에 "유약함이 강함을 이긴다.〔柔弱勝剛强〕"라고 보인다.

••• 而 너 이 **寬** 너그러울 관 **含** 머금을 함 **巽** 공손할 손 **誨** 가르칠 회

10-4. 衽金革하여 死而不厭은 北方之强也니 而强者居之[68]니라

兵器와 갑옷을 깔고 자서 〈싸우다가〉 죽어도 싫어하지 않는 것은 北方의 강함이니, 강한 자가 이에 처한다.

衽은 **席也**라 **金**은 **戈兵之屬**이요 **革**은 **甲冑之屬**이라 **北方**은 **風氣剛勁**이라 **故**로 **以果敢之力勝人**으로 **爲强**하니 **强者之事也**[69]라

'衽'은 자리에 까는 것이다. '金'은 창과 兵器의 등속이요, '革'은 갑옷과 투구의 등속이다. 北方은 風氣가 강하고 굳세기 때문에 果敢한 힘이 남보다 나음을 강함으로 여기니, 강한 자의 일이다.

10-5. 故로 君子는 和而不流하나니 强哉矯여 中立而不倚하나니 强哉矯여 國有道에 不變塞焉하나니 强哉矯여 國無道에 至死不變하나니 强哉矯여

그러므로 君子는 和하나 흐르지 않으니 강하다 꿋꿋함이여. 中立하여 치우치지 않으니 강하다 꿋꿋함이여. 나라에 道가 있을 때에는 궁할 적의 意志를 변치 않으니 강하다 꿋꿋함이여. 나라에 道가 없을 때에는 죽음에 이르러도 志操를 변치 않으니, 강하다 꿋꿋함이여."

此四者는 **汝之所當强也**라 **矯**는 **强貌**니 **詩曰 矯矯虎臣**이 **是也**라 **倚**는 **偏著**(착)**也**라 **塞**은 **未達也**라 **國有道**에 **不變未達之所守**하고 **國無道**에 **不變平生之所守也**[70]니 **此則所**

---

68 而强者居之 : 艮齋는 "'南方의 강함'은 원래 君子의 당연한 道가 아니고 단지 君子의 일에 가까울 뿐이요, '北方의 강함'으로 말하면 원래 風氣와 습관의 用이다. 그러므로 반드시 하나의 而자를 추가하여 〈'而强者居之'로〉 연속하였다. 諺解는 마땅히 '强者ㅣ〮居ᄒᆞᄂᆞ니라'고 하여야 한다.〔南强 原非君子當然之道 而只近於君子之事 若夫北强 自是氣習之用 故必加一而字 以連屬之 諺解當云强者ㅣ〮居ᄒᆞᄂᆞ니라〕" 하였다. 그러나 앞에 雖자 등이 없는 文勢에서 '强者ㅣ〮ᄂᆞ'의 懸吐는 일찍이 보지 못하였으므로 따르지 않았다.

69 〔詳說〕 强者之事也 : 雲峰胡氏가 말하였다. "'道'와 '事' 두 글자를 놓음에 輕重이 있다. 그러나 南方에 어찌 과감한 자가 없으며 北方에 어찌 含忍하는 자가 없겠는가. 이는 또한 그 風氣의 大槩를 들어서 말하였을 뿐이다. 남쪽과 북쪽의 강함은 氣質의 편벽됨이고, 아랫글에 네 가지의 강함은 學問의 바른 것이니 이는 그 氣質을 변화시키는 것이다.〔道事二字 下得有輕重 然南方豈無果敢者 北方豈無含忍者 亦擧其風氣之大槩而言耳 南北之强 氣質之偏也 下文四者之强 學問之正 所以變化其氣質者也〕"

70 〔詳說〕 國有道……不變平生之所守也 : 陳氏가 말하였다. "영달하여 위에 있으면서 영달하지 않았을 때의 지키던 바를 변치 않음은 '富貴가 마음을 방탕하게 하지 못하는 것'이요, 곤궁하여 아래에 있으면서

••• 衽 요 임 厭 싫어할 염 席 깔 석 冑 투구 주 勁 굳셀 경 矯 굳셀 교 倚 기댈 의 塞 막힐 색 著 붙을 착

謂中庸之不可能者[71]니 非有以自勝其人欲之私면 不能擇而守也라 君子之强이 孰大於是리오 夫子以是告子路者는 所以抑其血氣之剛[72]하여 而進之以德義之勇[73]也시니라

이 네 가지는 네가 마땅히 힘써야 할 강함이다. '矯'는 강한 모양이니, 《詩經》〈魯頌 泮水〉에 "矯矯한 虎臣"이라고 한 것이 이것이다. '倚'는 치우쳐 붙음이다. '塞'은 榮達하지 못함이다. 나라에 道가 있을 때에는 榮達하지 못했을 적에 지키던 포부를 변치 않고, 나라에 道가 없을 때에는 平生(平素)에 지키던 지조를 변치 않으니, 이는 이른바 '中庸은 능히 할 수 없다.'는 것이다. 이것은 스스로 人慾의 私를 이김이 있는 자가 아니면 擇하여 지킬 수가 없다. 君子의 강함이 무엇이 이보다 크겠는가. 夫子께서 이로써 子路에게 말씀해 주신 것은 血氣의 강함을 抑制하여 德義의 용맹으로써 나아가게 하신 것이다.

⊙ 右는 第十章이라

⊙ 이상은 제10章이다.

| 索隱行怪章 |

11-1. 子曰 (素)〔索〕隱行怪를 後世에 有述焉하나니 吾弗爲之矣로라

孔子께서 말씀하셨다. "隱僻한 것을 찾고 怪異한 것을 행함을 後世에 稱述하는 이가 있는데, 나는 이러한 짓을 하지 않는다."

평소의 지킨 바를 변치 않음은 '貧賤이 절개를 옮기지 못하는 것'[1]이다.〔達而在上 不變未達時所守 是富貴不能淫 窮而在下 不變平生所守 是貧賤不能移〕"

譯註 1. 富貴가……것 : 《孟子》〈滕文公下〉 2章에 "天下의 넓은 집(仁)에 거하며 天下의 바른 자리(禮)에 서며 天下의 大道(義)를 행하여, 뜻을 얻으면(지위를 얻으면) 백성과 함께 道를 행하고 뜻을 얻지 못하면 홀로 그 道를 행하여, 富貴가 마음을 방탕하게 하지 못하며 貧賤이 절개를 옮겨놓지(바꿔놓지) 못하며 威武가 지조를 굽히지 못하는 것, 이것을 大丈夫라 이른다.〔居天下之廣居 立天下之正位 行天下之大道 得志 與民由之 不得志 獨行其道 富貴不能淫 貧賤不能移 威武不能屈 此之謂大丈夫〕"라고 보인다.

71 〔詳說〕 此則所謂中庸之不可能者 : 〈'此'는〉 〈和而不流 등의〉네 가지 일을 가리킨 것이다.〔指四事〕

72 譯註 血氣之剛 : 南方과 北方의 剛함이다. 內閣本에는 '血氣'가 '氣血'로 되어 있다.

73 〔詳說〕 德義之勇 : 曾子의 大勇[1]과 같은 것이다.〔如曾子之大勇〕

譯註 1. 曾子의 大勇 : 《孟子》〈公孫丑上〉 2章에 曾子가 "내 일찍이 大勇을 夫子(孔子)에게 들었으니, '스스로 돌이켜 보아 정직하지 못하면 비록 褐寬博이라도 내 그를 두렵게 할 수 없지만, 스스로 돌이켜 보아 정직하면 비록 천만 명이 있더라도 내가 가서 대적하겠다.' 하셨다.〔吾嘗聞大勇於夫子矣 自反而不縮 雖褐寬博 吾不惴焉 自反而縮 雖千萬人 吾往矣〕"라고 보인다.

··· 擇 가릴 택 索 찾을 색 怪 괴이할 괴 述 말할 술

素는 **按漢書**[74]컨대 **當作索**이니 **蓋字之誤也**라 **索隱行怪**는 **言深求隱僻之理**[75]**而過爲詭異之行**[76]**也**라 **然**이나 **以其足以欺世而盜名**이라 **故**로 **後世**에 **或有稱述之者**하니 **此**는 **知之過而不擇乎善**이요 **行之過而不用其中**이니 **不當强而强者也**라 **聖人**이 **豈爲之哉**시리오

'素'는 《漢書》〈藝文志〉를 살펴보면 마땅히 索이 되어야 하니, 아마도 글자가 잘못된 듯하다. '索隱行怪'는 깊이 隱僻한 이치를 찾고 지나치게 怪異한 행실을 하는 것을 말한다. 그러나 이것은 충분히 세상을 속이고 이름(명성)을 훔칠 수 있기 때문에 後世에 혹 稱述하는 자가 있으니, 이는 知가 지나쳐서 善을 택하지 못하고〔索隱〕 行이 지나쳐서 그 中을 쓰지 못하는 것이니〔行怪〕, 마땅히 강하지 말아야 할 경우에 강하게 하는 자이다. 聖人이 어찌 이러한 짓을 하시겠는가.

11-2. 君子遵道而行하다가 半塗(途)而廢하나니 吾弗能已矣로라

君子가 道를 따라 행하다가 半途(中途)에 폐지하나니, 나는 그만두지 못하노라.

遵道而行은 **則能擇乎善矣**요 **半塗而廢**는 **則力之不足也**니 **此**는 **其知雖足以及之**나 **而行有不逮**니 **當强而不强者也**라 **已**는 **止也**라 **聖人於此**에 **非勉焉而不敢廢**요 **蓋至誠無息**하여 **自有所不能止也**[77]시니라

---

74 譯註 素 按漢書:《漢書》〈藝文志〉에 "孔子曰 索隱行怪 後世有述焉 吾不爲之矣"라고 보인다.

75 〔詳說〕 深求隱僻之理:朱子가 말씀하였다. "鄒衍이 五德을 미룬 일[1]과 같다.〔如鄒衍推五德之事〕"

譯註 1. 五德을 미룬 일:五德은 金·木·水·火·土의 五行의 德이다. 鄒衍은 齊나라 때의 陰陽家로, 帝王이 革命할 적에 각각 五行의 德을 받는다 하여 五德終始說을 주장하였는데, 秦 始皇이 天下를 統一한 뒤에 그의 說을 따라 '周나라는 火德을 썼으니, 秦나라는 周나라가 이기지 못하는 것을 따라야 한다' 하고 水德을 사용하여 색깔은 흑색을, 숫자는 6을, 정월은 子月(음력 10월)을 사용하였다. 이는 五行相克에 水克火를 따른 것으로, 五行上 겨울인 一六 水는 北方이고 흑색이며 十二支 가운데 亥·子에 해당한다.

76 〔詳說〕 過爲詭異之行:三山陳氏(陳孔碩)가 말하였다. "於(오)陵仲子, 申屠狄, 尾生[1]의 무리와 같은 것이다.〔如於陵仲子, 申屠狄, 尾生之徒〕"

譯註 1. 於(오)陵仲子……尾生:於陵仲子는 齊나라 사람으로 姓이 陳인데 청렴을 지키기 위해 於陵에 거주하였으므로 於陵仲子라고 칭하였는바 孟子가 그를 비판한 내용이 《孟子》〈滕文公下〉에 보이며, 申屠狄은 申徒狄으로 商나라 湯王 때의 賢人인데 湯王이 天下를 그에게 맡겨주자, 이것을 수치로 여겨 황하에 투신하여 죽었다 하는바, 《莊子》〈大宗師〉에 보인다. 尾生은 春秋時代 魯나라 사람으로 女人과 다리 아래에서 만나기로 약속하였는데, 洪水가 불어났으나 떠나가지 않고 女人을 기다리다가 결국 洪水에 휩쓸려 죽었다 하는바, 《史記》〈蘇秦傳〉에 보인다.

77 〔詳說〕 蓋至誠無息 自有所不能止也:朱子가 말씀하였다. "아는 부분이 親切(매우 간절함)하지 못하기 때문에 지킴이 安穩하지 못한 것이니, 이 때문에 半途에 폐하는 것이다. 내 능히 그만두지 못한다는 것은 다만 봄이 지극하여 자연 멈출 수가 없는 것이다.〔知處不親切 故守得不安穩 所以半塗而廢 吾不

••• **僻** 궁벽할 벽 **詭** 속일 궤 **遵** 따를 준 **塗** 길 도(途通) **廢** 폐할 폐, 버릴 폐 **逮** 미칠 체

'道를 따라 행함'은 능히 善을 택한 것이고, '中途에 폐함'은 힘이 부족한 것이다. 이는 그 知가 비록 충분히 미칠 수 있으나 行이 미치지 못함이 있는 것이니, 마땅히 강하게 해야 할 경우에 강하게 하지 않는 자이다. '已'는 그만둠이다. 聖人이 이에 대하여 억지로 힘써서 감히 폐지하지 못하는 것이 아니요, 지극히 성실하고 쉼이 없어서 저절로 그만둘 수 없는 바가 있으신 것이다.

11-3. **君子依乎中庸**하여 **遯世**[78]**不見知而不悔**하나니 **唯聖者能之**니라

君子는 中庸을 따라 세상에 은둔하여 알아줌(인정)을 받지 못해도 後悔하지 않으니, 오직 聖者만이 이에 능하다."

不爲索隱行怪면 **則依乎中庸而已**요 **不能半塗而廢**라 **是以**로 **遯世不見知而不悔也**라 **此**는 **中庸之成德**이니 **知(智)之盡**하고 **仁之至**하여 **不賴勇而裕如者**니 **正吾夫子之事**로되 **而猶不自居也**[79]라 **故**로 **曰 唯聖者能之而已**라하시니라

隱僻한 이치를 찾고 怪異한 행실을 하지 않는다면 中庸을 따를 뿐이요, 中途에 그만두지 못하기 때문에 세상에 은둔하여 알아줌을 받지 못해도 後悔하지 않는 것이다. 이는 中庸의 成德이니, 智가 극진하고 仁이 지극하여 勇을 의뢰하지 않고도 충분한 자이니, 바로 우리 夫子의 일이나 오히려 自處하지 않으셨다. 그러므로 "오직 聖者만이 이에 능하다."고 하신 것이다.

⊙ **右**는 **第十一章**이라 **子思所引夫子之言以明首章之義者 止此**[80]라 **蓋此篇大旨 以知(智), 仁, 勇三達德**[81]으로 **爲入道之門**이라 **故**로 **於篇首**에 **卽以大舜, 顏淵, 子路之事**

能已者 只是見到了 自住不得耳〕"

78 遯世:艮齋는 다음과 같이 말씀하였다. "遯世는 栗谷諺解와 官本諺解의 해석이 똑같지 않다. 혹자가 '만일 저 세상에 은둔한다는 뜻으로 본다면, 聖人이 어찌 반드시 遯世에 뜻이 있겠는가?' 라고 의심하기에 다음과 같이 대답하였다. "聖人이 세상에 있어 世人들은 지나치기도 하고 미치지 못하기도 하면서 스스로 옳다고 여기지만, 聖人은 마침내 中庸을 따르니, 이는 은둔에 기필하지 않으면서도 스스로 은둔하는 것이다. 그러나 은둔하는 자루(권한)는 聖人에게 있는 것이다."〔遯世 栗官二解不同 或疑如作遯夫世之義 則聖人豈必有意遯世 曰 聖人之於世 世人或過或不及 而自認爲是 聖人乃獨依乎中庸 是不必於遯而自遯 然遯之柄子 在乎聖人〕"

79 〔詳說〕正吾夫子之事 而猶不自居也:'나〔吾〕'라고 말씀하지 않고 '聖'이라고 말씀한 것은 자처하지 않으신 것이다.〔不曰吾而曰聖者 是不居也〕

80 〔詳說〕子思所引夫子之言以明首章之義者 止此:이 章 이상은 첫 번째 큰 支節이 되니, 中庸을 논하였다.〔此章以上爲第一大支 論中庸〕

81 〔詳說〕以知, 仁, 勇三達德:三山潘氏(潘柄)가 말하였다. "〈智·仁·勇은〉 모두 이 性의 德이니, 中庸의

··· **依** 따를 의 **遯** 숨을 둔(돈) **悔** 뉘우칠 회 **賴** 힘입을 뢰 **裕** 넉넉할 유 **猶** 오히려 유

로 **明之**하시니 **舜**은 **知(智)也**요 **顔淵**은 **仁也**요 **子路**는 **勇也**니 **三者**에 **廢其一**이면 **則無以造道而成德矣**라 **餘見**(현)**第二十章**하니라

⊙ 이상은 제11章이다. 子思께서 夫子의 말씀을 인용하여 首章의 뜻을 밝힌 것이 여기에서 끝났다. 이 篇의 大旨는 智 · 仁 · 勇의 三達德으로 道에 들어가는 門을 삼았다. 그러므로 책머리에 곧 大舜 · 顔淵 · 子路의 일로써 밝히셨으니, 舜은 智이고 顔淵은 仁이고 子路는 勇이니, 이 세 가지 중에 한 가지라도 없으면 道에 나아가 德을 이룰 수 없다. 나머지는 제20章에 보인다.

| 費隱章 |

12-1. 君子之道는 費而隱[82]이니라

君子의 道는 費하고(費하나) 隱微하다.

費는 **用之廣也**요 **隱**은 **體之微也**라

'費'는 用이 넓음이요, '隱'은 體가 隱微함이다.

12-2. 夫婦之愚[83]로도 可以與(예)知焉이로되 及其至也하여는 雖聖人이라도 亦有所不知焉하며 夫婦之不肖로도 可以能行焉이로되 及其至也하여는 雖聖人이라도 亦有所不能焉하며 天地之大也에도 人猶有所憾이니 故로 君子語大인댄 天下莫能載焉하며 語小인댄 天下莫能破焉이니라

夫婦의 어리석음으로도 참예하여 알 수 있으나 그 지극함에 이르러서는 비록 聖人이라도 또한 알지 못하는 바가 있으며, 夫婦의 不肖함으로도 행할 수 있으나 그 지극함에 이르러서는 비록 聖人이라도 또한 능하지 못한 바가 있으며, 天地의 큼으로도 사람이 오히려 恨하는 바가 있다. 그러므로 君子가 큰 것을 말할진댄 天下가 능히 싣지 못하

道는 바로 性을 따름을 말한 것이다.〔皆此性之德也 中庸之道 卽率性之謂者也〕"

82 費而隱 : 壺山은 "'而'자를 諺解의 해석에 '然'자의 뜻으로 하였으니, 이는 아래 두 節의 註에 '然'자의 뜻을 취한 것이다.〔而字 諺釋作然字意 蓋取於下二節註之然字耳〕" 하였다.

83 夫婦之愚 : 壺山은 "'夫婦之愚'는 어리석은 남편과 어리석은 부인이라고 말한 것과 같다.〔夫婦之愚 猶言愚夫愚婦〕" 하였고, 茶山은 "夫婦는 匹夫와 匹婦이니, 바로 이른바 '愚夫'와 '愚婦'이다.〔夫婦者 匹夫匹婦 卽所謂愚夫愚婦也〕" 하였다.

··· **造** 나아갈 조 **費** 넓을 비 **與** 참여할 예 **肖** 닮을 초 **憾** 한할 감 **載** 실을 재 **破** 깨트릴 파

며, 작은 것을 말할진댄 天下가 능히 깨뜨리지 못한다.

君子之道는 **近自夫婦居室之間**으로 **遠而至於聖人天地之所不能盡**하여 **其大無外**하고 **其小無內**[84]하니 **可謂費矣**라 **然**이나 **其理之所以然**은 **則隱而莫之見**(현)**也**라 **蓋可知可能者**는 **道中之一事**요 **及其至而聖人不知不能**은 **則擧全體而言**이니 **聖人**도 **固有所不能盡也**라

侯氏曰 聖人所不知는 **如孔子問禮, 問官**[85]**之類**요 **所不能**은 **如孔子不得位, 堯舜病博施**[86]**之類**라

愚謂 人所憾於天地는 **如覆**(부)**載生成之偏, 及寒暑災祥之不得其正者**[87]라

君子의 道는 가까이는 夫婦가 집에 거처하는 사이로부터 멀리는 聖人과 天地도 다할 수 없음에 이르러서 그 큼이 밖이 없고 그 작음이 안이 없으니, 費하다고 이를 만하다. 그러나 그 이치의 所以然은 은미하여 드러나지 않는다. 알 수 있고 능할 수 있는 것은 道 가운데의 한 가지 일이요, 그 지극하여 聖人도 알지 못하고 능하지 못한 것은 全體를 들어 말한 것이니, 聖人도 진실로 다하지 못하는 바가 있는 것이다.

侯氏(侯仲良)가 말하였다. "聖人도 알지 못하는 것은 孔子께서 禮를 묻고 官制를 물은 것과 같은 종류요, 능하지 못한 것은 孔子께서 지위를 얻지 못함과 堯 · 舜이 널리 베푸는 것을 부족하게 여김과 같은 종류이다."

내(朱子)가 생각하건대 사람이 天地에 대하여 恨한다는 것은 하늘이 덮어주고 땅이 실어주어 生成함에 있어서의 편벽됨과 추위와 더위, 재앙과 상서가 그 바름을 얻지 못함을 이른다.

12-3. 詩云 鳶飛戾天이어늘 魚躍于淵이라하니 言其上下察也니라

《詩經》에 이르기를 "솔개는 날아 하늘에 이르는데 물고기는 연못에서 뛰논다." 하였으

---

84 〔詳說〕 其大無外 其小無內 : 朱子가 말씀하였다. "능히 싣지 못함은 밖이 없는 것이고, 능히 깨트릴 수 없음은 안이 없는 것이니, 안이 없으면 지극히 작아서 손을 내릴(쓸) 곳이 없어 다시 깨뜨릴 수 없는 것이다.〔莫能載 是無外 莫能破 是無內 無內則是至小 無可下手處 更不容破了〕"

85 譯註 孔子問禮問官 : 問禮는 孔子가 老子에게 禮를 물은 것으로 《史記》〈孔子世家〉에 보이며, 問官은 孔子가 郯子에게 官制를 물은 것으로 《春秋左傳》 昭公 17年 條에 보인다.

86 譯註 堯舜病博施 : 博施는 사람들에게 은혜를 널리 베푸는 것으로, 《論語》〈雍也〉 28章에 보인다.

87 〔詳說〕 寒暑災祥之不得其正者 : 新安陳氏가 말하였다. "善을 하면 복을 내리고 不善을 하면 재앙을 내려주는 것이 바른 것이다.〔作善降祥 作不善降災 正也〕"

••• **擧** 들 거 **覆** 덮을 부 **載** 실을 재 **暑** 더울 서 **災** 재앙 재 **祥** 상서 상

니, 上(天)下(淵)에 이치가 밝게 드러남을 말한 것이다.

詩는 **大雅旱麓之篇**이라 **鳶**은 **鴟類**라 **戾**는 **至也**요 **察**은 **著也**라 **子思引此詩**하사 **以明化育流行**[88]하여 **上下昭著**[89]가 **莫非此理之用**[90]이니 **所謂費也**라 **然**이나 **其所以然者**는 **則非見聞所及**이니 **所謂隱也**[91]라 **故**로 **程子曰 此一節**은 **子思喫緊爲人處**니 **活潑潑地**[92]라 하시니 **讀者其致思焉**이니라

詩는 〈大雅 旱麓〉篇이다. '鳶'은 솔개의 종류이다. '戾'는 이름이요, '察'은 드러남이다. 子思가 이 詩를 인용해서 化育이 流行하여 上下에 밝게 드러남이 이 理의 用 아님이 없음을 밝히셨으니, 이른바 費라는 것이다. 그러나 그 所以然은 보고 들음이 미칠 수 있는 바가 아니니, 이른바 隱이라는 것이다. 그러므로 程子(明道)가 말씀하시기를 "이 1節은 子思가 喫緊(要緊)하게 사람을 위한 것으로 活潑潑한(生動感이 넘치는) 곳이다." 하셨으니, 읽는 자들은 생각을 다하여야 할 것이다.

12-4. **君子之道**는 **造端乎夫婦**니 **及其至也**하여는 **察乎天地**[93]니라

君子의 道는 夫婦에게서 단서를 만드니, 그 지극함에 이르러서는 天地에 밝게 드러난다.

---

88 〔詳說〕 化育流行:化育의 기운이 유행하는 것이다.〔化育之氣流行〕

89 〔詳說〕 上下昭著:新安陳氏가 말하였다. "솔개가 하늘에 나는 것은 이 이치가 위에 드러남을 볼 수 있고, 물고기가 연못에서 뛰는 것은 이 이치가 아래에 드러남을 볼 수 있는 것이다.〔鳶飛天 見此理之著於上 魚躍淵 見此理之著於下〕" ○ 雲峰胡氏가 말하였다. "솔개는 솔개의 성품을 따르면 반드시 날고, 물고기는 물고기의 성품을 따르면 반드시 뛰는 것이다.〔鳶率鳶之性 必飛 魚率魚之性 必躍〕"

90 〔詳說〕 此理之用:물건에 따라 이치가 갖추어지는 것이다.〔隨物理具〕

91 〔詳說〕 其所以然者……所謂隱也:朱子가 말씀하였다. "날고 뛰노는 것은 氣가 그렇게 만든 것이고, 나는 所以와 뛰는 所以는 理이니, 허다한 費를 말하고 隱을 말하지 않은 것은 隱이 費의 가운데에 들어 있기 때문이다.〔其飛其躍 氣使之然 所以飛所以躍者 理也 言許多費而不言隱者 隱在費之中〕"

92 〔詳說〕 子思喫緊爲人處 活潑潑地:喫緊(끽긴)하게 사람을 위한 곳이 바로 活潑潑한 곳에 있음을 말한 것이다.

93 造端乎夫婦……察乎天地:艮齋는 "造는 시작함이고, 端은 머리이다. '造端'은 起頭라는 말과 같고, '及至'는 極處에 도달한다는 말과 같다. 이것은 道體를 위주하여 말한 것이지, 공부로 말한 것이 아니다.〔造 始也 端 首也 造端 猶言起頭也 及至 猶言到極也 此主道體說 非以工夫言〕" 하였고, 壺山은 "'造端'은 作始와 같다. '察乎天地'는 바로 '上下에 이치가 밝게 드러남'이다.〔造端 猶作始也 察乎天地 卽上下察也〕" 하였다. '造端乎夫婦'는 慕齋(金安國) 등이 지은 《童蒙先習》〈夫婦有別〉 結辭에도 보이는바, 本人의 생각으로는 君子의 修身齊家하는 道가 夫婦에게서 시작되는 것으로 아래 15章의 '妻子好合 如鼓瑟琴'과 《大學》 齊家章의 '宜其家人'과 일맥상통한다.

··· **鳶** 솔개 연 **戾** 이를 려 **躍** 뛸 약 **淵** 못 연 **旱** 가물 한 **麓** 산기슭 록 **鴟** 솔개 치 **昭** 밝을 소 **喫** 먹을 끽 **緊** 긴요할 긴 **潑** 발랄할 발 **造** 지을 조 **端** 단서 단

結上文[94]이라

윗글을 맺은 것이다.

⊙ 右는 第十二章이라 子思之言이니 蓋以申明首章道不可離之意也[95]라 其下八章은 雜引孔子之言以明之니라

⊙ 이상은 제12章이다. 이는 子思의 말씀이니, 首章의 '道는 떠날 수 없다.'는 뜻을 거듭 밝힌 것이다. 이 아래 여덟 章은 孔子의 말씀을 섞어 인용하여 이것을 밝힌 것이다.

| 道不遠人章 |

13-1. 子曰 道不遠人하니 人之爲道而遠人이면 不可以爲道니라

孔子께서 말씀하셨다. "道가 사람의 몸에서 멀리 있지 않으니, 사람이 道를 하면서 사람을 멀리한다면 道라 할 수 없다.

道者는 率性而已니 固衆人之所能知能行者也라 故로 常不遠於人하나니 若爲道者 厭其卑近하여 以爲不足爲라하고 而反務爲高遠難行之事면 則非所以爲道矣라

道는 性을 따를 뿐이니, 진실로 衆人(일반인)들도 능히 알고 능히 행할 수 있는 것이다. 그러므로 항상 사람의 몸에서 멀리 있지 않으니, 만일 道를 행하는 자가 그 卑近함을 싫어하여 이는 할 것이 못된다고 하고, 도리어 高遠하여 행하기 어려운 일을 힘쓴다면 道를 하는 것이 아니다.

---

94 〔詳說〕 結上文 : 新安陳氏가 말하였다. "'夫婦에게서 단서를 만든다'는 것은 '夫婦가 참예하여 알고 능히 행하는 것'과 '작은 것을 말할진댄 능히 깨뜨릴 수 없다'는 몇 句를 맺은 것이고, '천지에 밝게 드러난다'는 것은 '聖人이 알지 못하고 행하지 못하는 것'과 '큰 것을 말하면 능히 실을 수 없다'는 句를 맺은 것이요, '솔개가 날고 물고기가 뛰노니 上·下에 이치가 밝게 드러남'에 이르러서는 포괄하여 다하였다. 사람이 진실로 '道는 夫婦에게서 단서를 만든다'는 것을 알면 道가 떠날 수 없는 것임을 알아서 남녀(부부)가 집안에 거처하는 사이에 감히 소홀하지 못할 것이다.〔造端夫婦 結夫婦與知能行及語小莫能破數句 察乎天地 結聖人不能知行及語大莫能載句 到鳶魚上下察處 該括盡矣 人苟知道造端乎夫婦 則見道之不可離 而男女居室之間 有不敢忽者矣〕"

95 〔詳說〕 蓋以申明首章道不可離之意也 : 雙峰饒氏가 말하였다. "'道는 잠시라도 떠날 수 없다'는 것은 때마다 그렇지 않음이 없는 것이고, '君子의 道가 費하나 隱하다.'는 것은 물건마다 있지 않음이 없는 것이니, 이 章은 道의 費와 隱, 大와 小를 논하여 아래 여덟 章의 綱領으로 삼은 것이다.〔道不可須臾離 是無時不然 君子之道費而隱 是無物不有 此章論道之費隱大小 以爲下八章之綱領〕"

··· 申 거듭 신 率 따를 솔 固 진실로 고 厭 싫어할 염 卑 낮출 비

13-2. **詩云 伐柯伐柯**여 **其則**(칙)**不遠**이라하니 **執柯以伐柯**호되 **睨而視之**하고 **猶以爲遠**[96]하나니 **故**로 **君子**는 **以人治人**하다가 **改而止**니라

《詩經》에 이르기를 '도끼자루를 벰이여 도끼자루를 벰이여. 그 법칙이 멀리 있지 않다.' 하였으니, 도끼자루를 잡고 도끼자루를 베면서도 비스듬히 보고 오히려 멀다고 한다. 그러므로 君子는 사람의 도리로써 사람을 다스리다가 잘못을 고치면 그치는 것이다.

詩는 **豳風伐柯之篇**이라 **柯**는 **斧柄**이요 **則**은 **法也**라 **睨**는 **邪視**[97]**也**라 **言 人執柯伐木以爲柯者**는 **彼柯長短之法**이 **在此柯耳**라 **然**이나 **猶有彼此之別**이라 **故**로 **伐者視之**를 **猶以爲遠也**어니와 **若以人治人**은 **則所以爲人之道 各在當人之身**하여 **初無彼此之別**이라 **故**로 **君子之治人也**에 **卽以其人之道**로 **還治其人之身**이라가 **其人能改**어든 **卽止不治**하나니 **蓋責之以其所能知能行**이요 **非欲其遠人以爲道也**라 **張子所謂以衆人望人則易從**이 **是也**라

詩는 〈豳風 伐柯〉篇이다. '柯'는 도끼자루요, '則'은 법이다. '睨'는 비스듬히 보는 것이다. 사람으로서 도끼자루를 잡고 나무를 베어 도끼자루를 만들려는 자는 저 도끼자루의 길고 짧게 하는 법칙이 이 도끼자루에 달려 있다. 그러나 오히려 彼此의 구별이 있기 때문에 나무를 베는 자가 이것을 보기를 오히려 멀다고 한다. 〈그러나〉 사람의 도리로써 사람을 다스리는 것으로 말하면 사람이 된 所以의 道가 각각 자신의 몸에 있어 애당초 彼此의 구별이 없다. 그러므로 君子가 사람을 다스릴 적에 곧 그 사람의 도리로써 다시 그 사람의 몸을 다스리다가 그 사람이 잘못을 고치면 즉시 그치고 다스리지 않으니, 그가 능히 알 수 있고 능히 행할 수 있는 바로써 責하는 것이요, 사람을 멀리하여 道를 행하고자 함이 아니다. 張子(張載)의 《正蒙》에 이른바 '衆人(보통 사람)으로써 사람(상대방)에게 바라면 사람들이 따르기가 쉽다.' 한 것이 바로 이것이다.

13-3. **忠恕違道不遠**하니 **施諸己而不願**을 **亦勿施於人**이니라

忠·恕는 道와 거리가 멀지 않으니, 자기 몸에 베풀어 보아 원하지 않는 것을 나 또한 남

---

96 猶以爲遠 : 官本諺解에는 "오히려 뻐 멀리 너기ᄂᆞ니" 하였고 栗谷諺解에는 "오히려 뻐 머다 ᄒᆞᄂᆞ니" 하였는바, 艮齋는 栗谷諺解를 따라 "오히려 遠타 ᄒᆞᄂᆞ니"로 풀이하였다. 한편 壺山은 "官本諺解의 해석이 분명치 못하다.〔猶以爲遠 諺釋有未瑩〕" 하였다.

97 譯註 睨 邪視 : 邪視는 물건을 세밀히 관찰할 적에 한쪽 눈을 감고 비스듬히 보는 것을 이른다.

··· **柯** 자루 가 **睨** 흘겨볼 예 **豳** 땅이름 빈 **斧** 도끼 부 **柄** 자루 병 **邪** 기울 사 **還** 다시 환 **違** 거리 위

에게 베풀지 말아야 한다.

盡己之心爲忠이요 推己及人爲恕라 違는 去也니 如春秋傳에 齊師違穀七里[98]之違라 言 自此至彼에 相去不遠이요 非背而去之之謂也라 道는 卽其不遠人者是也라 施諸己而不願을 亦勿施於人은 忠恕之事也라 以己之心으로 度(탁)人之心에 未嘗不同이면 則道之不遠於人者를 可見이라 故로 己之所不欲을 則勿以施於人이니 亦不遠人以爲道之事라 張子所謂以愛己之心愛人則盡仁이 是也라

자기 마음을 다함을 忠이라 하고, 자기 마음을 미루어 남에게 미침을 恕라 한다. '違'는 거리이니, 《春秋左傳》에 이른바 '齊나라 군대가 穀땅에서 7里쯤 떨어져 있다.'는 違와 같으니, 여기로부터 저기에 이름에 相去(거리)가 멀지 않음을 말한 것이고, 위배하여 떠남을 말한 것이 아니다. 道는 바로 '사람의 몸에서 멀리 있지 않다.'는 것이 이것이다. '자기 몸에 베풀어 보아 원하지 않는 것을 나 또한 남에게 베풀지 말라.'는 것은 忠·恕의 일이다. 자기 마음으로써 남의 마음을 헤아려 봄에 일찍이 똑같지 않음이 없다면 道가 사람에게서 멀리 있지 않음을 알 수 있다. 그러므로 자신이 원하지 않는 것을 남에게 베풀지 말라는 것이니, 이 또한 사람을 멀리하지 않고 道를 하는 일이다. 張子의 《正蒙》에 이른바 '자신을 사랑하는 마음으로써 남을 사랑하면 仁을 다한다.'는 것이 이것이다.

13-4. 君子之道四에 丘未能一焉이로니 所求乎子로 以事父를 未能也하며 所求乎臣으로 以事君을 未能也하며 所求乎弟로 以事兄을 未能也하며 所求乎朋友로 先施之를 未能也로니 庸德之行하며 庸言之謹하여 有所不

98 譯註 如春秋傳 齊師違穀七里 : 《大全》에 《春秋左傳》 哀公 27年 條에 "晉나라 荀瑤가 군대를 거느리고 鄭나라를 정벌하여 桐丘에 주둔하자, 鄭나라 駟弘이 齊나라에 구원을 청하니, 齊나라 군대가 마침내 鄭나라를 구원하려고 齊나라 땅인 留舒에 이르니, 穀땅과 7리쯤 떨어진 곳이었으나 穀땅 사람이 이것을 알지 못하였으며, 濮水에 이르니 智伯(荀瑤)이 이 소식을 듣고 마침내 회군하면서 말하기를 '나는 鄭나라를 정벌하려고 하였지 齊나라를 정벌하려고 한 것이 아니다.' 했다.〔晉荀瑤帥師伐鄭 次于桐丘 鄭駟弘請於齊 乃救鄭 及留舒 違穀七里 穀人不知 及濮 智伯聞之 乃還曰 我卜伐鄭 不卜伐齊〕" 하였다.

99 不敢盡 : 壺山은 "두 '不敢'의 諺解 해석도 분명하지 못한 듯하다.〔二不敢之諺釋 亦似未瑩〕" 하였다. 官本諺解와 栗谷諺解에는 모두 "감히 勉티 아니티 아니ᄒᆞ며……감히 盡티 아니ᄒᆞ야"로 되어 있는바, 壺山은 '감히 勉치 아니치 못하며 敢히 盡치 못하며'로 풀이한 듯하다. 《章句》를 보면 不足한 것은 德行이고 有餘한 것은 말임을 알 수 있는바, 그렇다면 '有所不足을', '有餘를'로 吐를 달아야 할 듯하다. 그런데 諺解에는 '有所不足이어든', '有餘어든'으로 吐를 달아 《章句》와 맞지 않는다. 이 때문에 經文을 '〈行이〉 부족한 바가 있으면 감히 힘쓰지 않지 못하며, 〈言이〉 有餘하면 감히 다하지 못하여'로 번역하여 諺

··· 施 베풀 시 穀 곡식 곡 庸 떳떳할 용 顧 돌아볼 고

足이어든 **不敢不勉**하며 **有餘**어든 **不敢盡**[99]하여 **言顧行**하며 **行顧言**[100]이니 **君子胡不慥慥爾**리오

君子의 道가 네 가지인데 나(丘)는 그 중에 한 가지도 능하지 못하니, 자식에게 바라는 것으로써 父母를 섬김을 능히 하지 못하며, 신하(부하)에게 바라는 것으로써 군주를 섬김을 능히 하지 못하며, 아우에게 바라는 것으로써 형을 섬김을 능히 하지 못하며, 朋友에게 바라는 것으로 내가 먼저 베풂을 능히 하지 못한다. 떳떳한(平常時에) 德을 행하며 떳떳한(平常時에) 말을 삼가서 〈德行이〉 부족한 바가 있으면 감히 힘쓰지 않지 못하며 〈言이〉 有餘하면 감히 다하지 못하여 말은 행실을 돌아보며 행실은 말을 돌아보아야 하니, 君子가 어찌 慥慥(독실)하지 않겠는가."

求는 **猶責也**라 **道不遠人**하니 **凡己之所以責人者**는 **皆道之所當然也**라 **故**로 **反之以自責而自修焉**이라 **庸**은 **平常也**라 **行者**는 **踐其實**이요 **謹者**는 **擇其可**라 **德不足而勉**이면 **則行益力**이요 **言有餘而訒**[101]이면 **則謹益至**니 **謹之至則言顧行矣**요 **行之力則行顧言矣**라 **慥慥**는 **篤實貌**니 **言 君子之言行如此**하니 **豈不慥慥乎**리오하시니 **贊美之也**[102]라 **凡**

解와《章句》의 뜻을 모두 살리고자 하였다. "'敏於事'는 不足한 바(行)을 힘쓰고, '謹於言'은 감히 그 有餘한 바(言)를 다하지 못하는 것이다.〔敏於事者 勉其所不足 謹於言者 不敢盡其所有餘也〕" 하여 이《中庸》의 내용과 부합된다. 壺山 역시 "不足과 有餘의 諺讀은 미진한 듯하다. 어쩌면 註 가운데 두 개의 '而'자에 이러한 뜻이 있는 것인가? 다시 생각해 보아야 한다.〔不足有餘之諺讀 恐未盡 豈註中二而字有此意歟 更思之〕" 하였다.

100 言顧行 行顧言 : 壺山은 "본문 아래 두 '行'자는 위의 '行'자(庸德之行)와 똑같다. 朱子가 '行前定', '行同倫'의 아래에 모두 음을 去聲이라고 달았으나 여기에는 없으니, 그 平聲〔행할 행〕으로 읽음을 알 수 있는데, 諺解는 小註를 따라 잘못되었다. '言顧行', '行顧言'은 말할 적에는 행할 바를 돌아보고, 행할 적에는 말한 것을 돌아봄을 말한 것이다.〔本文下二行字 與上一行字同 朱子於行前定行同倫之下 皆著音曰去聲 而於此無之 其作平聲讀 可知 而諺解因小註而致誤耳 言顧行 行顧言 言言時顧所行 行時顧所言云〕" 하였다. '諺解는 小註를 따라 잘못되었다.'는 것은《大全》에 "'言顧行'의 行은 去聲(행실 행)이니, '行顧言'의 行도 같다.〔去聲 行顧言行之行同〕" 하였고, 官本諺解에는 "말이 힝실을 도라보며 힝실이 말을 도라볼디니"로, 栗谷諺解에는 "言이 行을 顧ᄒᆞ며 行이 言을 顧ᄒᆞ면"으로 되어 있는바, 일반적으로 '言行'은 말과 행실로 보아 行을 去聲으로 읽으나 壺山은 여기에서 '行'에 대한 朱子의 音訓이 없음을 근거하여, "말을 할 적에는 자신이 앞으로 행할 것을 돌아보고 행할 적에는 자신이 예전에 말했던 것을 돌아보아야 한다."로 해석해야 함을 강조한 것이다. 壺山의 說대로 해석해도 되고,《章句》의 行에 대한 音訓 표시가 빠진 것으로 보아 諺解대로 해석해도 될 듯하다.

101 〔詳說〕 言有餘而訒 : '言訒'은《論語》〈顏淵〉에 나온다.[1]〔言訒 出論語顏淵〕

譯註 1. 言訒은……나온다 : '言訒'은 말을 참는 것으로,《論語》〈顏淵〉 3章에 "司馬牛가 仁을 묻자, 孔子께서 말씀하셨다. '仁者는 그 말을 참아서 한다.'〔司馬牛問仁 子曰 仁者 其言也訒〕"라고 보인다.

102 〔詳說〕 豈不慥慥乎 贊美之也 : 農巖이 말씀하였다. "글 뜻이 '어찌 공경하고 화목하지 않겠는가.〔曷不

··· **顧** 돌아볼 고 **胡** 어찌 호 **慥** 독실할 조 **踐** 밟을 천 **訒** 참을 인 **贊** 도울 찬, 칭찬할 찬

此皆不遠人以爲道之事니 **張子所謂以責人之心責己則盡道**가 **是也**라

'求'는 責(바람)과 같다. 道가 사람의 몸에서 멀리 있지 않으니, 무릇 자신이 남에게 바라는 것은 모두 道의 當然함이다. 그러므로 자신에게 돌이켜 自責하여 스스로 닦는 것이다. '庸'은 平常함이다. '行'은 그 실제를 밟는 것이요, '謹'은 그 可함을 택하는 것이다. 德行은 不足한데 힘쓴다면 行이 더욱 힘써질 것이요, 말은 有餘한데 참는다면 삼감이 더욱 지극할 것이니, 삼가기를 지극히 하면 말은 행실을 돌아볼 것이요, 행실은 말을 돌아보게 될 것이다. '慥慥'는 篤實한 모양이다. '君子의 말과 行함이 이와 같으니, 어찌 慥慥하지 않겠는가.'라고 말씀하셨으니, 찬미한 것이다. 무릇 이는 모두 사람을 멀리 하지 않고 道를 하는 일이니, 張子의 《正蒙》에 이른바 '남에게 바라는 마음으로 자신을 책하면 道를 다한다.'는 것이 이것이다.

⊙ **右**는 **第十三章**이라 **道不遠人者**는 **夫婦所能**이요 **丘未能一者**는 **聖人所不能**이니 **皆費也**로되 **而其所以然者**는 **則至隱存焉**하니 **下章放此**[103]하니라

⊙ 이상은 제13章이다. '道가 사람의 몸에서 멀리 있지 않다'는 것은 夫婦가 능한 바이고, '나는 그중에 한 가지도 능하지 못하다.'는 것은 聖人도 능하지 못한 바이니, 이는 모두 費이나 그 所以然은 지극히 隱微함이 이 안에 들어있는 것이다. 아랫장도 이와 같다.

| 素其位章 |

14-1. **君子**는 **素其位而行**이요 **不願乎其外**니라

君子는 현재의 위치(지위)에 따라 행하고, 그 밖의 것을 원하지 않는다.

素는 **猶見(現)在也**[104]라 **言 君子但因見在所居之位**하여 **而爲其所當爲**요 **無慕乎其外之心也**라

肅雝〕'[1]와 서로 비슷하다.〔與曷不肅雍(雝)相似〕"

譯註 1. 曷不肅雝:《詩經》〈召南 何彼襛矣〉에 "어찌 공경하고 화목하지 않겠는가. 王姬의 수레로다.〔曷不肅雝 王姬之車〕"라고 보인다.

103 〔詳說〕 皆費也……下章放此:마땅히 아래 일곱 章을 통하여 보아야 하니, 한 가지 일과 한 가지 물건도 費 아님이 없고, 또한 費만 있고 隱이 없는 경우도 없다.〔當通下七章看 蓋無一事一物非費者 亦無有費而無隱者耳〕

104 〔詳說〕 素 猶見(現)在也:〈'素'는〉 '方今'이란 말과 같고, 本來를 말한 것이 아니다.〔猶言方今也 非謂本來也〕

••• 放 같을 방(倣通) 素 평소 소

'素'는 현재와 같다. 君子가 단지 현재 처해 있는 바의 위치에 따라 마땅히 해야 할 것을 하고, 그 밖의 것을 사모하는 마음이 없음을 말씀한 것이다.

14-2. **素富貴**하얀 **行乎富貴**하며 **素貧賤**하얀 **行乎貧賤**하며 **素夷狄**하얀 **行乎夷狄**하며 **素患難**하얀 **行乎患難**이니 **君子**는 **無入而不自得焉**[105]이니라

현재 富貴에 처해서는 富貴대로 행하며, 현재 貧賤에 처해서는 貧賤대로 행하며, 현재 夷狄에 처해서는 夷狄대로 행하며, 현재 患難에 처해서는 患難대로 행하니, 君子는 들어가는 곳마다 스스로 만족하지 않음이 없다.

此는 **言素其位而行也**라

이는 현재의 위치를 따라 행함을 말씀한 것이다.

14-3. **在上位**하여 **不陵下**하며 **在下位**하여 **不援上**이요 **正己而不求於人**이면 **則無怨**이니 **上不怨天**하며 **下不尤人**[106]이니라

윗자리에 있으면서 아랫사람을 업신여기지 않으며 아랫자리에 있으면서 윗사람을 잡아당기지 (끌어내리지) 않고, 자기 몸을 바루고 남에게 요구하지 않으면 원망이 없을 것이니, 위로는 하늘을 원망하지 않으며 아래로는 사람을 허물하지(탓하지) 않는다.

此는 **言不願乎其外也**라

이는 그 밖의 것을 원하지 않음을 말씀한 것이다.

---

105 素富貴……無入而不自得焉 : 北溪陳氏(陳淳)는 "'素富貴'는 舜임금이 그림 그린 옷을 입고 거문고를 타시는 것과 같고, '素貧賤'은 舜임금이 마른 밥을 먹고 채소를 먹은 것과 같고, '素患難'은 孔子가 匡땅에서 난을 만난 것과 같으니, 가는 곳마다 스스로 만족하지 않음이 없어서 오직 내가 마땅히 해야 할 바를 할 뿐인 것이다.〔素富貴 如舜之袗衣鼓琴 素貧賤 如舜之飯糗茹草 素患難 如孔子之於匡 無所往而不自得 惟爲吾之所當爲而已〕" 하였다.(《詳說》)

106 則無怨……下不尤人 : 壺山은 "'無怨'은 자기가 원망이 없는 것이요, 남이 자기를 원망하지 않음을 말한 것이 아니다. 아랫글 '不尤人' 세 글자는 이 '無怨' 두 글자의 뜻을 거듭한 것인데, '하늘을 원망하지 않음〔不怨天〕'을 함께 말한 것은, 《論語》의 글을 취하여 썼을 뿐이다.〔無怨 是己之無怨 非謂人不怨己也 下文不尤人三字 申此無怨二字之義 而並及於不怨天 蓋取用論語之文耳〕" 하였다.

··· **貧** 가난할 빈 **賤** 천할 천 **夷** 오랑캐 이 **狄** 오랑캐 적 **陵** 능멸할 릉 **援** 당길 원 **怨** 원망할 원 **尤** 허물 우

14-4. **故**로 **君子**는 **居易以俟命**하고 **小人**은 **行險以徼幸**이니라

그러므로 君子는 평이함에 처하여 天命을 기다리고, 小人은 위험한 곳에 행하면서 요행을 바란다.

易는 **平地也**라 **居易**는 **素位而行也**요 **俟命**은 **不願乎外也**라 **徼**는 **求也**요 **幸**은 **謂所不當得而得者**라

'易'는 平地이다. '居易'는 현재의 위치에 따라 행함이요, '俟命'은 밖의 것을 원하지 않는 것이다. '徼'는 구함이요, '幸'은 마땅히 얻어서는 안될 경우에 얻음을 이른다.

14-5. **子曰 射有似乎君子**하니 **失諸正鵠**이어든 **反求諸其身**이니라

孔子께서 말씀하셨다. "활쏘기는 君子와 유사함이 있으니, 〈활을 쏘아〉 正과 鵠을 잃거든 자기 몸에 돌이켜 찾는다."

畫布曰正이요 **棲皮曰鵠**[107]이니 **皆侯之中, 射之的也**라 **子思引此孔子之言**하여 **以結上文之意**하시니라

삼베에 〈표적을〉 그려놓은 것을 正이라 하고 가죽을 붙여놓은 것을 鵠이라 하니, 모두 侯(과녁판)의 한가운데이고 활을 쏘는 표적이다. 子思께서 이 孔子의 말씀을 인용하여 윗글의 뜻을 맺으신 것이다.

⊙ **右**는 **第十四章**이라 **子思之言也**니 **凡章首**에 **無子曰字者**는 **放(倣)此**하니라

⊙ 이상은 제14章이다. 이는 子思의 말씀이니, 무릇 章 첫머리에 '子曰'이란 글자가 없는 것은 이와 같다.

---

107 **譯註** 畫布曰正 棲皮曰鵠: 삼베로 만든 侯에 표적을 그려놓은 것을 正이라 하고, 가죽으로 만든 侯에 표적을 그려놓은 것을 鵠이라 한다.
〔詳說〕《大全》에 말하였다. "大射(제후가 제사할 적에 신하들과 행하는 射禮)에는 가죽 侯에 鵠(곡)을 설치하고, 賓射(손님들과 행하는 射禮)에는 삼베 侯에 正을 설치한다.〔大射 皮侯而設鵠 賓射 布侯而設正〕" ○ 雙峰饒氏가 말하였다. "正은 바로 '鴊(작은 새)'자이니, 작으면서 빨리 날아 가장 쏘아 맞추기가 어려우니, 이 때문에 취하여 표적으로 삼은 것이다. '鵠'은 가죽을 갖다가 가운데에 붙여 두고, '正'은 삼베에 그려서 표적으로 삼는다.〔正是鴊字 小而飛疾 最難射 所以取爲的 鵠取革置於中 正則畫於布以爲的〕"

··· **易** 평이할 이 **俟** 기다릴 사 **險** 험할 험 **徼** 구할 요 **幸** 요행 행 **射** 활쏘기 사 **鵠** 과녁 곡 **反** 돌이킬 반
棲 붙일 서 **侯** 과녁판 후 **的** 표적 적

| 行遠自邇章 |

15-1. 君子之道는 辟(譬)如行遠必自邇하며 辟如登高必自卑니라

君子의 道는 비유하면 먼 곳에 감이 반드시 가까운 데로부터 함과 같으며, 비유하면 높은 곳에 오름이 반드시 낮은 데로부터 함과 같다.

辟는 譬同이라

'辟'는 譬와 같다.

15-2. 詩曰 妻子好合이 如鼓瑟琴하며 兄弟旣翕하여 和樂且耽[108]이라 宜爾室家하며 樂爾妻帑(孥)라하여늘

《詩經》에 이르기를 "妻子와 정이 좋고 뜻이 합함이 琴瑟을 타는 듯하며, 兄弟가 이미 화합하여 和樂하고 또 즐거운지라, 너의 室家를 마땅하게 하며(화합하게 하며) 너의 妻子들을 즐겁게 한다." 하였는데,

詩는 小雅常棣之篇이라 鼓瑟琴은 和也라 翕은 亦合也요 耽은 亦樂也라 帑는 子孫也라

詩는 〈小雅 常棣〉篇이다. '琴瑟을 탄다.'는 것은 和함이다. '翕' 또한 合함이요, '耽' 또한 즐거움이다. '帑'는 子孫이다.

15-3. 子曰 父母其順矣乎신저하시니라

孔子께서 말씀하시기를 "〈이렇게 되면〉 父母가 和順하여 편안하실 것이다." 하셨다.

夫子誦此詩而贊之曰 人能和於妻子하고 宜於兄弟如此면 則父母其安樂之矣신저하시니 子思引詩及此語하사 以明行遠自邇, 登高自卑之意하시니라

---

108 妻子好合……和樂且耽 : 壺山은 "詩의 본뜻은 형제를 위주하여 말하였는데, 이 章에 인용한 뜻은 처자와 형제와 부모를 모두 가까운 곳으로부터 하는 일로 삼았다. 그러므로 諺解의 구두가 詩와 똑같지 않는 것이다.〔詩之本義 主乎兄弟而言 此章所引之意 則以妻子兄弟父母皆作自邇之事 故諺讀與詩不同云〕" 하였다. 《中庸》의 諺解는 "妻子好合이 如鼓瑟琴ᄒᆞ며 兄弟旣翕ᄒᆞ야 和樂且耽이라"이고, 《詩經》의 언해는 "妻子好合이 如鼓瑟琴이라두 兄弟旣翕이라ᅀᅡ 和樂且湛이니라"이다.

… 辟 비유할 비(譬通) 自 부터 자 邇 가까울 이 登 오를 등 鼓 두드릴 고 瑟 비파 슬 琴 거문고 금 翕 화할 흡 耽 즐길 탐 帑 처자식 노(孥通) 棣 아가위 체

夫子께서 이 詩를 외우고 칭찬하시기를 "사람이 妻子間에 화합하고 兄弟間에 좋음이 이와 같다면 父母가 편안하고 즐거우실 것이다." 하셨다. 子思가 詩와 孔子의 이 말씀을 인용하여 먼 곳에 감이 가까운 데로부터 하고 높은 곳에 오름이 낮은 데로부터 하는 뜻을 밝히신 것이다.

⊙ 右는 第十五章[109]이라

⊙ 이상은 제15章이다.

| 鬼神章 |

16-1. 子曰 鬼神之爲德이 其盛矣乎인저

孔子께서 말씀하셨다. "鬼神의 德됨이 盛하구나.

程子曰 鬼神은 天地之功用[110] 而造化之迹也[111]라 張子曰 鬼神者는 二氣之良能也[112]라 愚謂 以二氣言이면 則鬼者는 陰之靈也요 神者는 陽之靈也[113]며 以一氣言이면 則至而伸者爲神이요 反而歸者爲鬼니 其實은 一物而已[114]라 爲德은 猶言性情功

---

109 〔詳說〕 右 第十五章 : 父母보다 가까운 것이 없고 鬼神보다 먼 것이 없다. 그러므로 父母의 아래에 鬼神으로써 이었으니, 위아래의 章이 글이 끊긴 것 같으나 뜻은 실로 서로 이어진다. 또 뒷절의 여러 '孝'자는 실로 이와 서로 조응된다.〔莫邇於父母 莫遠於鬼神 故父母之下 以鬼神承之 上下章 文似斷落 而意實相承 且後節諸孝字 實與此相照應〕

110 〔詳說〕 鬼神 天地之功用 : 朱子가 말씀하였다. "〈天地의 功用은〉 추위가 오면 더위가 가고, 봄에 낳고 여름에 자라는 것과 같은 것이다.〔如寒來暑往 春生夏長〕"

111 〔詳說〕 造化之迹也 : 朱子가 말씀하였다. "〈造化의 자취는〉 비와 바람, 서리와 이슬, 해와 달, 낮과 밤과 같은 것이다.〔風雨霜露日月晝夜〕"

112 〔詳說〕 鬼神者 二氣之良能也 : 朱子가 말씀하였다. "往來와 屈伸은 바로 理의 自然이요 安排하여 조처함이 있는 것이 아니니, 이것을 陰陽이라고 말하여도 되는데 반드시 鬼神이라고 말한 것은 그 良能과 功用을 가지고 말한 것이다.〔往來屈伸 乃理之自然 非有安排措置 謂之陰陽 亦可也 必謂之鬼神者 以其良能功用而言也〕"

113 〔詳說〕 以二氣言……陽之靈也 : 朱子가 말씀하였다. "예를 들면 기운(숨)이 호흡하는 것이 魂이 되니 魂은 바로 神이니 陽에 속하고, 귀와 눈과 입과 코와 같은 따위는 魄에 속하니 魄은 바로 鬼이니 陰에 속한다.〔如氣之呼吸爲魂 魂卽神也 屬乎陽 耳目口鼻之類爲魄 魄卽鬼也 屬乎陰〕"

114 〔詳說〕 鬼神……一物而已 : 朱子가 말씀하였다. "陰·陽 두 기운의 나뉨은 실로 한 氣의 운행이다.〔二氣之分 實一氣之運〕"
〔記疑〕 蔡氏(蔡淸)는 "神은 鬼와 상대하면 편벽되고 神만을 말하면 太極에 해당할 수 있다."라고 말하였다. 내 의심하건대, 太極은 만물 자연의 묘함이고, 神은 만물을 묘하게 할 수 있는 것이니, 하나(太極)는 眞이고 하나(神)는 靈이어서 분별이 없을 수 없다. 〈蔡氏가 지은〉《四書蒙引》의 說은 너무 혼잡하여

··· 贊 칭찬할 찬 靈 신령 령 伸 펼 신 歸 돌아갈 귀 鬼 귀신 귀

效[115]라

程子(伊川)가 말씀하였다. "鬼神은 天地의 功用이요, 造化의 자취이다."
張子가 말씀하였다. "鬼神은 陰 · 陽 두 기운의 良能이다."
내(朱子)가 생각하건대 陰 · 陽 두 기운으로써 말하면 鬼는 陰의 靈이고 神은 陽의 靈이며, 한 기운으로써 말하면 이르러 펴짐은 神이 되고 돌아가 되돌아감은 鬼가 되니, 그 실제는 한 물건일 뿐이다. '爲德'은 性情, 功效라는 말과 같다.

16-2. 視之而弗見하며 聽之而弗聞이로되 體物而不可遺니라

보아도 보지 못하며 들어도 듣지 못하나 事物의 體(근간)가 되어 빠뜨릴 수 없다.

鬼神이 **無形與聲**이나 **然物之終始**가 **莫非陰陽合散之所爲**[116]니 **是其爲物之體而物之所不能遺也**라 **其言體物**은 **猶易所謂幹事**[117]라

鬼神은 형체와 소리가 없으나 事物의 시작과 종말은 陰 · 陽이 합하고 흩어짐의 所爲 아님이 없으니, 이는 事物의 體가 되어 사물이 능히 빠뜨릴 수가 없는 것이다. '體物'이라고 말한 것은《周易》乾卦 〈文言傳〉의 이른바 '일의 근간이 된다.'는 말과 같다.

16-3. 使天下之人으로 齊(재)明盛服하여 以承祭祀하고 洋洋乎如在其上하며 如在其左右니라

천하의 사람들로 하여금 齋戒하고 깨끗이 하며 의복을 성대히 하여 제사를 받들게 하고는 洋洋하게 그 위에 있는 듯하며 그 左右에 있는 듯하다.

따를 수 없다.〔蔡氏言 神對鬼則偏 單言神則當得太極 竊疑太極是萬物自然之妙 神是能妙萬物者 一眞一靈 不得無辨 蒙引說太混 不可從也〕

115 〔詳說〕 爲德 猶言性情功效 : 朱子가 말씀하였다. "性情은 두 氣의 良能이요 功效는 天地의 功用이며, 鬼神의 德은 鬼神의 실제 그러한 이치를 말한 것이다.〔性情是二氣之良能 功效是天地之功用 鬼神之德 言鬼神實然之理〕"

116 〔詳說〕 物之終始 莫非陰陽合散之所爲 : 新安陳氏가 말하였다. "陰·陽의 합함은 물건의 始初가 되고, 陰·陽의 흩어짐은 물건의 終末이 된다.〔陰陽之合 爲物之始 陰陽之散 爲物之終〕"

117 〔詳說〕 其言體物 猶易所謂幹事 : 〈'幹事는'〉 일에 근간이 되는 것이다. ○ 본문의 '物'자는 '事'자의 뜻을 겸하였다.〔爲幹於事 ○ 本文物字 蓋兼事字意〕

··· **聽** 들을 청 **遺** 빠뜨릴 유 **散** 흩을 산 **幹** 줄기 간 **齊** 재계할 재(齋同) **盛** 성할 성 **承** 받들 승

齊(재)之爲言은 齊(제)也니 所以齊不齊而致其齊(재)也라 明은 猶潔也라 洋洋은 流動充滿之意라 能使人畏敬奉承而發見(현)昭著如此하니 乃其體物而不可遺之驗也라 孔子曰 其氣發揚于上하여 爲昭明焄蒿(훈호)悽愴하니 此는 百物之精也요 神之著也[118]라하시니 正謂此爾니라

'齊'란 말은 가지런히 함이니, 〈思慮가〉 가지런하지 않음을 가지런히 하여 齊戒함을 지극히 하는 것이다. '明'은 潔(깨끗함)과 같다. '洋洋'은 流動하고 充滿한 뜻이다. 능히 사람으로 하여금 두려워하고 공경하여 받들게 하고는 發現하고 밝게 드러남이 이와 같으니, 이것이 바로 사물의 體가 되어 빠뜨릴 수 없음의 징험(실증)이다. 孔子께서 말씀하시기를 "그 기운이 위에 發揚하여 昭明과 焄蒿와 悽愴이 되니, 이는 온갖 물건의 精이요 神의 드러남이다." 하셨으니, 바로 이를 말씀한 것이다.

16-4. 詩曰 神之格思를 不可度(탁)思온 矧可射(역)思아하니

《詩經》에 이르기를 '神의 옴을 예측할 수 없는데, 하물며 神을 싫어할 수 있겠는가.' 하였으니,

詩는 大雅抑之篇이라 格은 來也요 矧은 況也라 射은 厭也니 言厭怠而不敬也라 思는 語辭라

詩는 〈大雅 抑〉篇이다. '格'은 옴이요 '矧'은 況(하물며)이다. '射'은 싫어함이니, 싫어하고 태만히 하여 공경하지 않음을 말한다. '思'는 어조사이다.

---

118 譯註 其氣發揚于上……神之著也 : 이 내용은 《禮記》〈祭義〉에 "여러 생명은 반드시 죽고, 죽으면 반드시 흙으로 돌아가니, 이것을 일러 鬼라 한다. 骨肉이 地下에서 썩어서 덮여 들의 흙이 되면 그 기운이 위로 發揚해서 昭明과 焄蒿와 悽愴이 되니,[1] 이것은 여러 물건의 精氣이니, 귀신이 드러난 것이다.〔衆生必死 死必歸土 此之謂鬼 骨肉斃于下 陰(蔭)爲野土 其氣發揚于上 爲昭明焄蒿悽愴 此百物之精也 神之著也〕"라고 보인다.

譯註 1. 昭明과……되니 : 昭明은 鬼神이 밝게 드러남이요, 焄蒿는 기운이 뭉쳐 올라감이요, 悽愴은 子孫들이 肅然히 追慕하는 마음을 일으키는 것이다. 朱子는 이에 대하여 "鬼神이 빛을 드러내는 곳이 昭明이요, 기운이 훈증하여 올라가는 것이 焄蒿요, 사람들의 정신을 悚然하게 함이 悽愴이다." 하였고, 또 이르기를 "昭明은 바로 光景의 등속이고, 焄蒿는 기운이 사람에게 감촉되는 것이고, 悽愴은 《漢書》에 이른바 '神君이 이르자 그 바람이 肅然하다.'는 것이다." 하였으며, 또 이르기를 "焄蒿는 鬼神의 精氣가 交感하는 곳이다." 하였다.

··· 潔 깨끗할 결 焄 태울 훈 蒿 쑥 호 悽 슬플 처 愴 슬플 창 格 이를 격 度 헤아릴 탁 矧 하물며 신 射 싫어할 역 況 하물며 황

16-5. 夫微之顯이니 誠之不可揜이 如此夫인저

隱微한 것이 드러나니, 誠의 가릴 수 없음이 이와 같구나."

誠者는 **眞實無妄之謂**[119]라 **陰陽合散**이 **無非實者**[120]라 **故**로 **其發見**(현)**之不可揜**이 **如此**[121]라

'誠'은 진실하고 망령됨이 없음을 이른다. 陰·陽의 합하고 흩어짐이 진실 아님이 없다. 그러므로 發現되어 가릴 수 없음이 이와 같은 것이다.

⊙ **右**는 **第十六章**이라 **不見不聞**은 **隱也**요 **體物如在**는 **則亦費矣**니 **此前三章**은 **以其費之小者而言**이요 **此後三章**은 **以其費之大者而言**[122]이요 **此一章**은 **兼費隱, 包大小而言**이니라

⊙ 이상은 제16章이다. 보지 못하고 듣지 못함은 隱이요, 사물의 體가 되어 존재하는 듯함은 또한 費이다. 이 앞의 세 章은 그(君子의 道) 費의 작은 것을 가지고 말씀하였고, 이 뒤의 세 章은 그(君子의 道) 費의 큰 것을 가지고 말씀하였으며, 이 한 章은 費·隱을 겸하고 大·小를 포함하여 말씀하였다.

| 舜大孝章 |

17-1. 子曰 舜은 其大孝也與신저 德爲聖人이시고 尊爲天子시고 富有四海之內하사 宗廟饗之하시며 子孫保之[123]하시니라

---

119 〔詳說〕 誠者 眞實無妄之謂:《大全》에 말하였다. "이 '誠'자는 鬼神의 實理를 가리켜 말하였다.〔此誠字 指鬼神之實理而言〕"

120 〔詳說〕 陰陽合散 無非實者:理의 은미함이다.〔理之微〕

121 〔詳說〕 其發見之不可揜 如此:理의 드러남이다.〔理之顯〕

122 〔詳說〕 以其費之小者而言……以其費之大者而言:두 '其'자는 '費隱章'(12章)의 '道'자를 가리킨 것이다.〔二其字指費隱章道字〕

123 宗廟饗之 子孫保之:鄭玄과 朱子는 분명한 해석이 없고 孔穎達의 疏에는 "'子孫保之'란 師說에 "舜임금이 禹王에게 禪位하였는데 어째서 保라고 말하였는가? 바로 子孫이 제사를 받들어 보전하였기 때문에 保라고 한 것이다." 했다.〔子孫保之者 師說云 舜禪與禹 何言保者 此子孫承保祭祀 故云保〕" 하였다. 한편 官本諺解와 退溪의《中庸釋義》와 艮齋의 諺解는 "宗廟를 饗ᄒᆞ시며 子孫을 保ᄒᆞ시니라."로 되어 있어 '舜임금이 宗廟에서 先祖를 제향하고 子孫을 보호하셨다.'로 해석하였으나, 栗谷諺解는 "宗廟ㅣ 饗ᄒᆞ시며 子孫이 保ᄒᆞ니라."로 되어 있어 뜻이 확실하지 않다. 한편 '德爲聖人 尊爲天子 富有四海之

••• 揜 가릴 엄 兼 겸할 겸 尊 높을 존 廟 사당 묘 饗 흠향할 향

孔子께서 말씀하셨다. "舜임금은 大孝이실 것이다. 德은 聖人이 되시고 존귀함은 天子가 되시고 富는 四海의 안을 소유하시어 宗廟에서 先祖를 제향하시며 子孫을 보전하셨다.

子孫은 **謂虞思, 陳胡公之屬**[124]이라

'子孫'은 虞思와 陳胡公의 등속을 이른다.

17-2. **故**로 **大德**은 **必得其位**하며 **必得其祿**하며 **必得其名**하며 **必得其壽**니라

그러므로 大德은 반드시 그 지위를 얻으며, 반드시 그 祿을 얻으며, 반드시 그 이름(명성)을 얻으며, 반드시 그 壽를 얻는다.

舜年百有十歲[125]라

舜임금은 나이가 110歲였다.

17-3. **故**로 **天之生物**이 **必因其材而篤焉**하나니 **故**로 **栽者**를 **培之**하고 **傾者**를 **覆**(복)**之**니라

그러므로 하늘이 물건을 낼 적에는 반드시 그 재질을 따라 돈독히 한다. 그러므로 심은 것을 북돋아 주고 기운 것을 엎어버리는 것이다.

內'는 舜임금이 生前에 누린 것이고, '宗廟饗之 子孫保之'는 舜임금이 死後에 宗廟에서 제향되고 子孫들이 그 제향을 保守한 것으로 보아, 위의 '之'를 모두 舜을 가리킨 것으로 보기도 한다.

124 譯註 子孫 謂虞思, 陳胡公之屬 : 虞思와 陳胡公은 모두 춘추시대 사람으로, 虞思는《春秋左傳》哀公 元年 條에 보이고 陳胡公은 襄公 25年 條에 보인다.
〔詳說〕《大全》에 말하였다. "舜임금의 자손이 여기에 그치지 않는다. 그러므로 '之屬' 두 글자로 다 포함한 것이다.〔舜子孫不止乎此 故以之屬二字該之〕"

125 〔詳說〕 舜年百有十歲 : 《書經》〈舜典〉에 말하였다. "舜임금은 30년(세)에 부름을 받아 등용되시고 30년에 帝位에 올라 50년 만에 巡狩하시다가 죽으셨다.[1]〔三十徵庸 三十在位 五十載 陟方乃死〕"
譯註 1. 30년에……죽으셨다 : 《書經集傳》에 "〈堯임금이〉 3년 동안 시험하였고 攝政한 것이 28년이니 통틀어 30년에 비로소 帝位에 올랐고, 또 50년에 崩하셨다." 하였다.

••• **虞** 헤아릴 우 **祿** 녹봉 록 **栽** 심을 재 **培** 북돋을 배 **傾** 기울 경 **覆** 뒤집어엎을 복

材는 質也요 篤은 厚也요 栽는 植也라 氣至而滋息을 爲培요 氣反而游散則覆이라

'材'는 재질이요 '篤'은 두터움이요 '栽'는 심음이다. 기운이 이르러 불어나고 번식함을 培라 하고, 기운이 돌아가 흩어지면 覆이라 한다.

17-4. 詩曰 嘉樂君子여 憲憲(顯顯)令德이로다 宜民宜人이라 受祿于天이어늘 保佑命之하시고 自天申之[126]라하니

《詩經》에 이르기를 '아름다운(마음씨 착한) 君子여, 드러나고 드러난 훌륭한 德이로다. 백성들에게 마땅하며 지위에 있는 사람들에게 마땅하다. 하늘에게 복록을 받아 보전하여 도와서 命하시고 하늘로부터 또다시 복록을 거듭한다.' 하였다.

詩는 大雅假樂之篇이라 假는 當依此作嘉요 憲은 當依詩作顯[127]이라 申은 重也라

詩는 〈大雅 假樂〉篇이다. '假'는 마땅히 이 《中庸》에 의거하여 嘉가 되어야 하고, '憲'은 마땅히 《詩經》에 의거하여 顯이 되어야 한다. '申'은 거듭함이다.

17-5. 故로 大德者는 必受命이니라

그러므로 大德이 있는 자는 반드시 天命을 받는다."

受命者는 受天命爲天子也라

'天命을 받는다'는 것은 天命을 받아 天子가 되는 것이다.

⊙ 右는 第十七章이라 此는 由庸行之常하여 推之以極其至[128]하여 見(현)道之用廣也니 而其所以然者는 則爲體微矣라 後二章亦此意[129]니라

---

126 嘉樂君子……自天申之 : 官本諺解에는 "嘉樂君子의 憲憲令德이 宜民宜人이라 受祿于天이어늘 保佑命之ᄒᆞ시고 自天申之라ᄒᆞ니라"로 되어 있는바, 栗谷諺解를 따랐음을 밝혀둔다.

127 譯註 假……當依詩作顯 : 《詩經》〈假樂〉에는 '假樂君子 顯顯令德'으로 되어 있는바, 이 내용이 '嘉樂君子 顯顯令德'으로 되어야 함을 말한 것이다

128 〔詳說〕 推之以極其至 : 新安陳氏가 말하였다. "大孝이니, '德爲聖人' 이하는 모두 '미루어서 그 지극함을 다한 것'이다.〔大孝也 德爲聖人以下 皆是推極其至〕"

129 〔詳說〕 後二章亦此意 : 모두 孝를 가지고 費와 隱을 논하였다.〔皆以孝論費隱〕

··· 滋 불을 자 嘉 아름다울 가 申 거듭 신 重 거듭 중

⊙ 이상은 제17章이다. 이는 庸行의 떳떳함을 말미암아 미루어서 그 지극함을 다하여 道의 用이 넓음을 나타낸 것이니, 그 所以然은 體가 됨이 隱微하다. 뒤의 두 章도 또한 이러한 뜻이다.

| 其惟文王章 |

18-1. **子曰 無憂者**는 **其惟文王乎**신저 **以王季爲父**하시고 **以武王爲子**하시니 **父作之**어시늘 **子述之**하시니라

孔子께서 말씀하셨다. "근심이 없으신 분은 오직 文王이실 것이다. 王季를 아버지로 삼으시고 武王을 아들로 삼으셨으니, 아버지가 시작을 하시자 아들이 繼述하였다.

此는 **言文王之事**라 **書**에 **言王季其勤王家**[130]라하니 **蓋其所作**은 **亦積功累仁之事也**라

이는 文王의 일을 말씀한 것이다. 《書經》〈周書 武成〉에 '王季가 王家(國家)를 위해 勤勞하셨다.' 하였으니, 그 시작한 것은 또한 功을 쌓고 仁을 많이 한 일이었다.

18-2. **武王**이 **纘大(太)王, 王季, 文王之緖**하사 **壹戎衣而有天下**하사되 **身不失天下之顯名**하시며 **尊爲天子**하시고 **富有四海之內**하사 **宗廟饗之**하시며 **子孫保之**하시니라

武王이 太王·王季·文王의 基業을 이으사 한번 戎衣(전투복)를 입고서 〈紂王을 정벌하여〉 天下를 소유하셨으나, 몸은 천하의 드러난 이름을 잃지 않으셨으며, 尊貴함은 天子가 되시고 富는 四海의 안을 소유하시어 宗廟에서 제향하시며 子孫을 보전하셨다.

此는 **言武王之事**라 **纘**은 **繼也**라 **大王**은 **王季之父也**라 **書云 大王**이 **肇基王迹**이라하고 **詩云 至于大王**하여 **實始翦商**이라하니라 **緖**는 **業也**라 **戎衣**는 **甲冑之屬**이라 **壹戎衣**는 **武成文**이니 **言壹著**(착)**戎衣以伐紂也**라

이는 武王의 일을 말씀한 것이다. '纘'은 이음이다. 太王은 王季의 아버지이다. 《書經》〈周書

---

130 **譯註** 書 言王季其勤王家 : 《書經》〈武成〉에 "先王(后稷)이 나라를 세워 토지(영토)를 열어 놓으셨는데, 公劉가 前人의 功烈을 돈독히 하고 太王에 이르러 처음으로 王業의 기틀을 마련하였으며, 王季가 王家에 근로하셨다.〔惟先王建邦啓土 公劉克篤前烈 至于大(太)王 肇基王迹 王季其勤王家〕"라고 보인다.

… 季 끝 계, 계절 계 述 이을 술 累 포갤 루 纘 이을 찬 緖 실마리 서 戎 군사 융 廟 사당 묘 肇 비롯할 조 迹 자취 적 翦 칠 전 冑 투구 주 著 입을 착 紂 주임금 주

武成〉에 "太王이 처음으로 왕업의 기틀을 마련하였다." 하였고,《詩經》〈魯頌 閟宮〉에 "太王에 이르러 실제 처음으로 商나라를 쳤다." 하였다. '緖'는 基業이다. '戎衣'는 갑옷과 투구의 등속이다. '한번 戎衣를 입었다.'는 것은《書經》〈武成〉의 글이니, 한번 戎衣를 입고 紂王을 정벌하였음을 이른다.

18-3. **武王**이 **末受命**이어시늘 **周公**이 **成文武之德**하사 **追王大王, 王季**하시고 **上祀先公以天子之禮**하시니 **斯禮也 達乎諸侯大夫及士庶人**하여 **父爲大夫**요 **子爲士**어든 **葬以大夫**하고 **祭以士**하며 **父爲士**요 **子爲大夫**어든 **葬以士**하고 **祭以大夫**하며 **期之喪**은 **達乎大夫**하고 **三年之喪**은 **達乎天子**하니 **父母之喪**은 **無貴賤一也**니라

武王이 末年(老年)에 天命을 받으시자, 周公이 文王·武王의 德을 이루시어 太王과 王季를 追尊하여 王으로 높이시고 위로 先公을 天子의 禮로써 제사하시니, 이 禮가 諸侯와 大夫 및 士와 庶人에게까지 통하였다. 그리하여 아버지가 大夫이고 아들이 士이면 장례는 大夫의 禮로써 하고 제사는 士의 禮로써 하며, 아버지가 士이고 아들이 大夫이면 장례는 士의 禮로써 하고 제사는 大夫의 禮로써 하며, 期年喪은 大夫에까지 이르고 三年喪은 天子에까지 이르렀으니, 父母의 喪은 貴賤에 관계없이 똑같았다."

此는 **言周公之事**라 **末**은 **猶老也**라 **追王**은 **蓋推文武之意**하여 **以及乎王迹之所起也**라 **先公**은 **組紺**[131]**以上至后稷也**라 **上祀先公以天子之禮**는 **又推大王, 王季之意**하여 **以及於無窮也**라 **制爲禮法**[132]하여 **以及天下**하여 **使葬用死者之爵**하고 **祭用生者之祿**하며 **喪服**[133]은 **自期以下**는 **諸侯絶**하고 **大夫降**이로되 **而父母之喪**은 **上下同之**하니 **推己以及人也**라

이는 周公의 일을 말씀한 것이다. '末'은 老(老年)와 같다. '追王'은 文王 · 武王의 뜻을 미루

131 〔詳說〕 組紺 :《大全》에 말하였다. "바로 公叔祖類이니 太王의 아버지이다.〔卽公叔祖類 大王父也〕"

132 〔詳說〕 制爲禮法 : 이 禮는 제사를 가리킨 것이다.〔斯禮指祀〕

133 〔詳說〕 喪服 : 新安陳氏가 말하였다. "위에서는 장례하고 제사하는 禮를 말하였고, 여기서는 喪服을 입는 禮를 말하였다.〔上言葬祭禮 此言喪服禮〕"

••• 祀 제사 사 葬 장례지낼 장 祭 제사지낼 제 期 기년복 기 組 끈 조 紺 아청빛 감 稷 피 직 爵 벼슬 작 絶 끊을 절 降 내릴 강

어 王者의 자취가 일어난 바에까지 미친 것이다. '先公'은 組紺 이상으로부터 后稷까지이다. 위로 先公을 天子의 禮로써 제사한 것은 또 太王과 王季의 뜻을 미루어 무궁한 先代에까지 미친 것이다. 禮法을 制定하여 천하에 미쳐서 장례는 죽은 자의 官爵을 쓰고 제사는 산 자의 祿을 쓰게 하며 喪服은 期年으로부터 이하는 諸侯는 없애고 大夫는 줄였는데 父母의 喪은 上下가 똑같게 하였으니, 자기 마음을 미루어 남에게 미친 것이다.

⊙ **右**는 **第十八章**이라

⊙ 이상은 제18章이다.

| 達孝章 |

19-1. 子曰 武王, 周公은 其達孝矣乎신저

孔子께서 말씀하셨다. "武王과 周公은 누구나 共通으로 칭찬하는 孝이실 것이다.

達은 **通也**라 **承上章而言 武王, 周公之孝**는 **乃天下之人**이 **通謂之孝**니 **猶孟子之言達尊**[134]**也**라

'達'은 通(공통)이다. 윗장을 이어 武王과 周公의 孝는 천하 사람들이 공통으로 孝라고 칭찬한다고 말씀하셨으니, 《孟子》의 達尊이라는 말과 같다.

19-2. 夫孝者는 善繼人之志하며 善述人之事者也[135]니라

孝는(孝하는 자는) 사람(부모)의 뜻을 잘 繼承하며 사람의 일을 잘 傳述(遵行)하는 것이다.

---

134 譯註 達尊 : 누구나 共通으로 높이는 것으로 齒·德·爵의 三達尊을 가리키는바, 《孟子》〈公孫丑下〉 2章에 보인다.

135 夫孝者……善述人之事者也 : 壺山은 "위(夫孝者)의 '者'자는 聖者와 大德者의 따위와 같이 사람을 가리켜 말한 듯한데, 諺解에는 그 아래(善述人之事者也) '者'자의 例를 따라서 모두 효도하는 道로 만들어 '道也者', '中也者'의 따위와 같이 해석하였으니, 다시 자세히 살펴보아야 한다.〔上者字 似指人言 如聖者 大德者之類 而諺解從其下者字之例 皆作孝之道釋之 如道也者 中也者之類 更詳之〕" 하였으며, 또 "두 '人'자(人之志, 人之事)는 先王을 가리킨 것이다.〔二人字指先王〕" 하였다.

••• 善 잘할 선 繼 이을 계 述 전할 술

上章엔 言武王纘大王, 王季, 文王之緖하여 以有天下하시고 而周公成文武之德하여 以追崇其先祖하시니 此는 繼志述事之大者也라 下文엔 又以其所制祭祀之禮通于上下者로 言之하니라

윗장에는 武王이 太王·王季·文王의 緖業(基業)을 이어 천하를 소유하시고 周公이 文王·武王의 德을 이루어 그 先祖들을 追尊하셨음을 말씀하였으니, 이는 뜻을 계승하고 일을 전술함의 큰 것이다. 下文에는 또 制定한 바 祭祀의 禮가 상하에 通行되는 것을 가지고 말씀하였다.

19-3. 春秋에 修其祖廟하며 陳其宗器하며 設其裳衣하며 薦其時食이니라

봄과 가을에 先祖의 廟를 수리하며 宗廟의 寶器를 진열하며 그(선조)의 衣裳을 펼쳐놓으며 제철의 음식을 올린다.

祖廟는 天子七이요 諸侯五요 大夫三이요 適士二요 官師一[136]이라 宗器는 先世所藏之重器[137]니 若周之赤刀, 大訓, 天球, 河圖[138]之屬也라 裳衣는 先祖之遺衣服이니 祭則設之以授尸也라 時食은 四時之食이 各有其物하니 如春行羔豚, 膳膏香[139]之類 是也라

先祖의 廟는 天子는 7廟이고 諸侯는 5廟이고 大夫는 3廟이고 適士(元士)는 2廟이고 官師

---

136 譯註 祖廟……官師一 : 適士는 上士(元士)로 天子國의 上士·中士·下士와 諸侯國의 上士를 이르며, 官師는 諸侯國의 中士와 下士로 한 관서의 長을 이른다. 天子는 6대의 三昭三穆과 太祖(始祖)를 합하여 7廟이고(이 가운데 1昭·1穆은 祧廟로 不遷位임), 諸侯는 직계 4대의 二昭二穆과 처음 봉해진 太祖를 합하여 5廟이며, 大夫는 직계 3대를 모셔 3廟이고, 適士는 직계인 2廟이며, 官師는 1廟에 할아버지와 아버지를 함께 모시고, 庶士와 庶人은 廟가 없고 正寢에서 제사하는바, 《禮記》〈王制〉와 〈祭法〉에 자세히 보인다.

137 〔詳說〕 宗器 先世所藏之重器 : 〈重器를〉 宗廟에 보관한다. 그러므로 宗器라 한 것이다.〔藏於宗廟 故謂之宗器〕

138 譯註 赤刀, 大訓, 天球, 河圖 : 赤刀는 붉은 색 칼집으로 武王이 紂王을 정벌할 때에 썼던 칼이라 하며, 大訓은 文王·武王의 교훈을 적은 책이다. 天球는 玉의 一種이며, 河圖는 伏羲氏 때에 黃河에서 나온 龍馬의 등에 그려진 그림으로 伏羲氏가 이것을 보고 八卦를 그렸다 한다. 《書經》〈周書 顧命〉에 "玉을 五重으로 진열하고 보물을 진열하니, 赤刀와 大訓과 弘璧(큰 벽옥)과 琬琰(大圭)은 西序에 있고, 大玉(큰 옥)과 夷玉(보통 옥)과 天球와 河圖는 東序에 있다.〔越玉五重 陳寶赤刀大訓弘璧琬琰在西序 大玉夷玉天球河圖在東序〕"라고 보인다.

139 譯註 春行羔豚 膳膏香 : 《周禮》〈天官冢宰 庖人〉에 보이는 내용으로, 行은 用과 같고 膳은 요리의 뜻이며, 膏香은 쇠기름을 가리킨다. 이는 봄철에는 제사에 염소와 돼지를 올리되 쇠기름으로 볶고 지져 요리함을 뜻한다.

··· 器 그릇 기 設 베풀 설 裳 치마 상 薦 올릴 천 球 구슬 구, 둥글 구 遺 남길 유 尸 시동 시 羔 염소 고 豚 돼지 돈 膳 요리할 선 膏 기름 고

(有司)는 1廟이다. '宗器'는 선대로부터 소장해 온 귀중한 器物이니, 周나라의 赤刀·大訓·天球·河圖와 같은 등속이다. '裳衣'는 선조가 남기신 의복이니, 제사할 때에는 이것을 펼쳐 尸童에게 준다. '時食'은 四時의 음식이 각기 마땅한 물건이 있으니, 봄철에는 염소와 돼지를 쓰되 쇠기름으로 요리하는 것과 같은 따위가 이것이다.

19-4. 宗廟之禮는 所以序昭穆也요 序爵은 所以辨貴賤也요 序事는 所以辨賢也요 旅酬에 下爲上은 所以逮賤也요 燕毛는 所以序齒也니라

宗廟의 禮는 昭穆을 차례하는 것이요, 官爵에 따라 서열함은 貴賤을 분별하는 것이요, 일을 차례로 맡김은 어짊을 분별하는 것이요, 제사가 끝나 旅酬할 적에 아랫사람이 윗사람을 위하여 〈술잔을 올림은〉 賤한 이에게까지 미치는 것이요, 잔치할 적에 毛髮의 색깔대로 차례함은 年齒를 서열하는 것이다.

宗廟之次는 **左爲昭**요 **右爲穆**이니 **而子孫**이 **亦以爲序**하여 **有事於太廟**면 **則子姓兄弟群昭群穆**[140]이 **咸在而不失其倫焉**이라 **爵**은 **公, 侯, 卿, 大夫也**요 **事**는 **宗, 祝**[141], **有司之職事也**라 **旅**는 **衆也**요 **酬**는 **導飮也**[142]니 **旅酬之禮**에 **賓弟子, 兄弟之子**[143] **各擧觶於其長而衆相酬**하니 **蓋宗廟之中**엔 **以有事爲榮**이라 **故**로 **逮及賤者**하여 **使亦得以申其敬也**라 **燕毛**는 **祭畢而燕**[144]이면 **則以毛髮之色**으로 **別長幼**하여 **爲坐次也**라 **齒**는 **年數也**라

宗廟의 차례는 左가 昭가 되고 右가 穆이 되니, 子孫들 또한 이것으로 차례를 삼아 太廟(宗廟)에 제사가 있게 되면 子姓(子孫)과 兄弟의 여러 昭와 여러 穆이 모두 있어 그 차례를 잃

---

140 〔詳說〕 左爲昭……則子姓兄弟群昭群穆 : 格菴趙氏(趙順孫)가 말하였다. "왼쪽에 昭가 있고 오른쪽에 穆이 있음은 죽은 자의 昭·穆이고, 여러 昭와 여러 穆은 산 자의 昭·穆이다.〔左昭右穆 死者之昭穆也 群昭, 群穆 生者之昭穆也〕" ○ 살펴보건대 昭·穆을 차례함은 자손을 위주하여 말한 것이다. 사당 가운데의 昭·穆으로 말하면 제사지낼 때를 기다리지 않고 이미 차례한 것이다. 다만 자손의 昭·穆도 또한 先祖의 昭·穆을 따라 차례하였다. 그러므로 註에 먼저 先祖의 昭·穆을 말한 것이다.〔按序昭穆 主子孫而言 若廟中昭穆 則不待祭時而已序矣 但子孫之昭穆 亦依祖先之昭穆爲序 故註先言祖先昭穆云〕

141 譯註 宗祝 : 宗은 宗伯·宗人이고 祝은 太祝·小祝으로, 모두 《周禮》에 보인다.

142 〔詳說〕 酬導飮也 : 먼저 스스로 마신 뒤에 사람을 인도하여 마시게 하는 것이다.〔先自飮而後 導人使飮也〕

143 〔詳說〕 兄弟之子 : 주인의 형제의 아들이다.〔主人之兄弟之子〕

144 〔詳說〕 祭畢而燕 : 東陽許氏(許謙)가 말하였다. "제사를 돕는 異姓의 신하는 모두 물러가고, 특별히 同姓들에게만 잔치를 베푼다.〔助祭異姓之臣皆退 獨燕同姓〕"

… 穆 화목할 목 辨 분별할 변 旅 무리 려 酬 술권할 수 逮 미칠 체 齒 이 치, 연치 치 群 무리 군 導 이끌 도 觶 술잔 치 申 펼 신 畢 마칠 필 燕 잔치 연

지 않는다. '爵'은 公·侯·卿·大夫이고, '事'는 宗·祝과 有司가 맡은 일이다. '旅'는 여럿이고 '酬'는 인도하여 마시게 하는 것이다. 旅酬하는 禮에 賓 중에 年少한 자와 형제의 아들이 각각 술잔을 각자의 어른(長賓과 長兄弟)에게 들어 올리고 여럿이 서로 술을 권하니, 宗廟 가운데에서는 일을 맡는 것을 영화로 여긴다. 그러므로 천한 자에게까지 미쳐 그들도 공경을 펼 수 있도록 하는 것이다. '燕毛'는 제사를 마치고 잔치를 하게 되면 毛髮의 색깔대로 어른과 어린이를 분별하여 앉는 차례를 정하는 것이다. '齒'는 年數(나이)이다.

19-5. 踐其位하여 行其禮하며 奏其樂하며 敬其所尊하며 愛其所親하며 事死如事生하며 事亡如事存이 孝之至也니라

그(先王) 자리를 밟아 그 禮를 행하고 그 音樂을 연주하며, 그가 존경하시던 바를 공경하고 그가 親愛하시던 바를 사랑하며, 죽은 분을 섬기기를 산 분을 섬기듯이 하고 없는 분을 섬기기를 생존한 분을 섬기듯이 하는 것이 孝의 지극함이다.

踐은 猶履也라 其는 指先王也라 所尊, 所親은 先王之祖考, 子孫, 臣庶也[145]라 始死를 謂之死요 旣葬則曰反而亡焉[146]이라하니 皆指先王也[147]라 此는 結上文兩節이니 皆繼志述事之意也[148]라

'踐'은 履(밟음)와 같다. '其'는 先王을 가리킨다. '존경하시던 바'와 '친애하시던 바'란 先王의 祖·考와 子·孫과 臣庶(신하)들이다. 처음 죽었을 때를 死라 이르고 이미 장례하고 돌아

---

145 〔詳說〕 所尊所親 先王之祖考子孫臣庶也 : '臣庶'는 사랑하시던 바이다. '그 친애하시던 바를 사랑한다'는 것은 互文이니, '그 친애하시던 바(子孫)를 가까이 하고 그 사랑하시던 바(臣庶)를 사랑한다'고 말함과 같다.〔臣庶則愛之 愛其所親 蓋互文也 猶言親其所親 愛其所愛也〕

146 〔詳說〕 反而亡焉 : '反'은 反哭함을 가리킨다.〔反指反哭〕

〔譯註〕 《禮記》〈檀弓下〉에 "反哭할 때 조문하는 것은 슬퍼함이 지극해서이다. 돌아옴에 어버이가 없어서 허전하니, 이때에 슬퍼하는 마음이 심한 것이다.〔反哭之弔也 哀之至也 反而亡焉 失之矣 於是爲甚〕"라고 보인다. '死'는 사람이 죽어 장례하기 이전까지를 말하고, '亡'은 이미 장례하여 시신이 없어진 뒤를 이른다.

147 〔詳說〕 始死……皆指先王也 : 죽은 자와 亡者이다.〔死與亡者〕 ○ 陳氏가 말하였다. "죽은 분을 섬기기를 살아 계신 분과 같이 하는 것은 居喪할 때의 일이요, 없는 분(亡者)을 섬기기를 생존한 분을 섬기는 것과 같이 하는 것은 장례하고 제사지낼 때의 일이다.〔事死如生 居喪時事 事亡如存 葬祭時事〕"

148 〔詳說〕 皆繼志述事之意也 : 雙峰饒氏가 말하였다. "'踐其位' 이하 세 句는 바로 아버지의 일을 잘 傳述하는 것이고, '敬其所尊' 이하 두 句는 바로 아버지의 뜻을 잘 계승하는 것이다.〔踐其位三句 是善述事 敬所尊二句 是善繼志〕"

··· **踐** 밟을 천 **奏** 아뢸 주 **履** 밟을 리 **葬** 장례지낼 장

와서는 亡이라 하니, 이는 모두 先王을 가리킨다. 이는 윗글의 두 節을 맺은 것이니, 모두 뜻을 계승하고 일을 전술하는 뜻이다.

19-6. 郊社之禮는 所以事上帝也요 宗廟之禮는 所以祀乎其先也니 明乎郊社之禮와 禘嘗之義면 治國은 其如示諸掌乎인저

郊祭와 社稷제사의 禮는 上帝를 섬기는 것이요 宗廟의 禮는 그 先祖에게 제사지내는 것이니, 郊祭와 社稷제사의 禮義와 禘祭·嘗祭의 禮義에 밝으면 나라를 다스림은 그 손바닥 위에 놓고 보는 것처럼 쉬울 것이다."

郊는 祭天이요 社는 祭地니 不言后土者는 省(생)文也[149]라 禘는 天子宗廟之大祭니 追祭太祖[150]之所自出於太廟하고 而以太祖配之也라 嘗은 秋祭也니 四時皆祭[151]로되 擧其一耳라 禮必有義하니 對擧之는 互文[152]也라 示는 與視同하니 視諸掌은 言易見也라 此는 與論語文意로 大同小異하니 記有詳略耳니라

'郊'는 하늘에 제사하는 것이고 '社'는 땅에 제사하는 것이니, 后土를 말하지 않은 것은 글을 생략한 것이다. '禘'는 天子가 〈5년에 한 번〉 宗廟에 지내는 큰 제사이니, 太祖가 부터(말미암아) 나온 분(始祖)을 太廟에 追祭하고 太祖를 配享한다. '嘗'은 가을 제사이니, 四時에 모두 제사하는데 그 중 하나를 들었을 뿐이다. 禮는 반드시 義가 있으니, 〈禮와 義를〉 상대하여 든 것은 互文이다. '示'는 視와 같으니, '손바닥 위에 놓고 본다.'는 것은 보기 쉬움을 말한다. 이는《論語》〈八佾〉의 글뜻과 大同小異하니, 기록함에 상세함과 간략함이 있을 뿐이다.

---

149 〔詳說〕 不言后土者 省文也 : 新安陳氏가 말하였다. "마땅히 '所以祀上帝后土'라고 말해야 하는데, 지금 이렇게 하지 않은 것은 바로 省文(생략한 글)이다.〔宜云所以祀上帝后土也 今不然 乃省文〕" ○ 살펴보건대 글에는 언급하지 않았으나 뜻에 이미 포함된 것을 省文이라 한다.〔按文不及而意已該 謂之省文〕

150 〔詳說〕 太祖 :《大全》에 말하였다. "〈太祖는〉 始祖이다."

151 譯註 四時皆祭 : 周나라는 봄에 지내는 것을 祀(祠), 여름에 지내는 것을 禴, 가을에 지내는 것을 嘗, 겨울에 지내는 것을 烝이라 하였다.《禮記》〈王制〉에는 "봄에 지내는 것을 礿, 여름에 지내는 것을 禘라 한다." 하였는데, 이것은 夏나라와 商나라의 제도라 한다. 禴과 礿은 통용된다. 그러나 제사의 명칭이 각기 달라 위에서 보는 바와 같이 〈祭義〉와 〈郊特牲〉에는 또 禘祭가 보인다.

152 〔詳說〕 互文 : 禮와 義를 상대하여 들어서 말한 것은 互文의 법을 사용한 것이니, 한 글자를 두 번 사용하는 것을 互文이라 이른다.〔禮與義對擧爲言者 用互文法也 一字兩用之 謂之互文〕
譯註 互文은 相互 補完하여 뜻을 나타내는 것으로 郊社之禮義, 禘嘗之禮義라고 쓰지 않고, 郊社에는 禮만 들고 禘嘗에는 義만 들었음을 말한다.

••• 郊 하늘제사 교 社 토지신 사 禘 제사이름 체 嘗 제사이름 상 掌 손바닥 장 視 볼 시 詳 자세 상

⊙ 右는 第十九章[153]이라

⊙ 이상은 제19章이다.

| 九經章 (哀公章) |

20-1. 哀公이 問政한대

哀公이 정사를 묻자,

哀公은 魯君이니 名蔣이라

哀公은 魯나라 君主이니, 이름이 蔣이다.

20-2. 子曰 文武之政이 布在方策하니 其人存則其政擧하고 其人亡則其政息[154]이니라

孔子께서 말씀하셨다. "文王·武王의 정사가 方策에 펼쳐져 있으니, 그러한 사람(文王과 武王과 같은 사람)이 있으면 그러한 정사가 거행되고, 그러한 사람이 없으면 그러한 정사가 종식된다.

方은 版也요 策은 簡也라 息은 猶滅也라 有是君, 有是臣이면 則有是政矣[155]라

'方'은 版(판자)이고, '策'은 簡(竹簡 · 木簡)이다. '息'은 滅과 같다. 이러한 군주가 있고 이러

---

153 〔詳說〕 右 第十九章 : 살펴보건대 禮樂을 제정하는 일은 武王과 周公이 거룩하였다. 그러므로 특별히 거듭 말하였고, 나라를 다스리는 것으로 끝맺음하여 아랫장의 나라를 다스리는 九經을 일으킨 것이다.〔按禮樂制作之事 武王周公爲盛 故特申言之 而以治國結之 以起下章治國之九經〕

154 文武之政……其人亡則其政息 : 壺山은 "이 章의 諺解의 구두(현토)는《論語》에서 군주를 대하여 말씀한 곳과 똑같지 않으니, 온당치 못할 듯하다.〔此章諺讀 與論語對君言處不同 恐未安〕" 하였으니, 이는 官本諺解에는 군주에 대한 敬語를 쓰지 아니하여 "問政ᄒᆞᆫ대"로 되어 있음을 이른다. 栗谷諺解에는 "問政ᄒᆞ신대" 등으로 끝까지 敬語를 사용하였다. 한편 艮齋는《書經》〈洪範〉에서 箕子가 武王에게 洪範九疇를 말씀한 내용에 敬語를 쓰지 않은《書經諺解》의 경우를 들어 官本諺解처럼 일절 敬語를 쓰지 않았다. 본인은 官本諺解를 그대로 따랐다.

155 〔詳說〕 有是君……則有是政矣 : 그 사람이 생존하면 그 정사가 거행됨을 말함을 인하여, 그 사람이 죽으면 그 정사가 종식됨을 아울러 언급하였다. 그러므로 註에서 죽으면 종식됨을 다시 해석하지 않은 것이다.〔因言存擧 而並及亡息 故註不復釋亡息〕

··· 蔣 도울 장 布 펼 포 策 책 책 息 그칠 식 版 판자 판 滅 멸할 멸, 없어질 멸

한 신하가 있으면 이러한 정사가 있는 것이다.

20-3. 人道는 敏政하고 地道는 敏樹하니 夫政也者는 蒲盧[156](蘆)也니라

사람의 道는 정사에 빠르게 나타나고 땅의 道는 나무(草木)에 빠르게 나타나니, 정사의 신속한 효험은 쉽게 자라는 갈대와 같다.

敏은 速也라 蒲盧는 沈括이 以爲蒲葦라하니 是也라 以人立政은 猶以地種樹하여 其成이 速矣요 而蒲葦는 又易生之物이니 其成이 尤速也라 言 人存政擧[157]가 其易如此라

'敏'은 빠름이다. '蒲盧(蒲蘆)'는 沈括이 "蒲葦(갈대)이다." 하였으니, 옳다. 사람으로써 정사를 세움은 땅에 나무를 심는 것과 같아 그 이루어짐이 빠르며, 갈대는 또 쉽게 자라는 물건이어서 그 이루어짐이 더욱 빠르다. 훌륭한 사람이 있으면 정사가 거행됨이 그 쉬움이 이와 같음을 말씀한 것이다.

20-4. 故로 爲政在人하니 取人以身이요 修身以道요 修道以仁이니라

그러므로 정사를 함이 사람(賢臣)에게 달려 있으니, 사람을 취하되 몸(군주)으로써 하고, 몸을 닦되 道로써 하고, 道를 닦되 仁으로써 해야 한다.

此는 承上文人道敏政而言也라 爲政在人은 家語에 作爲政在於得人하니 語意尤備라 人은 謂賢臣이요 身은 指君身[158]이라 道者는 天下之達道요 仁者는 天地生物之心而人

---

156 蒲盧 : 朱子는 "舊說(鄭玄의 註)에 蒲盧를 螺嬴(나나니벌)라 하였으나, 상고할 바가 없다.〔舊說蒲盧爲螺嬴 無所考〕" 하고 沈括의 說을 따라 蒲葦(갈대)라 하였다. 그러나 淸代의 考証學者들은 대부분 鄭玄의 설을 따랐으며, 茶山도 《自箴》에서 "蒲盧는 땅벌 중에 허리가 가는 것이다. 어미 벌이 존재하면 애벌레가 변화하여 벌이 되고 어미 벌이 없어지면 애벌레가 끝내 변화하지 못하니, 이른바 '그 사람이 존재하면 그 정사가 거행되고 그 사람이 없어지면 그 정사가 종식된다.'는 것이다. '地道敏樹' 한 句는 '人道敏政'을 인하여 마침내 말해서 文勢가 굴러가는 구슬이 산비탈을 달리는 것과 같다.〔蒲盧者 土蜂之細腰者 蜂存則蟲化而爲蜂 蜂去則蟲終不化 所謂其人存則其政擧 其人亡則其政息也 地道敏樹一句 因人道敏政而遂言之 文勢如流丸走坂〕" 하였다.

157 〔詳說〕 人存政擧 : 윗절을 받은 것이다.〔承上節〕

158 〔詳說〕 人……指君身 : 앞 節의 '人'자는 군주와 신하를 통하여 말하였고, 이 節의 '人'과 '身'은 또 군주와 신하를 나누어 말하였다.〔前節人字 通言君臣 此節人身 又分君臣言〕

··· 敏 빠를 민 樹 나무 수 蒲 부들 포 盧 갈대 로(蘆同) 括 쌀 괄 葦 갈대 위 種 심을 종 擧 들 거 備 갖출 비

得以生者[159]니 **所謂元者善之長也**라 **言 人君爲政**이 **在於得人**하고 **而取人之則**(칙)이 **又在修身**하니 **能仁其身**이면 **則有君有臣而政無不擧矣**니라

이는 윗글의 '사람의 道는 정사에 빠르게 나타난다.'는 말을 이어 말씀한 것이다. '爲政在人'은 《孔子家語》에 "정사를 함이 사람을 얻음에 달려 있다.〔爲政在於得人〕"로 되어 있으니, 말뜻이 더욱 구비되었다. '人'은 賢臣을 이르고 '身'은 군주의 몸을 가리킨다. '道'는 天下의 達道요, '仁'은 天地가 물건을 내는 마음으로 사람이 얻어서 태어난 것이니, 《周易》〈乾卦 文言〉에 이른바 '元은 善의 으뜸'이란 것이다. 인군이 정사를 함은 사람을 얻음에 있고 사람을 취하는 법은 또 몸을 닦음에 있으니, 능히 그 몸을 仁하게 하면 훌륭한 군주가 있고 훌륭한 신하가 있어서 정사가 거행되지 않음이 없음을 말씀한 것이다.

20-5. 仁者는 人也니 親親이 爲大하고 義者는 宜也니 尊賢이 爲大하니 親親之殺(쇄)와 尊賢之等이 禮所生也니라

仁이란 사람의 몸이니 어버이(친척)를 친히 함이 큰 것이 되고, 義란 마땅함이니 어진이를 높임이 큰 것이 되니, 친척을 친애함의 줄어듦과 어진이를 높임의 등급이 禮가 생겨난 이유이다.

人은 **指人身而言**이라 **具此生理**[160]하여 **自然**[161]**便有惻怛慈愛之意**[162]하니 **深體味之**면 **可見**이라 **宜者**는 **分別事理**하여 **各有所宜也**요 **禮**는 **則節文斯二者而已**라

'人'은 사람의 몸을 가리켜 말하였다. 〈사람의 몸은〉 이 生理를 갖추고 있어 자연히 惻怛하고 자애로운 뜻이 있으니, 깊이 體得하여 음미하면 볼 수 있다. '宜'는 事理를 분별하여 각기 마

---

159 〔記疑〕 道者……天地生物之心而人得以生者 : '修道以仁'의 '仁'자는 사람이 태어나 얻은 바의 理를 가리켜 말한 것으로, 義·禮·智·信이 모두 이 가운데 들어 있으며, '仁也者'[1]의 '仁'자는 다만 愛를 위주하여 말하였고, '智仁勇'의 '仁'자는 心이 지극히 공정하여 사사로움이 없어서 道를 체행할 수 있는 것을 가리켜 말하였고, 〈25章의〉 '成己仁也'의 '仁'자는 또 成德한 곳에 나아가 仁의 전체를 가리켜 낸 것으로, 義·禮·智·信이 모두 이로부터 나온다.〔修道以仁仁字 指人生所得之理言 而義禮智信 皆在其中 仁也者仁字 單主愛上說 知仁勇仁字 指心之至公無私 所以能體道者言 成己仁也仁字 又是就成德處 指出仁之全體 義禮智信 皆從是而出〕

譯註 1. 仁也者 : 아랫글의 "仁者 人也"의 誤記로 보인다.

160 譯註 具此生理 : 生理는 만물을 낳고 낳는 원리(生物之理)로, 곧 仁의 性을 간직하고 있음을 이른다.

161 〔詳說〕 自然 : '自然' 두 글자는 혹 윗구로 붙여 읽기도 한다.〔二字或屬上句讀〕

162 〔詳說〕 便有惻怛慈愛之意 : 親親을 해석하였다.〔釋親親〕

··· 宜 마땅 의 殺 줄어들 쇄 具 갖출 구 便 곧 변 惻 슬플 측 怛 슬플 달 慈 사랑할 자

땅한 바가 있게 하는 것이요, 禮는 이 두 가지(仁과 義)를 節文할 뿐이다.

(在下位하여 不獲乎上이면 民不可得而治矣리라)

(아래 지위에 있으면서 윗사람에게 신임을 얻지 못하면 백성을 다스리지 못할 것이다.)

鄭氏曰 此句는 在下하니 誤重在此하니라

鄭氏(鄭玄)가 말하였다. "이 句는 아래에 있으니, 잘못 중복되어 여기에 있다."

20-6. 故로 君子는 不可以不修身이니 思修身인댄 不可以不事親이요 思事親인댄 不可以不知人이요 思知人인댄 不可以不知天이니라

그러므로 君子는 몸을 닦지 않을 수 없으니, 몸을 닦을 것을 생각할진댄 어버이를 섬기지 않을 수 없고, 어버이를 섬길 것을 생각할진댄 사람(賢人)을 알지 않을 수 없고, 사람을 알 것을 생각할진댄 하늘의 이치를 알지 않을 수 없다.

爲政在人하고 取人以身이라 故로 不可以不修身이요 修身以道하고 修道以仁이라 故로 思修身인댄 不可以不事親[163]이요 欲盡親親之仁인댄 必由尊賢之義라 故로 又當知人[164]이요 親親之殺(쇄)와 尊賢之等이 皆天理也[165]라 故로 又當知天이라

정사를 다스림은 사람(賢臣)을 얻음에 달려 있고 사람을 취함은 몸(군주)으로써 하기 때문에 몸을 닦지 않을 수 없고, 몸을 닦음은 道로써 하고 道를 닦음은 仁으로써 하기 때문에 몸을 닦을 것을 생각할진댄 어버이(친척)를 섬기지 않을 수 없고, 親親의 仁을 다하고자 할진댄 반드시 尊賢의 義를 말미암아야 하기 때문에 또 마땅히 사람을 알아야 하고, 親親의 줄어듦과 尊賢의 등급이 모두 天理이기 때문에 또 마땅히 하늘의 이치를 알아야 하는 것이다.

---

163 〔詳說〕 思修身 不可以不事親 : 《大全》에 말하였다. "親親의 仁을 가지고 어버이를 섬기는 것이다.〔以親親之仁事親〕"

164 〔詳說〕 欲盡親親之仁……又當知人 : 程子가 말씀하였다. "친애하는 바가 올바른 사람이 아니면 몸을 위태롭게 하고 어버이를 욕되게 한다.〔所親非其人 辱身危親〕"

165 〔詳說〕 親親之殺……皆天理也 : 禮는 天理의 節文이다.〔禮者 天理之節文〕

··· 獲 얻을 획

20-7. 天下之達道五에 所以行之者三이니 曰君臣也와 父子也와 夫婦也와 昆弟也와 朋友之交也五者는 天下之達道也요 知(智), 仁, 勇三者는 天下之達德也니 所以行之者는 一也니라

天下의 達道(공통된 道)가 다섯 가지인데 이것을 행하는 것은 셋이니, 君臣間과 父子間과 夫婦間과 昆弟間(兄弟間)과 朋友間의 사귐 이 다섯 가지는 天下의 達道이고, 智·仁·勇 이 세 가지는 天下의 達德(공통된 德)이니, 이것을 행하는 것은 하나(誠)이다.

達道者는 天下古今所共由之路니 卽書所謂五典이요 孟子所謂父子有親, 君臣有義, 夫婦有別, 長幼有序, 朋友有信이 是也[166]라 知(智)는 所以知此也[167]요 仁은 所以體此[168]也요 勇은 所以强此也니 謂之達德者는 天下古今所同得之理也라 一은 則誠而已矣[169]라 達道는 雖人所共由나 然無是三德이면 則無以行之요 達德은 雖人所同得이나 然一有不誠이면 則人欲間之하여 而德非其德矣라 程子曰 所謂誠者는 止是誠實此三者니 三者之外에 更別無誠[170]이니라

'達道'는 天下와 古今에 함께 행하여야 할 길이니, 바로 《書經》〈虞書 舜典〉에 이른바 '五典

---

166 〔詳說〕 孟子所謂父子有親……是也 : 〈父子 · 君臣의〉 다섯 가지는 物이요 그 법칙(有親·有義)은 道이니, 孟子의 말씀이 여기에서 나왔는데,[1] 더욱 자세히 구비하였다.〔五者 物也 其則是道也 孟子之說 蓋出於此 而益爲詳備〕

譯註 1. 孟子의……나왔는데 : 物과 법칙은 《詩經》〈大雅 烝民〉의 '有物有則'을 인용한 것으로, 《孟子》〈滕文公上〉에 "사람에게는 도리가 있는데 배불리 먹고 따뜻이 옷을 입어서 편안히 거처하기만 하고 가르침이 없으면 禽獸와 가까워진다. 〈이 때문에〉 聖人(堯)이 이를 근심하시어 契(설)을 司徒로 삼아 人倫을 가르치게 하셨으니, 父子간에는 친함이 있으며, 君臣간에는 의리가 있으며, 夫婦간에는 분별이 있으며, 長幼간에는 차례가 있으며, 朋友간에는 信實이 있는 것이다.〔人之有道也 飽食煖衣 逸居而無敎 則近於禽獸 聖人有憂之 使契爲司徒 敎以人倫 父子有親 君臣有義 夫婦有別 長幼有序 朋友有信〕"라고 보인다.

167 〔詳說〕 所以知此也 : 《大全》에 말하였다. "'此'자는 五達道를 가리킨 것이다.〔此字 指五達道〕"

168 〔詳說〕 體此 : 《大全》에 말하였다. "몸으로 체행하여 직접 행하는 것이다.〔以身體而躬行之〕"

169 譯註 一 則誠而已矣 : 壺山은 "여기와 뒷절(14節)의 '行之者一也'는 모두 誠을 가리킨 것이고, 아랫절 두 개의 '一也'는 다만 앞장 '貴賤一也'의 뜻(동일함)이다.〔此及後節行之者一也 皆指誠也 下節兩箇一也 只是前章貴賤一也之義也〕" 하였다. 그러나 茶山은 '一也'를 모두 똑같은 例로 보아야 한다고 주장하였다.

170 〔詳說〕 所謂誠者……更別無誠 : 朱子가 말씀하였다. "誠은 이 세 가지를 행하는 진실한 마음이다.〔誠是行此三者眞實的心〕"

··· 昆 맏곤 路 길로 典 법전 體 체행할 체 强 힘쓸 강 間 낄 간 止 다만 지

(五倫)'이란 것이요, 《孟子》〈滕文公上〉에 이른바 '父子間에는 친함이 있고 君臣間에는 의리가 있고 夫婦間에는 분별이 있고 長幼間에는 차례가 있고 朋友間에는 信實이 있다.'는 것이 이것이다. 智는 이것(達道)을 아는 것이고 仁은 이것을 體行하는 것이고 勇은 이것을 힘쓰는 것이니, 이것을 達德이라고 이르는 것은 天下와 古今에 함께 얻은 바의 理이기 때문이다. '一'은 곧 誠일 뿐이다. 達道는 비록 사람이 똑같이 행하는 바이나 이 세 가지 德이 없으면 이것을 행할 수 없고, 達德은 비록 사람이 똑같이 얻은 바이나 한 가지라도(조금이라도) 誠實하지 못함이 있으면 人慾이 사이에 끼어서 德다운 德이 아닌 것이다.

程子(伊川)가 말씀하였다. "이른바 '誠'이란 것은 다만 이 세 가지를 성실히 하는 것이니, 이 세 가지 외에 다시 다른 誠이 없다."

|附錄. 中庸達道達德之圖 (北軒 金春澤)|

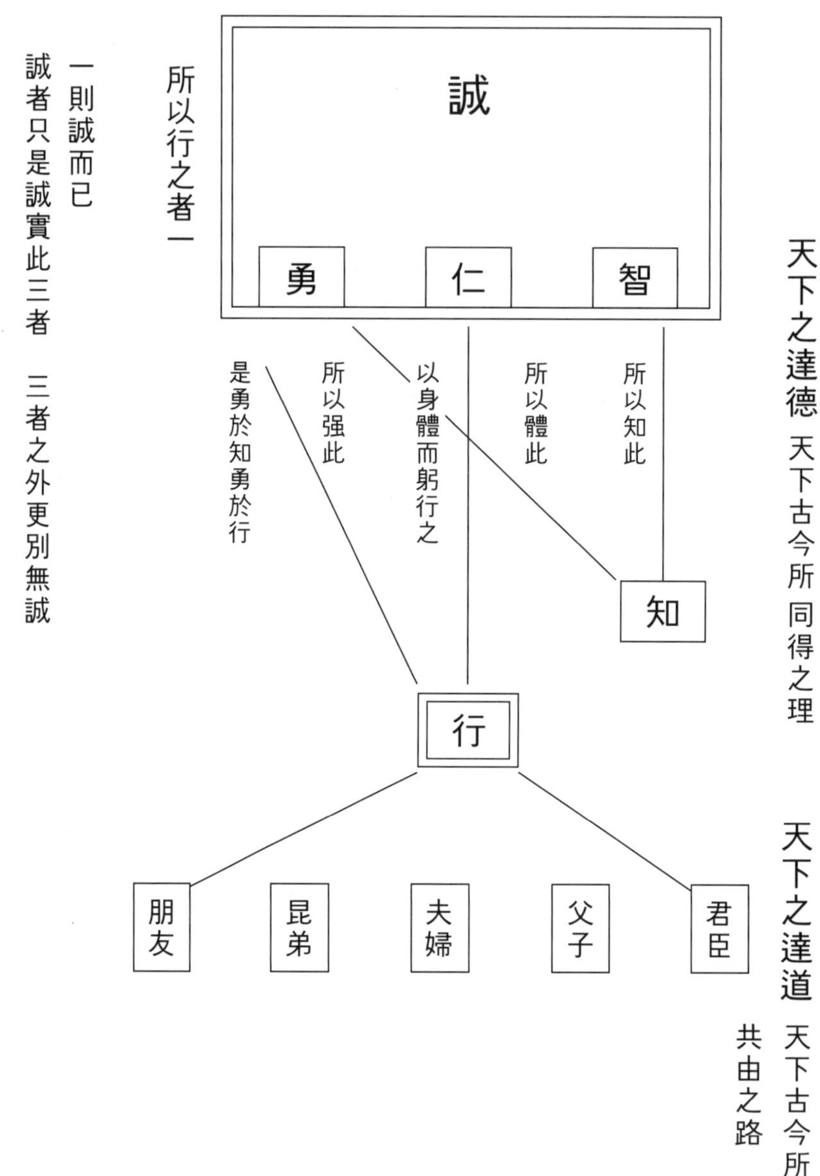

20-8. **或生而知之**하며 **或學而知之**하며 **或困而知之**하나니 **及其知之**하여는 **一也**니라 **或安而行之**하며 **或利而行之**하며 **或勉强而行之**하나니 **及其成功**하여는 **一也**니라

혹은 태어나면서 이것(達道)을 알고 혹은 배워서 이것을 알고 혹은 애를 써서 이것을 아는데, 그 앎에 미쳐서는 똑같다. 혹은 편안히 이것을 행하고 혹은 이롭게 여겨서 이것을 행하고 혹은 억지로 힘써서 이것을 행하는데, 그 功을 이룸에 미쳐서는 하나(誠)이다."

知之者之所知와 **行之者之所行**은 **謂達道也**라 **以其分而言**하면 **則所以知者**는 **知(智)也**요 **所以行者**는 **仁也**요 **所以至於知之成功而一者**는 **勇也**[171]며 **以其等而言**하면 **則生知安行者**는 **知也**[172]요 **學知利行者**는 **仁也**[173]요 **困知勉行者**는 **勇也**[174]라 **蓋人性**이 **雖無不善**이나 **而氣稟有不同者**라 **故**로 **聞道有蚤莫(早暮)**하고 **行道有難易**라 **然**이나 **能自强不息**이면 **則其至**는 **一也**라 **呂氏曰 所入之塗(途)雖異**나 **而所至之域則同**하니 **此所以爲中庸**이라 **若乃企生知安行之資**하여 **爲不可幾及**[175]하고 **輕困知勉行**하여 **謂不能有成**이라하면 **此**는 **道之所以不明不行也**라

知之의 알 바와 行之의 행할 바는 達道를 이른다. 그 분별로써 말하면 아는 것은 智이고 행하는 것은 仁이고 알아서 成功에 이르러 똑같은 것은 勇이며, 그 등급으로써 말하면 生知와 安行은 智이고 學知와 利行은 仁이고 困知와 勉行은 勇이다. 사람의 本性이 비록 不善함이 없으나 氣稟이 동일하지 않으므로 道를 들음에 이르고 늦음이 있으며 道를 행함에 어렵고 쉬움이 있는 것이다. 그러나 능히 스스로 힘쓰고 쉬지 않으면 그 이르는 경지는 똑같은 것이다.

呂氏(呂大臨)가 말하였다. "들어가는 길은 비록 다르나 이르는 경지는 똑같으니, 이 때문에 中庸이 되는 것이다. 만일 生知와 安行의 資稟을 바라고서 따라갈 수 없다고 여기고 困知와 勉行을 하찮게 여겨 성공이 있지 못하다고 여긴다면, 이것이 바로 道가 밝아지지 못하고 행해지지 못하는 所以인 것이다."

---

171 〔詳說〕 所以至於知之成功而一者 勇也:《大全》에 말하였다. "知(앎)의 투철함과 行의 성공이 바로 勇이다.〔知之透徹 行之成功 便是勇〕"

172 〔詳說〕 生知安行者 知也:《大全》에 말하였다. "舜임금의 大智와 같은 것이다.〔如舜之大知〕"

173 〔詳說〕 學知利行者 仁也:《大全》에 말하였다. "顔子의 克己復禮와 같은 것이다.〔如顔子之克復〕"

174 〔詳說〕 困知勉行者 勇也:子路의 勇과 같은 것이다.〔如子路之勇〕

175 〔詳說〕 若乃企生知安行之資 爲不可幾及:바라고자 하다가 곧바로 스스로 한계 짓는 것이다.〔欲企而旋自畫〕

··· **困** 곤할 곤 **蚤** 일찍 조(早通) **莫** 저물 모(暮同) **息** 쉴 식 **塗** 길 도 **域** 지경 역 **企** 바랄 기 **幾** 몇 기 **輕** 가벼울 경

20-9. (子曰) 好學은 近乎知(智)하고 力行은 近乎仁하고 知恥는 近乎勇이니라

(孔子께서 말씀하셨다.) 배우기를 좋아함은 智에 가깝고, 힘써 행함은 仁에 가깝고, 부끄러움을 앎은 勇에 가깝다.

子曰 二字는 衍文이라

○ 此는 言 未及乎達德而求以入德之事니 通上文三知爲知(智)와 三行爲仁하면 則此三近者는 勇之次也라 呂氏曰 愚者는 自是而不求하고 自私者는 徇人欲而忘返하고 懦者는 甘爲人下而不辭라 故로 好學이 非知(智)나 然足以破愚요 力行이 非仁이나 然足以忘私요 知恥가 非勇이나 然足以起懦니라

'子曰' 두 글자는 衍文이다.

○ 이는 達德에 미치지 못하여 德에 들어가기를 구하는 일을 말씀한 것이니, 윗글의 三知(生知 · 學知 · 困知)는 智가 되고 三行(安行 · 利行 · 勉行)은 仁이 됨을 통해 보면 이 세 가지의 가까움은 勇의 다음인 것이다.

呂氏(呂大臨)가 말하였다. "어리석은 자는 스스로 옳다 하고 찾지 않으며, 스스로 사사로이 하는 자는 人慾을 따라 돌아올 줄 모르며, 나약한 자는 남의 아래가 됨을 달게 여겨 사양하지 않는다. 그러므로 배우기를 좋아함이 智가 아니나 족히(충분히) 어리석음을 깨뜨릴 수 있고, 힘써 행함이 仁이 아니나 족히 사사로움을 잊을 수 있고, 부끄러움을 앎이 勇이 아니나 족히 나약함을 일으킬 수 있는 것이다."

20-10. 知斯三者면 則知所以修身이요 知所以修身이면 則知所以治人이요 知所以治人이면 則知所以治天下, 國, 家矣리라

이 세 가지를 알면 몸을 닦는 바를 알 것이요, 몸을 닦는 바를 알면 남을 다스리는 바를 알 것이요, 남을 다스리는 바를 알면 天下와 國·家를 다스리는 바를 알 것이다.

斯三者는 指三近而言이라 人者는 對己之稱이요 天下, 國, 家는 則盡乎人矣라 言此하여 以結上文修身之意하고 起下文九經之端也라

'이 세 가지'란 三近(好學 · 力行 · 知恥)을 가리켜 말한 것이다. '人(남)'은 자신을 상대하여

··· 恥 부끄러울 치 衍 남을 연 徇 따를 순 忘 잊을 망 返 돌아올 반 懦 나약할 나 破 깨트릴 파 斯 이 사

稱한 것이요, 天下와 國 · 家는 人을 다한 것이다. 이것을 말씀하여 윗글의 修身의 뜻을 맺고 아랫글의 九經의 단서를 일으킨 것이다.

20-11. 凡爲天下, 國, 家 有九經하니 曰 修身也와 尊賢也와 親親也와 敬大臣也와 體群臣也와 子庶民也와 來百工也와 柔遠人也와 懷諸侯也니라

무릇 天下와 國·家를 다스림에 九經(아홉 가지 떳떳한 법)이 있으니, 몸을 닦음과 어진이를 높임과 친척을 친애함과 大臣을 공경함과 여러 신하들의 마음을 體察함과 백성들을 자식처럼 사랑함과 百工들을 오게 함과 먼 곳의 사람을 懷柔함과 諸侯들을 은혜롭게 하는 것이다.

經은 **常也**라 **體**는 **謂設以身處其地而察其心也**라 **子**는 **如父母之愛其子也**라 **柔遠人**은 **所謂無忘賓旅者也**[176]라 **此**는 **列九經之目也**라 **呂氏曰 天下, 國, 家之本**이 **在身故**로 **修身**이 **爲九經之本**이라 **然**이나 **必親師取友然後**에 **修身之道進故**로 **尊賢**이 **次之**하고 **道之所進**이 **莫先其家故**로 **親親**이 **次之**하고 **由家以及朝廷故**로 **敬大臣, 體群臣**이 **次之**하고 **由朝廷以及其國故**로 **子庶民, 來百工**이 **次之**하고 **由其國以及天下故**로 **柔遠人, 懷諸侯 次之**하니 **此**는 **九經之序也**라 **視群臣**을 **猶吾四體**하고 **視百姓**을 **猶吾子**하니 **此**는 **視臣視民之別也**라

'經'은 떳떳함이다. '體'는 자신이 그 처지에 처한 것으로 가설하여 그 마음을 體察하는 것이다. '子'는 父母가 그 자식을 사랑하듯이 하는 것이다. '먼 곳의 사람을 회유한다.'는 것은《孟子》〈告子下〉에 이른바 '손님과 나그네를 잊지 말라.'는 것이다. 이는 九經의 조목을 나열한 것이다.

---

176 〔詳說〕 柔遠人 所謂無忘賓旅者也 : 三山陳氏가 말하였다. "'遠人'은 四夷가 아니고 바로 商賈와 賓旅이니, 만약 四夷를 말하였으면 응당 諸侯의 위에 있지 않을 것이다.〔遠人非四夷 乃商賈賓旅 若謂四夷不應在諸侯之上〕" ○《書經》의 '柔遠'[1)]과는 다르니, 마땅히《論語》의 '遠人'[2)]과 참고하여 보아야 한다.〔與書之柔遠不同 當與論語遠人參看〕

譯註 1. 書經의 柔遠 : 〈舜典〉에 "곡식은 때(농사철)를 잘 맞추어야 하니, 멀리 있는 자를 회유하고 가까이 있는 자를 길들이며 덕이 있는 자를 후대하고 어진 자를 믿으며 간사한 자를 막으면, 蠻夷도 거느리고 와서 복종할 것이다.〔食哉惟時 柔遠能邇 惇德允元 而難任(壬)人 蠻夷率服〕"라고 보인다.

譯註 2. 論語의 遠人 : 〈季氏〉 1章에 "먼 지방 사람이 복종해 오지 않으면 文德을 닦아서 그들을 오게 하고, 이미 왔으면 편안하게 해야 하는 것이다.〔遠人不服 則修文德以來之 旣來之 則安之〕"라고 보이는 바, 여기에서 말한 遠人은 먼 오랑캐를 가리킨 것이 아니고, 附庸國인 顓臾와 같은 나라를 가리킨 것이다.

··· **經** 법 경 **敬** 공경 경 **體** 체득할 체 **子** 사랑할 자 **柔** 부드러울 유 **懷** 품을 회 **設** 베풀 설 **旅** 나그네 려 **視** 볼 시 **猶** 같을 유

呂氏(呂大臨)가 말하였다. "天下와 國 · 家의 근본이 몸에 있기 때문에 修身이 九經의 근본이 된다. 그러나 반드시 스승을 친히 하고 벗을 취한 뒤에 修身의 道가 진전되기 때문에 尊賢이 그 다음이 되고, 道의 진전되는 바가 자기 집안보다 먼저 함이 없기 때문에 親親이 그 다음이 되고, 집안으로 말미암아 朝廷에 미치기 때문에 敬大臣과 體群臣이 그 다음이 되고, 朝廷으로 말미암아 나라에 미치기 때문에 子庶民과 來百工이 그 다음이 되고, 나라로 말미암아 천하에 미치기 때문에 柔遠人과 懷諸侯가 그 다음이 되는 것이니, 이는 九經의 순서이다. 群臣을 보기를 나의 四體(四肢)와 같이 하고 백성을 보기를 나의 자식과 같이 하니, 이는 신하를 봄과 백성을 봄의 구별이다."

20-12. 修身則道立하고 尊賢則不惑하고 親親則諸父昆弟不怨하고 敬大臣則不眩하고 體群臣則士之報禮重하고 子庶民則百姓勸하고 來百工則財用足하고 柔遠人則四方歸之하고 懷諸侯則天下畏之니라

몸을 닦으면 道가 확립되고, 어진이를 높이면 〈이치에〉 의혹하지 않고, 친척을 친애하면 諸父(伯叔父)와 兄弟들이 원망하지 않고, 大臣을 공경하면 일에 미혹되지 않고, 여러 신하들의 마음을 體察하면 士(낮은 관리)들이 禮를 보답함이 중하고, 庶民들을 사랑하면 백성들이 勸勉하고, 百工들을 오게 하면 財用(財貨와 器用)이 풍족하고, 먼 곳의 사람을 회유하면 사방이 귀의하고, 諸侯들을 은혜롭게 품어주면 천하가 두려워한다.

此는 **言九經之效也**[177]라 **道立**은 **謂道成於己而可爲民表**니 **所謂皇建其有極**이 **是也**라 **不惑**은 **謂不疑於理**요 **不眩**은 **謂不迷於事**라 **敬大臣**이면 **則信任專**하여 **而小臣**이 **不得以間之**라 **故**로 **臨事而不眩也**라 **來百工**이면 **則通功易事**하여 **農末相資**라 **故**로 **財用足**하고 **柔遠人**이면 **則天下之旅皆悅而願出於其塗(途)**라 **故**로 **四方歸**하고 **懷諸侯**면 **則德之所施者博而威之所制者廣矣**라 **故**로 **曰天下畏之**라하니라

이는 九經의 효험을 말씀한 것이다. '道立'은 道가 자기 몸에 이루어져 백성들의 儀表가 될 만함을 이르니, 《書經》〈周書 洪範〉에 이른바 '皇帝가 極(표준)을 세운다.'는 것이 이것이다. '不惑'은 이치에 의혹하지 않음을 이르고, '不眩'은 일에 미혹되지 않음을 이른다. 大臣을 공경하

---

177 〔詳說〕 此 言九經之效也 : 먼저 '效'를 말하고 뒤에 '事'를 말한 것은 中人 이하인 困知 勉行하는 자를 위해서 인도하여 나아가게 한 뜻이다.〔先言效 後言事者 蓋爲中人以下困知勉行者 誘進之意也〕

••• 惑 미혹할 혹 昆 맏 곤 勸 권할 권 畏 두려울 외 表 겉 표 迷 미혹할 미 間 이간질할 간 眩 어지러울 현 資 재물 자, 자뢰 자 施 베풀 시 博 넓을 박

면 信任이 專一하여 小臣들이 이간질할 수 없기 때문에 일을 당하여 미혹되지 않는 것이다. 百工들을 오게 하면 각자의 직업(기술)을 통하고 일을 바꿔 하여 農業과 末業(商工業)이 서로 의뢰하므로 財用이 풍족해지고, 먼 곳의 사람을 회유하면 천하의 나그네가 모두 기뻐하여 그의 길로 나오기를 원하기 때문에 四方이 귀의하고, 諸侯들을 은혜롭게 품어주면 德의 베풀어짐이 넓고 威嚴의 제어하는 바가 넓어지기 때문에 천하가 두려워한다고 말한 것이다.

20-13. 齊(재)明盛服[178]하여 非禮不動은 所以修身也요 去讒遠色하며 賤貨而貴德은 所以勸賢也요 尊其位하며 重其祿하며 同其好惡(오)는 所以勸親親也요 官盛任使는 所以勸大臣也요 忠信重祿은 所以勸士也요 時使薄斂은 所以勸百姓也요 日省月試하여 旣稟(餼廩)稱事는 所以勸百工也요 送往迎來하며 嘉善而矜不能은 所以柔遠人也요 繼絕世하며 擧廢國하며 治亂持危하며 朝聘以時하며 厚往而薄來는 所以懷諸侯也니라

齋戒하고 마음을 깨끗이 하며 의복을 성대히 하여 禮가 아니면 동하지 않음은 몸을 닦는 것이요, 참소하는 이를 제거하고 女色을 멀리 하며 재물을 천히(하찮게) 여기고 德을 귀하게 여김은 어진 이를 勸勉하는 것이요, 그(諸父와 昆弟) 지위를 높여 주고 祿을 많이 주며 좋아함과 싫어함을 함께함은 親親을 권면하는 것이요, 官屬이 많아서 使令을 충분히 맡길 수 있음은 大臣을 권면하는 것이요, 忠信(誠心)으로 대하고 祿을 많이 줌은 士를 권면하는 것이요, 철에 따라 부역을 시키고 세금을 적게 거둠은 백성들을 권면하는 것이요, 날로 살펴보고 달로 시험하여 창고의 祿俸을 줌을 일에 맞게 함은 百工들을 권면하는 것이요, 가는 이를 전송하고 오는 이를 맞이하며 잘하는 이를 가상히 여기고 능하지 못한 이를 가엾게 여김은 먼 곳의 사람을 회유하는 것이요, 끊긴 代를 이어주고 없어진 나라를 일으켜 주며 혼란한 나라를 다스려 주고 위태로운 나라를 붙들어 주며 朝會와 聘問을 때에 따라 하며 가는 것을 厚하게 하고 오는 것을 薄하게 함은 諸侯들을 은혜롭게 품어주는 것이다.

---

178 齊明盛服 : 北溪陳氏(陳淳)는 "齊明하여 그 안(마음)을 한결같게 하고 의복을 성대히 하여 그 밖(몸)을 엄숙하게 하는 것이다.〔齊明以一其內 盛服以肅其外〕" 하였다.

… 齊 재계할 재(齋) 讒 참소할 참 斂 거둘 렴 旣 녹봉 희(餼通) 稟 창고 름(廩同) 稱 걸맞을 칭 迎 맞이할 영 嘉 아름다울 가 矜 불쌍할 긍 持 가질 지, 잡을 지 危 위태로울 위 聘 빙문할 빙 薄 엷을 박

此는 言九經之事也라 官盛任使는 謂官屬[179]衆盛하여 足任使令也라 蓋大臣은 不當親細事라 故로 所以優之者如此라 忠信重祿은 謂待之誠而養之厚니 蓋以身體之하여 而知其所賴乎上者如此也라 旣는 讀曰餼니 餼稟(희름)은 稍食也라 稱事는 如周禮稾人職曰 考其弓弩하여 以上下其食이 是也라 往則爲之授節以送之하고 來則豐其委積(자)[180]以迎之라 朝는 謂諸侯見(현)於天子요 聘은 謂諸侯使大夫來獻이라 王制에 比年一小聘하고 三年一大聘하고 五年一朝라 厚往薄來는 謂燕賜厚而納貢薄이라

이는 九經의 일을 말씀한 것이다. '官盛任使'는 官屬이 많아서 使令을 충분히 맡길 수 있음을 이른다. 大臣은 작은 일을 친히(몸소) 해서는 안 되기 때문에 우대하기를 이와 같이 하는 것이다. '忠信重祿'은 대하기를 정성스럽게 하고 기르기를 후하게 하는 것이니, 자신(군주)이 그(士) 처지에 처한 것으로 가설해서 體察하여 그 윗사람에게 의뢰함이 이와 같음을 아는 것이다. '旣'는 餼로 읽으니, '餼稟'은 稍食(祿俸)이다. '稱事'는 《周禮》〈稾人職〉에 "弓弩를 상고하여 그 먹는 것(祿俸)을 올리고 내린다."는 것이 이것이다. 갈 때에는 그를 위하여 符節을 주어 보내고, 올 때에는 委積(물자)를 풍족히 하여 맞이하는 것이다. '朝'는 諸侯가 天子를 뵙는 것을 이르고, '聘'은 諸侯가 大夫를 天子國에 보내서 貢物을 올리게 함을 이른다. 《禮記》〈王制〉에 "比年(每年)마다 한 번 작은 빙문을 하고 3년에 한 번 큰 빙문을 하고 5년에 한 번 조회한다." 하였다. '厚往薄來'는 잔치와 하사를 후하게 하고 貢物의 바침을 박하게 함을 이른다.

20-14. 凡爲天下, 國, 家 有九經하니 所以行之者는 一也니라

무릇 天下와 國·家를 다스림에 九經이 있으니, 이것을 행하는 것은 하나(誠)이다.

一者는 誠也니 一有不誠이면 則是九者 皆爲虛文矣라 此는 九經之實也[181]라

---

179 〔詳說〕 官屬 : 大臣의 僚屬이다.

180 〔詳說〕 委積 : 《周禮》〈遺人〉의 註에 말하였다. "委積(위자)는 고기〔牢〕, 쌀, 땔감, 목초를 이른다."[1)]〔周禮遺人註曰 委積 謂牢米薪芻〕

譯註 1. 《周禮》〈遺人〉의……이른다 : 遺人은 《周禮》 地官에 소속된 관원으로 위의 내용은 〈遺人〉에 보이지 않고 天官 〈宰夫〉의 註에 보이며, 〈遺人〉에는 "적은 것은 委라 하고 많은 것은 積라 한다.〔少曰委 多曰積〕"라고만 보인다.

181 〔詳說〕 一者……九經之實也 : 新安陳氏가 말하였다. "《中庸》 한 책은 誠이 樞紐가 된다. 誠이란 이름이 이미 '鬼神章'에 보이고[1)] 誠의 뜻이 이미 두 번 '三達德'과 '九經'에 보이니, 〈鬼神章의〉 '誠之不可揜'은 實理로써 말하였고 여기의 '行之者一'은 모두 實心으로써 말한 것이다.〔中庸一書 誠爲樞紐 誠之名已見(현)於鬼神章 誠之意已兩見於三德九經 誠之不可揜 以實理言 行之者一 皆以實心言〕"

··· 衆 무리 중 優 넉넉할 우 賴 힘입을 뢰 稍 녹먹을 초 稾 마를 고, 집 고 弩 쇠뇌 노 委 창고 위 積 물건 자 獻 드릴 헌 燕 잔치 연 賜 줄 사

'一'은 誠이니, 조금이라도 성실하지 못함이 있으면 이 九經이 모두 빈 글이 된다. 이는 九經의 실제이다.

20-15. **凡事 豫則立**하고 **不豫則廢**하나니 **言前定則不跲**(겁)하고 **事前定則不困**하고 **行前定則不疚**하고 **道前定則不窮**이니라

무릇 일은 미리 하면 성립되고 미리 하지 않으면 폐해진다. 말이 미리 정해지면 차질이 없고, 일이 미리 정해지면 곤궁하지 않고, 행동이 미리 정해지면 결함이 없고, 道가 미리 정해지면 궁하지 않다.

凡事는 **指達道, 達德, 九經之屬**이라 **豫**는 **素定也**라 **跲**은 **躓也**요 **疚**는 **病也**라 **此**는 **承上文**하여 **言 凡事**를 **皆欲先立乎誠**이니 **如下文所推 是也**라

'凡事'는 達道 · 達德 · 九經의 등속을 가리킨다. '豫'는 평소에 미리 정하는 것이다. '跲'은 넘어짐이요, '疚'는 病(하자, 결함)이다. 이는 윗글을 이어 모든 일을 다 먼저 誠에 세우고자 함을 말씀하였으니, 아랫글에서 미루어 말한 바와 같은 것이 이것이다.

20-16. **在下位**하여 **不獲乎上**이면 **民不可得而治矣**리라 **獲乎上**이 **有道**하니 **不信乎朋友**면 **不獲乎上矣**리라 **信乎朋友 有道**하니 **不順乎親**이면 **不信乎朋友矣**리라 **順乎親**이 **有道**하니 **反諸身不誠**이면 **不順乎親矣**리라 **誠身**이 **有道**하니 **不明乎善**이면 **不誠乎身矣**리라

아랫자리에 있으면서 윗사람에게 신임을 얻지 못하면 백성을 다스리지 못할 것이다. 윗사람에게 신임을 얻는 것이 방법이 있으니, 朋友에게 믿음을 받지 못하면 윗사람에게 신임을 얻지 못할 것이다. 朋友에게 믿음을 받는 것이 방법이 있으니, 어버이에게 순하지 못하면 朋友에게 믿음을 받지 못할 것이다. 어버이에게 순함이 방법이 있으니, 자기 몸에 돌이켜보아 성실하지 못하면 어버이에게 순하지 못할 것이다. 몸을 성실히 함이 방법이 있으니, 善을 밝게 알지 못하면 몸을 성실히 하지 못할 것이다.

譯註 1. 鬼神章에 보이고:16章에 "子曰 鬼神之爲德 其盛矣乎……詩曰 神之格思 不可度思 矧可射思 夫微之顯 誠之不可揜 如此夫"라고 보인다..

··· **豫** 미리 예 **跲** 넘어질 겁 **疚** 병들 구 **躓** 넘어질 질 **獲** 얻을 획

此는 又以在下位者로 推言素定之意라 反諸身不誠은 謂反求諸身하여 而所存所發[182]이 未能眞實而無妄也라 不明乎善은 謂不能察於人心天命[183]之本然하여 而眞知至善之所在也라

이는 또 아랫자리에 있는 자로써 평소에 미리 정해져야 하는 뜻을 미루어 말씀한 것이다. '자기 몸에 돌이켜보아 성실하지 못하다.'는 것은 자기 몸에 돌이켜 찾아봄에 마음에 보존한 바와 發하는 바가 眞實하고 망령됨이 없지 못함을 이른다. '善을 밝게 알지 못한다.'는 것은 人心의 天命의 本然을 살펴 至善이 있는 곳을 참으로 알지 못함을 이른다.

20-17. 誠者는 天之道也요 誠之者는 人之道也니 誠者는 不勉而中하며 不思而得하여 從容中道하나니 聖人也요 誠之者는 擇善而固執之者也니라

성실한 자는 하늘의 道이고, 성실히 하려는 자는 사람의 道이니, 성실한 자는 힘쓰지 않고도 道에 맞으며 생각하지 않고도 알아서 從容히 道에 맞으니 聖人이요, 성실히 하려는 자는 善을 택하여 굳게 잡는(지키는) 자이다.

此는 承上文誠身而言이라 誠者는 眞實無妄之謂니 天理之本然也요 誠之者는 未能眞實無妄而欲其眞實無妄之謂니 人事之當然也라 聖人之德이 渾然天理[184]라 眞實無妄하여 不待思勉而從容中道하니 則亦天之道也요 未至於聖이면 則不能無人欲之私하여 而其爲德이 不能皆實이라 故로 未能不思而得하여 則必擇善然後에 可以明善[185]이요 未能不勉而中하여 則必固執而後에 可以誠身[186]이니 此則所謂人之道也라 不思

---

182 譯註 所存所發 : 所存은 평상시 마음에 보존하는 것이고 所發은 생각이 나오는 것으로, 《大學》으로 말할 경우 所存은 正心의 心에 해당하고 所發은 誠意의 意에 해당한다.
〔詳說〕 新安陳氏(陳櫟)가 말하였다. "〈所存·所發은〉 마음을 가리켜 말하였으니, 〈所存은〉 고요하여 涵養할 때이고 〈所發은〉 動하여 應接할 때이다.〔指心而言 靜而涵養時 動而應接時〕"

183 〔詳說〕 人心天命 : 살펴보건대 人心의 天命은 바로 性이다.〔按人心之天命 卽性也〕

184 〔詳說〕 渾然天理 : 朱子가 말씀하였다. "하늘과 하나가 된 것이다.〔與天爲一〕"

185 〔詳說〕 則必擇善然後 可以明善 : 東陽許氏(許謙)가 말하였다. "'擇善'은 格物이고 '明善'은 知至이다.〔擇善是格物 明善是知至〕"

186 〔詳說〕 則必固執而後 可以誠身 : 雙峰饒氏(饒魯)가 말하였다. "誠者를 말하면 仁을 먼저하고 智를 뒤에 하였으니 成德의 순서로 말한 것이고, 誠之者를 논하면 智를 먼저하고 仁을 뒤에 하였으니 덕에 들어가는 순서로 말한 것이다.〔論誠者 則先仁而後知 以成德之序言也 論誠之者 則先知而後仁 以入德之序言也〕"

••• 素 평소 소 妄 망령될 망 中 맞을 중 擇 가릴 택 執 잡을 집 渾 온전할 혼

而得은 **生知也**요 **不勉而中**은 **安行也**라 **擇善**은 **學知以下之事**요 **固執**은 **利行以下之事也**라

이는 윗글의 誠身을 이어 말씀한 것이다. '誠'은 眞實(誠實)하고 망령됨이 없음을 이르니 天理의 本然이요, '誠之'는 능히 진실하고 망령됨이 없지 못하여 진실하고 망령됨이 없고자 함을 이르니 人事의 當然함이다. 聖人의 德은 渾然히(완전히) 天理여서 진실하고 망령됨이 없어 생각함과 힘씀을 기다리지 않고도 從容히 道에 맞으니, 그렇다면 이 또한 하늘의 道인 것이다. 聖人에 이르지 못하면 人慾의 사사로움이 없지 못하여 그의 德이 다 진실하지 못하다. 그러므로 생각하지 않고는 알 수가 없어서 반드시 善을 택한 뒤에야 善을 밝게 알 수 있고, 힘쓰지 않고는 道에 맞을 수가 없어서 반드시 굳게 잡은 뒤에야 몸을 성실히 할 수 있으니, 이것이 이른바 사람의 道란 것이다. 생각하지 않고도 앎은 태어나면서 저절로 아는 것(生而知之)이요, 힘쓰지 않고도 道에 맞음은 편안히 행하는 것(安而行之)이다. 善을 택함은 배워서 아는 것(學而知之) 이하의 일이고, 굳게 잡음은 이롭게 여겨 행하는 것(利而行之) 이하의 일이다.

20-18. **博學之**하며 **審問之**하며 **愼思之**하며 **明辨之**하며 **篤行之**니라

이것을 널리 배우며 자세히 물으며 신중히 생각하며 밝게 분변하며 독실히 행하여야 한다.

此는 **誠之之目也**라 **學, 問, 思, 辨**은 **所以擇善而爲知(智)**니 **學而知也**요 **篤行**은 **所以固執而爲仁**[187]이니 **利而行也**라 **程子曰 五者**에 **廢其一**이면 **非學也**니라

이것은 성실히 하는 條目이다. 배우고 묻고 생각하고 분변함은 善을 택하여 智를 하는 것이니 배워서 아는 것이요, 독실히 행함은 굳게 잡아서 仁을 하는 것이니 이롭게 여겨 행하는 것이다. 程子(伊川)가 말씀하였다. "이 다섯 가지 중에 하나라도 폐하면 學問이 아니다."

20-19. **有弗學**이언정 **學之**인댄 **弗能**이어든 **弗措也**[188]하며 **有弗問**이언정 **問之**인댄 **弗知**어든 **弗措也**하며 **有弗思**언정 **思之**인댄 **弗得**이어든 **弗措也**하며 **有弗**

---

187 〔詳說〕 所以擇善而爲知(智)……所以固執而爲仁 : 두 개의 '爲'자는 '爲政'의 爲(하다)와 같다. 혹자는 "爲德의 爲(되다)와 같다."라고 하니, 다시 상고해야 한다.〔二爲字 如爲政之爲 或曰 如爲德之爲 更詳之〕

188 有弗學……弗措也 : 朱子는 분명한 訓이 없는데, 官本諺解에는 '弗能을 弗措也ᄒᆞ며'로 懸吐하여 措를 남겨두다의 뜻으로 해석하였으나, 栗谷諺解에는 '弗能ᄒᆞ얀 弗措也ᄒᆞ며'로 懸吐하였고 艮齋는 '弗能이어든 弗措也ᄒᆞ며'로 懸吐하였는바, 栗谷과 艮齋는 措를 '버려두다〔置也〕'의 뜻으로 해석한 것이다. 여기서는 艮齋의 說을 따랐음을 밝혀 둔다.

··· 博 넓을 박 審 살필 심 愼 삼갈 신 辨 분별할 변 篤 도타울 독 措 버려둘 조

辨이언정 **辨之**인댄 **弗明**이어든 **弗措也**하며 **有弗行**이언정 **行之**인댄 **弗篤**이어든 **弗措也**하여 **人一能之**어든 **己百之**하며 **人十能之**어든 **己千之**니라

배우지 않음이 있을지언정 배울진댄 능하지 못하거든 놓지(그만두지) 말며, 묻지 않음이 있을지언정 물을진댄 알지 못하거든 놓지 말며, 생각하지 않음이 있을지언정 생각할진댄 터득하지 못하거든 놓지 말며, 분변하지 않음이 있을지언정 분변할진댄 분명하지 못하거든 놓지 말며, 행하지 않음이 있을지언정 행할진댄 독실하지 못하거든 놓지 말아서 남이 한 번에 능하거든 나는 백 번을 하며 남이 열 번에 능하거든 나는 천 번을 하여야 한다.

君子之學[189]이 不爲則已어니와 爲則必要其成이라 故로 常百倍其功하니 此는 困而知, 勉而行者也니 勇之事也라

君子의 배움은 하지 않으면 그만이지만 하면 반드시 그 이룸(成功)을 要한다. 그러므로 항상 그 工夫를 百倍로 하는 것이니, 이는 애써서 알고 힘써서 행하는 자이니, 勇의 일이다.

20-20. **果能此道矣**면 **雖愚**나 **必明**하며 **雖柔**나 **必强**이니라

과연 이 道(방법)에 능하면 비록 어리석으나 반드시 밝아지며, 비록 柔弱하나 반드시 강해진다.

明者는 擇善之功이요 强者는 固執之效라 呂氏曰 君子所以學者는 爲能變化氣質而已니 德勝氣質이면 則愚者可進於明하고 柔者可進於强이요 不能勝之면 則雖有志於學이나 亦愚不能明하고 柔不能立而已矣라 蓋均善而無惡者는 性也니 人所同也요 昏明强弱之稟이 不齊者는 才也니 人所異也라 誠之者는 所以反其同[190]而變其異也니 夫以不美之質로 求變而美인댄 非百倍其功이면 不足以致之어늘 今以鹵莽(노무)滅裂之學[191]으로 或作或輟하여 以變其不美之質이라가 及不能變하여는 則曰 天質不美는 非學所能變이라하니 是는 果於自棄니 其爲不仁이 甚矣로다

---

189 〔詳說〕 君子之學 : 배움을 들어서 묻고 생각하고 논변하고 행함을 포함한 것이다.〔擧學以該問思辨行〕

190 〔詳說〕 反其同 : 그 처음을 회복한 것이다.〔復其初〕

191 〔詳說〕 今以鹵莽滅裂之學 : 《大全》에 말하였다. "'鹵莽'는 마음을 쓰지 않는 것이고, '滅裂'은 輕薄한 것이다.〔鹵莽 不用心也 滅裂 輕薄也〕"

••• 柔 부드러울 유 勝 이길 승 稟 받을 품 異 다를 이 鹵 황폐할 로 莽 황폐할 무 滅 멸할 멸 裂 찢을 렬
作 일할 작 輟 거둘 철

밝아짐은 擇善의 功效요, 강해짐은 固執의 功效이다.

呂氏(呂大臨)가 말하였다. "君子가 배우는 까닭은 氣質을 變化시킬 수 있어서일 뿐이니, 德이 氣質을 이기면 어리석은 자가 밝음에 나아가고 유약한 자가 강함에 나아갈 수 있으며, 이기지 못하면 비록 배움에 뜻을 두더라도 어리석은 자가 밝아지지 못하고 유약한 자가 서지 못한다. 똑같이 善하고 惡함이 없음은 性이니 사람이 동일한 바요, 어둡고 밝고 강하고 약한 氣稟(氣質)이 똑같지 않음은 才質이니 사람이 각기 다른 바이다. 성실히 하는 것은 그 똑같음(性)을 회복하고 그 다름(기질)을 변화시키는 것이다. 아름답지 못한 자질로써 변화하여 아름다워지기를 구할진댄(바랄진댄) 工夫를 百倍로 하지 않으면 이룰 수가 없다. 그런데 이제 鹵莽(거칠고 소략함)하고 滅裂(경박하고 間斷함)한 배움으로 혹 하기도 하고 혹 중단하기도 하면서 아름답지 못한 資質을 변화시키다가 변화되지 못함에 이르면 '타고난 資質이 아름답지 못함은 배워서 변화시킬 수 있는 것이 아니다.'라고 말한다. 이는 스스로 포기함에 과감한 것이니, 그 不仁함이 심한 것이다."

⊙ 右는 **第二十章**이라 **此**는 **引孔子之言**하여 **以繼大舜, 文, 武, 周公之緖**하여 **明其所傳之一致**하여 **擧而措之**[192]면 **亦猶是爾**[193]니 **蓋包費隱**하고 **兼小大**하여 **以終十二章之意**라 **章內**에 **語誠始詳**하니 **而所謂誠者**는 **實此篇之樞紐**[194]**也**라 **又按 孔子家語**에 **亦載此章而其文尤詳**하니 **成功一也之下**에 **有公曰 子之言**이 **美矣至矣**나 **寡人**이 **實固不足以成之也**라 **故**로 **其下**에 **復以子曰**로 **起答辭**어늘 **今無此問辭**로되 **而猶有子曰二字**하니 **蓋子思刪其繁文**하여 **以附于篇**이로되 **而所刪**이 **有不盡者**니 **今當爲衍文也**요 **博學之以下**는 **家語**에 **無之**하니 **意彼有闕文**이어나 **抑此或子思所補也歟**인저

⊙ 이상은 제20章이다. 이는 孔子의 말씀을 인용하여 大舜과 文王 · 武王 · 周公의 전통을 이어 그 전한 바가 일치해서 이것을 들어다가 놓으면 또한 이와 같게 됨을 밝히신 것이니, 費 · 隱을 포함하고 小 · 大를 겸하여 12章의 뜻을 마친 것이다. 이 章 안에 誠을 말한 것이 처음으로 상세하니, 이른바 誠이란 것은 진실로 이 篇의 樞紐(중요한 부분)이다.

---

192 譯註 擧而措之 : 《周易》〈繫辭傳上〉에 "形으로부터 그 이상을 道라 이르고, 形으로부터 그 이하를 器라 이르고, 化하여 裁制함을 變이라 이르고, 미루어 행함을 通이라 이르고, 들어 天下의 백성에게 둠을 事業이라 이른다.〔形而上者 謂之道 形而下者 謂之器 化而裁之 謂之變 推而行之 謂之通 擧而措之天下之民 謂之事業〕"라고 보인다.

193 〔詳說〕 亦猶是爾 : '是'자는 〈大舜과 文王, 武王, 周公의〉 네 성인을 가리킨 것이다.〔是字指四聖〕

194 〔詳說〕 樞紐 : 《大全》에 말하였다. "문에 樞(지도리)가 있는 것과 옷에 紐(단추)가 있는 것과 같다.〔如戶之有樞, 衣之有紐也〕" ○ 그 요점을 이른다. 樞紐는 또 위를 잇고 아래를 접하는 비유로 쓰이는 경우가 있다.〔謂其要也 樞紐 又有用於承上接下之譬處云〕

··· **措** 둘 조 **樞** 문지도리 추 **紐** 인끈 뉴, 맺을 뉴 **寡** 적을 과 **刪** 깎을 산 **繁** 많을 번 **衍** 남을 연 **闕** 빠트릴 궐 **歟** 어조사 여

또 살펴보건대 《孔子家語》〈哀公問政〉에 또한 이 章이 실려 있는데, 그 글이 더욱 상세하다. '成功一也'의 아래에 "哀公이 말씀하기를 '夫子의 말씀이 아름답고 지극하나 寡人이 실로 固陋하여 이것을 이룰 수 없습니다.' 하였다."라는 내용이 있다. 그러므로 그 아래에 다시 '子曰'로써 답한 말씀을 일으킨 것인데, 이제 여기에는 이 묻는 말이 없는데도 그대로 '子曰'이란 두 글자가 있으니, 이는 아마도 子思가 번잡한 글을 삭제하여 篇에 붙이되 삭제한 것이 다하지 못함이 있는 듯하니, 이제 마땅히 衍文이 되어야 할 것이요, '博學之' 이하는 《孔子家語》에 없으니, 짐작건대 저 《孔子家語》에 빠진 글이 있거나 아니면 이것은 혹 子思가 보충하신 것인 듯하다.

| 自誠明章 |

21. 自誠明을 謂之性이요 自明誠을 謂之教니 誠則明矣요 明則誠矣니라

誠으로 말미암아 밝아짐을 性이라 이르고 明으로 말미암아 성실해짐을 教라 이르니, 성실하면 밝아지고 밝아지면 성실해진다.

自는 **由也**라 **德無不實而明無不照者**는 **聖人之德**이 **所性而有者也**니 **天道也**요 **先明乎善而後**에 **能實其善者**는 **賢人之學**이 **由教而入者也**니 **人道也**[195]라 **誠則無不明矣**요 **明則可以至於誠矣**[196]니라

'自'는 말미암음이다. 德이 성실하지 않음이 없고 밝음이 비추지 않음이 없는 것은 聖人의 德

---

195 〔詳說〕 德無不實而明無不照者……人道也 : 朱子가 말씀하였다. "'性'은 본성대로 하는 것이고 '教'는 배워서 아는 것이니, 머릿장의 '天命謂性 修道謂教'와는 뜻이 다르다.〔性是性之也 教是學知也 與首章天命謂性, 修道謂教 義不同〕" ○ 雲峰胡氏가 말하였다. "이 性은 바로 天命之性인데 다만 天命之性은 사람과 물건이 똑같으나 이는 聖人만이 홀로 하는 것이며, 이 教는 바로 修道之教인데 다만 修道之教는 바로 聖人의 일이나 이것은 배우는 자의 일이다.〔此性卽天命之性 但天命之性 人物所同 此則聖人所獨 此教卽修道之教 但修道之教 是聖人事 此則學者事〕"

196 〔詳說〕 誠則無不明矣 明則可以至於誠矣 : 살펴보건대 본문의 '誠則明', '明則誠'은 개괄하여 서로 말하였는데, 註에서 '無不'자와 '可以至'자로 구별하여 말하였으니, 이는 이미 능함〔已能〕과 장차 능함〔將能〕의 구분이다.〔按本文誠則明 明則誠 槩而互言之 而註以無不字 可以至字 別而言之 是已能將能之分也〕 ○ 朱子가 말씀하였다. "誠明은 합하여 하나가 된 것이고, 明誠은 나누어 둘이 된 것이다.[1]〔誠明 合而爲一 明誠 分而爲二〕"

譯註 1. 朱子가……것이다 : '誠明'은 誠則明을 '明誠'은 明則誠을 가리킨 것으로, '誠則明矣'는 聖人의 일로 성실해지면 저절로 알기 때문에 《章句》에 "성실해지면 밝지 않음이 없다.〔誠則無不明矣〕"고 하였고, '明則誠矣'는 學者의 일로 먼저 배워서 밝게 안 뒤에야 성실할 수 있으므로 《章句》에 "밝아지면 성실함에 이를 수 있다.〔明則可以至於誠矣〕"고 한 것이다. 그리하여 朱子가 "誠明은 합하여 하나가 되고, 明誠은 나누어 둘이 된다."고 한 것이다.

••• 照 비칠 조 實 진실할 실

이 性대로 하여 간직한 자이니 하늘의 道이고, 먼저 善을 밝게 안 뒤에 그 善을 성실히 하는 것은 賢人의 배움이 가르침을 말미암아 들어가는 자이니 사람의 道이다. 성실해지면 밝지 않음이 없고 밝아지면 성실함에 이를 수 있다.

⊙ 右는 第二十一章이라 子思承上章夫子天道人道之意而立言也[197]라 自此以下十二章은 皆子思之言이니 以反覆推明此章之意[198]니라

⊙ 이상은 제21章이다. 이는 子思가 윗장에 있는 夫子의 天道 · 人道의 뜻을 이어 말씀한 것이다. 이로부터 이하 열두 章은 모두 子思의 말씀이니, 反覆하여 이 章의 뜻을 미루어 밝히신 것이다.

| 化育章 |

22. 惟天下至誠이야 爲能盡其性이니 能盡其性이면 則能盡人之性이요 能盡人之性이면 則能盡物之性이요 能盡物之性이면 則可以贊天地之化育이요 可以贊天地之化育이면 則可以與天地參矣니라

오직 天下에 지극히 성실한 분이어야 능히 그 性을 다할 수 있으니, 그 性을 다하면 능히 사람의 性을 다할 것이요, 사람의 性을 다하면 능히 물건의 性을 다할 것이요, 물건의 性을 다하면 天地의 化育을 도울 수 있을 것이요, 天地의 化育을 도울 수 있으면 天地와 더불어 참예하게 될 것이다.

天下至誠은 謂聖人之德之實이 天下莫能加也라 盡其性者는 德無不實이라 故로 無人

---

197 〔詳說〕 子思承上章夫子天道人道之意而立言也 : 朱子가 말씀하였다. "《中庸》에 天道를 말한 부분은 모두 자연스러워 절차가 없고, 人道를 말한 부분은 모두 노력(工夫)하는 절차가 있다.〔中庸言天道處 皆自然 無節次 言人道處 皆有下工夫節次〕" ○ 潛室陳氏(陳埴)가 말하였다. "조금도 힘을 쓰지 않는 곳이라야 바로 天道이고, 힘을 쓰는 곳은 바로 人道이다.〔纔不費力處 便是天道 著(착)力處 便是人道〕

198 〔詳說〕 此以下十二章……以反覆推明此章之意 : 열두 章(21章부터 32章까지)이 합하여 한 큰 章이 되었다.〔十二章合爲一大章〕 ○ 雙峰饒氏(饒魯)가 말하였다. "윗장은 天道와 人道를 나누어 말하였고, 이 章은 성실하면 밝아지고 밝아지면 성실해짐〔誠則明 明則誠〕을 말하여 天道와 人道를 합해서 하나로 만들고, 아랫장은 天道를 말하였고, '致曲章(23章)'은 人道를 말하고 끝에는 합하여 말하기를 '오직 천하의 지극히 성실한 자라야 능히 化할 수 있다.' 하였으며, 이 아래에는 또다시 天道와 人道를 분별하였다.〔上章分說天道人道 此章說誠則明 明則誠 合天人而一之 下章言天道 致曲章言人道 而末合之曰 唯天下至誠爲能化 此下又分別天道人道〕"

··· 覆 반복할 복 盡 다할 진 贊 도울 찬 化 변할 화 育 기를 육

欲之私하여 而天命之在我者를 察之由之[199]하여 巨細精粗 無毫髮之不盡也라 人物之性이 亦我之性이로되 但以所賦形氣不同而有異耳라 能盡之者는 謂知之無不明而處之無不當也라 贊은 猶助也[200]라 與天地參은 謂與天地竝立而爲三也라 此는 自誠而明者[201]之事也라

'天下의 至誠'은 聖人의 德의 성실함이 천하에 더할 수 없음을 이른다. '그 性을 다한다.'는 것은 德이 성실하지 않음이 없기 때문에 人慾의 사사로움이 없어 자신에게 있는 天命을 살피고 행하여 크고 작음과 精하고 거칢이 털끝만큼도 다하지 않음이 없는 것이다. 사람과 물건의 性이 또한 나의 性인데, 다만 부여받은 바의 形氣가 똑같지 않기 때문에 다름이 있을 뿐이다. '능히 다한다.'는 것은 앎이 밝지 않음이 없고 대처함이 마땅하지 않음이 없음을 이른다. '贊'은 助와 같다. '天地와 더불어 참예한다.'는 것은 天地와 더불어 함께 서서 셋이 됨을 이른다. 이는 誠으로 말미암아 밝아지는 자(聖人)의 일이다.

⊙ 右는 第二十二章이라 言天道也라

⊙ 이상은 제22章이다. 天道를 말씀하였다.

| 致曲章 |

23. 其次는 致曲이니 曲能有誠[202]이니 誠則形하고 形則著하고 著則明하고

---

199 〔詳說〕 而天命之在我者 察之由之：新安陳氏(陳櫟)가 말하였다. "《章句》는 또다시 '天命謂性' 한 句를 미루어 근본하여 말하였으니, '察之'는 生知이고 '由之'는 安行이다. 《孟子》의 '人倫에 살핀다.〔察於人倫〕'는 것과 '仁義를 따라 행한다.〔由仁義行〕'[1]는 것의 '察', '由' 두 글자를 빌어 사용하였다.〔章句又推本天命謂性一句而言 察之 生知 由之 安行 借孟子察於人倫, 由仁義行之察由二字 用之〕"

譯註 1. 察於人倫 由仁義行：《孟子》〈離婁下〉 19章에 "舜임금은 여러 사물의 이치에 밝으시며 人倫에 특히 살피셨으니, 仁義를 따라 행하신 것이요 仁義를 행하려고 하신 것이 아니었다.〔舜明於庶物 察於人倫 由仁義行 非行仁義也〕"라고 보인다.

200 〔詳說〕 贊 猶助也：朱子가 말씀하였다. "〈贊은〉 裁成하고 輔相[1]하는 것이다.〔裁成輔相〕"

譯註 1. 裁成하고 輔相：《周易》〈泰卦 象〉에 "天地가 사귐이 泰卦이니, 군주가 보고서 천지의 道를 財成하며 천지의 마땅함을 輔相하여 백성을 佐佑한다.〔天地交 泰 后以 財(裁)成天地之道 輔相天地之宜 以左右民〕"라고 보인다. 財는 裁와 통하는바, 朱子는 "裁成은 지나침을 억제하는 것이고, 輔相은 부족함을 보충하는 것이다." 하였다.

201 譯註 自誠而明者：天道를 따르는 聖人을 가리킨다. 誠은 성실히 행하는 것이고 明은 밝게 아는 것인바, 聖人은 태어나면서부터 성실하여 잘못하는 것이 없고 오히려 커가면서 알기 때문에 誠으로 말미암아 밝아진다고 한 것이다. 반면, 賢人 이하는 배워서 善惡을 알아 택한 뒤에 善을 행할 수 있으므로 '明으로 말미암아 성실해진다.〔自明而誠〕'라고 한 것이다.

202 致曲 曲能有誠：官本諺解에는 "曲으로 致ᄒᆞᄂᆞ니 曲ᄒᆞ면 能히 誠홈이 인ᄂᆞ니"로 해석하였고, 栗谷諺

••• 巨 클 거 細 가늘 세 粗 거칠 추 毫 터럭 호 髮 터럭 발 助 도울 조 致 지극할 치 曲 부분 곡 形 나타날 형

明則動하고 **動則變**하고 **變則化**니 **唯天下至誠**이야 **爲能化**니라

그 다음은 曲(한쪽)을 지극히 해야 하니, 曲을 하면 능히 성실함이 있다. 성실하면 나타나고, 나타나면 더욱 드러나고, 더욱 드러나면 밝아지고, 밝아지면 감동시키고, 감동시키면 變하고, 變하면 化하니, 오직 天下에 지극히 성실한 분이어야 능히 化할 수 있다.

其次는 **通大賢以下凡誠有未至者而言也**라 **致**는 **推致也**요 **曲**은 **一偏也**라 **形者**는 **積中而發外**요 **著則又加顯矣**요 **明則又有光輝發越之盛也**라 **動者**는 **誠能動物**이요 **變者**는 **物從而變**이요 **化則有不知其所以然者**[203]라 **蓋人之性**이 **無不同**이나 **而氣則有異**라 **故**로 **惟聖人**이 **能擧其性之全體而盡之**요 **其次則必自其善端發見**(현)**之偏而悉推致之**하여 **以各造其極也**라 **曲無不致**면 **則德無不實**하여 **而形, 著, 動, 變之功**이 **自不能已**니 **積而至於能化**하면 **則其至誠之妙 亦不異於聖人矣**리라

'그 다음'이란 大賢 이하로 무릇 성실함에 지극하지 못함이 있는 자를 통틀어 말한 것이다. '致'는 미루어 지극히 함이요, '曲'은 한쪽이다. '形'은 속에 쌓여 밖에 나타남이요, '著'는 또 더 드러남이요, '明'은 또 光輝(광채)의 發越(發散)이 盛함이 있는 것이다. '動'은 성실함이 남을 감동시킴이요, '變'은 남이 따라 변하는 것이요, '化'는 그 所以然을 모름이 있는 것이다. 사람의 性은 똑같지 않음이 없으나 氣는 다름이 있다. 그러므로 오직 聖人만이 능히 그 性의 全體를 들어 다할 수 있고, 그 다음은 반드시 善한 단서가 發見되는 한쪽으로부터 모두 미루어 지극히 하여 각각 그 지극함에 나아가야 한다. 한쪽이 지극하지 않음이 없으면 德이 성실하지 않음이 없어 形 · 著 · 動 · 變의 功效가 저절로 그치지 않을 것이니, 이것이 쌓여 능히 化함에 이르면 至誠의 妙함이 또한 聖人과 다르지 않을 것이다.

⊙ **右**는 **第二十三章**이라 **言人道也**라

⊙ 이상은 제23章이다. 人道를 말씀하였다.

解에는 "曲을 致흘디니 曲애 能히 誠호미 잇ᄂᆞ니"로, 艮齋諺解에는 "曲을 致흘찌니 曲ᄒᆞ면 能히 誠이 잇ᄂᆞ니"로 되어 있는바, 艮齋의 諺解를 따라 번역하였음을 밝혀둔다.

203 〔詳說〕 明則又有光輝發越之盛也……化則有不知其所以然者 : 新安陳氏가 말하였다. "形·著·明이 바로 한 종류이니 모두 誠의 전체가 大用에 드러난 것이고, 動·變·化가 바로 한 종류이니 化는 動·變의 묘함이다.〔形著明是一類 皆誠之全體呈露於大用者也 動變化是一類 化者 動變之妙〕" ○ 東陽許氏(許謙)가 말하였다. "形·著·明은 자기 몸(자기)에 나아가 말한 것이고, 動·變·化는 物(남)에게 나아가 말한 것이다.〔形著明就己上說 動變化就物上說〕"

••• 變 변할 변 輝 빛 휘 發 필 발 越 흩어질 월 端 단서 단 悉 다 실 造 나아갈 조

| 至誠之道章 |

24. **至誠之道**는 **可以前知**니 **國家將興**에 **必有禎祥**하고 **國家將亡**에 **必有妖孼**하며 **見(현)乎蓍龜**하며 **動乎四體**[204]라 **禍福將至**에 **善**을 **必先知之**하며 **不善**을 **必先知之**하나니 **故**로 **至誠**은 **如神**이니라

至誠의 道는 〈일이 닥쳐오기 전에〉 미리 알 수 있으니, 국가가 장차 일어나려 할 적에는 반드시 상서로운 조짐이 있고 국가가 장차 망하려 할 적에는 반드시 妖怪스러운 일이 있으며, 시초점과 거북점에 나타나며 四體에 動한다. 이 때문에 禍나 福이 장차 이를 적에 좋을 것(福)을 반드시 먼저 알며 좋지 못할 것(禍)을 반드시 먼저 안다. 그러므로 至誠은 神과 같은 것이다.

禎祥者는 **福之兆**요 **妖孼者**는 **禍之萌**[205]이라 **蓍**는 **所以筮**요 **龜**는 **所以卜**이라 **四體**는 **謂動作威儀之間**이니 **如執玉高卑, 其容俯仰**[206]**之類**라 **凡此**는 **皆理之先見(현)者也**라 **然**이나 **唯誠之至極**하여 **而無一毫私僞留於心目之間者**라야 **乃能有以察其幾焉**이라 **神**은 **謂鬼神**이라

'禎祥'은 福의 조짐이고, '妖孼'은 禍의 싹이다. '蓍'는 시초점을 치는 것이고, '龜'는 거북점을 치는 것이다. '四體'는 動作과 威儀의 사이를 이르니, 예컨대 玉을 잡기를 높게 하고 낮게 함에 그 얼굴을 숙이고 쳐드는 것과 같은 등속이다. 무릇 이러한 것은 모두 이치가 먼저 나타난 것이나 오직 성실함이 지극하여 一毫의 사사로움과 거짓이 마음과 눈의 사이에 머물러 있지

---

204 見乎蓍龜……動乎四體:艮齋는 "朱子는 '禎祥'과 '妖孼'을 '蓍龜'와 '四體'와 함께 말씀하였는데, 陳氏는 祥孼을 기미[幾]로 보아서 "'蓍龜'에 나타나기도 하고 '四體'에 動하기도 한다."라고 하였다. 栗谷諺解는 朱子의 해석을 따라 妖孼 아래에 '하며' 토를 사용하였고, 官本諺解는 '하야' 토를 사용하여 陳氏의 해석과 똑같다.【《章句》의 '凡此'의 '凡'은 禎祥 이하를 모두 들어 말한 것이다.】〔朱子以禎祥妖孼 與蓍龜四體言 而陳氏以祥孼爲幾 而曰 或見蓍龜 或動四體 栗解 妖孼下用ᄒᆞ며 與朱子同 官本用ᄒᆞ야 與陳氏同【章句凡此之凡 並擧禎祥以下而言】〕" 하였다. 여기서는 栗谷諺解를 따랐음을 밝혀둔다.

205 〔詳說〕 禎祥者……禍之萌:《說文解字》에 말하였다. "衣服·歌謠·草木의 괴이함을 '妖'라 하고, 禽獸와 蟲蝗의 괴이함을 '孼'이라 한다.〔說文曰 衣服歌謠草木之怪 謂之妖 禽獸蟲蝗之怪 謂之孼〕" ○《大全》에 말하였다. "'兆眹'과 '萌芽'는 기미가 먼저 나타난 것이다.〔兆眹萌芽 幾之先見(현)者〕"

206 譯註 執玉高卑 其容俯仰:이 내용은《春秋左傳》定公 15年 條에 보인다. 邾나라 隱公이 魯나라로 조회를 왔는데, 子貢이 이것을 구경하였다. 隱公은 禮物인 玉을 잡아 올릴 적에 너무 높게 하여 얼굴을 너무 쳐들었고, 魯나라 定公은 玉을 받을 적에 너무 낮게 하여 얼굴을 너무 숙였다. 子貢은 이것을 보고 말하기를 "禮를 가지고 관찰해 보건대 두 나라 君主가 모두 死亡할 조짐이 있다.〔以禮觀之 二君者皆死亡焉〕" 하였는데, 그후 그의 豫見이 과연 적중하였다.

··· 禎 상서로울 정 妖 요망할 요 孼 재앙 얼 蓍 시초점 시 龜 거북 귀 兆 조짐 조 萌 싹 맹 筮 시초점 서 卜 점 복 俯 구부릴 부 仰 우러를 앙 僞 거짓 위 留 머무를 류 幾 기미 기

않은 자라야 비로소 그 幾微를 살필 수 있는 것이다. '神'은 鬼神을 이른다.

⊙ **右**는 **第二十四章**이라 **言天道也**라

⊙ 이상은 제24章이다. 天道를 말씀하였다.

| 誠者自成章 (自道章) |

25-1. 誠者는 自成也요 而道는 自道也니라

誠은 스스로 이루어지는 것이고, 道는 스스로 행하여야 할 것이다.

言 誠者는 **物之所以自成**이요 **而道者**는 **人之所當自行也**라 **誠**은 **以心言**이니 **本也**요 **道**는 **以理言**이니 **用也**라

誠은 물건이 스스로 이루어지는 원인이요, 道는 사람이 마땅히 스스로 행하여야 할 것임을 말씀한 것이다. 誠은 心으로써 말하였으니 근본이요, 道는 理로써 말하였으니 用이다.

25-2. 誠者는 物之終始니 不誠이면 無物이라 是故로 君子는 誠之爲貴니라

誠은 物(사물)의 終과 始이니, 성실하지 않으면 사물이 없게 된다. 그러므로 君子는 성실히 함을 귀하게 여기는 것이다.

天下之物이 **皆實理之所爲**라 **故**로 **必得是理然後**에 **有是物**이니 **所得之理旣盡**이면 **則是物亦盡而無有矣**[207]라 **故**로 **人之心**이 **一有不實**이면 **則雖有所爲**나 **亦如無有**하니 **而君子必以誠爲貴也**라 **蓋人之心**이 **能無不實**이라야 **乃爲有以自成**이요 **而道之在我者亦無不行矣**리라

천하의 物(사물)은 모두 진실한 理가 하는 것이다.(진실한 理로 된 바이다.) 그러므로 반드시 이 理를 얻은 뒤에야 이 物이 있는 것이니, 얻은 바의 理가 이미 다하여 없어지면 이 物 또한 다하여 없어진다. 그러므로 사람의 마음이 한 번이라도 성실하지 못함이 있으면 비록 하는 바

---

207 〔詳說〕 所得之理旣盡 則是物亦盡而無有矣 : 《大全》에 말하였다. "〈'理旣盡, 物亦盡'의〉 두 '盡'자는 〈'物之終始'의〉 '終'자를 해석한 것이다.〔兩盡字釋終字〕"

••• **道** 행할 도 **雖** 비록 수

가 있더라도 또한 없는 것과 같으니, 君子가 반드시 성실히 함을 귀하게 여기는 것이다. 사람의 마음이 성실하지 않음이 없어야 비로소 스스로 이룸이 있고, 나에게 있는 道 역시 행해지지 않음이 없을 것이다.

25-3. 誠者는 非自成己而已也라 所以成物也니 成己는 仁也요 成物은 知(智)也니 性之德也라 合內外之道也니 故로 時措之宜也니라

誠은 스스로 자신을 이룰 뿐만 아니라 남을 이루어 주니, 자신을 이룸은 仁이요 남을 이루어 줌은 智이다. 이는 性의 德이니, 內와 外를 합한 道이다. 그러므로 때로 둠에(조처함에) 마땅한 것이다.

誠은 雖所以成己나 然既有以自成이면 則自然及物하여 而道亦行於彼矣라 仁者는 體之存이요 知(智)者는 用之發이니 是皆吾性之固有而無內外之殊하니 既得於己면 則見(현)於事者 以時措之而皆得其宜也라

誠은 비록 자신을 이루는 것이나 이미 스스로 이룸이 있으면 자연히 남에게 미쳐 道가 또한 저쪽에게 행해지는 것이다. 仁은 體가 보존되는 것이고 智는 用이 발하는 것이니, 이는 모두 나의 性에 固有한 것이어서 內·外의 분별이 없다. 이것을 이미 자신에게서 얻으면 일에 나타나는 것이 때에 따라 조처함에 모두 그 마땅함을 얻게 되는 것이다.

⊙ 右는 第二十五章이라 言人道也라

⊙ 이상은 제25章이다. 人道를 말씀하였다.

| 至誠無息章 |

26-1. 故로 至誠은 無息이니

그러므로 至誠은 쉼이 없으니,

既無虛假라 自無間斷이라

이미 虛假(거짓)가 없으므로 저절로 間斷함이 없는 것이다.

••• 物 물건 물 措 둘 조 宜 마땅 의 彼 저 피 殊 다를 수 息 그칠 식 虛 빌 허 假 거짓 가 斷 끊을 단

26-2. 不息則久하고 久則徵하고

쉬지 않으면 오래 하고 오래 하면 징험이 나타나고,

久는 常於中也요 徵은 驗於外也라

'久'는 속에 항상함이요, '徵'은 밖에 징험이 나타남이다.

26-3. 徵則悠遠하고 悠遠則博厚하고 博厚則高明이니라

징험이 나타나면 悠遠(悠久함)하고, 悠遠하면 博厚(넓고 두터움)하고, 博厚하면 高明(高大하고 光明함)하다.

此는 皆以其驗於外者言之니 鄭氏所謂至誠之德著於四方者 是也라 存諸中者旣久면 則驗於外者 益悠遠而無窮矣라 悠遠故로 其積也廣博而深厚하고 博厚故로 其發也高大而光明이라

이는 모두 징험이 밖에 나타나는 것을 가지고 말씀한 것이니, 鄭氏(鄭玄)가 말한 '至誠의 德이 四方에 드러난다.'는 것이 이것이다. 속에 보존한 것이 이미 오래면 징험이 밖에 나타나는 것이 더욱 悠遠하여 다함이 없을 것이다. 悠遠하기 때문에 그 쌓임이 廣博하고 深厚하며, 博厚하기 때문에 그 發함이 高大하고 光明한 것이다.

26-4. 博厚는 所以載物也요 高明은 所以覆(부)物也요 悠久는 所以成物也니라

博厚는 물건을 실어 주는 것이요, 高明은 물건을 덮어 주는 것이요, 悠久는 물건을 이루어 주는 것이다.

悠久는 卽悠遠이니 兼內外而言之也[208]라 本以悠遠致高厚하고 而高厚又悠久也니 此

---

208 譯註 悠久……兼內外而言之也 : 壺山은 "이는 橫과 縱을 겸하여 말하였으나 수직의 뜻이 비교적 많으니, 이른바 이것이 '庸'이라는 것이다.〔此兼橫竪言 而竪意較多 是所謂庸也〕" 하였다. 橫은 空間을, 竪(縱)는 時間을 의미하는바, 悠久는 오랜 時間이므로, '수직의 뜻이 비교적 많다.' 하였으며, 庸 역시 늘상

… 徵 징험할 징 驗 징험할 험 悠 오랠 유 遠 멀 원 博 넓을 박 厚 두터울 후 載 실을 재 覆 덮어줄 부 久 오랠 구

는 言聖人與天地同用이라

'悠久'는 바로 悠遠이니, 內와 外를 겸하여 말한 것이다. 본래는 悠遠으로써 高明과 博厚를 이루고, 高明하고 博厚하면 또 悠久하게 되니, 이는 聖人이 天地와 더불어 用이 같음을 말씀한 것이다.

26-5. 博厚는 配地하고 高明은 配天하고 悠久는 無疆이니라

博厚는 땅을 배합하고, 高明은 하늘을 배합하고, 悠久는 다함이 없다.

此는 言聖人與天地同體[209]라

이는 聖人이 天地와 더불어 體가 같음을 말씀한 것이다.

26-6. 如此者는 不見(현)而章하며 不動而變하며 無爲而成이니라

이와 같은 자는 보여주지 않아도 드러나며, 動하지 않아도 변하며, 함이 없이도 이루어진다.

見은 猶示也라 不見而章은 以配地而言也요 不動而變은 以配天而言也요 無爲而成은 以無疆而言也라

'見'은 示와 같다. '보여주지 않아도 드러남'은 땅을 배합함으로써 말하였고, '動하지 않아도 변함'은 하늘을 배합함으로써 말하였고, '함이 없이도 이루어짐'은 無疆으로써 말한 것이다.

26-7. 天地之道는 可一言而盡也니 其爲物이 不貳라 則其生物이 不測이니라

天地의 道는 한마디 말로써 다할 수 있으니, 그 물건됨이 둘로 하지(변치) 않는다. 이 때문에 물건을 냄이 측량할 수 없는 것이다.

변함없이 하는 것이므로 이렇게 말한 것이다.

209 〔詳說〕 同體 : 陳氏가 말하였다. "用이 같음은 功으로써 말하였고, 體가 같음은 德으로써 말하였다.〔同用 以功言 同體 以德言〕"

··· 配 짝할 배 疆 지경 강 章 드러날 장 貳 둘 이 測 헤아릴 측

此以下는 復以天地로 明至誠無息之功用이라 天地之道可一言而盡은 不過曰誠而已니 不貳는 所以誠也라 誠故로 不息而生物之多하여 有莫知其所以然者라

이 이하는 다시 天地로써 至誠無息의 功用을 밝힌 것이다. 天地의 道가 한마디 말로써 다할 수 있음은 誠에 불과할 뿐이니, 변치 않음은 誠하는 것이다. 誠하기 때문에 쉬지 아니하여 물건을 냄이 많아서 그 所以然을 알지 못하는 것이다.

26-8. 天地之道는 博也厚也高也明也悠也久也니라

天地의 道는 廣博과 深厚, 高大와 光明, 悠遠과 오램이다.

言 天地之道 誠一不貳라 故로 能各極其盛하여 而有下文生物之功이라

天地의 道가 성실하고 한결같아 변치 않기 때문에 능히 각각 그 盛함을 지극히 하여 아랫글의 물건을 내는 功이 있음을 말씀한 것이다.

26-9. 今夫天이 斯昭昭之多로되 及其無窮也하여는 日, 月, 星辰(신)이 繫焉하며 萬物이 覆(부)焉이니라 今夫地 一撮(촬)土之多로되 及其廣厚하여는 載華嶽而不重하며 振河海而不洩하며 萬物이 載焉이니라 今夫山이 一卷石之多[210]로되 及其廣大하여는 草木이 生之하며 禽獸 居之하며 寶藏이 興焉이니라 今夫水 一勺之多로되 及其不測하여는 黿鼉(원타), 蛟龍, 魚鼈이 生焉하며 貨財 殖焉이니라

이제 하늘은 昭昭함이 많이 모인 것인데 그 無窮함에 미쳐서는 日·月과 星辰이 매여 있고 萬物이 덮여져 있다. 이제 땅은 한 구역의 흙이 많이 모인 것인데 그 廣厚함에 미쳐서는 華嶽(華山)을 싣고서도 무겁게 여기지 않고 河海를 거두면서도 새지 않으며 만물이 실려 있다. 이제 山은 한 자잘한 돌이 많이 모인 것인데 그 廣大함에 미쳐서는 草木이 생장하고 禽獸가 살며 寶藏(寶物)이 나온다. 이제 물은 한 잔의 물이 많이 모

210 一卷石之多 : 朱子는 '卷'을 區(구역)로 해석하였으나 '卷'을 拳(주먹)으로 보아 '一卷石'을 한 주먹만 한 돌로 풀이하는 것이 더욱 분명한 것으로 보인다.

··· 盛 성할 성 繫 맬 계 覆 덮을 부 撮 집을 촬 嶽 큰산 악 振 거둘 진 洩 샐 설 卷 주먹 권(拳通) 禽 새 금 獸 짐승 수 藏 감출 장 勺 술잔 작 黿 큰자라 원 鼉 악어 타 蛟 교룡 교 鼈 자라 별 殖 번식할 식

인 것인데 그 측량할 수 없음에 미쳐서는 黿鼉(큰 자라와 악어)와 蛟龍과 魚鼈(물고기와 자라)이 자라며 貨財가 번식한다.

昭昭는 **猶耿耿**이니 **小明也**니 **此**는 **指其一處而言之**요 **及其無窮**은 **猶十二章及其至也之意**[211]니 **蓋擧全體而言也**라 **振**은 **收也**요 **卷**은 **區也**라 **此四條**는 **皆以發明由其不貳不息**하여 **以致盛大而能生物之意**라 **然**이나 **天地山川**이 **實非由積累而後大**니 **讀者不以辭害意 可也**니라

'昭昭'는 耿耿이란 말과 같은바 조금 밝은 것이니, 이는 그 한 곳을 가리켜 말한 것이다. '及其無窮'은 12章의 '及其至也'의 뜻과 같으니, 이는 그 全體를 들어 말한 것이다. '振'은 거둠이요 '卷'은 區(區域)이다. 이 네 조항은 모두 변치 않고 쉬지 않음으로 말미암아 盛大함을 이루어서 능히 물건을 내는 뜻을 發明하였다. 그러나 天地와 山川이 실제로 많이 쌓음으로 말미암은 뒤에 커진 것은 아니니, 읽는 자들이 말로써 本意를 해치지 않아야 할 것이다.

26-10. **詩云 維天之命**이 **於(오)穆不已**라하니 **蓋曰天之所以爲天也**요 **於乎不顯**가 **文王之德之純**이여하니 **蓋曰文王之所以爲文也**니 **純亦不已**[212]니라

《詩經》에 이르기를 "하늘의 命이 아, 深遠하여 그치지 않는다." 하였으니, 이는 하늘이 하늘이 된 所以를 말한 것이요, "아, 드러나지 않겠는가. 文王의 德의 純一함이여." 하였으니, 이는 文王이 文이 되신 所以를 말한 것이니, 純一함이 또한 그치지 않는 것이다.

---

211 譯註 猶十二章及其至也之意 : 12章의 "夫婦之愚 可以與知焉 及其至也 雖聖人亦有所不知焉 夫婦之不肖 可以能行焉 及其至也 雖聖人亦有所不能焉"을 가리킨 것이다.

212 蓋曰文王之所以爲文也 純亦不已 : 官本諺解에는 '蓋曰文王之所以爲文也ㅣ니 純亦不已니라'로, 栗谷諺解는 '蓋曰文王之所以爲文也ㅣ 純亦不已니라'로 되어 있으며, 退溪는 《中庸釋義》에서 "文王이 뻐곰 文이로온 배 純ᄒᆞ야 ᄯᅩᄒᆞᆫ 마디 아니ᄒᆞ신 주ᄅᆞᆯ 니ᄅᆞ니라"로 해석하였다. 壺山은 《詳說》에서 "栗谷은 '아래(蓋曰文王)의 '曰'자를 '不已'에서 해석해야 한다.' 하였고, 沙溪는 '〈'曰'자를〉 '文也'에서 해석해야 한다.' 하였다. 살펴보건대 沙溪의 말씀이 더 나은 듯하니, '純亦不已'는 文王의 純一함이 바로 하늘의 그치지 않음이라고 말한 것이다. 이미 詩를 인용하여 해석하고 이 '純亦不已' 네 글자로 맺어서 주체를 聖人에게 돌리고 아랫장을 일으킨 것이다. 또 '爲天也'와 '爲文也'는 상하 文勢를 또한 다르게 볼 수 없으니, 諺解의 뜻 또한 그러한 듯하다.〔栗谷曰 下曰字 釋於不已 沙溪曰 釋於文也 按沙溪說似長 純亦不已 言文王之純 卽天之不已也 旣引詩而釋之 又以此四字結之 以歸主於聖人 以起下章耳 且爲天也 爲文也 上下文勢 恐亦不可異同看 諺解之意 蓋亦然耳〕" 하였다. 艮齋는 沙溪의 말씀과 같이 '文王之所以爲文也니'로 懸吐하고 '文王의 써 文이 되신 바를 일음이니'로 해석하였는바, 이를 따랐음을 밝혀 둔다.

··· **耿** 불반짝일 경 **區** 작을 구 **積** 쌓을 적 **累** 쌓을 루 **於** 감탄사 오 **穆** 심원할 목 **已** 그칠 이 **純** 순수할 순

詩는 周頌維天之命篇이라 於는 歎辭라 穆은 深遠也라 不顯은 猶言豈不顯也라 純은 純一不雜也니 引此以明至誠無息之意[213]라 程子曰 天道不已어늘 文王이 純於天道亦不已하시니 純則無二無雜이요 不已則無間斷先後라

詩는 〈周頌 維天之命〉篇이다. '於'는 感歎辭이다. '穆'은 深遠함이다. '不顯'은 豈不顯(어찌 드러나지 않겠는가)이란 말과 같다. '純'은 純一하고 잡되지 않은 것이니, 이것을 인용하여 至誠無息의 뜻을 밝힌 것이다.

程子(伊川)가 말씀하였다. "天道가 그치지 않는데 文王이 天道에 純一하여 또한 그치지 않으셨으니, 순일하면 둘로 하지(변치) 않고 잡되지 않으며, 그치지 않으면 間斷과 先後가 없게 된다."

⊙ 右는 第二十六章이라 言天道也라

⊙ 이상은 제26章이다. 天道를 말씀하였다.

| 尊德性章 |

27-1. 大哉라 聖人之道여

위대하다, 聖人의 道여.

包下文兩節而言이라

아랫글의 두 節을 포함하여 말씀한 것이다.

27-2. 洋洋乎發育萬物하여 峻極于天이로다

洋洋하게 萬物을 發育하여 높음이 하늘에 다하였다.

峻은 高大也라 此는 言道之極於至大而無外也[214]라

峻은 高大함이다. 이는 道가 지극히 큼을 다하여 밖이 없음을 말씀한 것이다.

---

213 〔詳說〕 引此以明至誠無息之意 : 黃氏가 말하였다. "'誠'은 바로 維天之命이고, '不息'은 바로 於穆不已이다.〔誠 便是維天之命 不息 便是於穆不已〕"

214 〔詳說〕 此 言道之極於至大而無外也 : 이 節은 道의 綱領을 말하였다.〔此節 言道之綱〕

••• 頌 기릴 송 洋 큰바다 양 育 기를 육 峻 높을 준

27-3. 優優大哉라 禮儀三百이요 威儀三千이로다

優優히 크다. 禮儀가 3백이고, 威儀가 3천이다.

優優는 充足有餘之意라 禮儀는 經禮也요 威儀는 曲禮也라 此는 言道之入於至小而無間也[215]라

'優優'는 充足하여 남음이 있는 뜻이다. '禮儀'는 經禮(큰 禮)이고, '威儀'는 曲禮(자잘한 禮)이다. 이는 道가 지극히 작음에 들어가 틈이 없음을 말씀한 것이다.

27-4. 待其人而後에 行이니라

그 사람(훌륭한 사람)을 기다린 뒤에 행해진다.

總結上兩節이라

위의 두 節을 모두 맺은 것이다.

27-5. 故로 曰 苟不至德이면 至道不凝焉이라하니라

그러므로 "만일 지극한 德이 아니면 지극한 道가 凝集되지 않는다."고 말한 것이다.

至德은 謂其人이요 至道는 指上兩節而言이라 凝은 聚也며 成也라

'至德'은 그 사람을 이르고, '至道'는 위의 두 節을 가리켜 말한 것이다. '凝'은 모임이며 이룸이다.

27-6. 故로 君子는 尊德性而道問學이니 致廣大而盡精微하며 極高明而道中庸하며 溫故而知新하며 敦厚以崇禮[216]니라

---

215 〔詳說〕 此 言道之入於至小而無間也 : 이 節은 道의 條目을 말하였다.〔此節 言道之目〕

216 尊德性而道問學……敦厚以崇禮 : 朱子는, 尊德性은 德性을 공경하여 높이는 것으로 存心하여 道體의 큼을 다하는 것이고, 道問學은 學問을 통하여 致知해서 道體의 세밀함을 다하는 것이라 하였다. 이에 대해 壺山은 《詳說》에서 朱子의 말씀을 인용, '敦厚以'에 대해 자신의 의견을 다음과 같이 밝혔다.

··· 優 넉넉할 우 儀 거동 의 待 기다릴 대 苟 만일 구 凝 모일 응 聚 모을 취 道 말미암을 도 崇 높을 숭

그러므로 君子는 德性을 높이고(공경하고) 問學(學問)을 말미암으니, 廣大함을 지극히 하고 精微함을 다하며, 高明을 다하고 中庸을 따르며, 옛 것을 잊지 않고 새로운 것을 알며, 厚함을 도타이(돈독히) 하고 禮를 높이는 것이다.

尊者는 恭敬奉持之意요 德性者는 吾所受於天之正理라 道는 由也[217]라 溫은 猶燖溫之溫[218]이니 謂故學之矣요 復時習之也라 敦은 加厚也라 尊德性은 所以存心而極乎道體之大[219]也요 道問學은 所以致知而盡乎道體之細[220]也니 二者는 修德凝道之大端也라 不以一毫私意自蔽[221]하고 不以一毫私欲自累[222]하며 涵泳乎其所已知하고 敦篤

"朱子는 "'厚'는 자질이 질박하고 진실한 것이고, '敦'은 그 근본을 북돋는 것이다.' 하였다. 살펴보건대 '敦厚以'의 '以'자는 또한 위의 네 '而'자의 뜻이다. 諺解에는 〈위에서〉 이미 而의 뜻으로 해석하고 또 以의 뜻으로 해석하였으니, 이는 아마도 小註의 雲峰의 說과 《語類》의 輔廣의 기록으로 인하여 이렇게 되었는가보다. 그러나 《章句》에는 이러한 뜻이 없다.〔朱子曰 厚是資質朴實 敦是培其本根 按敦厚以之以字 亦上四而字之義也 諺解旣釋而義 而又釋以義 豈因小註雲峰說與語類廣錄而有此歟 雖然章句無此意〕"

'尊德性而道問學'의 경우에는 諺解에 모두 '而'를 '하고'로 해석하여 접속사로 보았으나 '敦厚以崇禮'는 官本諺解에는 "厚를 敦ᄒᆞ고 ᄡᅥ 禮를 崇ᄒᆞᄂᆞ니라"로, 栗谷諺解에는 "敦厚ᄒᆞ고 ᄡᅥ 禮를 崇홀디니라" 하여, 두 諺解 모두 '敦厚以'의 '以'자를 'ᄡᅥ(以)'로 해석하였다. 朱子는 이 다섯 句를 綱과 目으로 나누어 "'尊德性而道問學' 한 句는 綱領이고, 아래 네 句는 위의 절반은 모두 大綱의 工夫이고 아래 절반은 모두 세밀한 공부이다. '致廣大'·'極高明'·'溫故'·'敦厚'는 바로 尊德性이고, '盡精微'·'道中庸'·'知新'·'崇禮'는 바로 道問學이다. 君子의 배움은 능히 덕성을 높여서 그 큼을 온전히 하였으면, 모름지기 묻고 배움을 통하여 작음을 다해야 한다.〔尊德性而道問學一句 是綱領 下四句 上截皆是大綱工夫 下截皆是細密工夫 致廣大 極高明 溫故 敦厚 此是尊德性 盡精微 道中庸 知新 崇禮 此是道問學 君子之學旣能尊德性以全其大 便須道問學以盡於小〕"하였다.(《詳說》)

217 〔詳說〕 道 由也:〈'由'는〉 '行也', '用也'와 같다. 이 두 '道'자는 마땅히 음을 '導'라 해야 하는데 《章句》에 음을 달지 않았으니, 아마도 위의 '自道章'을 이어받고자[1] 했는가 보다.〔猶行也 用也 此二道字 當音導而章句不著 豈欲蒙於上自道章歟〕

譯註 1. 自道章을 이어받고자: 25章의 "誠者 自成也 而道 自道也"의 아래 음훈에 "'道也'의 道는 音이 導이다." 한 것을 가리킨다.

218 〔詳說〕 溫 猶燖溫之溫: 살펴보건대 《論語》의 註[1]에 "溫은 찾고 演繹하는 것이다." 하였으니, 마땅히 참고해 보아야 할 것이다.〔按論語註云 溫尋繹也 當參看〕

譯註 1. 《論語》의 註: 〈爲政〉 11章의 '溫故而知新'에 대한 註이다.

219 〔詳說〕 極乎道體之大: 朱子가 말씀하였다. "그 '發育萬物'과 '峻極于天'의 큼을 채우는 것이다.〔所以充其發育峻極之大〕"

220 〔詳說〕 盡乎道體之細: 朱子가 말씀하였다. "그 3천·3백 가지의 작음을 다하는 것이다.〔所以盡其三千三百之小〕"

221 〔詳說〕 不以一毫私意自蔽: 朱子가 말씀하였다. "'致廣大'는 마음과 가슴이 열려서 이 경계와 저 경계의 다름이 없음을 이른다.〔致廣大 謂心胸開闊 無此疆彼界之殊〕"

222 〔詳說〕 不以一毫私欲自累: 朱子가 말씀하였다. "'極高明'은 人欲이 자기 몸을 얽매임이 없음을 이르니,

••• 燖 데울 심 累 얽맬 루 涵 담글 함 泳 헤엄칠 영

乎其所已能은 此皆存心之屬也요 析理則不使有毫釐之差하고 處事則不使有過不及之謬[223]하며 理義則日知其所未知하고 節文則日謹其所未謹은 此皆致知之屬也라 蓋非存心이면 無以致知[224]요 而存心者는 又不可以不致知[225]라 故로 此五句는 大小相資하고 首尾相應하여 聖賢所示入德之方이 莫詳於此하니 學者宜盡心焉이니라

'尊'은 恭敬하고 받들어 잡는 뜻이고, '德性'은 내가 하늘에게서 받은 바의 正理이다. '道'는 말미암음이다. '溫'은 燖溫(따뜻하게 데움)의 溫과 같으니, 예전에 이것을 배우고 다시 때때로 익힘을 이른다. '敦'은 더욱 도타이 함이다. '尊德性'은 存心(마음을 보존함)하여 道體의 큼을 다하는 것이요, '道問學'은 致知(지식을 지극히 함)하여 道體의 세세함을 다하는 것이니, 이 두 가지는 德을 닦고 道를 모으는 큰 단서이다. 一毫의 私意(私心)로써 스스로 가리우지 않고〔致廣大〕 一毫의 私慾으로써 스스로 얽매이지 않으며〔極高明〕, 이미 아는 바를 涵泳하고〔溫故〕 이미 능한 바를 돈독히 함〔敦厚〕은 이는 모두 存心의 등속이요, 이치를 분석함에는 털끝만한 차이가 있지 않게 하고〔盡精微〕 일을 처리함에는 過·不及의 잘못이 있지 않게 하며〔道中庸〕, 義理는 날마다 알지 못하던 것을 알고〔知新〕 節文(禮)은 날마다 삼가지 못하던 것을 삼감〔崇禮〕은 이는 모두 致知의 등속이다. 存心이 아니면 致知할 수가 없고, 存心한 자는 또 致知를 하지 않으면 안 된다. 그러므로 이 다섯 句는 큰 것과 작은 것이 서로 자뢰하고 머리와 끝이 서로 응하여, 聖賢이 德에 들어가는 방법을 보여 준 것이 이보다 더 자세함이 없으니, 배우는 자가 마땅히 마음을 다하여야 할 것이다.

27-7. 是故로 居上不驕하며 爲下不倍(背)라 國有道에 其言이 足以興이요 國無道에 其默이 足以容이니 詩曰 旣明且哲하여 以保其身이라하니 其此之謂與인저

그러므로 윗자리에 거해서는 교만하지 않고, 아랫사람이 되어서는 배반하지 않는다. 〈이 때문에〉 나라에 道가 있을 때에는 그 말이 충분히 興起할 수 있고, 나라에 道가 없을 때에는 그 침묵이 충분히 몸을 용납할 수 있다. 《詩經》에 이르기를 "이미 밝고 또 밝아 그 몸을 보전한다." 하였으니, 이것을 말함일 것이다.

조금이라도 人欲에 빠지면 곧 낮고 더럽게 된다.〔極高明 謂無人欲累己 纔汨於人欲 便卑汙矣〕"

223 〔詳說〕 處事則不使有過不及之謬 : 朱子가 말씀하였다. "'道中庸'은 바로 배우는 일이다.〔道中庸 是學底事〕"

224 〔詳說〕 蓋非存心 無以致知 : 중점이 存心에 있다.〔重在存心〕

225 〔詳說〕 而存心者 又不可以不致知 : 중점이 致知에 있다.〔重在致知〕

••• 析 나눌 석 釐 털끝 리 謬 그릇될 류(무) 資 도울 자 驕 교만할 교 倍 등질 배(背同) 默 침묵할 묵 哲 밝을 철

興은 謂興起在位也라 詩는 大雅烝民之篇이라

'興'은 興起하여 지위에 있음을 이른다. 詩는 〈大雅 烝民〉篇이다.

⊙ 右는 第二十七章이라 言人道也[226]라

⊙ 이상은 제27章이다. 人道를 말씀하였다.

| 愚而好自用章 (自用章) |

28-1. 子曰 愚而好自用하며 賤而好自專하며 生乎今之世하여 反古之道면 如此者는 烖(災)及其身者也니라

孔子께서 말씀하셨다. "어리석으면서 자기 의견을 쓰기 좋아하며, 賤하면서 자기 마음대로 하기를 좋아하며, 지금 세상에 태어나서 옛 道를 회복하려고 하면, 이와 같은 자는 재앙이 그 몸에 미칠 자이다."

以上은 孔子之言이니 子思引之라 反은 復(복)也라

이상은 孔子의 말씀이니, 子思가 인용하신 것이다. '反'은 회복함이다.

28-2. 非天子면 不議禮하며 不制度하며 不考文이니라

天子가 아니면 禮를 의논하지 못하며 度(制度)를 만들지 못하며 文을 상고하지 못한다.

此以下는 子思之言이라 禮는 親疎貴賤相接之體也라 度는 品制요 文은 書名[227]이라

---

226 〔詳說〕 右……言人道也 : 雙峰饒氏(饒魯)가 말하였다. "한 편 가운데 묻고 배우는 방도를 논함에 자세히 갖추어짐이 이 章보다 더한 것이 있지 않다.〔一篇中 論問學之道詳備 無有過於此章者〕"

227 〔詳說〕 文 書名 : 〈'書名'은〉 六書 文字의 이름이다.〔六書文字之名〕 ○ 朱子가 말씀하였다. "書名은 글자의 이름이니, 잘못되기가 쉽다. 이 때문에 매년 大行人의 관속들로 하여금 순행하여 바르고 바르지 못함을 상고하게[1] 한 것이다.〔書名是字名 易得差 所以每歲使大行人之屬 巡行考過是正與不正〕"

譯註 1. 매년……상고하게 : 《周禮》〈秋官司寇 大行人〉에는 "王이 邦國의 諸侯를 安撫하는 방도는 〈사신을 보내어〉 한 해에 두루 안부를 묻고, 3년에 두루 만나 보고, 5년에 두루 살펴보고, 7년에 象胥(역관)을 모아 言語를 말해 주고 辭命을 맞추고, 9년에 瞽史를 모아 書名을 말해 주고 聲音을 듣는다.〔王之所以撫邦國諸侯者 歲徧存 三歲徧覜 五歲徧省 七歲屬象胥 諭言語 協辭命 九歲屬瞽史 諭書名 聽聲音〕"라고 보이는데, 朱子는 이 내용을 뭉뚱그려 매년 大行人의 관속들로 하여금 순

••• 雅 바를 아 烝 무리 증 賤 천할 천 專 오로지 전 反 돌이킬 반 烖 재앙 재(災古字) 疎 성글 소 接 접할 접

이 이하는 子思의 말씀이다. '禮'는 親疎와 貴賤이 서로 대하는 體이다. '度'는 品制(제한이나 규정)이고, '文'은 글자의 명칭이다.

28-3. 今天下 車同軌하며 書同文하며 行同倫이니라

지금 天下가 수레는 수레바퀴(궤도)의 치수가 같으며, 글은 文字가 같으며, 행동은 차례가 같다.

今은 子思自謂當時也라 軌는 轍迹之度요 倫은 次序之體라 三者皆同은 言天下一統也라

'今'은 子思가 當時를 스스로 말씀한 것이다. '軌'는 수레바퀴 자국의 度數(치수)요, '倫'은 次序의 體(禮)이다. 세 가지가 모두 같음은 천하가 하나로 통일되었음을 말한 것이다.

28-4. 雖有其位나 苟無其德이면 不敢作禮樂焉이며 雖有其德이나 苟無其位면 亦不敢作禮樂焉이니라

비록 그(天子) 지위를 갖고 있으나 진실로 그(聖人) 德이 없으면 감히 禮와 樂을 짓지 못하며, 비록 그 德이 있으나 진실로 그 지위가 없으면 또한 감히 禮와 樂을 짓지 못한다.

鄭氏曰 言 作禮樂者는 必聖人在天子之位라

鄭氏(鄭玄)가 말하였다. "禮樂을 짓는 자는 반드시 聖人이 天子의 지위에 있어야(天子의 지위에 있는 聖人이어야) 함을 말씀한 것이다."

28-5. 子曰 吾說夏禮나 杞不足徵也요 吾學殷禮호니 有宋이 存焉이어니와 吾學周禮호니 今用之라 吾從周호리라

孔子께서 말씀하셨다. "내가 夏나라 禮를 말하나 〈그 후손인〉 杞나라가 충분히 증명해 주지 못하며, 내가 殷나라 禮를 배웠는데 〈그 후손인〉 宋나라가 있지만, 내가 周나

행하여 살펴보는 것으로 말씀한 것이다.

••• 軌 수레바퀴 궤 倫 차례 륜 轍 수레바퀴자국 철 迹 자취 적 杞 나라이름 기 徵 징험 징 殷 은나라 은

라 禮를 배웠는데 지금 이것을 쓰고 있으니, 나는 周나라 禮를 따르겠다."

此는 **又引孔子之言**이라 **杞**는 **夏之後**라 **徵**은 **證也**라 **宋**은 **殷之後**라 **三代之禮**를 **孔子皆嘗學之而能言其意**[228]로되 **但夏禮**는 **旣不可考證**이요 **殷禮**는 **雖存**이나 **又非當世之法**이요 **惟周禮**는 **乃時王之制**라 **今日所用**이니 **孔子旣不得位**면 **則從周而已**시니라

이는 또다시 孔子의 말씀을 인용한 것이다. 杞는 夏나라 후손의 나라이다. '徵'은 증명함이다. 宋은 殷나라 후손의 나라이다. 三代의 禮를 孔子가 모두 일찍이 배우시어 그 뜻을 말씀할 수 있었으나 다만 夏나라 禮는 이미 考證할 수 없고, 殷나라 禮는 비록 남아 있으나 또 當世의 法이 아니다. 오직 周나라 禮는 바로 時王(당시의 왕)의 제도여서 오늘날 쓰고 있으니, 孔子가 이미 지위를 얻지 못하셨으면 周나라 禮를 따르실 뿐이다.

⊙ **右**는 **第二十八章**이라 **承上章爲下不倍而言**이니 **亦人道也**라

⊙ 이상은 제28章이다. 윗장(27章)의 '아랫사람이 되어서는 배반하지 않는다.'는 것을 이어서 말씀한 것이니, 이 또한 人道이다.

| 三重章 |

29-1. 王天下 有三重焉하니 其寡過矣乎[229]인저

天下에 왕 노릇(통치)하는 이는(자는) 세 가지 重한 것이 있으니, 〈이것을 잘 행하면 사람들이〉 허물이 적을 것이다.

---

228 〔詳說〕 學之而能言其意 : 〈經文의〉 '說·學' 두 글자는 互文이다.[1]〔說學二字 是互文也〕
譯註 1. 說·學……互文이다 : '學之'의 之는 夏禮와 殷禮와 周禮를 가리킨 것으로, 孔子가 三代의 禮를 모두 배우고 말씀하였으나, 이것을 중복하여 쓰지 않고 夏禮에는 '說'을 말씀하고 殷禮와 周禮에는 '學'을 말씀하여 글을 축약했음을 이른다.

229 王天下……其寡過矣乎 : 이 節에 대하여, 官本諺解에는 "天下를 王홈이 세 重흔 거시 이시니" 하였고, 栗谷諺解에는 "天下의 王흐기 세 重이 이시니"로 되어 있는데, 艮齋는 《記疑》에서 다음과 같이 밝히고 있다. "王天下는 天下에 왕 노릇 하는 道를 말한 것이 아니고, 바로 天下에 왕 노릇 하는 君子이다. '세 가지 重함이 있다.'는 것은 이 세 가지 일이 있다고 말한 것이 아니고, 바로 君子가 조심하여 體察해서 소유함을 말한 것이다. 그러므로 《章句》에 "오직 天子만이 행할 수 있다.〔惟天子得以行之〕"고 말한 것이다. 이제 官本諺解에서 해석한 것은 단지 범범하게 王道에 이 세 가지 일이 있는 것처럼 하였으니, 마땅히 바로잡아야 할 듯하다.〔王天下 不是說王天下之道 乃王天下之君子也 有三重 非謂有此三事 乃謂君子小心體人而有之 故章句言惟天子得以行之 今諺解所釋 似只泛作王道有此三事者然 恐當釐正〕"

··· 證 증거 증 寡 적을 과

呂氏曰 三重은 謂議禮, 制度, 考文이니 惟天子得以行之면 則國不異政하고 家不殊俗하여 而人得寡過矣라

呂氏(呂大臨)가 말하였다. "'三重'은 議禮 · 制度 · 考文을 이른다. 오직 天子만이 이것을 행할 수 있으니, 이렇게 하면 나라에는 정사가 다르지 않고 집에는 풍속이 다르지 않아서 사람들이 허물이 적게 될 것이다."

29-2. 上焉者는 雖善이나 無徵이니 無徵이라 不信[230]이요 不信이라 民弗從이니라 下焉者는 雖善이나 不尊이니 不尊이라 不信이요 不信이라 民弗從이니라

위(夏·商 時代)의 것은 비록 좋더라도 증거할 만한 것이 없으니, 증명할 것이 없기 때문에 〈사람들이〉 믿지 못하고 믿지 못하기 때문에 백성들이 따르지 않는다. 〈聖人으로서〉 아래에 있는 자는 비록 잘 하더라도 지위가 높지 않으니, 지위가 높지 않기 때문에 〈사람들이〉 믿지 못하고 믿지 못하기 때문에 백성들이 따르지 않는다.

上焉者는 謂時王以前이니 如夏商之禮雖善이나 而皆不可考요 下焉者는 謂聖人在下니 如孔子雖善於禮나 而不在尊位也라

'上焉'이란 時王 이전을 이르니, 예컨대 夏나라와 商(殷)나라의 禮가 비록 좋으나 모두 상고할 수 없고, '下焉'이란 聖人이 아래 자리에 있음을 이르니, 예컨대 孔子가 비록 禮를 잘 아셨으나 높은 지위에 있지 못함과 같은 것이다.

29-3. 故로 君子之道는 本諸身하여 徵諸庶民[231]하며 考諸三王而不謬하며 建諸天地而不悖하며 質諸鬼神而無疑하며 百世以俟聖人而不惑이니라

이 때문에 君子의 道는 자기 몸에 근본하여 여러 백성들에게 징험하며 三王에게 상고

230 無徵 不信 : 艮齋는 "증거가 없고 지위가 높지 않으면 사람들에게 믿음을 받을 수 없으니, 사람들이 믿지 않음을 말한 것이 아니다. 官本諺解와 栗谷諺解는 모두 '信티아니ᄒᆞ고'로 懸吐하였는데, 아마도 잘못인 듯하다.〔無徵不尊 則自不足以取信於人 非謂人不之信也 官解栗解皆云信티아니ᄒᆞ고 恐誤〕" 하여, '不信'을 '사람들에게 믿음을 받지 못하는 것'으로 해석하였다.

231 徵諸庶民 : 諺解에는 모두 '徵諸庶民하며'로 懸吐하여 독립시켰으나, '徵諸庶民', '考諸三王而不謬'는 두 가지 일이 하나로 연결된 것으로 '徵諸庶民하고'로 懸吐하여 '考諸三王'과 연계시키는 것이 옳다고 생각된다.

••• 殊 다를 수 謬 그릇될 류(무) 悖 어그러질 패 質 질정할 질 俟 기다릴 사 惑 미혹할 혹

해도 틀리지 않으며, 天地의 道에 세워도 어그러지지 않으며, 鬼神(귀신의 이치)에게 質正하여도 의심이 없으며, 百世에 聖人을 기다려도 疑惑하지 않는 것이다.

此君子는 **指王天下者而言**이라 **其道**는 **卽議禮, 制度, 考文之事也**라 **本諸身**은 **有其德也**요 **徵諸庶民**은 **驗其所信從也**라 **建**은 **立也**니 **立於此而參於彼也**라 **天地者**는 **道也**요 **鬼神者**는 **造化之迹也**라 **百世以俟聖人而不惑**은 **所謂聖人復起 不易吾言者也**라

이 '君子'는 天下에 왕 노릇 하는 자를 가리켜 말한 것이다. 그 '道'는 바로 議禮 · 制度 · 考文의 일이다. '자기 몸에 근본함'은 그 德을 소유함이요, '여러 백성들에게 징험함'은 그 믿고 따르는 바를 징험하는 것이다. '建'은 세움이니, 여기에 세워서 저기에 참여하는 것이다. '天地'는 道요, '鬼神'은 造化의 자취이다. '百世에 聖人을 기다려도 의혹하지 않는다.'는 것은 〈孟子의〉 이른바 '聖人이 다시 나오셔도 내 말을 바꾸지 않을 것이다.'라는 것이다.

29-4. **質諸鬼神而無疑**는 **知天也**요 **百世以俟聖人而不惑**은 **知人也**니라

鬼神에게 질정하여도 의심이 없음은 하늘을 아는 것이요, 百世에 聖人을 기다려도 의혹되지 않음은 사람을 아는 것이다.

知天, 知人은 **知其理也**[232]라

하늘을 알고 사람을 앎은 그 이치를 아는 것이다.

29-5. **是故**로 **君子**는 **動而世爲天下道**니 **行而世爲天下法**하며 **言而世爲天下則**(칙)이라 **遠之則有望**하고 **近之則不厭**이니라

그러므로 君子는 動함에 대대로 天下의 道가 되는 것이니, 行함에 대대로 천하의 法度가 되며 말함에 대대로 천하의 準則이 된다. 이 때문에 멀리 있으면 우러러봄이 있고, 가까이 있으면 싫지 않다.

動은 **兼言行而言**이요 **道**는 **兼法則而言**이라 **法**은 **法度也**요 **則**은 **準則也**라

---

232 〔詳說〕 知天知人 知其理也 : 朱子가 말씀하였다. "비록 다만 두 句를 들었으나 그 실제는 위의 네 句의 뜻을 총괄하여 맺은 것이다.〔雖只擧二句 其實是總結上四句之義〕"

••• 厭 싫어할 염 準 법도 준

'動'은 言·行을 겸하여 말하였고, '道'는 法·則을 겸하여 말하였다. '法'은 法度요, '則'은 準則(標準)이다.

29-6. 詩曰 在彼無惡(오)하며 在此無射(역)이라 庶幾夙夜하여 以永終譽라 하니 君子未有不如此而蚤(早)有譽於天下者也니라

《詩經》에 이르기를 "저기(本國, 夏·商의 후손의 나라)에 있어도 미워하는 사람이 없고 여기(우리 周나라)에 있어도 싫어하는 사람이 없다. 이 때문에 거의 일찍 일어나고 밤늦게 자서 名譽를 길이 마칠 수 있을 것이다." 하였으니, 君子가 이렇게 하지 않고서 일찍 천하에 명예를 둔 자는 있지 않다.

詩는 周頌振鷺之篇이라 射은 厭也라 所謂此者는 指本諸身以下六事而言이라

詩는 〈周頌 振鷺〉篇이다. '射'은 싫어함이다. 이른바 '이것'이란 '本諸身' 이하의 여섯 가지 일을 가리켜 말한 것이다.

⊙ 右는 第二十九章이라 承上章居上不驕而言이니 亦人道也[233]라

⊙ 이상은 제29章이다. 윗장의 '윗자리에 거해서는 교만하지 않는다.'는 것을 이어 말씀한 것이니, 이 또한 人道이다.

| 祖述堯舜章 (仲尼祖述憲章章) |

30-1. 仲尼는 祖述堯舜하시고 憲章文武하시며 上律天時하시고 下襲水土하시니라

233 〔詳說〕 右……亦人道也 : 이 章(29章)은 글 가운데 舜·文王·武王·周公의 일을 총괄하여 수습하고 29章 4節의 '百世聖人'이란 句로 30章 1節의 仲尼를 일으켰다. 그러므로 아랫장 머리에 특별히 '仲尼' 두 글자를 게시하였으니, 이에 한 책의 重함이 모두 여기로 돌아가서 여러 聖人을 집대성하였다. 앞 장(20章)의 한 '誠'자가 여러 德(五達道와 三達德, 九經)을 총괄함과 같으니, 천하의 지극히 성실함이 仲尼보다 더한 분이 없으시다. 子思가 잘 전술함이 어찌 여기에 있지 않겠는가. 당시의 門人들이 잘 형용하지 못한 것을 〈子思가〉 일일이 摸寫하여 후인들에게 남겨주셨으니, 독자는 마땅히 깊이 살펴야 할 것이다.〔此章 總收書中舜文武周公之事 而以百世聖人句 引起仲尼 故下章之首 特以仲尼二字揭之 於是一書之重 都歸於此 以集群聖之大成 有如前章一誠字之總括諸德 而天下之至誠 莫如仲尼 子思之善述 豈不在玆歟 當時門人之所未能形容者 一一摸寫 以惠後人 讀者宜審察之也〕

··· **惡** 미워할 오 **射** 싫을 역 **庶** 거의 서 **幾** 거의 기 **夙** 일찍 숙 **譽** 기릴 예 **蚤** 일찍 조 **鷺** 해오라기 로
述 기술할 술 **律** 따를 률 **襲** 따를 습

仲尼는 堯·舜을 祖述(祖宗으로 삼아 傳述함)하시고 文王·武王을 憲章(법 받음)하시며, 위로는 天時를 따르시고 아래로는 水土(風土)를 인하셨다.

祖述者는 **遠宗其道**요 **憲章者**는 **近守其法**이며 **律天時者**는 **法其自然之運**이요 **襲水土者**는 **因其一定之理**니 **皆兼內外, 該本末而言也**[234]라

'祖述'은 멀리 그 道를 높임이요 '憲章'은 가까이 그 法을 지킴이며, '天時를 따른다.'는 것은 自然의 運行을 법받음이요 '水土를 인한다.'는 것은 一定한 이치를 인함이니, 이는 모두 內와 外를 겸하고 本과 末을 포함하여 말씀한 것이다.

30-2. 辟(譬)如天地之無不持載하며 無不覆幬(부도)하며 辟如四時之錯行하며 如日月之代明이니라

비유하면 하늘과 땅이 실어주지 않음이 없고 덮어주지 않음이 없는 것과 같으며, 비유하면 四時가 번갈아 행함과 같으며, 日月(해와 달)이 교대로 밝음과 같다.

錯은 **猶迭也**[235]라 **此**는 **言聖人之德**이라

'錯'은 迭(교대함)과 같다. 이는 聖人의 德을 말씀한 것이다.

30-3. 萬物이 竝育而不相害하며 道竝行而不相悖라 小德은 川流요 大德은 敦化하나니 此天地之所以爲大也니라

萬物이 함께 길러져 서로 해치지 않으며, 道가 나란히 행해져 서로 어긋나지 않는다. 이 때문에 작은 德은 냇물의 흐름이요 큰 德은 造化를 도타이 하니, 이는 天地가 위대함이 되는 이유이다.

---

234 〔詳說〕 皆兼內外 該本末而言也 : 潛室陳氏(陳埴)가 말하였다. "세세한 道理는 근본이 되고 안이 되고, 거친 도리는 지엽이 되고 밖이 된다.〔細底道理爲本爲內 粗底道理爲末爲外〕"

235 〔詳說〕 錯 猶迭也 : 陳氏가 말하였다. "추위와 더위가 오고 가고, 해와 달이 떴다 지는 것이다.〔寒暑往來 日月升沈〕"

… **該** 갖출 해 **持** 가질 지 **載** 싫을 재 **覆** 덮어줄 부 **幬** 덮어줄 도 **錯** 교대할 착 **迭** 교대할 질 **竝** 아우를 병 **悖** 어그러질 패 **敦** 도타울 돈

悖는 猶背也라 天覆(부)地載에 萬物이 竝育於其間而不相害하고 四時日月이 錯行代明而不相悖하니 所以不害不悖者는 小德之川流요 所以竝育竝行者는 大德之敦化니 小德者는 全體之分이요 大德者는 萬殊之本[236]이라 川流者는 如川之流하여 脈絡分明而往不息也요 敦化者는 敦厚其化하여 根本盛大而出無窮也라 此는 言天地之道하여 以見(현)上文取譬之意也라

'悖'는 背와 같다. 하늘이 덮어주고 땅이 실어줌에 만물이 그 사이에서 함께 길러져 서로 해치지 않고, 四時와 日月이 번갈아 운행하고 교대로 밝아서 서로 어긋나지 않으니, 해치지 않고 어긋나지 않음은 小德의 川流이고, 함께 길러지고 함께 행해짐은 大德의 敦化이니, 小德은 全體가 나누어진 것이요 大德은 萬殊의 근본이다. 川流는 냇물의 흐름과 같아 脈絡이 분명하고 감이 쉬지 않는 것이요, 敦化는 그 造化를 敦厚히 하여 근본이 성대해서 나옴이 무궁한 것이다. 이는 天地의 道를 말씀하여 윗글에서 비유를 취한 뜻을 나타내신 것이다.

⊙ 右는 第三十章[237]이라 言天道也[238]라

⊙ 이상은 제30章이다. 天道를 말씀하였다.

| 至聖章 |

31-1. 唯天下至聖이야 爲能聰明睿知(智) 足以有臨也[239]니 寬裕溫柔

---

236 譯註 小德者……萬殊之本 : 大德은 全體의 큰 德으로 萬殊一本이고, 小德은 分派된 작은 德으로 一本萬殊를 가리킨다. 萬殊一本은 여러 가지 다른 것이 결국 한 뿌리에서 나온 것이고, 一本萬殊는 한 뿌리에서 여러 가지 다른 것이 나온 것이다.

237 〔自箴〕 右 第三十章 : 이 節은 武·土·幬가 叶韻이고, 行·明이 叶韻이고, 害·悖·化·大가 叶韻이다.【《中庸》에서 叶韻인 것이 여기에 그칠 뿐이 아니다.】〔此節 武土幬叶韻 行明叶韻 害悖化大叶韻【中庸叶韻處 不止於此】〕

238 〔詳說〕 右……言天道也 : 아래 '至聖'(31章), '至誠'(32章) 두 章도 마땅히 이 章 머리의 '仲尼'자를 이어받아야 할 것이다. 앞의 여러 章의 仲尼의 말씀으로부터 마침내 이 세 章의 仲尼의 德이 되었고, 또 앞의 여러 章의 聖賢의 사업으로부터 합하여 이 세 章의 仲尼의 일이 되었고, 또 이 세 章의 天道로부터 요약하여《中庸》끝의 '天'자가 되어서 귀결되었다. 仲尼의 德이 이에 이르니, 이 때문에 堯·舜보다 나음이 되는 것이다.

239 聰明睿知(智) 足以有臨也 : 註疏에는 모두 並列구조로 보았으나, 朱子는 聰明睿知는 生而知之의 聖人이고, 그 아래 네 가지는 仁·義·禮·智의 네 가지 德이라 하였다. 이것은 앞 27章의 '尊德性而道問學'을 綱으로 삼은 것과 비슷한바, 참으로 高見이라고 생각된다. '聰明睿知'는 生而知之의 聖人을 가리킨 것으로 全體에 해당하여 아래의 寬裕溫柔 등의 네 가지 德이 상대가 되지 못하기 때문이다. 俗儒들의 凡眼으로는 覰破하지 못할 것이다.

··· 脈 맥락 맥 絡 맥락 락 睿 슬기로울 예 寬 너그러울 관 裕 넉넉할 유

足以有容也며 **發强剛毅 足以有執也**며 **齊**(재)**莊中正**이 **足以有敬也**며 **文理密察**이 **足以有別也**니라

오직 천하의 지극한 聖人이어야 聰明睿智가 족히 임할 수 있으니, 寬裕溫柔가 족히 용납함이 있으며, 發强剛毅가 족히 잡음(지킴)이 있으며, 齋莊中正이 족히 공경함이 있으며, 文理密察이 족히 분별함이 있는 것이다.

聰明睿知는 **生知之質**이라 **臨**은 **謂居上而臨下也**라 **其下四者**는 **乃仁義禮智之德**[240]이라 **文**은 **文章也**요 **理**는 **條理也**요 **密**은 **詳細也**요 **察**은 **明辨也**라

'聰明睿智'는 生而知之의 자질이다. '臨'은 위에 있으면서 아래에 임함을 이른다. 그 아래 네 가지는 바로 仁·義·禮·智의 德이다. '文'은 文章이요, '理'는 條理요, '密'은 상세함이요, '察'은 밝게 분변함이다.

31-2. **溥博淵泉**하여 **而時出之**니라

溥博하고 淵泉하여 때로 발현된다.

溥博은 **周徧而廣濶也**요 **淵泉**은 **靜深而有本也**라 **出**은 **發見**(현)**也**라 **言 五者之德**[241]이 **充積於中**하여 **而以時發見於外也**라

'溥博'은 두루하고 넓음이요, '淵泉'은 고요하고 깊어 근본이 있는 것이다. '出'은 發現함이다. 다섯 가지의 德이 안에 充積되어 때로 밖에 발현됨을 말씀한 것이다.

31-3. **溥博**은 **如天**하고 **淵泉**은 **如淵**하니 **見**(현)**而民莫不敬**[242]하며 **言而民**

---

240 〔詳說〕 其下四者 乃仁義禮智之德 : 新安陳氏가 말하였다. "태어나면서부터 아는 이 仁·義·禮·智의 體가 있기 때문에 '有臨'·'有容'·'有執'·'有敬'·'有別'의 用에 나타나는 것이다.〔有此生知仁義禮智之體 故見於有臨有容有執有敬有別之用也〕"

241 譯註 五者之德 : 다섯 가지의 德은 聰明睿智의 聖, 寬裕溫柔의 仁, 發强剛毅의 義, 齊莊中正의 禮, 文理密察의 智를 가리킨 것이다.

242 見而民莫不敬 : 壺山은《詳說》에서 현재 諺解에 '見홈애 民이 공경티 아니리 업스며' 한 것을 지적하고, 세 句를 병렬로 할 것이 아니라 '見而民莫不敬이니'로 懸吐하여 아래 두 句를 여기에 예속시켜야 함을 강조하였다. "살펴보건대 '民莫不敬'의 구두는 마땅히 앞장의 '道問學'(27章 6節), '動而世爲天下道'

··· 毅 굳셀 의 齊 공경 재 臨 임할 임 溥 넓을 부 淵 깊을 연 徧 두루 편(변) 濶 넓을 활 靜 고요할 정 充 채울 충 積 쌓을 적

莫不信하며 **行而民莫不說**(열)이니라

溥博은 하늘과 같고 淵泉은 깊은 못과 같으니, 이 때문에 나타남에 백성들이 공경하지 않는 이가 없으며, 말함에 백성들이 믿지 않는 이가 없으며, 행함에 백성들이 기뻐하지 않는 이가 없다.

言其充積極其盛而發見當其可也라

充積함이 그 盛함을 지극히 하고 발현됨이 그 옳음에 합당함을 말씀한 것이다.

31-4. **是以**로 **聲名**이 **洋溢乎中國**하여 **施**(이)**及蠻貊**하여 **舟車所至**와 **人力所通**과 **天之所覆**(부)와 **地之所載**와 **日月所照**와 **霜露所隊(墜)**에 **凡有血氣者 莫不尊親**하나니 **故**로 **曰配天**이니라

이 때문에 名聲이 中國에 넘쳐 蠻貊에 뻗쳐서 배와 수레가 이르는 바(곳)와 人力이 통하는 바와 하늘이 덮어주는 바와 땅이 실어주는 바와 해와 달이 비추는 바와 서리와 이슬이 내리는 바에, 모든 血氣를 가지고 있는 자들이 존경하고 親愛하지 않는 이가 없는 것이다. 그러므로 하늘을 배합한다고 말한 것이다.

舟車所至以下는 蓋極言之라 配天은 言其德之所及이 廣大如天也라

'舟車所至' 이하는 이것을 지극히 말씀한 것이다. '하늘을 배합한다'는 것은 그 德의 미치는 바가 廣大하여 하늘과 같음을 말한 것이다.

⊙ 右는 第三十一章이라 承上章而言小德之川流[243]하니 亦天道也라

(29章 3節), '有臨也'(31章 1節) 세 곳의 준례를 따라야 할 것인데 諺解에는 그렇지 않으니, 마땅히 다시 헤아려 보아야 할 듯하다.〔按民莫不敬之讀 當依前章道問學 天下道 有臨也三處之例 而諺解不然 恐合更商〕" 27章에는 "尊德性而道問學이니(德性을 尊ᄒᆞ고 問學을 道ᄒᆞᄂᆞ니)"로, 29章에는 "動而世爲天下道ㅣ니(動홈애 世로 天下엣 道ㅣ 되ᄂᆞ니)"로, 31章에는 "足以有臨也ㅣ니(足히 ᄡᅧ 臨홈이 인ᄂᆞ니)"로 되어 있는바, 壺山의 說이 一理가 있어 보인다.

243 〔詳說〕 承上章而言小德之川流 : 新安陳氏가 말하였다. "다섯 가지의 덕을 작다고 말한 것이 아니다. 이 다섯 가지로 분별하여 말하고 또 發用으로 말하였으니, 아랫장의 渾淪으로 말하여 本體에 순수한 것과 비교하면 이는 小德의 川流가 되고, 아랫장은 大德의 敦化가 되는 것이다.〔非謂五者之德爲小也 蓋以此五者 分別而言 又以發用言 比下章之渾淪言之而純乎本體者 則此爲小德之川流 而下章爲大德之敦化〕"

··· 說 기쁠 열 洋 넘칠 양 溢 넘칠 일 施 뻗칠 이 蠻 오랑캐 만 貊 오랑캐 맥 覆 덮을 부 照 비출 조 墜 떨어질 추

이상은 제31章이다. 윗장을 이어 小德의 川流를 말씀하였으니, 이 또한 天道이다.

| 至誠章 |

32-1. 唯天下至誠이야 爲能經綸天下之大經하며 立天下之大本하며 知天地之化育이니 夫焉有所倚리오

오직 天下에 지극히 성실한 분이어야 天下의 大經을 經綸하며 天下의 大本을 세우며 天地의 化育을 알 수 있으니, 어찌 〈딴 물건에〉 의지할 것이 있겠는가.

經綸은 皆治絲之事니 經者는 理其緖而分之[244]요 綸者는 比其類而合之也[245]라 經은 常也라 大經者는 五品之人倫이요 大本者는 所性之全體也라 惟聖人之德이 極誠無妄이라 故로 於人倫에 各盡其當然之實하여 而皆可以爲天下後世法하니 所謂經綸之也라 其於所性之全體에 無一毫人欲之僞以雜之하여 而天下之道千變萬化가 皆由此出하니 所謂立之也라 其於天地之化育에 則亦其極誠無妄者 有默契焉이요 非但聞見之知而已라 此皆至誠無妄自然之功用이니 夫豈有所倚著(착)於物而後能哉리오

'經'과 '綸'은 모두 실을 다스리는 일이니, 經은 그 실마리를 다스려 나누는 것이고, 綸은 그 類를 나란히 하여 합하는 것이다. '經'은 떳떳함이다. '大經'은 五品(다섯 가지)의 人倫이고, '大本'은 本性에 간직하고 있는 全體이다. 오직 聖人의 德이 지극히 성실하고 망령됨이 없다. 그러므로 人倫에 있어 각각 당연함의 실제를 다해서 모두 天下와 後世의 법이 될 만하니, 이른바 '經綸한다.'는 것이다. 本性의 全體에 있어 한 털끝만한 人慾의 거짓도 섞임이 없어서 天下의 道에 온갖 變化가 모두 이로 말미암아 나오니, 이른바 '세운다〔立〕'는 것이다. 天地의 化育에 있어 또한 그 至誠無妄(지극히 성실하고 망령됨이 없음)함이 묵묵히 합함이 있고, 단지 듣고 보아 알 뿐만이 아니다. 이는 모두 至誠無妄한 자연의 功用이니, 어찌 딴 물건에 의지한 뒤에야 능하겠는가.

---

244 〔詳說〕 經者 理其緖而分之 : 雙峰饒氏가 말하였다. "군주는 군주 노릇하고 신하는 신하 노릇하는 것[1]과 같은 것이다.〔如君君臣臣〕"

譯註 1. 군주는……것 : 《論語》〈顔淵〉 11章에 "齊 景公이 孔子에게 政事를 묻자, 孔子께서 대답하셨다. '군주는 군주 노릇하고 신하는 신하 노릇하며, 아버지는 아버지 노릇하고 자식은 자식 노릇하는 것입니다.'〔齊景公問政於孔子 孔子對曰 君君臣臣父父子子〕"라고 보인다.

245 〔詳說〕 綸者 比其類而合之也 : 雙峰饒氏가 말하였다. "군주는 신하에게 仁하고, 신하는 그 군주를 공경하는 것과 같다.〔如君仁於臣 臣敬其君〕"

··· 經 다스릴 경 綸 다스릴 륜 理 다스릴 리 緖 실마리 서 比 나란히할 비 僞 거짓 위 默 침묵 묵 契 합할 계 倚 기댈 의 著 붙을 착

32-2. 肫肫其仁이며 淵淵其淵이며 浩浩其天이니라

肫肫한 그 仁이며, 淵淵한 그 못이며, 浩浩한 그 하늘이다.

肫肫은 **懇至貌**니 **以經綸而言也**[246]요 **淵淵**은 **靜深貌**니 **以立本而言也**요 **浩浩**는 **廣大貌**니 **以知化而言也**라 **其淵其天**이면 **則非特如之而已**[247]니라

'肫肫'은 간곡하고 지극한 모양이니 經綸으로써 말한 것이고, '淵淵'은 고요하고 깊은 모양이니 근본을 세움으로써 말한 것이고, '浩浩'는 넓고 큰 모양이니 化育을 앎으로써 말한 것이다. 그 못이고 그 하늘이면 단지 그와 같을 뿐만이 아닌 것이다.

32-3. 苟不固聰明聖知(智)達天德者면 其孰能知之리오

만일 진실로 聰明하고 聖智하여 하늘의 德을 통달한 자가 아니면 그 누가 이것을 알겠는가.

固는 **猶實也**라 **鄭氏曰 唯聖人**이야 **能知聖人也**라

'固'는 實(진실)과 같다. 鄭氏(鄭玄)가 말하였다. "오직 聖人만이 聖人을 알 수 있다."

⊙ **右**는 **第三十二章**이라 **承上章而言大德之敦化**하니 **亦天道也**라 **前章**엔 **言至聖之德**하고 **此章**엔 **言至誠之道**라 **然**이나 **至誠之道**는 **非至聖**이면 **不能知**요 **至聖之德**은 **非至誠**이면 **不能爲**니 **則亦非二物矣**라 **此篇**에 **言聖人天道之極致**가 **至此而無以加矣**니라

⊙ 이상은 제32章이다. 윗장을 이어 大德의 敦化를 말씀하였으니, 또한 天道이다. 앞장에서는 至聖의 德을 말씀하였고, 이 章에서는 至誠의 道를 말씀하였다. 그러나 至誠의 道는 至聖이 아니면 능히 알지 못하고, 至聖의 德은 至誠이 아니면 능히 하지 못하니, 그렇다면 또한 두 가지 일이 아니다. 이 篇에서 聖人의 天道의 極致를 말씀한 것이 이에 이르러 더할 수가 없다.

---

246 〔詳說〕 肫肫……以經綸而言也 : 살펴보건대 '肫肫其仁'은 聖人의 한 몸이 모두 仁이란 말과 같다.〔按肫肫其仁 猶言聖人一身 都是仁也〕

247 譯註 其淵其天 則非特如之而已 : '特'은 但과 같은바, 앞장의 "溥博은 하늘과 같고 淵泉은 깊은 못과 같다."고 한 말을 받아 그보다도 더함을 말한 것으로, 潛室陳氏(陳埴)는 "하늘과 같고 못과 같음은 오히려 두 가지 물건이요, 그 하늘이고 그 못이면 바로 聖人이 곧 하늘과 못인 것이다.〔如天如淵 猶是二物 其天其淵 卽聖人便是天淵〕" 하였다.

··· 肫 정성스러울 순(준) 淵 못 연, 깊을 연 浩 클 호 懇 정성 간 貌 모양 모 特 다만 특 固 진실로 고

| 衣錦章 |

33-1. **詩曰 衣錦尙絅**이라하니 **惡**(오)**其文之著也**라 **故**로 **君子之道**는 **闇然而日章**하고 **小人之道**는 **的然而日亡**하나니 **君子之道**는 **淡而不厭**하며 **簡而文**하며 **溫而理**니 **知遠之近**하며 **知風之自**하며 **知微之顯**이면 **可與入德矣**리라

《詩經》에 이르기를 "비단옷을 입고 홑옷을 덧입는다." 하였으니, 그 문채가 너무 드러남을 싫어해서이다. 그러므로 君子의 道는 은은하나 날로 드러나고, 小人의 道는 선명하나 날로 없어지는 것이다. 君子의 道는 담박하나 싫지 않으며 간략하나 문채가 나며 온화하나 조리가 있으니, 멂이 가까운 데로부터 시작함을 알며 바람이 부터 일어남을 알며 은미함이 드러남을 안다면 더불어 德에 들어갈 수 있을 것이다.

前章엔 言 聖人之德이 極其盛矣요 此는 復自下學立心之始言之[248]하고 而下文에 又推之하여 以至其極也라 詩는 國風衛碩人, 鄭之丰(봉)에 皆作衣錦褧衣[249]하니 褧은 絅同하니 襌衣也라 尙은 加也라 古之學者는 爲己[250]故로 其立心如此라 尙絅故로 闇然하고 衣錦故로 有日章之實이라 淡, 簡, 溫은 絅之襲於外也요 不厭而文且理焉은 錦之美在中也[251]라 小人은 反是하니 則暴(폭)於外而無實以繼之라 是以로 的然而日亡也라 遠之近은 見(현)於彼者 由於此也요 風之自는 著乎外者 本乎內也요 微之顯은 有諸內者 形諸外也라 有爲己之心하고 而又知此三者면 則知所謹而可入德矣라 故로 下文에 引詩하여 言謹獨之事하시니라

---

248 譯註 復自下學立心之始言之:下學은 下學人事를 축약한 것으로 아래로 사람의 道理를 배우는 初學者를 이르며, 立心은 立志와 같은 뜻이다.

249 〔詳說〕 鄭之丰(봉) 皆作衣錦褧衣:《詩經》〈鄭風 丰〉에 "衣錦褧衣"라 하고 "尙錦褧裳"이라 하였으니, 여기에서 인용한 한 句는 이 詩의 두 句를 가감한 것뿐이다.〔丰云 衣錦褧衣 尙錦褧裳 此所引一句 蓋檃栝此詩二句者耳〕

250 譯註 古之學者 爲己:爲己는 자신의 마음과 행실을 닦기 위한 學問을 하는 것으로,《論語》〈憲問〉 25章에 "옛날에 배우는 자들은 자신을 위하였는데 지금의 배우는 자들은 남을 위한다.〔古之學者爲己 今之學者爲人〕"라고 보인다.

251 〔詳說〕 淡簡溫……錦之美在中也:新安陳氏가 말하였다. "보통 사람의 情은 淡泊하여 재미가 없으면 쉽게 싫증내고, 간략하면 文采가 없고, 溫厚하고 渾淪하면 條理가 없다.〔常情 淡泊無味則易厭 簡略則無文采 溫厚渾淪則無條理〕"

··· 錦 비단 금 尙 더할 상 絅 홑옷 경 闇 어둘 암 章 밝을 장 的 선명할 적 淡 담박할 담 厭 싫어할 염 衛 호위할 위 碩 클 석 丰 예쁠 봉 褧 홑옷 경 襌 홑옷 선 襲 옷껴입을 습 暴 드러날 폭

앞장에서는 聖人의 德이 그 盛함을 다함을 말씀하였고, 여기서는 다시 下學(初學)이 마음을 세우는 시초로부터 말씀하였으며, 아랫글에 또 이것을 미루어 그 지극함을 다하였다. 詩는 國風의 〈衛風 碩人〉과 〈鄭風 丰〉에 모두 '衣錦褧衣'로 되어 있으니, 褧은 絅과 같은바, 홑옷이다. '尙'은 더함이다. 옛날의 學者들은 자신을 위한 學問을 하였으므로 그 마음을 세움이 이와 같았다. 겉에 홑옷을 덧입었기 때문에 은은하고, 속에 비단옷을 입었기 때문에 날로 드러나는 실제가 있는 것이다. 담박하고 간략하고 온화함은 홑옷을 겉에 덧입은 것이요, 싫지 않고 문채나고 또 조리가 있음은 비단옷의 아름다움이 속에 있는 것이다. 小人은 이와 반대이니, 밖에 드러나나 실제로써 계속하지 못한다. 이 때문에 선명하나 날로 없어지는 것이다. '遠之近'은 저기에 나타남이 여기에서 말미암는 것이요, '風之自'는 밖에 드러남이 안에서 근본하는 것이요, '微之顯'은 안에 간직한 것이 밖에 드러나는 것이다. 자신을 위하려는 마음이 있고 또 이 세 가지를 알면, 삼갈 바를 알아 德에 들어갈 수 있다. 그러므로 아랫글에 《詩經》을 인용하여 謹獨(愼獨)의 일을 말씀하셨다.

33-2. **詩云 潛雖伏矣**나 **亦孔之昭**라하니 **故**로 **君子**는 **內省不疚**[252]라사 **無惡**(오)**於志**하나니 **君子之所不可及者**는 **其唯人之所不見乎**인저

《詩經》에 이르기를 "잠긴 것(물고기)이 비록 엎드려 있으나 또한 심히 밝다." 하였다. 그러므로 君子는 안으로 살펴보아 瑕疵(하자)가 없어야 마음에 미움(부끄러움)이 없게 되니, 君子의 미칠 수 없는 점은 사람들이 보지 않는 바에 있을 것이다.

詩는 **小雅正月之篇**이라 **承上文**하여 **言莫見**(현)**乎隱, 莫顯乎微也**[253]라 **疚**는 **病也**라 **無惡於志**는 **猶言無愧於心**이니 **此**는 **君子謹獨之事也**라

詩는 〈小雅 正月〉篇이다. 윗글을 이어 隱(숨겨진 곳)보다 드러남이 없고 微(드러나지 않은 일)보다 나타남이 없음을 말씀하였다. '疚'는 病(하자)이다. '마음에 미움이 없다.'는 것은 마음에 부끄러움이 없다는 말과 같으니, 이는 君子가 愼獨하는 일이다.

---

252 內省不疚 : 官本諺解에는 '內省不疚ᄒᆞ야'로 되어 있는데, 艮齋는 "'內省不疚'의 口訣은 陳氏의 註와 《備旨》, 《四書味根錄》 등 여러 說을 의거해보면 마땅히 '이라ᅀᆞ' 토를 사용해야 한다.〔內省不疚口訣 據陳註及備旨味根諸說 當用이라ᅀᆞ〕" 하였다.

253 譯註 言莫見乎隱, 莫顯乎微也 : 1章에 "莫見乎隱 莫顯乎微 故君子愼其獨也"라고 한 말을 원용하였다. 〔詳說〕 三山陳氏가 말하였다. "'伏'은 바로 머릿장의 隱과 微이고, '昭'는 바로 머릿장의 見과 顯이다.〔伏卽首章隱微 昭卽首章見(현)顯〕"

··· **潛** 잠길 잠 **孔** 심할 공 **疚** 병들 구 **雅** 바를 아 **愧** 부끄러울 괴 **相** 볼 상 **漏** 귀퉁이 루

33-3. 詩云 相在爾室혼대 尙不愧于屋漏라하니 故로 君子는 不動而敬하며 不言而信이니라

《詩經》에 이르기를 "네가 〈홀로〉 방안에 있음을 살펴보니, 오히려 방 귀퉁이에도 부끄럽지 않다." 하였다. 그러므로 君子는 動하지 않아도 공경하며, 말하지 않아도 믿는 것이다.

詩는 大雅抑之篇이라 相은 視也라 屋漏는 室西北隅也라 承上文하여 又言 君子之戒謹恐懼 無時不然하여 不待言動而後敬信하니 則其爲己之功이 益加密矣라 故로 下文에 引詩하여 幷言其效하시니라

詩는 〈大雅 抑〉篇이다. '相'은 살펴봄이다. '屋漏'는 방의 서북쪽 귀퉁이이다. 윗글을 이어 또 君子의 戒愼하고 恐懼함이 때마다 그렇지 않음이 없어서 말하고 행동하기를 기다릴 필요 없이 공경하고 믿음을 말씀하였으니, 자신을 위하는 공부가 더더욱 치밀하다. 그러므로 아랫글에 《詩經》을 인용하고 아울러 그 효험을 말씀한 것이다.

33-4. 詩曰 奏假(格)無言하여 時靡有爭이라하니 是故로 君子는 不賞而民勸하며 不怒而民威於鈇鉞(부월)이니라

《詩經》에 이르기를 "〈神明의 앞에〉 나아가 感格할(감동시킬) 적에 말이 없어 이에 다투는 이가 있지 않다." 하였다. 이 때문에 君子는 賞을 주지 않아도 백성들이 권면하며, 怒하지 않아도 백성들이 작도와 도끼보다 더 두려워하는 것이다.

詩는 商頌烈祖之篇이라 奏는 進也라 承上文而遂及其效하여 言 進而感格於神明之際에 極其誠敬하여 無有言說而人自化之也라 威는 畏也라 鈇는 莝斫刀也요 鉞은 斧也라

詩는 〈商頌 烈祖〉篇이다. '奏'는 나아감이다. 윗글을 이어 마침내 그 효험을 언급해서, 나아가 神明을 感格(感動)할 즈음에 정성과 공경을 지극히 하여 말함이 없어도 사람들이 스스로 敎化됨을 말씀한 것이다. '威'는 두려워함이다. '鈇'는 여물을 써는 작도이고, '鉞'은 도끼이다.

33-5. 詩曰 不顯惟德을 百辟其刑之라하니 是故로 君子는 篤恭而天下平이니라

··· 隅 모퉁이 우 密 빽빽할 밀 奏 나아갈 주 假 이를 격 靡 없을 미 勸 권할 권 鈇 작도 부 鉞 도끼 월 莝 여물 좌 斫 작도 작 斧 도끼 부 辟 임금 벽 刑 본받을 형

《詩經》에 이르기를 "드러나지 않는 德을 百辟(여러 諸侯)들이 법받는다." 하였다. 이 때문에 君子는 공손함을 돈독히 함에 天下가 평해지는 것이다.

詩는 **周頌烈文之篇**이라 **不顯**은 **說見**(현)**二十六章**하니 **此**는 **借引以爲幽深玄遠之意**[254]라 **承上文**하여 **言 天子有不顯之德**하여 **而諸侯法之**면 **則其德愈深而效愈遠矣**라 **篤**은 **厚也**니 **篤恭**은 **言不顯其敬也**라 **篤恭而天下平**은 **乃聖人至德淵微自然之應**이니 **中庸之極功也**라

詩는 〈周頌 烈文〉篇이다. '不顯'은 해설이 26章에 보이니, 여기서는 이것을 빌려 인용해서 幽深하고 玄遠한 뜻으로 삼은 것이다. 윗글을 이어서 天子가 드러나지 않는 德이 있어 諸侯들이 이것을 법받으면 그 德이 더욱 깊어 효험이 더욱 遠大함을 말씀하였다. '篤'은 두터움이니, '篤恭'은 드러나지 않는 공경을 이른다. '공손함을 돈독히 함에 天下가 평해짐'은 바로 聖人의 지극한 德이 깊고 은미하여 자연히 나타나는 效應이니, 中庸의 지극한 功效이다.

33-6. **詩云 予懷明德**의 **不大聲以色**[255]이라하여늘 **子曰 聲色之於以化民**에 **末也**라하시니라 **詩云 德輶如毛**라하나 **毛猶有倫**하니 **上天之載 無聲無臭**아 **至矣**[256]니라

《詩經》에 이르기를 "나는 밝은 德이 음성과 얼굴빛을 크지 않게(대단찮게) 여김을 생각한다." 하였는데, 孔子께서 말씀하시기를 "음성과 얼굴빛은 백성을 교화시킴에 있어 지엽적인 것이다." 하셨다. 《詩經》에 이르기를 "德은 가볍기가 터럭과 같다." 하였는데, 터럭도 오히려 비교할 만한 것이 있으니, "上天의 일은 소리도 없고 냄새도 없다."는 표현이어야 지극하다 할 것이다.

---

254 譯註 不顯……借引以爲幽深玄遠之意 : 《詩經》에서는 '不顯惟德'을 '이보다 더 드러날 수 없는 德'으로 해석하였으나 여기서는 '겉으로 드러나지 않는 德'으로 바꿔 사용하였음을 말한 것이다. 26章에서는 '不顯가'로 토를 달아 '드러나지 않겠는가.'로 해석하였는바, 이 또한 '이보다 더 드러날 수 없다.'는 뜻이 된다.

255 予懷明德 不大聲以色 : '大'는 重과 같고 '以'는 與〔다뭇〕와 같은바, '밝은 德은 마음을 중요시하고 외형인 음성과 얼굴빛을 중요시하지 않음을 생각한다.'는 뜻이다. 《大全》에는 옛날에는 '以'자와 '與'자를 통용하였다.〔古以與字通用〕" 하였다.(《詳說》)

256 子曰……至矣 : 官本諺解에는 "詩云 予懷明德의 不大聲以色이라 ᄒᆞ야ᄂᆞᆯ 子ㅣ 曰 聲色之於以化民에 末也ㅣ라 ᄒᆞ시니라 詩云 德輶如毛ㅣ라 ᄒᆞ니 毛猶有倫이어니와 上天之載ㅣ 無聲無臭ㅿㅏ 至矣니라"로 되어 있고, 栗谷諺解에는 "子曰 聲色之於以化民애 末也ㅣ라ᄒᆞ시니"로 되어 있는바, 여기서는 艮齋의 諺解를 따랐음을 밝혀 둔다.

••• 幽 그윽할 유 愈 더욱 유 懷 생각할 회 輶 가벼울 유 倫 등급 륜 載 일 재 臭 냄새 취

詩는 大雅皇矣之篇이니 引之하여 以明上文所謂不顯之德者 正以其不大聲與色也라 又引孔子之言하여 以爲聲色은 乃化民之末務어늘 今但言不大之而已면 則猶有聲色者存하니 是未足以形容不顯之妙라 不若烝民之詩所言德輶如毛하니 則庶乎可以形容矣로되 而又自以爲謂之毛면 則猶有可比者[257]하니 是亦未盡其妙라 不若文王之詩所言上天之事無聲無臭하니 然後에 乃爲不顯之至耳라 蓋聲臭는 有氣無形하여 在物에 最爲微妙로되 而猶曰無之라 故로 惟此可以形容不顯篤恭之妙니 非此德[258]之外에 又別有是三等[259]然後爲至也니라

詩는 〈大雅 皇矣〉篇이니, 이것을 인용하여 윗글의 이른바 '不顯之德'은 바로 그 음성과 얼굴빛을 대단찮게 여김을 밝힌 것이다. 또 孔子의 말씀을 인용하여 이르기를 "음성과 얼굴빛은 백성을 교화함에 있어 지엽적인 일인데, 이제 다만 대단찮게 여긴다고 말했을 뿐이니, 그렇다면 이것도 오히려 음성과 얼굴빛이 남아 있는 것이어서 不顯의 묘함을 형용하기에 충분하지 못하다. 〈烝民〉 詩에 말한 '德은 가볍기가 터럭과 같다.'고 한 것만 못하니, 이렇게 말하면 거의 형용했다고 이를 만하다." 하였다. 또 스스로 이르기를 "터럭이라고 말하면 오히려 비교할 만한 것이 있으니, 이 또한 그 묘함을 다하지 못한 것이다. 〈文王〉 詩에 말한 '上天의 일은 소리도 없고 냄새도 없다.'고 한 것만 못하니, 이렇게 표현한 뒤에야 不顯의 德을 지극히 형용한 것이 된다." 하였다.

소리와 냄새는 기운만 있고 형체가 없어서 물건에 있어 가장 미묘한 것인데도 오히려 없다고 말하였다. 그러므로 오직 이 말이 不顯, 篤恭의 묘함을 형용할 수 있는 것이니, 이 德 이외에 또 별도로 이 세 가지 등급이 있은 뒤에야 지극함이 되는 것은 아니다.

⊙ 右는 第三十三章이라 子思因前章極致之言하여 反求其本하사 復自下學爲己謹獨之事로 推而言之하사 以馴致[260]乎篤恭而天下平之盛하시고 又贊其妙하사 至於無聲無臭而後已焉하시니 蓋擧一篇之要而約言之라 其反復丁寧示人之意 至深切矣시니 學者其可不盡心乎[261]아

---

257 〔詳說〕 則猶有可比者 : 《大全》에 말하였다. "'倫'은 견줌이다.〔倫 比也〕"

258 〔詳說〕 此德 : 不顯篤恭이다.

259 譯註 又別有是三等 : 三等은 聲·色과 毛와 無聲無臭의 세 단계를 가리킨 것이다.

260 〔詳說〕 馴致 : 雲峰胡氏가 말하였다. "'極致'는 위로 통달하는 일이요, '馴致'는 아래로 배워서 위로 통달하는 일이다.〔極致者 上達之事也 馴致者 下學而上達之事也〕"

261 〔詳說〕 學者其可不盡心乎 : 黃氏가 말하였다. "《中庸》은 下學을 말한 곳이 적으나 明善과 誠身, 擇善과 固執, 尊德性과 道問學은 간절하고 요긴한 말 아님이 없으니, 程子께서 말씀한 '모두 진실한 학문'이

··· 務 일 무 馴 길들일 순 贊 칭찬할 찬

⊙ 이상은 제33章이다. 子思께서 앞 장에 있는 극치의 말씀으로 인하여 그 근본을 돌이켜 찾으시어, 다시 下學(初學)이 자신을 위한 학문을 하고 홀로를 삼가는 일로부터 미루어 말씀하시어 공손함을 돈독히 함에 천하가 평해지는 盛함을 馴致하고, 또 그 묘함을 칭찬하시어 소리도 없고 냄새도 없음에 이른 뒤에야 그만두셨으니, 이는 한 篇(책)의 요점을 들어 요약하여 말씀하신 것이다. 反復하고 丁寧하여 사람들에게 보여주신 뜻이 지극히 깊고 간절하니, 배우는 자가 마음을 다하지 않을 수 있겠는가.

란 것이 빈 말씀이 아니다. 어려서부터 익혔으나 지금 백발에도 분분한(분명하게 알지 못하는) 한탄[1]이 있으니, 아! 어찌 쉽게 말하겠는가.〔中庸說下學處少 然明善誠身 擇善固執 尊德性道問學 莫非切要之言 程子所謂皆實學者 非虛言矣 童而習之 今猶有白首紛如之歎 吁 豈易言哉〕"

譯註 1. 백발에도……한탄 : 어려서부터 백발이 되도록 학문을 했지만 성취가 없음을 한탄한다는 것으로, 揚雄의 《法言》〈吾子〉에 "아이 때부터 학문을 익혔지만 늙어서도 분란하다.〔童而習之 白紛如也〕"라고 보인다.

附錄

|附錄. 中庸總圖 (魯魯齋 金萬烋)|

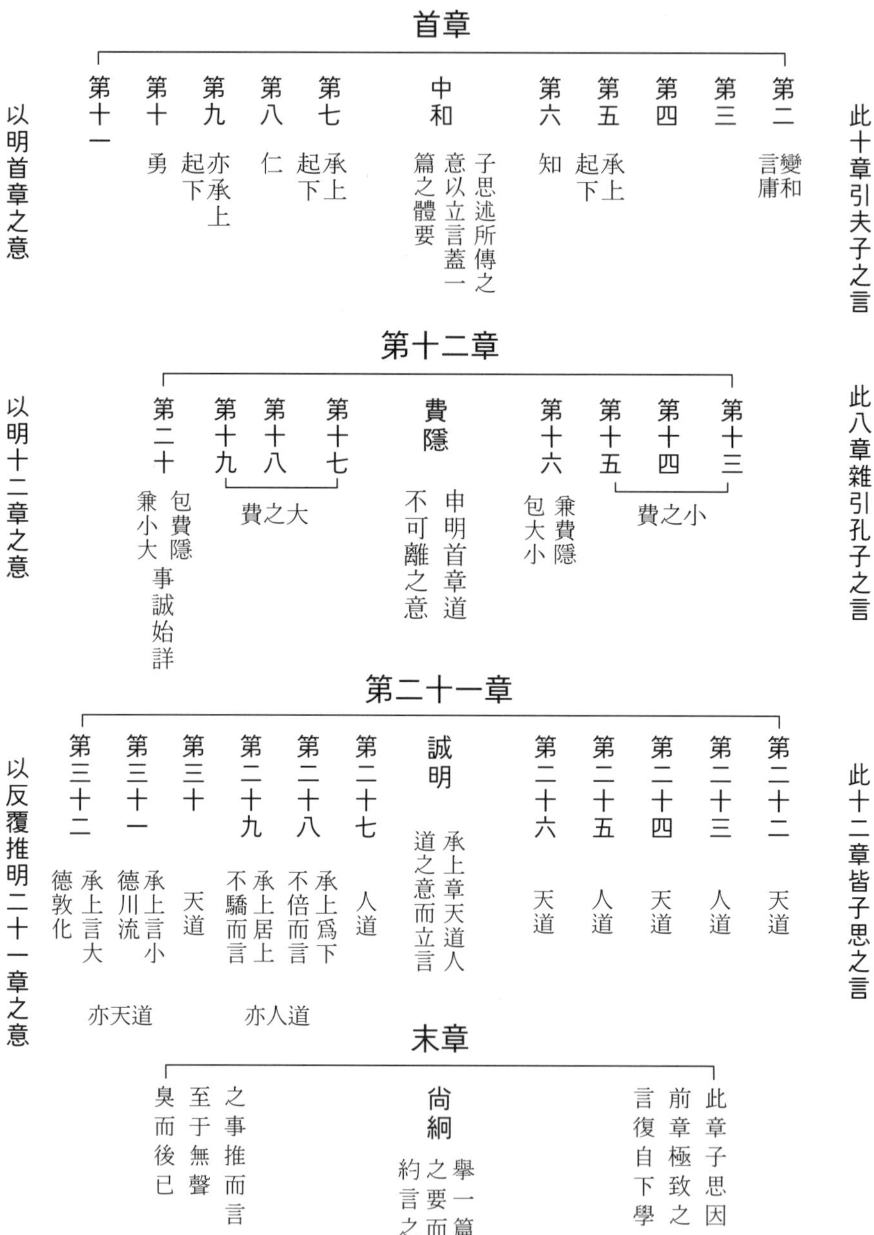

|附錄.《中庸章句》의 體系|

<table>
<tr><td>首章</td><td>性道教章</td><td colspan="2">一篇之體要
(首明道之本原出於天 次言存養省察之要 終言聖神功化之極)</td></tr>
<tr><td>2章</td><td>君子中庸章</td><td>變和言庸</td><td rowspan="10">十章引夫子之言
以釋首章之義</td></tr>
<tr><td>3章</td><td>民鮮能章</td><td></td></tr>
<tr><td>4章</td><td>知者過之章</td><td>明道之不明不行之由</td></tr>
<tr><td>5章</td><td>道其不行章</td><td>由不明故不行. 承上起下</td></tr>
<tr><td>6章</td><td>舜好問章</td><td>知(智)</td></tr>
<tr><td>7章</td><td>人皆曰予智章</td><td>不智. 承上起下</td></tr>
<tr><td>8章</td><td>擇乎中庸章</td><td>仁</td></tr>
<tr><td>9章</td><td>天下國家可均章</td><td>中庸不可能. 承上起下</td></tr>
<tr><td>10章</td><td>子路問强章</td><td>勇</td></tr>
<tr><td>11章</td><td>索隱行怪章</td><td>不當强而强</td></tr>
<tr><td>12章</td><td>費隱章</td><td colspan="2">申明首章道不可離之意</td></tr>
<tr><td>13章</td><td>道不遠人章</td><td rowspan="3">費之小者</td><td rowspan="8">明十二章之意</td></tr>
<tr><td>14章</td><td>素其位章</td></tr>
<tr><td>15章</td><td>行遠自邇章</td></tr>
<tr><td>16章</td><td>鬼神章</td><td>兼費隱 包大小</td></tr>
<tr><td>17章</td><td>舜大孝章</td><td rowspan="3">費之大者</td></tr>
<tr><td>18章</td><td>其惟文王章</td></tr>
<tr><td>19章</td><td>達孝章</td></tr>
<tr><td>20章</td><td>九經章</td><td>包費隱 兼小大</td></tr>
<tr><td>21章</td><td>自誠明章</td><td colspan="2">承上章夫子天道人道之意而立言</td></tr>
<tr><td>22章</td><td>化育章</td><td>天道</td><td rowspan="11">反覆推明二十一章之意</td></tr>
<tr><td>23章</td><td>致曲章</td><td>人道</td></tr>
<tr><td>24章</td><td>至誠之道章</td><td>天道</td></tr>
<tr><td>25章</td><td>誠者自成章</td><td>人道</td></tr>
<tr><td>26章</td><td>至誠無息章</td><td>天道</td></tr>
<tr><td>27章</td><td>尊德性章</td><td rowspan="3">人道</td></tr>
<tr><td>28章</td><td>愚而好自用章</td></tr>
<tr><td>29章</td><td>三重章</td></tr>
<tr><td>30章</td><td>祖述堯舜章</td><td rowspan="3">天道</td></tr>
<tr><td>31章</td><td>至聖章</td></tr>
<tr><td>32章</td><td>至誠章</td></tr>
<tr><td>33章</td><td>衣錦章</td><td colspan="2">舉一篇之要而約言之</td></tr>
</table>

朝鮮朝 內閣本 銅活字 刊行 來歷[1]

國朝屢鑄銅字 而世宗朝甲寅所鑄 集其大成 歲久寖刓矣 英宗朝壬辰 我殿下在春邸 以甲寅字爲本 使芸閣鑄十五萬字藏之 是爲壬辰字【卽經書正文等書印本】卽位之元年 復以甲寅字本 鑄十五萬字于關西 藏于內閣 是爲丁酉字【卽八子百選等書印本 而今又印經書】內外閣所藏 凡三十萬字【太宗朝癸未 以經筵古註詩書左傳爲本 命李稷等 鑄十萬字 是爲癸未字 世宗朝庚子 命李蕆(천)等改鑄 是爲庚子字 甲寅以庚子字纖密 出經筵所藏孝順事實 爲善陰隲等書 爲字本 命金墩等 鑄二十餘萬字 是爲甲寅字 於是癸未庚子字 入於重鑄 而惟甲寅字 行三百有餘年 至我聖上 再命開鑄 而悉以甲寅字爲本 宣廟朝 以安平大君書爲本 鑄于訓局 今之昌黎集諸書印字 是也 實錄誌狀史漢等書印字 及文獻備考印字 各有一本 年條不可攷】

國朝(朝鮮朝)에서 여러 번 동활자를 주조하였는데, 世宗朝 갑인년(1434)에 주조한 것이 集大成한 것이었으나, 세월이 오래되어 점점 망가졌다. 英宗朝 임진년(1772)에 우리 殿下(正祖)께서 春宮(東宮)에 계실 적에 甲寅字로 底本을 삼아서 芸閣(校書館)으로 하여금 15만 자를 주조하여 보관하게 하니, 이것이 壬辰字이다.【《經書 正文》 등의 책을 인쇄한 本이다.】卽位하신 元年(1777)에 다시 甲寅字本으로 15만 자를 關西에서 주조하여 內閣(奎章閣)에 보관하니,【이것이 丁酉字로 《八子》와 《百選》 등의 책을 인쇄한 本인데, 지금은 또 經書를 인쇄하였다.】內閣과 外閣에 보관한 것이 모두 30만 자이다.

【太宗朝 계미년(1403)에 經筵에 있는 古註의 《詩經》, 《書經》, 《春秋左傳》을 底本으로 삼아 李稷

1 朝鮮朝……來歷 : 이 내용은 內閣本의 편 끝에 실려 있는 鑄字跋로 이 책을 銅活字로 인쇄한 내용을 서술한 것인데, 간혹 學生들 중에 이 글의 뜻을 제대로 이해하지 못하여 질문하는 자가 있으므로 번역하여 실은 것이다. 지난번 附按說《孟子集註》의 뒤에 붙였으나 本文과 註를 구분하지 않았고, 誤譯이 있던 것을 한국고전번역원 姜大杰 同學의 지적에 따라 수정하였음을 밝혀둔다.

등에게 명하여 10만 자를 주조하니 이것이 癸未字이고, 世宗朝 경자년(1420)에 李蕆 등에게 명하여 다시 주조하니 이것이 庚子字이고, 갑인년(1434)에 庚子字가 섬세하고 稠密하다 하여 經筵에 보관된 《孝順事實》과 《爲善陰隲》 등의 책들을 꺼내어 字本으로 삼아 金墩 등에게 명하여 20여만 자를 주조하니 이것이 甲寅字이다. 이에 癸未字와 庚子字가 다시 주조함에 들어갔으나 오직 甲寅字는 3백여 년 동안 그대로 사용되었다. 우리 聖上(正祖)에 이르러 다시 開鑄하도록 명하되 모두 甲寅字를 저본으로 삼았다. 宣祖 때에 安平大君의 글씨를 저본으로 삼아 訓鍊院에서 주조하니 지금의 《昌黎集》 등 여러 책을 인쇄한 글자가 바로 이것이요, 實錄과 誌狀과 《史記》와 《漢書》 등의 책을 인쇄한 글자와 《文獻備考》를 인쇄한 글자는 각각 따로 한 本이 있는데, 연도는 상고할 수 없다.】

栗谷이 정하신 四書諺解의 跋文 栗谷所定四書諺解跋文

위 四書諺解는 栗谷 선생이 자세히 정하신 것이다. 經書에 諺解가 있음은 매우 오래되었으나 諸家들이 서로 異同이 있었는데, 退溪 선생이 이것을 모아《釋義》를 만듦에 이르러 비로소 정해졌으나 아직도 크게 구비하지 못하였다. 萬曆 丙子年(1576)에 宣祖가 眉巖 柳希春의 말씀을 따라 선생에게 명해서 四書五經의 諺解를 자세히 정하게 하였다. 이보다 앞서 선생이 정하신《大學》吐釋이 있었고 명령을 받게 되자《中庸》·《論語》·《孟子》가 차례로 이어져 이루어졌으나 經書에는 미치지 못해서 임금께 올리는 것을 결행하지 못하니, 士林들이 이것을 恨으로 여긴다. 지금 현행 官本諺解는 아마도 그 뒤에 나온 듯한데 또 여러 번 바뀌었으니, 선생이 정하신 것이 혹 採錄하여 들어간 것이 있으나 元本은 세상에 전해지지 않는다. 오직 한 두 謄本이 선생의 後孫과 門生의 집안에 있고,《中庸》은 선생이 손수 쓰신 것이 아직 남아 있으나 지금 여러 편을 상고해보면 凡例가 서로 矛盾되는 것이 없지 않으며 혹 解釋은 있으나 토가 없는 것이 있으니, 당시에 미처 정돈하지 못해서 그러한듯하다. 그러나 한 토와 한 解釋의 사이에 뜻이 정확하고 확실하니, 그 後學을 개발함에 있어서 대체로 官本이 따를 수 있는 바가 아니다. 沙溪 김 선생(金長生)은 평소 제자들을 가르칠 적에 항상 이 解釋을 근거하셨고 畸庵 鄭公(鄭弘溟)은 번번이 정밀함을 감탄하였으며 이 책이 세상에 널리 유포되지 못할 것을 한탄하였고 南溪 朴文純公(朴世采)가 대략 정리한 것이 있어서 간행하고자 하였으나 결행하지 못하였다. 지난해 陶菴 李先生(李縡)이 선생(栗谷)의 後孫인 李鎭五로 하여금 官本을 모방하여 한 질을 쓰게 하였으니, 나도 또한 일찍이 교정하는 일에 함께 참여하였다. 戊辰年(1748) 겨울에 李鎭五가 海州 石潭에서 寒泉으로 와서 陶菴 선생의 喪에 哭하고 이어서 나를 訪問하여 말하기를 "이 책이 세상에 전해져야 함이 오래되었으나 지금까지 성취되지 못하였다. 李선생이 일찍이 이에 대해서 연연하셨으나 지금 돌아가셔서 끝났으니, 끝내 후세에 전해지지 못한단 말인가."라고 하였다. 나는 그 말을 듣고는 감탄하고 私費로 도모해서 校書館의 활자를 얻어서 약간 본을 인쇄하였다. 일이 이미 끝나자 그 顚末을 아래 부분에 간략히 쓰노라

崇禎 세 번째 되는 己巳年(1749) 봄에 後學 南陽 洪啟禧는 삼가 쓰다

右四書諺解 栗谷先生之所詳定也 經書之有諺解 厥惟久矣 而諸家互有同異 至退溪李先生合成釋義而乃定 猶未大備 萬曆丙子 宣廟因眉巖柳公希春言 命先生詳定四書五經諺解 先是先生有所定大學吐釋 及承命 中庸語孟以次續成 而未及於經 不果進御 士林恨之 卽今見行官本諺解 蓋出於其後 而又婁經竄易 先生所定 或有採入 而元本則不行焉 惟一二謄本 在先生後孫及門生家 中庸則手筆猶存 今攷諸編 凡例不無抵捂 或有有釋而無吐 恐當時有未及整頓而然也 然一吐一釋之間 旨義精確 其於開發後學 類非官本之所可及 沙溪金先生平日訓誨 常據此解 畸翁鄭公輒稱精密 歎不得廣布 南溪朴文純公 略有修整 欲刊行而未能 頃年陶菴李先生 使先生後孫鎭五 倣官本 淨寫一袠 啓禧亦嘗與聞於讎校之事 戊辰冬 鎭五自石潭哭李先生於泉上 仍訪余曰 此書之宜傳久矣 迄今未就 李先生嘗惓惓於斯 而今焉已矣 其卒不傳乎 余爲之感歎 謀以私力 得芸館活字 印若干本 役旣訖 略書顚末于下方云 崇禎三己巳春 後學南陽洪啓禧謹識

經書諺解口訣源委를 붙임 經書諺解口訣源委附

眞一齋 柳崇祖가 中宗朝에 大司成이 되었는데 성균관의 유생들을 가르칠 적에 諺解를 만들었는바, 哲宗朝에 吏曹判書에 추증되었다.〔眞一齋柳公崇祖 中宗朝爲大司成 敎館學儒生作諺解 哲宗朝贈吏判〕【《眞一齋集》에 보인다.〔見眞一齋集〕〔○李貞會가 말하기를 "七書諺解는 글자의 음이 각각 다르고 토씨도 각각 다르며 방언도 각각 다르니, 이것이 한사람의 손에서 나오지 않은 것이 분명한데, 지금 柳眞一齋가 지은 것이라고 하니, 의심할 만하다."하였다. ○李貞會言 七書諺解 字音各不同 詞吐各不同 方言各不同 其非出於一人之手 明矣 而今曰柳眞一所作 可訝〕】

寒岡(鄭逑)의 墓誌銘에, "寒岡선생이 經書諺解를 수정했다." 하였다.〔寒岡墓誌 言先生釐正經書諺解〕【眉叟 許穆의《記言》에 보인다.〔許氏記言〕】

尤菴이 명령을 받고 小學諺解를 교정하였다.〔承命校正小學諺解〕【《宋子大全》에 보인다.〔見宋子大全〕】

經書에 諺解가 있은 지가 오래되었으나 제가들이 서로 異同이 있었는데, 退溪선생이 합하여 만들어 뜻을 해석해서 비로소 정해졌으나 아직도 크게 완비하지 못하였다. 지금 통행본인 官本諺解는 아마도 그 뒤에 나온 듯한데 또 여러 번 수정하였다.〔經書之有諺解 厥惟久矣 而諸家互有同異 至退溪先生合成釋義而乃定 猶未大備 卽今見行官本諺解 蓋出於其後 而又屢經竄易〕【栗谷이 정한 〈四書諺解跋文〉에 보인다.〔見栗谷所定四書諺解跋〕〔○金駿榮이 말하기를 "여러 번 수정했다는 이 말을 근거해보면 지금 통행본인 諺解는 柳公이 정한 것이 아님을 알 수 있다. 일찍이 峿堂(李象秀)에게 들으니 말씀하기를, '四書諺解는 柳崇祖가 지었다고 하는데 내 생각에는 柳公이 일찍이 論定한 바가 있었으나 退翁이 이미 刪正을 하였고 그 뒤에 또 수정하는 가운데 들어갔는가 보다.' 했다." 하였다. ○金駿榮言 據此屢經竄易之說 則今見行諺解 非柳公所定 可知也 嘗聞諸峿堂李丈曰 四書諺解 柳公崇祖所作 竊意柳公曾有所論定者 而退翁旣已刪正 其後又入於竄易中耶〕】

世祖 때에 經書와 《小學》의 口訣을 정할 때에 《小學》은 光陵(世祖), 《詩經》은 河東君 鄭麟趾, 《書經》은 蓬原君 鄭昌孫, 《禮經》은 高靈君 申叔舟, 《論語》는 漢城府尹 李石亨, 《孟子》는 吏曹判書 成任, 《大學》은 中樞府同知事 洪應, 《中庸》은 刑曹判書 姜希孟이었다. 또 中樞府知事 丘從直과 同知事 金禮蒙, 工曹參判 鄭自英, 吏曹參議 李永垠, 戶曹參議 金壽寧, 前右承旨 朴楗 등이 논란하고 교정하였는데, 매번 중요한 곳을 만나면 모두 성상께 여쭈어 결단을 받았다.〔世祖時 定經書小學口訣 小學光陵 詩河東君鄭麟趾 書蓬原君鄭昌孫 禮高靈君申叔舟 論語漢城府尹李石亨 孟子吏曹判書成任 大學中樞府同知事洪應 中庸刑曹判書姜希孟 又中樞府知事丘從直 同知事金禮蒙 工曹參判鄭自英 吏曹參議李永垠 戶曹參議金壽寧 前右承旨朴楗等 論難校正 每遇肯綮 悉稟睿斷〕【《太虛亭集》〈經書小學口訣跋〉에 보인다.〔見崔太虛亭集 經書小學口訣跋〕】

太虛亭 崔恒의 비문에 다음과 같이 말하였다. "英陵(世宗)이 金汶·金鉤와 公(崔恒) 등에게 명하여 《小學》과 四書五經의 口訣을 정하게 하였는데, 나(徐居正)도 여기에 참여했다." 하였다.〔崔太虛亭【恒】碑曰 英陵命金汶金鉤及公等 定小學四書五經口訣 居正與焉〕【徐居正의 《四佳集》에 보인다.〔見徐四佳集〕〔○金駿榮이 말하기를 "《太虛亭集》에 실려 있는 諸家의 口訣도 또한 마땅히 退翁이 合成할 때에 들어갔을 것이다." 하였다. ○金駿榮言 太虛亭集所載諸家口訣 亦當入於退翁之合成矣〕】

宣祖 신축년(1601, 선조34)에 조정에서 局(관청)을 설치하고 周易口訣을 교정할 적에 先生(沙溪)이 특별히 소명을 받고 서울에 들어갔다.〔宣祖辛丑 朝廷設局 校正周易口訣 先生特被召入京〕【〈沙溪年譜〉에 보인다.〔見沙溪年譜〕】

簡易 崔岦이 杆城郡守가 되었을 적에 周易口訣 네 권을 올렸다.〔崔簡易岦 爲杆城郡守 上周易口訣四卷【本集에 보인다.〔見本集〕】

宣廟朝에 명하여 儒臣들을 뽑아서 經書諺解를 撰定하게 하였으나 임진왜란을 만나 중지하였다가 신축년에 이르러 또다시 전교하기를, "經書諺解를 왜란이 나기 전에 시작하였으나 끝마치지 못했으니, 지금 마땅히 經學에 밝고 儒學하는 선비들을 널리 뽑아 校正廳을 설치하여 속히 지어 올리라." 하였다. 이에 月沙(李廷龜) 등 제공이 이 선발에 응하여 南別宮에 局을 설치해서 일을 끝마쳐 간행하였다. 그러므로 이것을 官本諺解라 하니, 바로 지금 통행하는 것이다. 또 栗谷諺解가 있는데 중국의 句絶을 한결같이 따르고 또 音과 뜻을 해석한 것이 참으로 정확하여 어긋나지 않으니, 官本이 미칠 수 있는 것이 아니다. 三經에 미치지 못한 것이 애석하다. 官本의 해석 중에 잘못된 곳은 이루다 말할 수 없는데, 수백 년 이래로 잘못된 것을 그대로 이어받아 바로잡지 못하였다. 이에 蒙學의 後生들이 보고들은 것에 익숙하여 음과 뜻을 완전히 잃으니, 어찌 크게 민망하지 않겠는가.〔宣廟朝命選儒臣撰定經書諺解 值壬辰兵燹而罷 及辛丑 又敎曰 經書諺解 亂前始而不卒 今宜博選經學儒雅之士 設爲校正廳 急速選進 李月沙諸公 遂應是選 設局於南別宮 而竣事印行 故謂之官本諺解 卽今見行者也 又有栗谷諺解 一遵中國句絶 且解釋音義 眞正不差 非官本之所可及也 惜乎 其不及於三經也 官本解錯處 殆不勝論 數百年來 承訛襲謬 莫反之正 蒙學後生 習熟見聞 全失音釋 詎不閔絶哉〕【《梅山集》에 보인다.〔見梅山集〕】

眉巖(柳希春)이 지어올린 經書 가운데의 口訣이 정확하고 합당하니, 배우는 사대부의 집에서 지금까지 전하여 지킨다.〔柳眉巖所進經中口訣 的確停當 學士家 至今傳守之〕【蘆沙 奇正鎭의 《蘆沙集》에 보인다.〔見奇蘆沙集〕】(《艮齋集》)

中庸諺解 뒤에 쓰다 題中庸諺解後

중국 사람들은 책을 읽을 적에 다만 句讀를 나눌 뿐이요 이른바 吐釋이라는 것이 없는데도 뜻이 절로 분명하다. 그러므로 言文이 일치하여 글짓기가 쉽다. 우리나라는 句에는 口訣이 있고 글자에는 우리말로 해석한 것이 있으니, 마땅히 글을 대하여 뜻을 찾고 붓을 잡아 글을 기록함에 심히 어렵지 않을듯하나 도리어 번거로워 어렵고 어려워 통하지 못한다.

아, 世宗朝에 우리 국어를 금하고 漢語를 익히자는 전교가 세상에 행해지지 못한 것이 애석하다. 經書諺解는 내 서로 이어오는 말을 따라서 退溪께서 정한 것이라고 여겼는데, 뒤에 다시 상고해보니 절대로 그렇지 않았다. 그러다가 《梅山集》을 보니, 宣祖가 白沙(李恒福) 등 제공에게 명하여 諸家의 口訣을 모아 經書諺解를 만들었다고 하였다. 이윽고 《宋子大全》을 보니 諺解의 잘못된 부분이 매우 많음을 한탄하였고, 《巍巖集》에는 孟子諺解를 수정한 것이 있었으며, 최후에 栗翁이 정한 四書諺解를 얻어 보았다. 듣자하니 沙溪와 尤菴 두 문하에서는 매번 이 栗谷諺解를 좋다고 하였으나 때로는 한두 곳에 의심할 만한 곳이 있다고 하셨다 한다. 금년에 《中庸》을 읽을 적에 두 諺解(官本과 栗谷의 諺解)를 합쳐서 참고하여 자세히 보았는데 이중에 자신이 없는 것을 빼놓고 의심이 없는 것을 취하니, 또한 자못 재미가 있었다. 인하여 삼가 이와 같이 기록하고 간혹 누추한 나의 견해를 사용하여 참람하게 수정을 가하였으니, 약간에 불과하나 감히 스스로 옳다고 여기지 못하여 한 세상의 군자들에게 받들어 질정하여 시정해 주기를 바라노라. 이어서 《大學》과 《論語》, 《孟子》의 두 諺解를 함께 취하여 단점을 버리고 장점을 모아서 후학들에게 은혜롭게 하기를 원하는 바이다.

中國人讀書 但分句讀而已 無所謂吐釋 而義自曉白 故言文一致而屬辭易 我東則句有口訣 字有俚釋 宜其臨文求義 執筆記言 若不甚難 反被煩瑣而致其戛戛也 惜乎 世宗朝禁鄉言 習漢語之敎 不行於世也 經書諺解 愚因相沿之說 認爲退翁所定 後復考之 殊不然 及見梅山集 說宣廟命白沙諸公 聚諸家口訣 爲經書諺解 旣而見宋子大全 歎諺解誤處甚多 巍巖集有釐正孟子諺解 最後得栗翁所定四書諺解 大學補亡章 孟子萬章以下缺 朴玄石就爲補之 而聞沙尤兩門 每以是爲善 然時有一二可議處 今年讀中庸 合二解 參互看詳 闕其未信 而取其無疑者 亦頗有味 因竊錄之如右 間用陋見 僭加更定 不過若干 然未敢自是 奉以質於并世君子 而乞其是正 仍願其并取大學語孟二解 而去短集長 以惠後來云爾(《艮齋集》)

최신판 대학중용집주 大學·中庸集註

역주 성백효

1판 5쇄 발행 2023년 9월 25일
1판 1쇄 발행 2017년 12월 26일

펴낸이 조옥임
디자인 씨오디
마케팅 권희준
제작처 다다프린팅

펴낸곳 한국인문고전연구소
출판등록 2012년 2월 1일(제 406-251002012000027호)
주소 경기 파주시 가람로 70, 402-402
전화 02-323-3635 **팩스** 02-6442-3634 **이메일** books@huclassic.com

ISBN 978-89-97970-40-7 04140

• 이 도서의 국립중앙도서관 출판시도서목록(CIP)은 홈페이지(http://www.nl.go.kr/cip.php)에서
 이용하실 수 있습니다. (CIP제어번호: CIP2017033178)

성백효 成百曉

충남忠南 예산禮山 출생
가정에서 부친 월산공月山公으로부터 한문 수학
월곡月谷 황경연黃璟淵, 서암瑞巖 김희진金熙鎭 선생 사사
민족문화추진회 부설 국역연수원 연수부 수료
고려대학교 교육대학원 한문교육과 수료
한국고전번역원 명예교수(현)
전통문화연구회 부회장(현)
사단법인 해동경사연구소 소장(현)

번역서

사서집주四書集註, 『시경집전詩經集傳』
『서경집전書經集傳』, 『주역전의周易傳義』
『고문진보古文眞寶』, 『근사록집해近思錄集解』
『심경부주心經附註』, 『통감절요』
『당송팔대가문초唐宋八大家文抄 소식蘇軾』
『고봉집高峰集』, 『독곡집獨谷集』
『다산시문집茶山詩文集』, 『송자대전宋子大全』
『우계집牛溪集』
『약천집藥泉集』, 『양천세고陽川世稿』
『여헌집旅軒集』, 『율곡전서栗谷全書』
『잠암선생일고潛庵先生逸稿』
『존재집存齋集』, 『퇴계전서退溪全書』
『부안설 논어집주附按說 論語集註』
『부안설 맹자집주附按說 孟子集註』
『부안설 대학중용집주附按說 大學中庸集註』 외

海東經史硏究所 임원

栗谷 大學諺解

經1-1

大學栗谷先生諺解
大대學ᄒᆞᆨ之지道도ᄂᆞᆫ在지明명明명德덕
ᄒᆞ며在지親친民민ᄒᆞ며在지止지於어至지善
션니라 ○ 親當作新신
大대學ᄒᆞᆨ의道도ᄂᆞᆫ明명德덕을明명ᄒᆞ
매이시며民민을新신ᄒᆞ매이시며至지
善션의止지ᄒᆞ매잇ᄂᆞ니라

經1-2

知디止지而이后후有유定뎡ᄒᆞ니定뎡而이
后후能능靜정ᄒᆞ고靜정而이后후能능安안
ᄒᆞ고安안而이后후能능慮려ᄒᆞ고慮려而이后
후能능得득이니라
止지ᄅᆞᆯ안后후애定뎡ᄒᆞ미이실디니定
뎡ᄒᆞᆫ后후애能능히靜정ᄒᆞ고靜정ᄒᆞᆫ后
후애能능히安안ᄒᆞ고安안ᄒᆞᆫ后후애能
능히慮려ᄒᆞ고慮려ᄒᆞᆫ后후애能능히得
득ᄒᆞᆯ디니라

大學諺解 一

經1-3

物물有유本본末말ᄒᆞ고事ᄉᆞ有유終죵始시
ᄒᆞ니知디所소先션後후ㅣ면則즉近근道도矣
의리라
物물이本본과末말이잇고事ᄉᆞㅣ終죵
과始시ㅣ이시니몬져ᄒᆞ며후에ᄒᆞᆯ바ᄅᆞᆯ
알면道도의갓가오리라

經1-4

古고之지欲욕明명明명德덕於어天텬下
하者쟈ᄂᆞᆫ先션治티其기國국ᄒᆞ고欲욕治티
其기國국者쟈ᄂᆞᆫ先션齊졔其기家가ᄒᆞ고欲
욕齊졔其기家가者쟈ᄂᆞᆫ先션脩슈其기身
신ᄒᆞ고欲욕脩슈其기身신者쟈ᄂᆞᆫ先션正졍
其기心심ᄒᆞ고欲욕正졍其기心심者쟈ᄂᆞᆫ先
션誠셩其기意의ᄒᆞ고欲욕誠셩其기意의者
쟈ᄂᆞᆫ先션致티其기知디ᄒᆞ니致티知디ᄂᆞᆫ在
지格격物물이니라
녜明명德덕을天텬下하의明명코져ᄒᆞ
ᄂᆞᆫ者쟈ᄂᆞᆫ몬져그國국을治티ᄒᆞ고그國
국을治티코져ᄒᆞᄂᆞᆫ者쟈ᄂᆞᆫ몬져그家가
ᄅᆞᆯ齊제ᄒᆞ고그家가ᄅᆞᆯ齊제코져ᄒᆞᄂᆞᆫ者
쟈ᄂᆞᆫ몬져그身신을脩슈ᄒᆞ고그身신을
脩슈코져ᄒᆞᄂᆞᆫ者쟈ᄂᆞᆫ몬져그心심을正
졍ᄒᆞ고그心심을正졍코져ᄒᆞᄂᆞᆫ者쟈ᄂᆞᆫ
몬져그意의ᄅᆞᆯ誠셩ᄒᆞ고그意의ᄅᆞᆯ誠셩
코져ᄒᆞᄂᆞᆫ者쟈ᄂᆞᆫ몬져그知디ᄅᆞᆯ致티ᄒᆞ

大學諺解 二

經1-5

니知디물致티호모物을格격호매잇
ᄂᆞ니라
物믈格격而이后후知디至지고ᄒᆞ知디至지
而이后후意의誠셩고ᄒᆞ意의誠셩而이后후
心심正졍고ᄒᆞ心심正졍而이后후身신脩슈
고ᄒᆞ身신脩슈而이后후家가齊졔고ᄒᆞ家가齊
졔而이后후國국治티고ᄒᆞ國국治티而이后
후天텬下하平평이니라

大學諺解 三

物믈이格격ᄒᆞᆫ后후애知디ㅣ至지ᄒᆞ고
知디ㅣ至지ᄒᆞᆫ后후애意의ㅣ誠셩ᄒᆞ고
意의ㅣ誠셩ᄒᆞᆫ后후애心심이正졍ᄒᆞ고
心심이正졍ᄒᆞᆫ后후애身신이脩슈ᄒᆞ고
身신이脩슈ᄒᆞᆫ后후애家가ㅣ齊졔ᄒᆞ고
家가ㅣ齊졔ᄒᆞᆫ后후애國국이治티ᄒᆞ고
國국이治티ᄒᆞᆫ后후애天텬下하ㅣ平평
ᄒᆞᆯ디니라

經1-6

自ᄌᆞ天텬子ᄌᆞ以이至지於어庶셔人인히
壹일是시皆개以이脩슈身신爲위本본이니
라
天텬子ᄌᆞ로브터ᄡᅥ庶셔人인의니르히

經1-7

ᄒᆞᆯ곧ᄐᆡ다身신을脩슈ᄒᆞ모로ᄡᅥ本본
을사몰디니라
其기本본亂란而이末말治티者쟈ㅣ否부
矣의며其기所소厚후者쟈薄박이오而이其
所소薄박者쟈厚후ㅣ未미之지有유也야
ㅣ니라
그本본이亂란코末말이治티ᄒᆞᆯ者쟈ㅣ
업스며그厚후ᄒᆞᆯ바의薄박고그薄박ᄒᆞᆯ
바의厚후ᄒᆞ리잇디아니니라
右經一章

大學諺解 四

1-1

康강誥고曰왈克극明명德덕이라ᄒᆞ고
康강誥고의ᄀᆞᆯ오ᄃᆡ德덕을克극히明명
ᄒᆞ다ᄒᆞ고

1-2

太태甲갑曰왈顧고諟시天텬之지明명命
명이라ᄒᆞ고
太태甲갑의ᄀᆞᆯ오ᄃᆡ이天텬의明명ᄒᆞᆫ命
명을顧고ᄒᆞ다ᄒᆞ고

1-3

帝뎨典뎐曰왈克극明명峻쥰德덕이라ᄒᆞ니
帝뎨典뎐의ᄀᆞᆯ오ᄃᆡ峻쥰ᄒᆞᆫ德덕을克극
히明명ᄒᆞ다ᄒᆞ니

1-4 皆기自ᄌᆞ明명也야ㅣ니라
다ᄉᆞᄉᆞ로明명ᄒᆞ미니라
右傳之首章
2-1 湯탕之지盤반銘명曰왈苟구日일新신이어든
日일日일新신ᄒᆞ며又우日일新신ᄒᆞ이고라
湯탕人盤반銘명의ᄀᆞᆯ오ᄃᆡ진실로날애
新신ᄒᆞ거든나날新신ᄒᆞ며ᄯᅩ날로新신
ᄒᆞ라ᄒᆞ고
2-2 康강誥고曰왈作작新신民민ᄒᆞ이고라
康강誥고의ᄀᆞᆯ오ᄃᆡ新신ᄒᆞᄂᆞᆫ民민을作
작ᄒᆞ라ᄒᆞ고
2-3 詩시曰왈周쥬雖슈舊구邦방이나其기命명
維유新신이라ᄒᆞ니
詩시예ᄀᆞᆯ오ᄃᆡ周쥬ㅣ비록녯나라히나
그命명이新신ᄒᆞ다ᄒᆞ니
2-4 是시故고君군子ᄌᆞᄂᆞᆫ無무所소不블用용
其기極극이니라
이런故고로君군子ᄌᆞᄂᆞᆫ그極극을ᄡᅳ디
아닐배업ᄉᆞ니라
右傳之二章

3-1 詩시云운邦방畿긔千쳔里리여惟유民민
所소止지라ᄒᆞ도다
詩시예닐오ᄃᆡ邦방읫畿긔ㅣ千쳔里리
여民민의止지ᄒᆞᆯ배라ᄒᆞ도다
3-2 詩시云운緡면蠻만黃황鳥됴ㅣ止자于우
丘구隅우ㅣ라ᄒᆞ야ᄂᆞᆯ子ᄌᆞㅣ曰왈於어止지에知
其기所소止지로소니可가以이人인而이
不블如여鳥됴乎호아ᄒᆞ시니라
詩시예닐오ᄃᆡ緡면蠻만ᄒᆞᄂᆞᆫ黃황鳥됴
ㅣ丘구隅우에止지타ᄒᆞ야ᄂᆞᆯ子ᄌᆞㅣᄀᆞ
르샤ᄃᆡ止지ᄒᆞᆯ제그止지ᄒᆞᆯ바ᄅᆞᆯ아노소
니可가히人인으로ᄡᅥ鳥됴만ᄀᆞᆮ디몯ᄒᆞᆯ
것가ᄒᆞ시니라
3-3 詩시云운穆목穆목文문王왕이여於오緝즙
熙희敬경止지라ᄒᆞ니為위人인君군ᄒᆞ얀止지
於어仁인ᄒᆞ시고為위人인臣신ᄒᆞ얀止지於어
敬경ᄒᆞ시고為위人인子ᄌᆞᄒᆞ얀止지於어孝효ᄒᆞ시
고為위人인父부ᄒᆞ얀止지於어慈ᄌᆞᄒᆞ시고
與여國국人인交교ᄒᆞ얜止지於어信신ᄒᆞ시다
詩시예닐오ᄃᆡ穆목穆목ᄒᆞ신文문王왕

3-4

이여於오홉다니위緝熙희ᄒᆞ야敬경ᄒᆞ고
止지ᄒᆞ시다ᄒᆞ니人인君군이되얀仁인
의止지ᄒᆞ시고人인臣신이되얀敬경의
止지ᄒᆞ시고人인子ᄌᆞㅣ되얀孝효의止
지ᄒᆞ시고人인父부ㅣ되얀慈ᄌᆞ의止지
ᄒᆞ시고國국人인과더브러交교호매ᄂᆞᆫ
信신에止지ᄒᆞ더시다
詩시云운瞻쳠彼피淇긔澳욱ᄒᆞᆫ딘菉록竹듁
猗의猗의ᄒᆞ다로有유斐비君군子ᄌᆞㅣ여如여切
절如여磋차ᄒᆞ며如여琢탁如여磨마ㅣ로다瑟

大學諺解 七

슬兮혜僩한兮혜며赫혁兮혜喧훤兮혜라
有유斐비君군子ᄌᆞㅣ여終죵不블可가諠훤
兮혜ᄒᆞ트니다如여切절如여磋차者쟈ᄂᆞᆫ道도
學혹也야ㅣ오如여琢탁如여磨마者쟈ᄂᆞᆫ自
ᄌᆞ脩슈也야ㅣ오瑟슬兮혜僩한兮혜者쟈ᄂᆞᆫ
恂쥰慄률也야ㅣ오赫혁兮혜喧훤兮혜者쟈
ᄂᆞᆫ威위儀의也야ㅣ오有유斐비君군子ᄌᆞ終
죵不블可가諠훤兮혜者쟈ᄂᆞᆫ道도盛셩德
덕至지善션을民민之지不블能능忘망也
야ㅣ라니

3-5

詩시예닐오ᄃᆡ뎌淇긔澳욱을본ᄃᆡ菉록
ᄒᆞᆫ竹듁이猗의猗의ᄒᆞ도다斐비ᄒᆞᆫ君군
子ᄌᆞㅣ여切절ᄐᆞᆺᄒᆞ며磋차ᄐᆞᆺᄒᆞ며琢탁
ᄐᆞᆺᄒᆞ며磨마ᄐᆞᆺᄒᆞ도다瑟슬ᄒᆞ며僩한ᄒᆞ
며赫혁ᄒᆞ며喧훤ᄒᆞᆫ디라斐비ᄒᆞᆫ君군子
ᄌᆞㅣ여ᄆᆞᄎᆞᆷ내可가히닛디몯ᄒᆞ리로다
ᄒᆞ니切절ᄐᆞᆺ磋차ᄐᆞᆺ호ᄆᆞᆫ學혹을닐오미
오琢탁ᄐᆞᆺ磨마ᄐᆞᆺ호ᄆᆞᆫ스ᄉᆞ로脩슈호미
오瑟슬ᄒᆞ며僩한호ᄆᆞᆫ恂쥰慄률호미오
赫혁ᄒᆞ며喧훤호ᄆᆞᆫ威위儀의오斐비ᄒᆞᆫ

大學諺解 八

君군子ᄌᆞᄆᆞᄎᆞᆷ내可가히닛디몯호ᄆᆞᆫ盛
셩ᄒᆞᆫ德덕과至지극ᄒᆞᆫ善션을民민이能능
히닛디몯호ᄆᆞᆯ니ᄅᆞ니라
詩시云운於오戲호前젼王왕不블忘망이라
ᄒᆞ니君군子ᄌᆞᄂᆞᆫ賢현其기賢현而이親친其
기親친ᄒᆞ고小쇼人인은樂락其기樂락而아
利리其기利리라此ᄎᆞ以이沒몰世셰不블
忘망也야ㅣ니라
詩시예닐오ᄃᆡ於오戲호ㅣ라前젼王왕
을닛디몯ᄒᆞ리로다ᄒᆞ니君군子ᄌᆞᄂᆞᆫ그

(衍文)

4

賢현ᄒᆞ샤ᄆᆞᆯ賢현히너기며그親친ᄒᆞ샤
ᄆᆞᆯ親친히너기시고小쇼人인은그樂락
게ᄒᆞ샤ᄆᆞᆯ樂락히너기며그利리게ᄒᆞ샤
ᄆᆞᆯ利리히너기ᄂᆞᆫ디라이ᄡᅥ世셰沒몰ᄒᆞ
되닛디몯ᄒᆞ미니라

右傳之三章

子ᄌᆞ曰왈聽텽訟숑이吾오猶유人인也야
ㅣ나必필也야使ᄉᆞ無무訟송乎호시니ᄃᆡ ᄒᆞ無
우情졍者쟈ㅣ不블得득盡진其기辭ᄉᆞᄂᆞᆫ
大대畏외民민志지니此ᄎᆞ謂위知디本본
이니라

大學諺解 九

子ᄌᆞㅣᄀᆞᄅᆞ샤ᄃᆡ訟숑을聽텽ᄒᆞ기내人
인ᄀᆞᆺ트나반ᄃᆞ시ᄒᆡ여곰訟숑을업게
ᄒᆞᆯ딘뎌ᄒᆞ시니情졍업슨者쟈ㅣ시러곰그
辭ᄉᆞ를盡진티몯ᄒᆞ모ᄅᆞ게民민의志지
를畏외케호미니이닐온本본을알으미
니라

右傳之四章

此謂知本

此ᄎᆞ謂위知디之지至지也야ㅣ니라

大學諺解

(補亡章)

이닐온知디의至지호미니라

右傳之五章

間嘗竊取程子之意以補之ᄒᆞ니曰所謂
致知在格物者ᄂᆞᆫ言欲致吾之知ᄃᆡᆫ在
即物而窮其理也ㅣ라蓋人心之靈。莫
不有知。而天下之物이莫不有理ᄒᆞ니
惟於理有未窮이라故其知有未盡也ㅣ니
是以大學始教에必使學者로即凡天
下之物ᄒᆞ야莫不因其已知之理ᄒᆞ야而益
窮之ᄒᆞ야以求至乎其極ᄒᆞ니ᄂᆞᆫ至於用力

大學諺解 十

之久ᄒᆞ야而一旦豁然貫通焉ᄒᆞ면則衆物
之表裏精粗ㅣ無不到오ㅣ而吾心之全
體大用이無不明矣리니此謂物格이며此
謂知之至也ㅣ라ㅣ니

元本所缺而追補者不可與元本
幷例故不係諺釋於逐字之下以
覽者辨之

근간의일즉程子ᄠᅳᆺ을竊取ᄒᆞ야
ᄡᅥ補ᄒᆞ니ᄀᆞ로ᄃᆡ닐온밧知를致호
미物을格호매잇다홈은내知를致
코져홀진댄物에即ᄒᆞ야그理를窮

6-1

호매이솜을니르미라人心의靈이
知ㅣ잇지아닌이업고天下앳物이
理ㅣ잇지아닌이업ᄉᆞ니오직理예
窮치못호미잇ᄂᆞᆫ지라故로그知ㅣ
盡치못호미잇ᄂᆞ니일로ᄡᅥ大學비
로소ᄀᆞᄅᆞ치매반ᄃᆞ시學者로ᄒᆞ여
곰믈읫天下의物의卽ᄒᆞ야그이믜
아ᄂᆞᆫ理를因ᄒᆞ야더옥窮ᄒᆞ야ᄡᅥ그
極애至홈을求티아님이업게ᄒᆞᄂᆞ
니力을씀이오라一旦애豁然히貫

大學諺解 十一

通호매니르면衆物의表裏와精粗
ㅣ到티아님이업고吾心의全體와
大用이明치아님이업ᄉᆞ리니이닐
온物이格호미며이닐온知의至호
미니라

所소謂위誠셩其기意의者쟈ᄂᆞᆫ毋무自ᄌᆞ
欺긔也야ㅣ니如여惡오惡악臭취ᄒᆞ고如여好
호好호色식이此ᄎᆞ之지謂위自ᄌᆞ謙겸이니
故고君군子ᄌᆞᄂᆞᆫ必필愼신其기獨독也야ㅣ
니라

6-2

닐온밧그意의를誠셩ᄒᆞ다호모스스로
欺긔ᄒᆞ디마로미니惡악臭취를惡오듯
ᄒᆞ고好호色식을好호듯호미이닐온스
스로謙겸호미니故고로君군子ᄌᆞᄂᆞᆫ반
ᄃᆞ시그獨독애愼신홀디니라

小쇼人인閒한居거애爲위不불善션호ᄃᆡ無
무所소不불至지가라見견君군子ᄌᆞ而이后
후厭엽然연揜엄其기不불善션ᄒᆞ고而이著
뎌其기善션ᄒᆞᄂᆞ니人인之지視시己긔ㅣ如
여見견其기肺폐肝간然연이니則즉何하益

大學諺解 十二

익矣의리오此ᄎᆞ謂위誠셩於어中듕이면形형
於어外외니故고君군子ᄌᆞᄂᆞᆫ必필愼신其
기獨독也야ㅣ니라

小쇼人인이閒한居거호매不불善션을
호ᄃᆡ니르디아닐배업시ᄒᆞ다가君군子
ᄌᆞ를본후제厭암然연히그不불善션을
揜엄ᄒᆞ고그善션을著뎌ᄒᆞᄂᆞ니人인의
己긔ㅣ보기그肺폐肝간을봄ᄀᆞ티ᄒᆞᄂᆞᆫ
디니엇디益익ᄒᆞ리오이닐온中듕에誠
셩ᄒᆞ면外외예形형호미니故고로君군

6-3

子ᄌᆞᄂᆞᆫ반ᄃᆞ시그獨독애愼신ᄒᆞᆯ디니라

曾증子ᄌᆞ曰왈十십目목所소視시며十십

手슈所소指지니其기嚴엄乎호신뎌ᄒᆞ시니라

曾증子ᄌᆞㅣᄀᆞᄅᆞ샤ᄃᆡ열눈의보ᄂᆞᆫ배며

열손의ᄀᆞᄅᆞ치ᄂᆞᆫ배니그嚴엄ᄒᆞᆫ뎌ᄒᆞ시

니라

6-4

富부潤윤屋옥이오德덕潤윤身신이라心심廣

광ᄒᆞ고體톄胖반ᄒᆞᄂᆞ니故고君군子ᄌᆞᄂᆞᆫ必필誠

셩其기意의니라

富부ᄂᆞᆫ屋옥을潤윤케ᄒᆞ고德덕은身신

大學諺解 十三

을潤윤케ᄒᆞᄂᆞᆫ디라心심이廣광ᄒᆞ며體

톄ㅣ胖반ᄒᆞᄂᆞ니故고로君군子ᄌᆞᄂᆞᆫ반

ᄃᆞ시그意의를誠셩ᄒᆞᆯ디니라

右傳之六章

7-1

所소謂위修슈身신이在ᄌᆡ正졍其기心심

者쟈ᄂᆞᆫ身신有유所소忿분懥티ᄒᆞ면則즉不

블得득其기正졍ᄒᆞ며有유所소恐공懼구ᄒᆞ면

則즉不블得득其기正졍ᄒᆞ며有유所소好호

樂요ᄒᆞ면則즉不블得득其기正졍ᄒᆞ며有유所

소憂우患환ᄒᆞ면則즉不블得득其기正졍ᄒᆞᄂᆞ니

大學諺解

8-1 7-3 7-2

라○身有之身當作心심

닐온밧身신을修슈ᄒᆞ기그心심을正졍

호매잇다호믄心심의忿분懥티ᄒᆞᄂᆞᆫ바

를두면그正졍을得득디몯ᄒᆞ며恐공懼

구ᄒᆞᄂᆞᆫ바를두면그正졍을得득디몯ᄒᆞ

며好호樂요ᄒᆞᄂᆞᆫ바를두면그正졍을得

득디몯ᄒᆞ며憂우患환ᄒᆞᄂᆞᆫ바를두면그

正졍을得득디몯ᄒᆞᆯ디니라

心심不블在ᄌᆡ焉언이면視시而이不블見견

ᄒᆞ며聽텽而이不블聞문ᄒᆞ며食식而이不블知

大學諺解 十四

디其기味미니라

心심이잇디아니ᄒᆞ면視시ᄒᆞ야도見견

티몯ᄒᆞ며聽텽ᄒᆞ야도聞문티몯ᄒᆞ며食

식ᄒᆞ야도그마ᄉᆞᆯ아디몯ᄒᆞᄂᆞ니라

此ᄎᆞ謂위修슈身신이在ᄌᆡ正졍其기心심이니라

이닐온身신을修슈ᄒᆞ기그心심을正졍

호매이쇼미니라

右傳之七章

所소謂위齊졔其기家가ㅣ在ᄌᆡ修슈其기

身신者쟈ᄂᆞᆫ人인이之지其기所소親친愛
애而이辟벽焉언ᄒᆞ며之지其기所소賤쳔惡
오而이辟벽焉언ᄒᆞ며之지其기所소畏외敬
경而이辟벽焉언ᄒᆞ며之지其기所소哀이矜
긍而이辟벽焉언ᄒᆞ며之지其기所소敖오惰
타而이辟벽焉언ᄒᆞᄂᆞ니故고好호而이知디
其기惡악ᄒᆞ며惡오而이知디其기美미者쟈
ㅣ天텬下하鮮션矣의니라
닐온밧그家가를齊졔ᄒᆞ기그身신을修
슈호매잇다호ᄆᆞᆫ人인이그親친愛ᄋᆡᄒᆞ

大學諺解 十五

ᄂᆞᆫ바의辟벽ᄒᆞ며그賤쳔惡오ᄒᆞᄂᆞᆫ바의
辟벽ᄒᆞ며그畏외敬경ᄒᆞᄂᆞᆫ바의辟벽ᄒᆞ
며그哀이矜긍ᄒᆞᄂᆞᆫ바의辟벽ᄒᆞ며그敖
오惰타ᄒᆞᄂᆞᆫ바의辟벽ᄒᆞᄂᆞ니故고로好
호코그惡악을알며惡오코그美미를알
者쟈ㅣ天텬下하의鮮션ᄒᆞ니라

8-2

故고諺언有유之지ᄒᆞ니曰왈人인莫막知디
其기子ᄌᆞ之지惡악ᄒᆞ며莫막知디其기苗묘
之지碩셕이라ᄒᆞ니라
故고로諺언에이시니ᄀᆞᆯ오ᄃᆡ人인이그
子ᄌᆞ의惡악을아디몯ᄒᆞ며그苗묘의碩
셕호ᄆᆞᆯ아디몯ᄒᆞᆫ다ᄒᆞ니라

8-3

此ᄎᆞ謂위身신不블修슈ㅣ면不블可가以이
齊졔其기家가ㅣ니라
이닐온身신이修슈티몯ᄒᆞ면可가히ᄡᅥ
그家가를齊졔티몯호미니라

右傳之八章

9-1

所소謂위治티國국이必필先션齊졔其기
家가者쟈ᄂᆞᆫ其기家가不블可가敎교ㅣ오而
이能ᄂᆞᆼ敎교人인者쟈ㅣ無무之지라故고

大學諺解 十六

君군子ᄌᆞᄂᆞᆫ不블出츌家가而이成셩敎교
於어國국ᄒᆞᄂᆞ니孝효者쟈ᄂᆞᆫ所소以이事ᄉᆞ
君군也야ㅣ오弟뎨者쟈ᄂᆞᆫ所소以이事ᄉᆞ長
댱也야ㅣ오慈ᄌᆞ者쟈ᄂᆞᆫ所소以이使ᄉᆞ衆듕
也야ㅣ니라
닐온밧國국을治티ᄒᆞ기반ᄃᆞ시몬져그
家가를齊졔호ᄃᆡ호ᄆᆞᆫ그家가를可가히
敎교티몯ᄒᆞ고能ᄂᆞᆼ히人인을敎교홀者
쟈ㅣ업ᄉᆞᆫ디라故고로君군子ᄌᆞᄂᆞᆫ家가
의나디아녀國국애敎교를일우ᄂᆞ니孝

9-2

효ᄂᆞᆫ배 君군을 事ᄉᆞᄒᆞᆯ배오 弟뎨ᄂᆞᆫ배 長
댱을 事ᄉᆞᄒᆞᆯ배오 慈ᄌᆞᄂᆞᆫ배 衆듕을 使ᄉᆞ
ᄒᆞᆯ배니라
康강誥고曰왈 如여保보赤적子ᄌᆞㅣ라ᄒᆞ니 心
심誠셩求구之지면 雖슈不블中듕이나 不블
遠원矣의니 未미有유學ᄒᆞᆨ養양子ᄌᆞ而이
后후嫁가者쟈也야ㅣ니라
康강誥고의 ᄀᆞᆯ오ᄃᆡ 赤적子ᄌᆞ를 保보ᄐᆞᆺ
ᄒᆞ라 ᄒᆞ니 心심의 誠셩으로 求구ᄒᆞ면 비
록 中듕티 몯ᄒᆞ나 遠원티 아닛ᄂᆞ니 子ᄌᆞ

大學諺解 十七

養양기를 學ᄒᆞᆨᄒᆞᆫ 后후애 嫁가ᄒᆞᆯ 者쟈ㅣ
잇디 아니니라

9-3

一일家가仁인이면 一일國국興흥仁인ᄒᆞ며 一
일家가讓양이면 一일國국興흥讓양ᄒᆞ고 一일
人인貪탐戾려ㅣ면 一일國국作작亂란ᄒᆞᄂᆞ니
其기機긔如여此ᄎᆞᄒᆞ니 此ᄎᆞ謂위一일言언
僨분事ᄉᆞᄒᆞ며 一일人인定뎡國국이니
一일家가ㅣ 仁인ᄒᆞ면 一일國국이 仁인
을 興흥ᄒᆞ며 一일家가ㅣ 讓양ᄒᆞ면 一일
國국이 讓양을 興흥ᄒᆞ고 一일人인이 貪

大學諺解

탐戾려ᄒᆞ면 一일國국이 亂란을 作작
ᄒᆞᄂᆞ니 그 機긔ㅣ 이ᄀᆞᄐᆞ니 이닐온 一일
言언이 事ᄉᆞ를 僨분ᄒᆞ며 一일人인이 國
국을 定뎡호미니라

9-4

堯요舜슌이 帥솔天텬下하以이仁인ᄒᆞ신대
而이民민從죵之지ᄒᆞ며 桀걸紂듀ㅣ 帥솔天
텬下하以이暴포ᄒᆞᆫ대 而이民민從죵之지ᄒᆞ니
其기所소令령이 反반其기所소好호ㅣ면 而
이民민不블從죵이라 是시故고로 君군子ᄌᆞᄂᆞᆫ
有유諸저己긔而이後후에 求구諸저人인ᄒᆞ며

大學諺解 十八

無무諸저己긔而이後후에 非비諸저人인ᄒᆞᄂᆞ
니 所소藏장乎호身신이 不블恕셔ㅣ오 而이
能능喩유諸저人인者쟈ㅣ 未미之지有유
也야ㅣ니라
堯요舜슌이 天텬下하를 仁인으로ᄡᅥ 帥
솔ᄒᆞ신대 民민이 從죵ᄒᆞ며 桀걸紂듀ㅣ
天텬下하를 暴포로ᄡᅥ 帥솔ᄒᆞᆫ대 民민이
從죵ᄒᆞ니 그 令령ᄒᆞᄂᆞᆫ배 그 好호ᄒᆞᄂᆞᆫ바
예 反반ᄒᆞ면 民민이 從죵티 아닛ᄂᆞᆫ디라
이런 故고로 君군子ᄌᆞᄂᆞᆫ 己긔예 둔 後후

제人인의게求구ᄒᆞ며己긔예업슨後후
제人인의게다ᄒᆞᄂᆞ니身신의藏장ᄒᆞᆫ
배恕셔ㅣ아니오能능히人인을喻유ᄒᆞᆯ
者쟈ㅣ잇디아니니라

9-5 故고로治티國국이在재齊졔其기家가ㅣ니라
故고로國국을治티ᄒᆞ기ᄂᆞᆫ그家가ᄅᆞᆯ齊졔
ᄒᆞ매잇ᄂᆞ니라

9-6 詩시云운桃도之지夭요夭요ㅣ여其기葉엽
蓁진蓁진이로다之지子자于우歸귀여宜의
其기家가人인이니라宜의其기家가人인而

이后후可가以이教교國국人인이니라
詩시예닐오ᄃᆡ桃도의夭요夭요호미여
그닙피蓁진蓁진ᄒᆞ도다之지子자의歸
귀호미여그家가人인을宜의케ᄒᆞ리로다
다ᄒᆞ니그家가人인을宜의케ᄒᆞᆫ后후제
可가히ᄡᅥ國국人인을教교ᄒᆞᆯ디니라

9-7 詩시云운宜의兄형宜의弟뎨라ᄒᆞ니宜의兄
형宜의弟뎨而이后후可가以이教교國국
人인이니라
詩시예닐오ᄃᆡ兄형을宜의케ᄒᆞ며弟뎨
ᄅᆞᆯ宜의케ᄒᆞᆫ다ᄒᆞ니兄형을宜의케ᄒᆞ며
弟뎨ᄅᆞᆯ宜의케ᄒᆞᆫ后후제可가히ᄡᅥ國국
人인을教교ᄒᆞᆯ디니라

9-8 詩시云운其기儀의不불忒특이라正정是시
四ᄉᆞ國국이라ᄒᆞ니其기為위父부子ᄌᆞ兄형弟
뎨ㅣ足족法법而이后후民민法법之지也야ㅣ니라
詩시예닐오ᄃᆡ그儀의ㅣ忒특디아닌디
라이四ᄉᆞ國국을正정ᄒᆞ다ᄒᆞ니그父부
子ᄌᆞ兄형弟뎨되엿ᄂᆞᆫ니足죡히法법ᄒᆞᆫ

后후제民민이法법ᄒᆞᄂᆞ니라

9-9 此ᄎᆞ謂위治티國국이在재齊제其기家가ㅣ니라
이닐온國국을治티ᄒᆞ기그家가ᄅᆞᆯ齊제
ᄒᆞ매이숌미니라

右傳之九章

10-1 所소謂위平평天텬下하ㅣ在재治티其기
國국者쟈ᄂᆞᆫ上샹이老로老로而이民민興흥
孝효ᄒᆞ며上샹이長댱長댱而이民민興흥弟뎨
ᄒᆞ며上샹이恤휼孤고而이民민不블倍비ᄒᆞᄂᆞ니

是시以이君군子ᄌᆞㅣ有유絜혈矩구之지
道도也야ㅣ니라
닐온밧天텬下하ᄅᆞᆯ平평ᄒᆞ기ᄀᆞ國국을
治티호매잇다호ᄆᆞᆫ上샹이老로ᄅᆞᆯ老로
호매民민이孝효ᄅᆞᆯ興흥ᄒᆞ며上샹이長
댱을長댱호매民민이弟뎨ᄅᆞᆯ興흥ᄒᆞ며
上샹이孤고ᄅᆞᆯ恤휼호대民민이倍ᄇᆡ티
아니ᄒᆞᄂᆞ니일로ᄡᅥ君군子ᄌᆞㅣ矩구로
絜혈ᄒᆞᄂᆞᆫ道도ᄅᆞᆯ두ᄂᆞ니라

10-2

所소惡오於어上샹으로毋무以이使ᄉᆞ下하
ᄒᆞ며所소惡오於어下하로毋무以이事ᄉᆞ上
샹ᄒᆞ며所소惡오於어前젼으로毋무以이先션
後후ᄒᆞ며所소惡오於어後후로毋무以이從
죵前젼ᄒᆞ며所소惡오於어右우로毋무以이
交교於어左자ᄒᆞ며所소惡오於어左자로毋
무以이交교於어右우ㅣ此ᄎᆞ之지謂위絜
혈矩구之지道도ㅣ니라
上샹의게惡오ᄒᆞᄂᆞᆫ바로ᄡᅥ下하ᄅᆞᆯ使ᄉᆞ
티말며下하의게惡오ᄒᆞᄂᆞᆫ바로ᄡᅥ上샹
을事ᄉᆞ티말며前젼의게惡오ᄒᆞᄂᆞᆫ바로
ᄡᅥ後후의先션티말며後후의게惡오ᄒᆞ
ᄂᆞᆫ바로ᄡᅥ前젼의從죵티말며右우의게
惡오ᄒᆞᄂᆞᆫ바로ᄡᅥ左자의交교티말며左
자의게惡오ᄒᆞᄂᆞᆫ바로ᄡᅥ右우의交교티
마로미이닐온矩구로絜혈ᄒᆞᄂᆞᆫ道도ㅣ
니라

10-3

詩시云운樂락只지君군子ᄌᆞㅣ여民민之지
父부母모ㅣ라ᄒᆞ니民민之지所소好호ᄅᆞᆯ好호
之지ᄒᆞ고民민之지所소惡오ᄅᆞᆯ惡오之지ㅣ
此ᄎᆞ之지謂위民민之지父부母모ㅣ라ᄒᆞ니
詩시예닐오ᄃᆡ樂락ᄒᆞᆫ君군子ᄌᆞㅣ여民
민의父부母모ㅣ라ᄒᆞ니民민의好호ᄒᆞ
ᄂᆞᆫ바ᄅᆞᆯ好호ᄒᆞ고民민의惡오ᄒᆞᄂᆞᆫ바ᄅᆞᆯ
惡오호미이닐온民민의父부母모ㅣ니
라

10-4

詩시云운節절彼피南남山산이여維유石석
巖암巖암이로다赫혁赫혁師ᄉᆞ尹윤이여民민
具구爾이瞻첨ᄒᆞᄂᆞ니라有유國국者쟈ㅣ不블
可가以이不블愼신이니辟벽則즉爲위天텬
下하僇륙矣의리라

詩시예닐오딕節절호뎌南남山산이여石셕이巖암巖암호도다赫혁赫혁호師ᄉ尹윤이여民민이다爾이를瞻쳠호다호니國국을둔논者쟈ㅣ可가히뻐愼신티아니티몯홀디니辟벽호면天텬下하의僇륙이되리라

10-5

詩시云운殷은之지未미喪상師ᄉ애克극配비上샹帝뎨러니儀의監감于우殷은이어다峻쥰命명不블易이라ᄒ니道도得득衆둥則즉得득國국ᄒ고失실衆둥則즉失실國국이니라

大學諺解 二十三

詩시예닐오딕殷은의師ᄉ를喪상티아닌제上샹帝뎨를克극히配비ᄒ더니맛당히殷은의監감홀디어다峻쥰ᄒᆞᆫ命명이易이티아니타ᄒ니衆둥을得득ᄒ면國국을得득ᄒ고衆둥을失실ᄒ면國국을失실홈을니ᄅ니라

10-6

是시故고君군子ᄌ는先션愼신乎호德덕이니有유德덕이면此ᄎ有유人인이오有유人인이면此ᄎ有유土토ㅣ오有유土토ㅣ면此ᄎ有유財재오有유財지면此ᄎ有유用용이니라

이런故고로君군子ᄌ는몬져德덕의愼신홀디니德덕을두면이에人인을둘디오人인을두면이에土토를둘디오土토를두면이에財지를둘디오財지를두면이에用용을둘디니라

10-7

德덕者쟈는本본也야ㅣ오財지者쟈는末말也야ㅣ니

德덕은本본이오財지는末말이니

10-8

外외本본內ᄂᆡ末말이면爭징民민施시奪탈이니라

大學諺解 二十四

本본을外외ᄒ고末말을內ᄂᆡᄒ면民민을爭징케ᄒ야奪탈로施시호미니라

10-9

是시故고財지聚취則즉民민散산ᄒ고財지散산則즉民민聚취니라

이런故고로財재ㅣ聚취ᄒ면民민이散산ᄒ고財지ㅣ散산ᄒ면民민이聚취ᄒᄂ니라

10-10

是시故고言언悖패而이出출者쟈ㅣ亦역悖패而이入입ᄒ며貨화悖패而이入입者쟈

ㅣ亦역悖패而이出출라어니
이런故고로言언이悖패ᄒᆞ야出출ᄒᆞᆫ者
자ㅣ또ᄒᆞᆫ悖패ᄒᆞ야入입ᄒᆞ며貨화ㅣ悖
패ᄒᆞ야入입ᄒᆞᆫ者자ㅣ또ᄒᆞᆫ悖패ᄒᆞ야出
출ᄒᆞᄂᆞ니라

10-11

康강誥고曰왈惟유命명不불于우常샹이라
ᄒᆞ니道도善선則즉得득之지ᄒᆞ고不불善선則
즉失실之지矣의라니
康강誥고의ᄀᆞᆯ오ᄃᆡ오직命명은常샹티
아니타ᄒᆞ니善선ᄒᆞ면得득ᄒᆞ고善선티
몯ᄒᆞ면失실호ᄆᆞᆯ니ᄅᆞ니라

大學諺解 二十五

10-12

楚초書서曰왈楚초國국은無무以이爲위
寶보ㅣ오惟유善선以이爲위寶보ㅣ니라ᄒᆞ라
楚초書서의ᄀᆞᆯ오ᄃᆡ楚초ㅅ나라ᄒᆞᆫ뻐寶
보사ᄆᆞᆯ거시업고오직善선으로뻐寶보
ᄅᆞᆯ삼ᄂᆞ다ᄒᆞ니라

10-13

舅구犯범曰왈亡망人인은無무以이爲위
寶보ㅣ오仁인親친以이爲위寶보ㅣ니라ᄒᆞ라
舅구犯범이ᄀᆞᆯ오ᄃᆡ亡망人인은뻐寶보
사ᄆᆞᆯ거시업고親친을仁인호ᄆᆞ로뻐寶
보ᄅᆞᆯ사ᄆᆞᆯ디라ᄒᆞ니라

10-14

秦진誓서曰왈若약有유一일介개臣신이
斷단斷단兮혜無무他타技기나其기心심
이休휴休휴焉언其기如여有유容용焉언
이라人인之지有유技기를若약己기有유之
지ᄒᆞ며人인之지彦언聖성을其기心심好호
之지ㅣ不불啻시若약自ᄌᆞ其기口구出츌
이면寔식能능容용之지라以이能능保보我
아子ᄌᆞ孫손黎려民민이니尚샹亦역有유利
리哉재며人인之지有유技기를媢모疾질

大學諺解 二十六

以이惡오之지ᄒᆞ며人인之지彦언聖성을而
이違위之지ᄒᆞ야俾비不불通통이면寔식不불
能능容용이라以이不불能능保보我아子ᄌᆞ
孫손黎려民민이니亦역曰왈殆태哉재ᄒᆞᆫ뎌
라
秦진誓서의ᄀᆞᆯ오ᄃᆡ만일一일介개臣신
이斷단斷단코다른진죄업스나그ᄆᆞ음
이休휴休휴호미그容용호미잇ᄂᆞᆫᄃᆞᆺᄒᆞᆫ
디라人인의技기두믈己긔둠ᄀᆞ티너기
며人인의彦언과聖성을그ᄆᆞ음의好호

大學諺解

호미그口구로브터남ᄀᆞᆺ티너길ᄲᅮᆫ아니
면진실로能능히容용ᄒᆞᆯ디라ᄡᅥ能능히
우리子ᄌᆞ孫손이며黎려民민을保보ᄒᆞᆯ
디니거의ᄯᅩᄒᆞᆫ利리이시린뎌人인의技
기두몰媢모疾질ᄒᆞ야ᄡᅥ惡오ᄒᆞ며人인
의彦언과聖셩을違위ᄒᆞ야ᄒᆡ여곰通통
티몯게ᄒᆞ면진실로能능히容용티몯ᄒᆞᆯ
디라ᄡᅥ能능히우리子ᄌᆞ孫손이며黎려
民민을保보티몯ᄒᆞᆯ디니ᄯᅩᄒᆞᆫᄀᆞᆯ온殆ᄐᆡ
ᄒᆞᆫ뎌ᄒᆞ니라

大學諺解 二十七

10-15

惟유仁인人인이아放방流류之지ᄒᆞ야迸병諸
져四ᄉᆞ夷이ᄒᆞ야不블與여同동中듕國국ᄒᆞᄂᆞ
니此ᄎᆞ謂위唯유仁인人인이아爲위能능愛
ᄋᆡ人인ᄒᆞ며能능惡오人인이니라
오직仁인人인이아放방流류ᄒᆞ야四ᄉᆞ
夷이예迸병ᄒᆞ야더브러中듕國국을同
동티아니ᄒᆞᄂᆞ니이닐온오직仁인人인
이아能능히人인을愛ᄋᆡᄒᆞ며能능히人
인을惡오호미니라

10-16

見견賢현而이不블能능擧거ᄒᆞ며擧거而이
不블能능先션이命명也야ㅣ오見견不블善
션而이不블能능退퇴ᄒᆞ며退퇴而이不블能
능遠원이過과也야ㅣ니○命當作慢만
賢현을보고能능히擧거티몯ᄒᆞ며擧거
호ᄃᆡ能능히先션티몯호미慢만호미오
不블善션을보고能능히退퇴티몯ᄒᆞ며
退퇴호ᄃᆡ能능히遠원티몯호미過과ㅣ
니라

10-17

好호人인之지所소惡오ᄒᆞ고惡오人인之지
所소好호ㅣ是시謂위拂블人인之지性셩

大學諺解 二十八

이라菑ᄌᆡ必필逮톄夫부身신이니라
人인의惡오ᄒᆞ논바ᄅᆞᆯ好호ᄒᆞ고人인의
好호ᄒᆞ논바ᄅᆞᆯ惡오호미이닐온人인의
性셩을拂블호미라菑ᄌᆡ반ᄃᆞ시身신의
미출디니라

10-18

是시故고君군子ᄌᆞㅣ有유大대道도ᄒᆞ니必
필忠튱信신以이得득之지ᄒᆞ고驕교泰태以
이失실之지니라
이런故고로君군子ᄌᆞㅣ큰道도ㅣ이시
니반ᄃᆞ시忠튱信신ᄒᆞ야ᄡᅥ得득ᄒᆞ고驕

교泰태ᄒᆞ야ᄡᅥ失실ᄒᆞᆯ디니라

10-19

生성財지有유大대道도ᄒᆞ니生성之지者쟈
衆즁ᄒᆞ고食식之지者쟈寡과ᄒᆞ며爲위之지者
쟈疾질ᄒᆞ고用용之지者쟈舒셔ᄒᆞ면則즉財지
恒ᄒᆞᆼ足죡矣의리라

財지ᄅᆞᆯ生성ᄒᆞ기큰道도ㅣ이시니生성
ᄒᆞᆯ者쟈ㅣ衆즁ᄒᆞ고食식ᄒᆞᆯ者쟈ㅣ寡과
ᄒᆞ며爲위ᄒᆞᆯ者쟈ㅣ疾질ᄒᆞ고用용ᄒᆞᆯ者
쟈ㅣ舒셔ᄒᆞ면財지ㅣᄒᆞᆼ샹足죡ᄒᆞ리라

10-20

仁연者쟈ᄂᆞᆫ以이財지發발身신ᄒᆞ고不블仁
연者쟈ᄂᆞᆫ以이身신發발財지ᄒᆞᄂᆞ니라

仁인ᄒᆞᆫ者쟈ᄂᆞᆫ財지로ᄡᅥ身신을發발ᄒᆞ
고仁인티아닌者쟈ᄂᆞᆫ身신으로ᄡᅥ財지
ᄅᆞᆯ發발ᄒᆞᄂᆞ니라

二十九

10-21

未미有유上샹好호仁인而이下하不블好
호義의者쟈也야ㅣ니未미有유好호義의오
其기事ᄉᆞ不블終죵者쟈也야ㅣ며未미有유
府부庫고財지ㅣ非비其기財지者쟈也야
ㅣ니라

上샹이仁인을好호ᄒᆞ고下하ㅣ義의ᄅᆞᆯ好
호티아닐者쟈ㅣ잇디아니니義의ᄅᆞᆯ好
호ᄒᆞ고그事ᄉᆞㅣ終죵티몯ᄒᆞᆯ者쟈ㅣ잇디
아니며府부庫고의財지ㅣ그財지ㅣ아
닌者쟈ㅣ잇디아니니라

10-22

孟밍獻헌子ᄌᆞ曰왈畜휵馬마乘승ᄂᆞᆫ不블
察찰於어雞계豚돈ᄒᆞ고伐벌冰빙之지家가
ᄂᆞᆫ不블畜휵牛우羊양ᄒᆞ고百백乘승之지家
가ᄂᆞᆫ不블畜휵聚취斂렴之지臣신이니與여
其기有유聚취斂렴之지臣신으론寧녕有유
盜도臣신이라ᄒᆞ니此ᄎᆞ謂위國국不블以이利
리爲위利리ㅣ오以이義의爲위利리也야ㅣ니
라

三十

孟밍獻헌子ᄌᆞㅣᄀᆞᆯ오ᄃᆡ馬마乘승을畜
휵ᄒᆞᄂᆞ니ᄂᆞᆫ雞계와豚돈의察찰티아니
ᄒᆞ고冰빙을伐벌ᄒᆞᄂᆞᆫ家가ᄂᆞᆫ牛우羊양
을畜휵디아니ᄒᆞ고百백乘승의家가ᄂᆞᆫ
聚취斂렴ᄒᆞᄂᆞᆫ臣신을畜휵디아니ᄒᆞᆯ디
니다ᄆᆞᆺ그聚취斂렴ᄒᆞᄂᆞᆫ臣신을두모론
ᄎᆞᆯ히盜도ᄒᆞᄂᆞᆫ臣신을둘거시라ᄒᆞ니이
닐온國국은利리로ᄡᅥ利리ᄅᆞᆯ삼디아니

올義의로ᄡᅥ利리를삼오미니라
長댱國국家가而이務무財ᄌᆡ用용者쟈ᄂᆞᆫ
必필自ᄌᆞ小쇼人인矣의니ᄂᆞ彼爲善之小쇼
人인之지使ᄉᆞ爲위國국家가면ㅣ菑ᄌᆡ害해
幷병至지라雖슈有유善션者쟈ㅣ라도亦역
無무如여之지何하矣의니라此ᄎᆞ謂위國국
不블以이利리爲위利리오以이義의爲위
利리也야ㅣ니라
國국家가의長댱ᄒᆞ야財ᄌᆡ用용을務무
ᄒᆞᄂᆞᆫ者쟈ᄂᆞᆫ반ᄃᆞ시小쇼人인으로브터

ᄒᆞᄂᆞ니小쇼人인을ᄒᆡ여곰國국家가를
ᄒᆞ면菑ᄌᆡ害해並지至지ᄒᆞᆯ디라비록善션
者쟈ㅣ이실디라도ᄯᅩᄒᆞᆫ엇디려뇨홈도
업스리니이닐온國국은利리로ᄡᅥ利리
를삼디아니코義의로ᄡᅥ利리를사몰거
시라호미니라
右傳之十章

大學栗谷先生諺解

栗谷 中庸諺解

中庸栗谷先生諺解

1-1

天텬命명之지謂위性셩이오率솔性셩之지
謂위道도ㅣ오修슈道도之지謂위敎교ㅣ니라
天텬이命명ᄒᆞ샨거ᄉᆞᆯ닐온性셩이오性
셩을率솔ᄒᆞᆫ거ᄉᆞᆯ닐온道도ㅣ오道도ᄅᆞᆯ
修슈ᄒᆞᆫ거ᄉᆞᆯ닐온敎교ㅣ니라

1-2

道도也야者쟈ᄂᆞᆫ不불可가須슈臾유離리
也야ㅣ니可가離리면非비道도也야ㅣ라是시
故고君군子ᄌᆞᄂᆞᆫ戒계愼신乎호其기所소
不불睹도ᄒᆞ며恐공懼구乎호其기所소不불
聞문이니라
道도ᄂᆞᆫ可가히須슈臾유도離리티몯ᄒᆞᆯ
디니可가히離리ᄒᆞᆯ거시면道도ㅣ아니
라이런故고로君군子ᄌᆞᄂᆞᆫ그보디아닌
바의戒계愼신ᄒᆞ며그듣디아닌바의恐
공懼구ᄒᆞᄂᆞ니라

1-3

莫막見현乎호隱은ᄒᆞ며莫막顯현乎호微미
ᄒᆞ니故고君군子ᄌᆞᄂᆞᆫ愼신其기獨독也야ㅣ니
라
隱은만見현ᄒᆞ니업스며微미만顯현ᄒᆞ
니업스니故고로君군子ᄌᆞᄂᆞᆫ그獨독애
愼신ᄒᆞᄂᆞ니라

1-4

喜희怒노哀ᄋᆡ樂락之지未미發발을謂위
之지中듕이오發발而이皆ᄀᆡ中듕節절을謂
위之지和화ㅣ니中듕也야者쟈ᄂᆞᆫ天텬下하
之지大대本본也야ㅣ오和화也야者쟈ᄂᆞᆫ天
텬下하之지達달道도也야ㅣ니라
喜희와怒노와哀ᄋᆡ와樂락의發발티아
닌제ᄅᆞᆯ中듕이라니ᄅᆞ고發발ᄒᆞ야다節
절의中듕ᄒᆞᆫ믈和화ㅣ라니ᄅᆞᄂᆞ니中듕
은天텬下하의大대本본이오和화ᄂᆞᆫ天
텬下하의達달道도ㅣ니라

1-5

致티中듕和화면天텬地디位위焉언ᄒᆞ며萬
만物믈育육焉언이니라
中듕和화ᄅᆞᆯ致티ᄒᆞ면天텬地디ㅣ位위
ᄒᆞ며萬만物믈이育육ᄒᆞᆯ디니라

右第一章

2-1

仲듕尼니曰왈君군子ᄌᆞᄂᆞᆫ中듕庸용ᄒᆞ고小
쇼人인은反반中듕庸용이니라
仲듕尼니ᄀᆞᄅᆞ샤ᄃᆡ君군子ᄌᆞᄂᆞᆫ中듕庸

용ᄒᆞ고小쇼人인은中듕庸용의反반ᄒᆞ
ᄂᆞ니라
2-2 君군子ᄌᆞ之지中듕庸용也야ᄂᆞᆫ君군子ᄌᆞ
而이時시中듕이오小쇼人인之지中듕庸용
也야ᄂᆞᆫ小쇼人인而이無무忌긔憚탄也야
ㅣ라니○王왕肅슉本본作작小쇼人인之지反반中듕庸용
君군子ᄌᆞ의中듕庸용ᄒᆞ믄君군子ᄌᆞㅣ
오時시로中듕ᄒᆞ미오小쇼人인의中듕
庸용을反반ᄒᆞ모ᄆᆞᆫ小쇼人인이오忌긔憚
탄이업소미니라

中庸諺解 三

右第二章
3 子ᄌᆞ曰왈中듕庸용은其기至지矣의乎호
ᆫ뎌民민鮮션能능이久구矣의라니
子ᄌᆞㅣᄀᆞᄅᆞ샤ᄃᆡ中듕庸용은그지극ᄒᆞᆫ
뎌民민이能능ᄒᆞ리져건디오라니라
右第三章
4-1 子ᄌᆞ曰왈道도之지不블行ᄒᆡᆼ也야ᄅᆞᆯ我아
知디之지矣의로니知디者쟈ᄂᆞᆫ過과之지고ᄒᆞ
愚우者쟈ᄂᆞᆫ不블及급也야ㅣ오道도之지不
블明명也야ᄅᆞᆯ我아知디之지矣의로니賢현

者쟈ᄂᆞᆫ過과之지고ᄒᆞ不블肖쇼者쟈ᄂᆞᆫ不블
及급也야ㅣ라니
子ᄌᆞㅣᄀᆞᄅᆞ샤ᄃᆡ道도의行ᄒᆡᆼ티몯호몰
내아노니知디ᄒᆞᆫ者쟈ᄂᆞᆫ過과ᄒᆞ고愚우
ᄒᆞᆫ者쟈ᄂᆞᆫ及급디몯ᄒᆞᆯ시오道도의明명
티몯호몰내아노니賢현ᄒᆞᆫ者쟈ᄂᆞᆫ過과
ᄒᆞ고不블肖쇼ᄒᆞᆫ者쟈ᄂᆞᆫ及급디몯ᄒᆞᆯ서
니라
4-2 人인莫막不블飮음食식也야ㅣ언마ᄂᆞᆫ鮮션能
능知디味미也야ㅣ라니

中庸諺解 四

人인이飮음食식아니ᄒᆞ리업건마ᄂᆞᆫ能
능히마술알리져그니라
右第四章
5 子ᄌᆞ曰왈道도其기不블行ᄒᆡᆼ矣의夫부ㅣ며
子ᄌᆞㅣᄀᆞᄅᆞ샤ᄃᆡ道도ㅣ그行ᄒᆡᆼ티몯ᄒᆞᆯ
딘뎌
右第五章
6 子ᄌᆞ曰왈舜슌은其기大대知디也야ㅣ與여
ㅣ뎌신舜슌이好호問문而이好호察찰邇이
言언ᄒᆞ샤隱은惡악而이揚양善선ᄒᆞ시며執집

其기兩량端단ᄒᆞ샤用용其기中듕於어民민ᄒᆞ시니其기斯ᄉᆞ以이為위舜슌乎호신뎌

子ᄌᆞㅣ ᄀᆞᄅᆞ샤ᄃᆡ 舜슌은 그 큰 知디신뎌 舜슌이 問문을 好호ᄒᆞ시며 邇이言언察찰ᄒᆞ기ᄅᆞᆯ 好호ᄒᆞ샤 惡악을 隱은ᄒᆞ고 善션을 揚양ᄒᆞ시며 그 兩량端단을 執집ᄒᆞ샤 그 中듕을 民민의게 ᄡᅳ시니 그 이 ᄡᅥ 舜순이 되미신뎌

右第六章

7

子ᄌᆞㅣ曰왈人인皆기曰왈予여知디로ᄃᆡ驅구而이納납諸저罟고擭확陷함阱정之지中듕而이莫막之지知디辟피也야ᄒᆞ며人인皆기曰왈予여知디로ᄃᆡ擇퇵乎호中듕庸용而이不블能능期긔月월守슈也야ㅣ니라

子ᄌᆞㅣ ᄀᆞᄅᆞ샤ᄃᆡ 人인이 다 ᄀᆞᆯ오ᄃᆡ 내 知디호라 호ᄃᆡ 모라 罟고와 擭화와 陷함阱정ㅅ 가온ᄃᆡ 녀호매 辟피호ᄆᆞᆯ 아디 몯ᄒᆞ며 人인이 다 ᄀᆞᆯ오ᄃᆡ 내 知디호라 호ᄃᆡ 中듕庸용의 擇퇵ᄒᆞ야 能능히 期긔月월도 守슈티 몯ᄒᆞᄂᆞ니라

右第七章

8

子ᄌᆞㅣ曰왈回회之지為위人인也야ㅣ擇퇵乎호中듕庸용ᄒᆞ야得득一일善션이면則즉拳권拳권服복膺응而이弗블失실之지矣의니라

子ᄌᆞㅣ ᄀᆞᄅᆞ샤ᄃᆡ 回회의 사ᄅᆞᆷ이론디 中듕庸용의 擇퇵ᄒᆞ야 ᄒᆞᆫ 善션을 어드면 拳권拳권히 膺응의 服복ᄒᆞ야 失실티 아니ᄒᆞᄂᆞ니라

右第八章

9

子ᄌᆞㅣ曰왈天텬下하國국家가ᄅᆞᆯ可가均균也야ㅣ며爵쟉祿록을可가辭ᄉᆞ也야ㅣ며白ᄇᆡᆨ刃인을可가蹈도也야ㅣ어니와中듕庸용은不블可가能능也야ㅣ니라

子ᄌᆞㅣ ᄀᆞᄅᆞ샤ᄃᆡ 天텬下하ㅣ며 國국家가ᄅᆞᆯ 可가히 均균홀디며 爵쟉祿록을 可가히 辭ᄉᆞ홀디며 白ᄇᆡᆨ刃인을 可가히 蹈도홀디어니와 中듕庸용은 可가히 能능티 몯홀디니라

右第九章

10-1 子ᄌᆞ路로ㅣ問문強강ᄒᆞᆫ대
子ᄌᆞ路로ㅣ強강을問문ᄒᆞᆫ대
10-2 子ᄌᆞ曰왈南남方방之지強강與여아北북
方방之지強강與여、아抑억而이強강與여
아
子ᄌᆞㅣᄀᆞᄅᆞ샤ᄃᆡ南남方방의強강가北
북方방의強강가ᄯᅩᄒᆞᆫ네의強강가
10-3 寬관柔유以이教교ᄒᆞ고不불報보無무道도
ᄂᆞᆫ南남方방之지強강也야ㅣ니君군子ᄌᆞㅣ
居거之지라니

中庸諺解 七

寬관柔유ᄒᆞ야ᄡᅧ教교ᄒᆞ고道도업슨거
슬報보티아니호ᄆᆞᆫ南남方방의強강이
니君군子ᄌᆞㅣ居거ᄒᆞᄂᆞ니라
10-4 衽임金금革혁ᄒᆞ야死ᄉᆞ而이不불厭염은北
북方방之지強강也야ㅣ니而이強강者쟈ㅣ
居거之지라니
、金금과革혁을衽임ᄒᆞ야주거도厭염티
아니키ᄂᆞᆫ北북方방의強강이니強강ᄒᆞᆫ
者쟈ㅣ居거ᄒᆞᄂᆞ니라
10-5 故고君군子ᄌᆞᄂᆞᆫ和화而이不불流류ᄒᆞᄂᆞ니

強강哉재矯교여中듕立립而이不불倚의
ᄒᆞᄂᆞ니強강哉재矯교여國국有유道도애不
불變변塞식焉언ᄒᆞᄂᆞ니強강哉재矯교여國
국無무道도애至지死ᄉᆞ不불變변ᄒᆞᄂᆞ니強
강哉재矯교여
故고로君군子ᄌᆞᄂᆞᆫ和화코流류티아니
ᄒᆞᄂᆞ니強강ᄒᆞ다矯교호미여中듕立립
ᄒᆞ야倚의티아니ᄒᆞᄂᆞ니強강ᄒᆞ다矯교
호미여國국이道도이신제塞식을變변
티아니ᄒᆞᄂᆞ니強강ᄒᆞ다矯교호미여國

中庸諺解 八

국이道도업슨제死ᄉᆞ애至지토록變변
티아니ᄒᆞᄂᆞ니強강ᄒᆞ다矯교호미여

右第十章

11-1 子ᄌᆞ曰왈素소隱은行ᄒᆡᆼ怪괴를後후世셰
有유述슐焉언이거니라吾오弗블為위之지矣의
로라 ○素索一作
子ᄌᆞㅣᄀᆞᄅᆞ샤ᄃᆡ隱은을索식ᄒᆞ며怪괴
ᄅᆞᆯ行ᄒᆡᆼ호ᄆᆞᆯ後후世셰예述슐호미잇거
니와내ᄒᆞ디아닛노라
11-2 君군子ᄌᆞㅣ遵쥰道도而이行ᄒᆡᆼ이라가半반

塗도而이廢폐ᄒᆞᄂᆞ니吾오弗불能능已이矣의로라

君군子ᄌᆞㅣ道도ᄅᆞᆯ遵준ᄒᆞ야行ᄒᆡᆼᄒᆞ다가塗도애半반ᄒᆞ야셔廢폐ᄒᆞᄂᆞ니내能능히마디몯ᄒᆞ노라

11-3

君군子ᄌᆞᄂᆞᆫ依의乎호中듕庸용ᄒᆞ야遯돈世셰不불見견知디而이不불悔회ᄒᆞᄂᆞ니唯유聖셩者쟈ㅣ아能능之지니라

君군子ᄌᆞᄂᆞᆫ中듕庸용의依의ᄒᆞ야世셰ᄅᆞᆯ遯돈ᄒᆞ야知디호ᄆᆞᆯ보디몯ᄒᆞ야도悔회티아니ᄒᆞᄂᆞ니오직聖셩ᄒᆞᆫ者쟈ㅣ아能능ᄒᆞᆯ디니라

中庸諺解 九

右第十一章

12-1

君군子ᄌᆞ之지道도ᄂᆞᆫ費비而이隱은이니라

君군子ᄌᆞ의道도ᄂᆞᆫ費비코隱은ᄒᆞ니라

12-2

夫부婦부之지愚우로可가以이與여知디며焉언여뎌로及급其기至지也야ᄒᆞ얀雖슈聖셩人인이라도亦역有유所소不블知디焉언ᄒᆞ며夫부婦부之지不블肖쵸로可가以이能능行ᄒᆡᆼ焉언여뎌로及급其기至지也야ᄒᆞ얀雖슈聖셩人인이라도亦역有유所소不블能능焉언ᄒᆞ며天텬地디之지大대也야로도人인이猶유有유所소憾감이니故고로君군子ᄌᆞㅣ語어大대ㅣ면天텬下하ㅣ莫막能능載ᄌᆡ焉언ᄒᆞ며語어小쇼ㅣ면天텬下하ㅣ莫막能능破파焉언이니라

夫부婦부의愚우로可가히ᄡᅥ참예ᄒᆞ야알거시로ᄃᆡ그지극호매미처ᄂᆞᆫ비록聖셩人인이라도ᄯᅩᄒᆞᆫ아디몯ᄒᆞᄂᆞᆫ배이시며夫부婦부의不블肖쵸로可가히ᄡᅥ能능히行ᄒᆡᆼᄒᆞᆯ거시로ᄃᆡ그지극호매미처ᄂᆞᆫ비록聖셩人인이라도ᄯᅩᄒᆞᆫ能능티몯ᄒᆞᄂᆞᆫ배이시며天텬地디의크모로도人인이오히려憾감ᄒᆞᄂᆞᆫ배이시니故고로君군子ᄌᆞㅣ大대ᄅᆞᆯ語어ᄒᆞᆯ단댄天텬下하ㅣ能능히載ᄌᆡ티몯ᄒᆞ며小쇼ᄅᆞᆯ語어ᄒᆞᆯ딘댄天텬下하ㅣ能능히破파티몯ᄒᆞᄂᆞ니라

中庸諺解 十

12-3

詩시云운鳶연飛비戾려天텬ᄒᆞ고魚어躍약于우淵연이라ᄒᆞ니言언其기上샹下하察찰也야ㅣ니라

詩시예닐오ᄃᆡ鳶연은飛비ᄒᆞ야天텬의
戾려ᄒᆞ고魚어ᄂᆞᆫ淵연의셔躍약ᄒᆞᆫ다ᄒᆞ
니그上상下하의察찰호몰니ᄅᆞ니라

12-4

君군子ᄌᆞ之지道도ㅣ造조端단乎호夫부
婦부ᄒᆞ야及급其기至지也야ᄒᆞ얀察찰乎호天
텬地디니라
君군子ᄌᆞ의道도ㅣ夫부婦부의端단을
造조ᄒᆞ야그지극호매미처ᄂᆞᆫ天텬地디
예察찰ᄒᆞᄂᆞ니라
右第十二章

中庸諺解 十一

13-1

子ᄌᆞ曰왈道도不불遠원人인ᄒᆞ니人인之지
爲위道도而이遠원人인이면不불可가以이
爲위道도ㅣ니라
子ᄌᆞㅣᄀᆞᄅᆞ샤ᄃᆡ道도ㅣ人인의遠원티
아니ᄒᆞ니人인의道도ᄅᆞᆯ호미人인의遠
원케ᄒᆞ면可가히뻐道도ㅣ라ᄒᆞ디몯ᄒᆞᆯ
디니라

13-2

詩시云운伐벌柯가伐벌柯가여其기則측
不불遠원이라ᄒᆞ니執집柯가以이伐벌柯가호ᄃᆡ
睨예而이視시之지ᄒᆞ야猶유以이爲위遠원
ᄒᆞᄂᆞ니故고君군子ᄌᆞᄂᆞᆫ以이人인治티人인
ᄒᆞ다가改기而이止지니라
詩시예닐오ᄃᆡ柯가ᄅᆞᆯ伐벌ᄒᆞ기여柯가
ᄅᆞᆯ伐벌ᄒᆞ기여그則측이머디아니타ᄒᆞ
니柯가ᄅᆞᆯ자바뻐柯가ᄅᆞᆯ伐벌호ᄃᆡ睨예
ᄒᆞ야視시ᄒᆞ야오히려뻐머다ᄒᆞᄂᆞ니故
고로君군子ᄌᆞᄂᆞᆫ人인으로뻐人인을治
티ᄒᆞ다가改기ᄒᆞ야ᄃᆞᆫ止지ᄒᆞᄂᆞ니라

13-3

忠튱恕셔ㅣ違위道도不불遠원ᄒᆞ니施시諸
저己기而이不불願원을亦역勿물施시於
어人인이니

中庸諺解 十二

忠튱恕셔ㅣ道도의違위호미머디아니
ᄒᆞ니己긔예施시ᄒᆞ야願원티아니호몰
ᄯᅩ호人인의施시티마로미니라

13-4

君군子ᄌᆞ之지道도ㅣ四ᄉᆞ애丘구未미能
능一일焉언이로니所소求구乎호子ᄌᆞ로以
이事ᄉᆞ父부ᄅᆞᆯ未미能능也야ᄒᆞ며所소求구
乎호臣신으로以이事ᄉᆞ君군을未미能능也
야ᄒᆞ며所소求구乎호弟뎨로以이事ᄉᆞ兄형
을未미能능也야ᄒᆞ며所소求구乎호朋붕友

우로 先션施시之지를 未미能능也야ㅣ니로
庸용德덕之지行힝ᄒᆞ며 庸용言언之지謹근
ᄒᆞ야 有유所소不불足죡이어든 不불敢감不불
勉면ᄒᆞ며 有유餘여ㅣ어든 不불敢감盡진ᄒᆞ야 言
언顧고行힝ᄒᆞ며 行힝顧고言언이면 君군子ᄌᆞ
ㅣ胡호不불慥조慥조爾ᅀᅵ오리
君군子ᄌᆞ의 道도ㅣ네히 丘구ㅣ 一일도
能능티 몯ᄒᆞ노니 子ᄌᆞ의게 求구ᄒᆞ논바
로뻐 父부를 셤기기를 能능티 몯ᄒᆞ며 臣
신의게 求구ᄒᆞ논 바로뻐 君군을 셤기기

中庸諺解 十三

를 能능티 몯ᄒᆞ며 弟뎨의게 求구ᄒᆞ논바
로뻐 兄형을 셤기기를 能능티 몯ᄒᆞ며 朋
붕友우의게 求구ᄒᆞ논 바로 몬져 施시ᄒᆞ
기를 能능티 몯ᄒᆞ노니 庸용ᄒᆞᆫ 德덕을 行
힝ᄒᆞ며 庸용ᄒᆞᆫ 言언을 謹근ᄒᆞ야 足죡디
몯ᄒᆞᆫ 배 잇거든 敢감히 勉면티 아니티 아
니ᄒᆞ며 餘여ᄒᆞᆫ 마 잇거든 敢감히 盡진티
아니ᄒᆞ야 言언이 行힝을 顧고ᄒᆞ며 行힝
이 言언을 顧고ᄒᆞ면 君군子ᄌᆞㅣ 엇디 慥
조慥조티 아니리오

右第十三章
14-1 君군子ᄌᆞᄂᆞᆫ 素소其기位위而이行힝ᄒᆞ고 不
불願원乎호其기外외니라
君군子ᄌᆞᄂᆞᆫ 그 位위예 素소ᄒᆞ야 行힝ᄒᆞ
고 그 外외를 願원티 아닛ᄂᆞ니라
14-2 素소富부貴귀ᄒᆞ야 行힝乎호富부貴귀ᄒᆞ며 素
소貧빈賤쳔ᄒᆞ야 行힝乎호貧빈賤쳔ᄒᆞ며 素소
夷이狄뎍ᄒᆞ야 行힝乎호夷이狄뎍ᄒᆞ며 素소患
환難난ᄒᆞ야 行힝乎호患환難난이니 君군子ᄌᆞ
ᄂᆞᆫ 無무入입而ᅀᅵ不불自ᄌᆞ得득焉언이니라

中庸諺解 十四

富부貴귀예 素소ᄒᆞ야 富부貴귀예 行힝
ᄒᆞ며 貧빈賤쳔의 素소ᄒᆞ야 貧빈賤쳔의
行힝ᄒᆞ며 夷이狄뎍의 素소ᄒᆞ야 夷이狄
뎍의 行힝ᄒᆞ며 患환難난의 素소ᄒᆞ야 患
환難난의 行힝ᄒᆞᆯ디니 君군子ᄌᆞᄂᆞᆫ 入입
ᄒᆞᆫ 듸 自ᄌᆞ得득디 몯ᄒᆞᆯ 듸 업ᄂᆞ니라
14-3 在ᄌᆡ上샹位위ᄒᆞ야 不불陵릉下하ᄒᆞ며 在ᄌᆡ下
하位위ᄒᆞ야 不불援원上샹ᄒᆞ고 正졍己긔而ᅀᅵ
不불求구於어人인이면 則즉無무怨원이니 上
샹不불怨원天텬ᄒᆞ며 下하不불尤우人인이니

14-4

라

上샹位위예이셔下하ᄅᆞᆯ陵릉티아니ᄒᆞ며下하位위예이셔上샹을援원티아니ᄒᆞ고己긔ᄅᆞᆯ正졍코人인의게求구호미업스면怨원이업슬디니上샹으로天텬을怨원티아니ᄒᆞ며下하로人인을尤우티아닛ᄂᆞ니라

故고君군子ᄌᆞᄂᆞᆫ居거易이以이俟ᄉᆞ命명ᄒᆞ고小쇼人인ᄋᆞᆫ行ᄒᆡᆼ險험以이徼요幸ᄒᆡᆼᄒᆞᄂᆞ니라

故고로君군子ᄌᆞᄂᆞᆫ易이예居거ᄒᆞ야ᄡᅥ命명을俟ᄉᆞᄒᆞ고小쇼人인ᄋᆞᆫ險험의行ᄒᆡᆼᄒᆞ야ᄡᅥ幸ᄒᆡᆼ을徼요ᄒᆞᄂᆞ니라

14-5

子ᄌᆞ曰왈射샤ㅣ有유似ᄉᆞ乎호君군子ᄌᆞᄒᆞ니失실諸져正졍鵠곡이어든反반求구諸져其기身신이라ᄒᆞ시니라

子ᄌᆞㅣᄀᆞᄅᆞ샤ᄃᆡ射샤ㅣ君군子ᄌᆞᄀᆞ토미이시니正졍과鵠곡의失실ᄒᆞ거든도라그身신의求구ᄒᆞ다ᄒᆞ시니라

右第十四章

15-1

君군子ᄌᆞ之지道도ㅣ辟비如여行ᄒᆡᆼ遠원必필自ᄌᆞ邇이ᄒᆞ며辟비如여登등高고必필自ᄌᆞ卑비ᄒᆞ니라

君군子ᄌᆞ의道도ㅣ辟비컨댄遠원의行ᄒᆡᆼᄒᆞ기반ᄃᆞ시邇이로부터홈ᄀᆞᄐᆞ며辟비컨댄高고의登등ᄒᆞ기반ᄃᆞ시卑비로비터홈ᄀᆞᄐᆞ니라

15-2

詩시曰왈妻쳐子ᄌᆞ好호合합이如여鼓고瑟슬琴금ᄒᆞ며兄형弟뎨旣긔翕흡ᄒᆞ야和화樂락且챠耽담이로다宜의爾이室실家가ᄒᆞ며樂락爾이妻쳐帑노ㅣ라ᄒᆞ야ᄂᆞᆯ

詩시예ᄀᆞᆯ오ᄃᆡ妻쳐子ᄌᆞ의好호合합호미瑟슬琴금을鼓고홈ᄀᆞᄐᆞ며兄형弟뎨이믜翕흡ᄒᆞ야和화樂락ᄒᆞ고ᄯᅩ耽담ᄒᆞ도다爾이의室실家가ᄅᆞᆯ宜의케ᄒᆞ며爾이의妻쳐帑노ᄅᆞᆯ樂락게ᄒᆞ다ᄒᆞ야ᄂᆞᆯ

15-3

子ᄌᆞ曰왈父부母모ㅣ其기順슌矣의乎호ᄂᆞ뎌ᄒᆞ시니라

子ᄌᆞㅣᄀᆞᄅᆞ샤ᄃᆡ父부母모ㅣ그順슌ᄒᆞᆯ딘뎌ᄒᆞ시니라

中庸諺解

右第十五章

16-1
子ᄌᆞ曰왈鬼귀神신之지爲위德덕이其기
盛셩矣의乎호뎌
子ᄌᆞㅣᄀᆞᄅᆞ샤ᄃᆡ鬼귀神신의德덕이이론
디그盛셩ᄒᆞᆫ뎌

16-2
視시之지而이弗불見견ᄒᆞ며聽텽之지而이
弗불聞문호ᄃᆡ體톄物믈而이不불可가遺
유ㅣ니라
視시ᄒᆞ야見견티몯ᄒᆞ며聽텽ᄒᆞ야聞문
티몯호ᄃᆡ物믈의體톄ᄒᆞ야可가히遺유

中庸諺解 十七

티몯ᄒᆞᆯ디니라

16-3
使ᄉᆞ天텬下하之지人인齊졔明명盛셩服
복ᄒᆞ야以이承승祭졔祀ᄉᆞᄒᆞ고洋양洋양乎호
如여在ᄌᆡ其기上샹ᄒᆞ며如여在ᄌᆡ其기左자
右우ㅣ니라
天텬下하의人인으로ᄒᆡ여곰齊졔ᄒᆞ며
明명ᄒᆞ며服복을盛셩히ᄒᆞ야ᄡᅥ祭졔祀ᄉᆞ
ᄅᆞᆯ承승호ᄃᆡ洋양洋양히그上샹의잇
ᄃᆞᆺᄒᆞ며그左자右우의잇ᄃᆞᆺᄒᆞ니라

16-4
詩시曰왈神신之지格격思ᄉᆞㅣ不불可가
度탁思ᄉᆞ온矧신可가射역思ᄉᆞ아ᄒᆞ니
詩시예ᄀᆞᆯ오ᄃᆡ神신의格격호미可가히
度탁디몯ᄒᆞᆯ거시온ᄒᆞ믈며可가히射역
ᄒᆞᆯ것가ᄒᆞ니

16-5
夫부微미之지顯현이誠셩之지不불可가
揜엄이如여此ᄎᆞ夫부ㅣ뎌
微미의顯현호미니誠셩의可가히揜엄
티몯호미이ᄀᆞᄐᆞᆫ뎌

右第十六章

17-1
子ᄌᆞ曰왈舜슌은其기大대孝효也야與여

中庸諺解 十八

ㅣ신뎌德덕爲위聖셩人인이고尊존爲위天
텬子ᄌᆞㅣ시고富부有유四ᄉᆞ海ᄒᆡ之지內ᄂᆡ
ᄒᆞ샤宗종廟묘饗향之지ᄒᆞ며子ᄌᆞ孫손保보
之지ᄒᆞ시니라
子ᄌᆞㅣᄀᆞᄅᆞ샤ᄃᆡ舜슌은그큰孝효ㅣ신
뎌德덕이聖셩人인이되시고尊존호미
天텬子ᄌᆞㅣ되시고富부호미四ᄉᆞ海ᄒᆡ
안ᄒᆞᆯ두샤宗종廟묘ㅣ饗향ᄒᆞ시며子ᄌᆞ
孫손이保보ᄒᆞ니라

17-2
故고大대德덕온必필得득其기位위ᄒᆞ며必

길得득其기祿록ᄒᆞ며必필得득其기名명ᄒᆞ며
必필得득其기壽슈ㅣ니라
故고로큰德덕은반ᄃᆞ시그位위를어ᄃᆞ
며반ᄃᆞ시그祿록을어ᄃᆞ며반ᄃᆞ시그名
명을어ᄃᆞ며반ᄃᆞ시그壽슈를어들디니
라

17-3

故고天텬之지生싱物믈이必필因인其기
材지而이篤독焉언ᄒᆞᄂᆞ니故고栽지者쟈培
비之지ᄒᆞ고傾경者쟈覆복之지ᄒᆞᄂᆞ니라
故고로天텬의物믈을生싱ᄒᆞ기반ᄃᆞ시

中庸諺解 十九

그材지를因인ᄒᆞ야篤독ᄒᆞᄂᆞ니故고로
栽지ᄒᆞᄂᆞᆫ者쟈를培비ᄒᆞ고傾경ᄒᆞᄂᆞᆫ者
쟈를覆복ᄒᆞᄂᆞ니라

17-4

詩시曰왈嘉가樂락君군子ᄌᆞ여憲헌憲헌
令령德덕이로다宜의民민宜의人인이라受슈
祿록于우天텬이어ᄂᆞᆯ保보佑우命명之지ᄒᆞ시
고自ᄌᆞ天텬申신之지라ᄒᆞ니 ○憲當作顯
詩시예ᄀᆞᆯ오ᄃᆡ嘉가樂락ᄒᆞᆫ君군子ᄌᆞㅣ
여顯현顯현ᄒᆞᆫ令령ᄒᆞᆫ德덕이로다民민
의宜의ᄒᆞ며人인의宜의ᄒᆞᆫ디라天텬씌

17-5

祿록을受슈ᄒᆞ거ᄂᆞᆯ保보ᄒᆞ며佑우ᄒᆞ며
命명ᄒᆞ시고天텬으로브터申신ᄒᆞ시다
ᄒᆞ니
故고大대德덕者쟈ᄂᆞᆫ必필受슈命명이니
故고로큰德덕ᄋᆞᆫ者쟈ᄂᆞᆫ반ᄃᆞ시命명을
受슈ᄒᆞᆯ디니라

右第十七章

18-1

子ᄌᆞ曰왈無무憂우者쟈ᄂᆞᆫ其기惟유文문
王왕乎호뎌以이王왕季계爲위父부ᄒᆞ시
고以이武무王왕爲위子ᄌᆞᄒᆞ니父부作작

中庸諺解 二十

之지ᄒᆞ어시ᄂᆞᆯ子ᄌᆞ述슐之지ᄒᆞ시니라
子ᄌᆞㅣᄀᆞᄅᆞ샤ᄃᆡ시름업스니ᄂᆞᆫ그오직
文문王왕이신뎌王왕季계로벼父부ㅣ
되시고武무王왕으로벼子ᄌᆞㅣ되시니
父부ㅣ作작ᄒᆞ야시ᄂᆞᆯ子ᄌᆞㅣ述슐ᄒᆞ시
니라

18-2

武무王왕이纘찬大대王왕王왕季계文문
王왕之지緖셔ᄒᆞ샤壹일戎융衣의而이有유
天텬下하ᄒᆞ되身신不블失실天텬下하之
지顯현名명ᄒᆞ며尊존爲위天텬子ᄌᆞㅣ시고

18-3

富부有유四ᄉᆞ海ᄒᆡ之지內ᄂᆡᄒᆞ샤宗종廟묘
饗향之지ᄒᆞ시며子ᄌᆞ孫손保보之지ᄒᆞ시니라
武무王왕이大태王왕과王왕季계와文
문王왕의緖셔를纘찬ᄒᆞ샤ᄒᆞᆫ번戎융衣
의ᄒᆞ매天텬下하를두샤ᄃᆡ몸이天텬下
하의顯현名명을일티아니ᄒᆞ시며尊존
ᄒᆞ미天텬子ᄌᆞㅣ되시고富부ᄒᆞ미四ᄉᆞ
海ᄒᆡ안ᄒᆞᆯ두샤宗종廟묘ㅣ饗향ᄒᆞ시며
子ᄌᆞ孫손이保보ᄒᆞ시니라
武무王왕이末말受슈命명이어시ᄂᆞᆯ周쥬公공

中庸諺解 二十一

이成셩文문武무之지德덕ᄒᆞ샤追튜王왕大
태王왕王왕季계ᄒᆞ시고上샹祀ᄉᆞ先션公공
以이天텬子ᄌᆞ之지禮례ᄒᆞ시니斯ᄉᆞ禮례也
야ㅣ達달乎호諸져侯후大대夫부及급士
ᄉᆞ庶셔人인ᄒᆞ니父부爲위大대夫부ㅣ오子ᄌᆞ
爲위士ᄉᆞㅣ면葬장以이大대夫부코祭졔以
이士ᄉᆞᄒᆞ고父부爲위士ᄉᆞㅣ오子ᄌᆞ爲위大대
夫부ㅣ면葬장以이士ᄉᆞ코祭졔以이大대夫
부ㅣ니期긔之지喪상은達달乎호大대夫부
ᄒᆞ고三삼年년之지喪상은達달乎호天텬子

19-1

ᄌᆞᄒᆞ니父부母모之지喪상은無무貴귀賤쳔
一일也야ㅣ니라
武무王왕이末말애命명을受슈ᄒᆞ야시
ᄂᆞᆯ周쥬公공이文문武무의德덕을成셩
ᄒᆞ샤大태王왕과王왕季계를追튜王왕
ᄒᆞ시고우ᄒᆞ로先션公공을天텬子ᄌᆞ의
禮례로ᄡᅥ祀ᄉᆞᄒᆞ시니이禮례ㅣ諸져侯
후ㅣ며大대夫부ㅣ며밋士ᄉᆞㅣ며庶셔
人인의게達달ᄒᆞ니父부ㅣ大대夫부ㅣ
되고子ᄌᆞㅣ士ᄉᆞㅣ되면大대夫부로ᄡᅥ

中庸諺解 二十二

葬장코士ᄉᆞ로ᄡᅥ祭졔ᄒᆞ고父부ㅣ士ᄉᆞ
ㅣ되고子ᄌᆞㅣ大대夫부ㅣ되면士ᄉᆞ로
ᄡᅥ葬장코大대夫부로ᄡᅥ祭졔ᄒᆞᆯ디니期
긔ㅅ喪상은大대夫부의게達달ᄒᆞ고三
삼年년ㅅ喪상은天텬子ᄌᆞᄭᅴ達달ᄒᆞ니
父부母모의喪상은貴귀賤쳔업시ᄒᆞᆫ가
지니라

右第十八章

子ᄌᆞ曰왈武무王왕周쥬公공은其기達달
孝효矣의乎호ㅣ신뎌

子ᄌᆞㅣ ᄀᆞᄅᆞ샤ᄃᆡ 武우王왕과 周쥬公공은 그 達달ᄒᆞᆫ 孝효ㅣ신뎌

19-2

夫부孝효者쟈ᄂᆞᆫ 善션繼계人인之지志지ᄒᆞ며 善션述술人인之지事ᄉᆞ者쟈也야ㅣ니라

孝효ᄂᆞᆫ 人인의 志지ᄅᆞᆯ 잘 繼계ᄒᆞ며 人인의 事ᄉᆞᄅᆞᆯ 잘 述술ᄒᆞᄂᆞᆫ 者쟈ㅣ니라

19-3

春츈秋츄애 修슈其기祖조廟묘ᄒᆞ며 陳딘其기宗종器긔ᄒᆞ며 設셜其기裳샹衣의ᄒᆞ며 薦천其기時시食식이니라

春츈秋츄애 그 祖조廟묘ᄅᆞᆯ 修슈ᄒᆞ며 그

中庸諺解 二十三

宗종器긔ᄅᆞᆯ 陳딘ᄒᆞ며 그 裳샹衣의ᄅᆞᆯ 設셜ᄒᆞ며 그 時시食식을 薦천ᄒᆞᄂᆞ니라

19-4

宗종廟묘之지禮례ᄂᆞᆫ 所소以이序셔昭쇼穆목也야ㅣ오 序셔爵쟉은 所소以이辨변貴귀賤쳔也야ㅣ오 序셔事ᄉᆞᄂᆞᆫ 所소以이辨변賢현也야ㅣ오 旅려酬슈애 下하爲위上샹은 所소以이逮태賤쳔也야ㅣ오 燕연毛모ᄂᆞᆫ 所소以이序셔齒치也야ㅣ니라

宗종廟묘의 禮례ᄂᆞᆫ 뻐 昭쇼穆목을 序셔ᄒᆞᄂᆞᆫ 배오 爵쟉을 序셔호ᄆᆞᆫ 뻐 貴귀賤쳔을 辨변ᄒᆞᄂᆞᆫ 배오 事ᄉᆞᄅᆞᆯ 序셔호ᄆᆞᆫ 뻐 賢현을 辨변ᄒᆞᄂᆞᆫ 배오 모다 酬슈홀 제 下하ㅣ 上샹을 爲위호ᄆᆞᆫ 뻐 賤쳔의 逮태ᄒᆞᄂᆞᆫ 배오 燕연애 毛모로 호ᄆᆞᆫ 뻐 齒치ᄅᆞᆯ 序셔ᄒᆞᄂᆞᆫ 배니라

19-5

踐쳔其기位위ᄒᆞ야 行ᄒᆡᆼ其기禮례ᄒᆞ며 奏주其기樂악ᄒᆞ며 敬경其기所소尊존ᄒᆞ며 愛ᄋᆡ其기所소親친ᄒᆞ며 事ᄉᆞ死ᄉᆞ如여事ᄉᆞ生ᄉᆡᆼᄒᆞ며 事ᄉᆞ亡망如여事ᄉᆞ存존이 孝효之지至지也야ㅣ니라

中庸諺解 二十四

그 位위ᄅᆞᆯ 踐쳔ᄒᆞ야 그 禮례ᄅᆞᆯ 行ᄒᆡᆼᄒᆞ며 그 樂악을 奏주ᄒᆞ며 그 尊존ᄒᆞ더신 바ᄅᆞᆯ 敬경ᄒᆞ며 그 親친ᄒᆞ더신 바ᄅᆞᆯ 愛ᄋᆡᄒᆞ며 死ᄉᆞᄅᆞᆯ 事ᄉᆞ호ᄃᆡ 生ᄉᆡᆼ을 事ᄉᆞ홈ᄀᆞ티 ᄒᆞ며 亡망을 事ᄉᆞ호ᄃᆡ 存존을 事ᄉᆞ홈ᄀᆞ티 호미 孝효의 지극호미니라

19-6

郊교社샤之지禮례ᄂᆞᆫ 所소以이事ᄉᆞ上샹帝뎨也야ㅣ오 宗종廟묘之지禮례ᄂᆞᆫ 所소以이祀ᄉᆞ乎호其기先션也야ㅣ니 明명乎호郊교社샤之지禮례와 禘톄嘗샹之지義의면

治티國국이其기如여示시諸저掌장乎호뎌
郊교社샤의禮례ᄂᆞᆫ ᄡᅥ上샹帝뎨를事ᄉᆞ
ᄒᆞᄂᆞᆫ배오宗종廟묘의禮례ᄂᆞᆫ ᄡᅥ그先션
을祀ᄉᆞᄒᆞᄂᆞᆫ배니郊교社샤의禮례와禘톄
嘗샹의義의예明명ᄒᆞ면國국을治티
ᄒᆞ기그掌장을봄ᄀᆞᄐᆞᆫ뎌

右第十九章

20-1

哀애公공이問문政졍ᄒᆞᆫ대
哀애公공이政졍을問문ᄒᆞ신대

20-2

子ᄌᆞ曰왈文문武무之지政졍이布포在재
方방策ᄎᆡᆨᄒᆞ니其기人인存존ᄒᆞ면則즉其기政졍
擧거ᄒᆞ고其기人인亡망ᄒᆞ면則즉其기政졍
息식이니이다
子ᄌᆞㅣᄀᆞᄅᆞ샤ᄃᆡ文문武무의政졍이方
방策ᄎᆡᆨ의펴이시니그人인이存존ᄒᆞ면
그政졍이擧거ᄒᆞ고그人인이亡망ᄒᆞ면
그政졍이息식ᄒᆞᄂᆞ니이다

20-3

人인道도ᄂᆞᆫ敏민政졍ᄒᆞ고地디道도ᄂᆞᆫ敏민
樹슈ᄒᆞ니夫부政졍也야者쟈ᄂᆞᆫ蒲포盧로也
야ㅣ니이다
人인의道도ᄂᆞᆫ政졍애敏민ᄒᆞ고地디의
道도ᄂᆞᆫ樹슈애敏민ᄒᆞ니政졍은蒲포盧
로ㅣ니이다

20-4

故고爲위政졍在재人인ᄒᆞ니取ᄎᆔ人인以이
身신이오修슈身신以이道도ㅣ오修슈道도以
仁인이니이다
故고로政졍을ᄒᆞ기人인의게이시니人
인을取ᄎᆔ호ᄃᆡ身신으로ᄡᅥ홀디오身신
을修슈호ᄃᆡ道도로ᄡᅥ홀디오道도를修
슈호ᄃᆡ仁인으로ᄡᅥ홀디니이다

20-5

仁인者쟈ᄂᆞᆫ人인也야ㅣ니親친親친爲위大
대ᄒᆞ고義의者쟈ᄂᆞᆫ宜의也야ㅣ니尊존賢현爲
위大대ᄒᆞ니親친親친之지殺새와尊존賢현
之지等등은禮례所소生셩也야ㅣ니이다
仁인은人인이니親친을親친호미크고
義의ᄂᆞᆫ宜의호미니賢현을尊존호미크
니親친을親친홈의殺새홈과賢현을尊
존홈의等등은禮례의生셩호배니이다

(중복)

在下位不獲乎上民不可得而治矣

20-6

故고君군子ᄌᆞᄂᆞᆫ不불可가以이不불修슈身신이니思ᄉᆞ修슈身신인댄不불可가以이不불事ᄉᆞ親친이오思ᄉᆞ事ᄉᆞ親친인댄不불可가以이不불知디人인이오思ᄉᆞ知디人인인댄不불可가以이不불知디天텬이니이다

故고로君군子ᄌᆞᄂᆞᆫ可가히ᄡᅥ身신을修슈티아니티몯ᄒᆞᆯ디니身신을修슈호몰思ᄉᆞᄒᆞᆯ딘댄可가히ᄡᅥ親친을事ᄉᆞ티아니티몯ᄒᆞᆯ디니親친을事ᄉᆞ호몰思ᄉᆞᄒᆞᆯ딘댄可가히ᄡᅥ人인을知디티아니티몯ᄒᆞᆯ디오人인을知디호몰思ᄉᆞᄒᆞᆯ딘댄可가히ᄡᅥ天텬을知디티아니티몯ᄒᆞᆯ디니이다

中庸諺解 二十七

20-7

天텬下하之지達달道도ㅣ五오애所소以이行ᄒᆡᆼ之지者쟈ㅣ三삼이니曰왈君군臣신也야와父부子ᄌᆞ也야와夫부婦부也야와昆곤弟뎨也야와朋붕友우之지交교也야五오者쟈ᄂᆞᆫ天텬下하之지達달道도也야ㅣ오知디仁인勇용三삼者쟈ᄂᆞᆫ天텬下하之지達달德덕也야ㅣ니所소以이行ᄒᆡᆼ之지者쟈ㅣ一일也야ㅣ니이다

天텬下하의達달道도ㅣ다ᄉᆞ새ᄡᅥ行ᄒᆡᆼᄒᆞᄂᆞᆫ배세히니ᄀᆞᆯ온君군臣신과父부子ᄌᆞ와夫부婦부와昆곤弟뎨와朋붕友우의交교ㅣ다ᄉᆞᆺ者쟈ᄂᆞᆫ天텬下하의達달道도ㅣ오知디와仁인과勇용세者쟈ᄂᆞᆫ天텬下하의達달德덕이니ᄡᅥ行ᄒᆡᆼᄒᆞᄂᆞᆫ배ᄒᆞ나히니이다

20-8

或혹生ᄉᆡᆼ而이知디之지ᄒᆞ고或혹學ᄒᆞᆨ而이知디之지ᄒᆞ고或혹困곤而이知디之지ᄒᆞᄂᆞ니及급其기知디之지ᄒᆞ얀一일也야ㅣ오或혹安안而이行ᄒᆡᆼ之지ᄒᆞ고或혹利리而이行ᄒᆡᆼ之지ᄒᆞ고或혹勉면強강而이行ᄒᆡᆼ之지ᄒᆞᄂᆞ니及급其기成셩功공ᄒᆞ얀一일也야ㅣ니이다

中庸諺解 二十八

或혹生ᄉᆡᆼᄒᆞ며知디ᄒᆞ고或혹學ᄒᆞᆨᄒᆞ야知디ᄒᆞ고或혹困곤ᄒᆞ야知디ᄒᆞᄂᆞ니그知디호매미처ᄂᆞᆫᄒᆞᆫ가지오或혹安안ᄒᆞ야行ᄒᆡᆼᄒᆞ고或혹利리ᄒᆞ야行ᄒᆡᆼᄒᆞ고或혹勉면強강ᄒᆞ야行ᄒᆡᆼᄒᆞᄂᆞ니그功공을成셩호매미처ᄂᆞᆫᄒᆞᆫ가지니이다

20-9

子曰好호學ᄒᆞᆨ은 近근乎호知디ᄒᆞ고 力력行
힝은 近근乎호仁인ᄒᆞ고 知디恥티ᄂᆞᆫ 近근乎
호勇용이니이다

學ᄒᆞᆨ을 好호호믄 知디예 近근ᄒᆞ고 行힝
을 力력호믄 仁인의 近근ᄒᆞ고 恥티를 知
디호믄 勇용의 近근ᄒᆞ니이다

20-10

知디斯ᄉᆞ三삼者쟈ㅣ면 則즉知디所소以이
修슈身신이오 知디所소以이修슈身신이면 則
즉知디所소以이治티人인이오 知디所소以
이治티人인이면 則즉知디所소以이治티天

中庸諺解 二十九

텬下하國국家가矣의리이다

이세者쟈를 알면뻐身신을 修슈ᄒᆞᆯ바를
알고뻐身신을修슈ᄒᆞᆯ바를알면뻐人인
을治티ᄒᆞᆯ바를알고뻐人인을治티ᄒᆞᆯ바
를알면뻐天텬下하ㅣ며國국이며家가
를治티ᄒᆞᆯ바를알리이다

20-11

凡범爲위天텬下하國국家가ㅣ有유九구
經경ᄒᆞ니 曰왈修슈身신也야와 尊존賢현也
야와 親친親친也야와 敬경大대臣신也야
와 體톄羣군臣신也야와 子조庶서民민也

20-12

야와 來ᄅᆡ百ᄇᆡᆨ工공也야와 柔유遠원人인
也야와 懷회諸져侯후也야ㅣ니이다

믈읫天텬下하ㅣ며國국家가를ᄒᆞ기아
ᄒᆞᆷ經경이이시니 ᄀᆞᆯ온身신을修슈ᄒᆞᆷ과
賢현을尊존ᄒᆞᆷ과 親친을親친ᄒᆞᆷ과 大대
臣신을敬경ᄒᆞᆷ과 羣군臣신을體톄ᄒᆞᆷ과
庶서民민을子조ᄒᆞᆷ과 百ᄇᆡᆨ工공을來ᄅᆡ
ᄒᆞᆷ과 遠원人인을柔유ᄒᆞᆷ과 諸져侯후를
懷회ᄒᆞ미니이다

修슈身신ᄒᆞ면 則즉道도立립ᄒᆞ고 尊존賢현ᄒᆞ면

中庸諺解 三十

則즉不불惑혹ᄒᆞ고 親친親친ᄒᆞ면 則즉諸져父
부昆곤弟뎨不불怨원ᄒᆞ고 敬경大대臣신ᄒᆞ면
則즉不불眩현ᄒᆞ고 體톄羣군臣신ᄒᆞ면 則즉士
ᄉᆞ之지報보禮례重듕ᄒᆞ고 子조庶서民민ᄒᆞ면
則즉百ᄇᆡᆨ姓셩勸권ᄒᆞ고 來ᄅᆡ百ᄇᆡᆨ工공ᄒᆞ면 則
즉財ᄌᆡ用용足죡ᄒᆞ고 柔유遠원人인ᄒᆞ면 則즉
四ᄉᆞ方방歸귀之지ᄒᆞ고 懷회諸져侯후ᄒᆞ면 則
즉天텬下하畏외之지니이다

身신을修슈ᄒᆞ면道도ㅣ立립ᄒᆞ고賢현
을尊존ᄒᆞ면惑혹디아니ᄒᆞ고親친을親

20-13

친ᄒᆞ면諸져父부ㅣ며昆곤弟뎨ㅣ怨원
티아니ᄒᆞ고大대臣신을敬경ᄒᆞ면眩현
티아니ᄒᆞ고羣군臣신을體톄ᄒᆞ면士ᄉᆞ
의禮례를報보호미重듕ᄒᆞ고庶셔民민
을子ᄌᆞᄒᆞ면百ᄇᆡᆨ姓셩이勸권ᄒᆞ고百ᄇᆡᆨ
工공을來ᄅᆡᄒᆞ면財ᄌᆡ用용이足죡ᄒᆞ고
遠원人인을柔유ᄒᆞ면四ᄉᆞ方방이歸귀
ᄒᆞ고諸져侯후를懷회ᄒᆞ면天텬下하ㅣ
畏외ᄒᆞᄂᆞ니이다

齊지明명盛셩服복ᄒᆞ야非비禮례不블動동

中庸諺解 三十一

은所소以이修슈身신也야오ㅣ去거讒참遠
원色ᄉᆡᆨᄒᆞ며賤쳔貨화而이貴귀德덕은所소
以이勸권賢현也야오ㅣ尊존其기位위ᄒᆞ며重
듕其기祿록ᄒᆞ며同동其기好호惡오ᄂᆞᆫ所소
以이勸권親친親친也야오ㅣ官관盛셩任임
使ᄉᆞᄂᆞᆫ所소以이勸권大대臣신也야오ㅣ忠
튱信신重듕祿록은所소以이勸권士ᄉᆞ也
야오ㅣ時시使ᄉᆞ薄박斂렴은所소以이勸권
百ᄇᆡᆨ姓셩也야오ㅣ日일省셩月월試시ᄒᆞ야旣
희稟름稱칭事ᄉᆞᄂᆞᆫ所소以이勸권百ᄇᆡᆨ工

공也야오ㅣ送송往왕迎영來ᄅᆡᄒᆞ며嘉가善션
而이矜긍不블能능은所소以이柔유遠원
人인也야오ㅣ繼계絶절世셰ᄒᆞ며擧거廢폐國
국ᄒᆞ며治티亂란持디危위ᄒᆞ며朝됴聘빙以이
時시ᄒᆞ며厚후往왕而이薄박來ᄅᆡᄂᆞᆫ所소以
이懷회諸져侯후也야ㅣ니이다

齊지ᄒᆞ며明명ᄒᆞ고服복을盛셩히ᄒᆞ야
禮례아니어든動동티아니호ᄆᆞᆫᄡᅥ身신
을修슈ᄒᆞᄂᆞᆫ배오讒참을去거ᄒᆞ며色ᄉᆡᆨ
을遠원ᄒᆞ며貨화를賤쳔히너기고德덕

中庸諺解 三十二

을貴귀히너교ᄆᆞᆫᄡᅥ賢현을勸권ᄒᆞᄂᆞᆫ배
오그位위를尊존히ᄒᆞ며그祿록을重듕
히ᄒᆞ며그好호惡오를ᄒᆞᆫ가지로호ᄆᆞᆫᄡᅥ
親친을親친홈을勸권ᄒᆞᄂᆞᆫ배오官관이
盛셩ᄒᆞ야使ᄉᆞ를任임케호ᄆᆞᆫᄡᅥ大대臣
신을勸권ᄒᆞᄂᆞᆫ배오忠튱信신ᄒᆞ고祿록
을重듕히호ᄆᆞᆫᄡᅥ士ᄉᆞ를勸권ᄒᆞᄂᆞᆫ배오
時시로使ᄉᆞᄒᆞ며斂렴을薄박히호ᄆᆞᆫᄡᅥ
百ᄇᆡᆨ姓셩을勸권ᄒᆞᄂᆞᆫ배오日일로省셩
ᄒᆞ며月월로試시ᄒᆞ야旣희稟름이事ᄉᆞ

中庸諺解

20-14

애矜쳥케호ᄆᆞᆫ배百ᄇᆡᆨ工공을勸권ᄒᆞᄂᆞᆫ
배오往왕을送송ᄒᆞ며來ᄅᆡ를迎영ᄒᆞ며
善션을嘉가ᄒᆞ고不블能능을矜긍호ᄆᆞᆫ
배遠원人인을柔유ᄒᆞᄂᆞᆫ배오絶졀ᄒᆞᆫ世
세를繼계ᄒᆞ며廢폐ᄒᆞᆫ國국을擧거ᄒᆞ며
亂란을治티ᄒᆞ며危위를持디ᄒᆞ며朝됴
와聘빙을時시로배ᄒᆞ며往왕애厚후케
ᄒᆞ고來ᄅᆡ예薄박게호ᄆᆞᆫ배諸져侯후를
懷회ᄒᆞᄂᆞᆫ배니이다
凡범爲위天텬下하國국家가ㅣ有유九구

中庸諺解 二十三

20-15

經경호ᄃᆡ所소以이行ᄒᆡᆼ之지者쟈ㅣ一일也야ㅣ니이다
믈읫天텬下하ㅣ며國국家가를ᄒᆞ가아
홈經경이이쇼ᄃᆡ배行ᄒᆡᆼᄒᆞᄂᆞᆫ배ᄒᆞ나히
니이다
凡범事ᄉᆞㅣ豫여則즉立립ᄒᆞ고不블豫여則
즉廢폐ᄒᆞᄂᆞ니言언前젼定뎡則즉不블跲겁
ᄒᆞ며事ᄉᆞ前젼定뎡則즉不블困곤ᄒᆞ며行ᄒᆡᆼ前
젼定뎡則즉不블疚구ᄒᆞ며道도前젼定뎡則
즉不블窮궁ᄒᆞᄂᆞ니이다

20-16

믈읫일이豫여ᄒᆞ면立립ᄒᆞ고豫여티아
니면廢폐ᄒᆞᄂᆞ니言언이前젼의定뎡ᄒᆞ
면跲겁디아니ᄒᆞ며事ᄉᆞㅣ前젼의定뎡
ᄒᆞ면困곤티아니ᄒᆞ며行ᄒᆡᆼ이前젼의定
뎡ᄒᆞ면疚구티아니ᄒᆞ며道도ㅣ前젼의
定뎡ᄒᆞ면窮궁티아닐디니이다
在ᄌᆡ下하位위ᄒᆞ야不블獲획乎호上샹이면民
민不블可가得득而이治티矣의리니獲획乎
호上샹이有유道도ᄒᆞ니不블信신乎호朋븡
友우ㅣ면不블獲획乎호上샹矣의오信신乎

中庸諺解 二十四

호朋븡友우ㅣ有유道도ᄒᆞ니不블順슌乎호親친
親친이면不블信신乎호朋븡友우矣의오順
슌乎호親친이有유道도ᄒᆞ니反반諸져身신
不블誠셩이면不블順슌乎호親친矣의오誠
셩身신이有유道도ᄒᆞ니不블明명乎호善션
이면不블誠셩乎호身신矣의니이다
下하位위예이셔上샹의게獲획디몯ᄒᆞ
면民민을可가히시러곰治티티몯ᄒᆞ리
니上샹의게獲획호미道도ㅣ이시니朋
븡友우의게信신티몯ᄒᆞ면上샹의게獲

20-17

ᄒᆡ디몯ᄒᆞᆯ디오朋붕友우의게信신호미
道도ㅣ이시니親친의게順슌티몯ᄒᆞ면
朋붕友우의게信신티몯ᄒᆞᆯ디오親친의
게順슌호미道도ㅣ이시니身신의反반
호매誠셩티몯ᄒᆞ면親친의게順슌티몯
ᄒᆞᆯ디오身신을誠셩호미道도ㅣ이시니
善션의明명티몯ᄒᆞ면身신의誠셩티몯
ᄒᆞᆯ디니이다
誠셩者쟈ᄂᆞᆫ天텬之지道도也야ㅣ오誠셩之
者쟈ᄂᆞᆫ人인之지道도也야ㅣ니誠셩者쟈

中庸諺解 三十五

ᄂᆞᆫ不블勉면而이中듕ᄒᆞ며不블思ᄉᆞ而이得
득ᄒᆞ야從종容용中듕道도ᄒᆞᄂᆞ니聖셩人인也
야ㅣ오誠셩之지者쟈ᄂᆞᆫ擇ᄐᆡᆨ善션而이固고
執집之지者쟈也야ㅣ니이다
誠셩ᄒᆞᆫ者쟈ᄂᆞᆫ天텬의道도ㅣ오誠셩ᄒᆞ
ᄂᆞᆫ者쟈ᄂᆞᆫ人인의道도ㅣ니誠셩ᄒᆞᆫ者쟈
ᄂᆞᆫ勉면티아녀中듕ᄒᆞ며思ᄉᆞ티아녀得
득ᄒᆞ야從종容용히道도애中듕ᄒᆞᄂᆞ니
聖셩人인이오誠셩ᄒᆞᄂᆞᆫ者쟈ᄂᆞᆫ善션을
擇ᄐᆡᆨᄒᆞ야固고히執집ᄒᆞᄂᆞᆫ者쟈ㅣ니이

다

20-18

博박學ᄒᆞᆨ之지ᄒᆞ며審심問문之지ᄒᆞ며愼신思
ᄉᆞ之지ᄒᆞ며明명辨변之지ᄒᆞ며篤독行ᄒᆡᆼ之지
ᄒᆞ니이다
너비學ᄒᆞᆨᄒᆞ며ᄉᆞᆯ펴問문ᄒᆞ며삼가思ᄉᆞ
ᄒᆞ며ᄇᆞᆯ기辨변ᄒᆞ며독실히行ᄒᆡᆼᄒᆞᆯ디니
이다

20-19

有유弗블學ᄒᆞᆨ이언뎡學ᄒᆞᆨ之지ᄃᆞᆫ弗블能능
ᄒᆞ얀弗블措조也야ᄒᆞ며有유弗블問문이언뎡問
문之지ᄃᆞᆫ弗블知디ᄒᆞ얀弗블措조也야ᄒᆞ며有

中庸諺解 三十六

유弗블思ᄉᆞㅣ언뎡思ᄉᆞ之지ᄃᆞᆫ弗블得득ᄒᆞ얀
弗블措조也야ᄒᆞ며有유弗블辨변이언뎡辨변
之지ᄃᆞᆫ弗블明명ᄒᆞ얀弗블措조也야ᄒᆞ며有유
弗블行ᄒᆡᆼ이언뎡行ᄒᆡᆼ之지ᄃᆞᆫ弗블篤독ᄒᆞ얀弗
블措조也야ᄒᆞ야人인一일能능之지어든己긔
百ᄇᆡᆨ之지ᄒᆞ며人인十십能능之지어든己긔千
쳔之지ᄒᆞ니이다
學ᄒᆞᆨ디아닐디언뎡學ᄒᆞᆨᄒᆞᆯ딘댄能능티
몯ᄒᆞ얀措조티아니ᄒᆞ며問문티아닐디언
뎡問문ᄒᆞᆯ딘댄知디티몯ᄒᆞ얀措조티아

20-20

니며思ᄉᆞ티아닐디언뎡思ᄉᆞᄒᆞᆯ딘댄得ᄃᆞ디몯ᄒᆞ얀措조티아니며辨변티아닐딘언뎡辨변ᄒᆞᆯ딘댄明명티몯ᄒᆞ얀措조티아니며行ᄒᆡᆼ티아닐디언뎡行ᄒᆡᆼᄒᆞᆯ딘댄篤ᄃᆞᆨ디몯ᄒᆞ얀措조티아니ᄒᆞ야人인이一일을能능커든己긔ㅣ百ᄇᆡᆨ을ᄒᆞ며人인이十십을能능커든己긔ㅣ千쳔을ᄒᆞᆯ디니이다

果과能능此ᄎᆞ道도矣의면雖슈愚우必필明명ᄒᆞ며雖슈柔유必필強강이리이다

과연히이道도ᄅᆞᆯ能능히ᄒᆞ면비록愚우ᄒᆞ나반ᄃᆞ시明명ᄒᆞ며비록柔유ᄒᆞ나반ᄃᆞ시強강ᄒᆞ리이다

右第二十章

21

自ᄌᆞ誠셩明명을謂위之지性셩이오自ᄌᆞ明명誠셩을謂위之지教교ㅣ니誠셩則즉明명矣의오明명則즉誠셩矣의니라

誠셩으로브터明명ᄒᆞ니ᄅᆞᆯ性셩이라니ᄅᆞ고明명으로브터誠셩ᄒᆞ니ᄅᆞᆯ教교ㅣ라니ᄅᆞᄂᆞ니誠셩ᄒᆞ면明명ᄒᆞ고明명ᄒᆞ면誠셩ᄒᆞᆯ디니라

右第二十一章

22

唯유天텬下하至지誠셩이아為위能능盡진其기性셩이니能능盡진其기性셩이면則즉能능盡진人인之지性셩이오能능盡진人인之지性셩이면則즉能능盡진物믈之지性셩이오能능盡진物믈之지性셩이면則즉可가以이贊찬天텬地디之지化화育육이오可가以이贊찬天텬地디之지化화育육이면則즉可가以이與여天텬地디參참矣의니라

오직天텬下하의지극ᄒᆞᆫ誠셩이아能능히그性셩을盡진ᄒᆞᆯ디니能능히그性셩을盡진ᄒᆞ면能능히人인의性셩을盡진ᄒᆞᆯ디오能능히人인의性셩을盡진ᄒᆞ면能능히物믈의性셩을盡진ᄒᆞᆯ디오能능히物믈의性셩을盡진ᄒᆞ면可가히뻐天텬地디의化화育육을贊찬ᄒᆞᆯ디오可가히뻐天텬地디의化화育육을贊찬ᄒᆞ면可가히뻐天텬地디로더브러參참ᄒᆞᆯ디니라

24

右第二十三章

至지誠성之지道도는可가以이前젼知디

니國국家가將장興흥애必필有유禎뎡祥

상ᄒᆞ고國국家가將장亡망必필有유妖요

孽얼ᄒᆞ며見현乎호蓍시龜귀ᄒᆞ며動동乎호四

ᄉᆞ體톄라禍화福복將장至지예善션을必

필先션知디之지ᄒᆞ며不불善션을必필先션

23

右第二十二章

其기次차는致티曲곡이니曲곡能능有유誠

성이니誠성則즉形형ᄒᆞ고形형則즉著뎌ᄒᆞ고著

뎌則즉明명ᄒᆞ고明명則즉動동ᄒᆞ고動동則즉

變변ᄒᆞ고變변則즉化화ᄒᆞ니唯유天텬下하至

지誠성이아爲위能능化화ㅣ니라

그次차는曲곡을致티ᄒᆞᆯ디니曲곡애能

능히誠성호미잇ᄂᆞ니誠성ᄒᆞ면形형ᄒᆞ

고形형ᄒᆞ면著뎌ᄒᆞ고著뎌ᄒᆞ면明명ᄒᆞ

고明명ᄒᆞ면動동ᄒᆞ고動동ᄒᆞ면變변ᄒᆞ

中庸諺解 三十九

고變변ᄒᆞ면化화ᄒᆞᄂᆞ니오직天텬下하

의지극ᄒᆞᆫ誠성이아能능히化화ᄒᆞᄂᆞ니

라

25-2

誠성者쟈ᄂᆞᆫ物믈之지終종始시니不블誠

성이면無무物믈이라是시故고로君군子ᄌᆞᄂᆞᆫ誠성

之지爲위貴귀니라

誠성은物믈의終종始시니誠성아니면

25-1

右第二十四章

誠성者쟈ᄂᆞᆫ自ᄌᆞ成성也야ㅣ오而이道도ᄂᆞᆫ

自ᄌᆞ道도也야ㅣ니라

誠성은스스로成성ᄒᆞᆫ거시오道도ᄂᆞᆫ스

스로道도ᄒᆞᆯ디니라

知디之지ᄒᆞᄂᆞ니故고至지誠성如여神신이니라

至지誠성의道도ᄂᆞᆫ可가히ᄡᅥ前젼의알

디니國국家가ㅣ장ᄎᆞᆺ興흥ᄒᆞᆯ제반ᄃᆞ시

禎뎡祥샹이잇고國국家가ㅣ장ᄎᆞᆺ亡망

ᄒᆞᆯ제반ᄃᆞ시妖요孽얼이이시며蓍시龜

귀의見현ᄒᆞ며四ᄉᆞ體톄의動동ᄒᆞᄂᆞᆫ디

라禍화福복이장ᄎᆞᆺ至지ᄒᆞᆯ제善션을반

ᄃᆞ시몬져알며不불善션을반ᄃᆞ시몬져

아ᄂᆞ니故고로至지誠성은神신ᄀᆞᄐᆞ니

라

中庸諺解 四十

25-3

物믈이업슬디라이런故고로君군子ᄌᆞ
ᄂᆞᆫ誠셩호ᄆᆞᆯ貴귀히너기ᄂᆞ니라
誠셩者쟈ᄂᆞᆫ非비自ᄌᆞ成셩己긔而이已이
也야ㅣ라ㅣ所소以이成셩物믈也야ㅣ니ㅣ成셩己긔
ᄂᆞᆫ仁인也야ㅣ오ㅣ成셩物믈은知디也야ㅣ니ㅣ
性셩之지德덕也야ㅣ라ㅣ合합內ᄂᆡ外외之지
道도也야ㅣ니ㅣ故고로時시措조之지宜의也야
ㅣ니라
誠셩은스스로己긔만成셩코마로미아
니라뻐物믈을成셩ᄒᆞᄂᆞᆫ배니己긔ᄅᆞᆯ成

中庸諺解 四十一

셩호ᄆᆞᆫ仁인이오物믈을成셩호ᄆᆞᆫ知디
니性셩의德덕이라內ᄂᆡ外외의道도ᄅᆞᆯ
合합호미니故고로時시로措조호매宜
의ᄒᆞ니라

右第二十五章

26-1 故고至지誠셩은無무息식이니
故고로至지誠셩은息식호미업스니라
26-2 不블息식則즉久구ᄒᆞ고久구則즉徵딩ᄒᆞ고
息식디아니면久구ᄒᆞ고久구ᄒᆞ면徵딩
ᄒᆞ고

26-3 徵딩則즉悠유遠원ᄒᆞ고悠유遠원則즉博박
厚후ᄒᆞ고博박厚후則즉高고明명이니라
徵딩ᄒᆞ면悠유遠원ᄒᆞ고悠유遠원ᄒᆞ면
博박厚후ᄒᆞ고博박厚후ᄒᆞ면高고明명
ᄒᆞᄂᆞ니라
26-4 博박厚후ᄂᆞᆫ所소以이載지物믈也야ㅣ오ㅣ高
고明명은所소以이覆부物믈也야ㅣ오ㅣ悠유
久구ᄂᆞᆫ所소以이成셩物믈也야ㅣ니라
博박厚후ᄂᆞᆫ뻐物믈을載지ᄒᆞᄂᆞᆫ배오高
고明명은뻐物믈을覆부ᄒᆞᄂᆞᆫ배오悠유

中庸諺解 四十二

久구ᄂᆞᆫ뻐物믈을成셩ᄒᆞᄂᆞᆫ배니라
26-5 博박厚후ᄂᆞᆫ配비地디ᄒᆞ고高고明명은配비
天텬ᄒᆞ고悠유久구ᄂᆞᆫ無무疆강이니라
博박厚후ᄂᆞᆫ地디ᄅᆞᆯ配ᄇᆡᄒᆞ고高고明명
은天텬을配ᄇᆡᄒᆞ고悠유久구ᄂᆞᆫ疆강이
업스니라
26-6 如여此ᄎᆞ者쟈ᄂᆞᆫ不블見현而이章쟝ᄒᆞ며不
블動동而이變변ᄒᆞ며無무爲위而이成셩이니라
이러ᄐᆞᆫ者쟈ᄂᆞᆫ見현티아녀셔章쟝ᄒᆞ며

動동티아녀셔變변ᄒᆞ며ᄒᆞ미업시셔成
셩ᄒᆞᄂᆞ니라

26-7

天텬地디之지道도ㅣ可가一일言언而이
盡진也야ㅣ니其기爲위物믈이不블貳이라則
즉其기生ᄉᆡᆼ物믈이不블測측이니라
天텬地디의道도ㅣ可가히一일言언의
盡진ᄒᆞᆯ디니그物믈이론디貳이티아닌
디라그物믈을生ᄉᆡᆼ호미測측디몯게ᄒᆞ
ᄂᆞ니라

26-8

天텬地디之지道도ᄂᆞᆫ博박也야厚후也야
高고也야明명也야悠유也야久구也야ㅣ니
라

中庸諺解 四十三

天텬地디의道도ᄂᆞᆫ博박홈과厚후홈과
高고홈과明명홈과悠유홈과久구호미
니라

26-9

今금夫부天텬이斯ᄉᆞ昭쇼昭쇼之지多다
ㅣ로及급其기無무窮궁也야ᄒᆞ얀日일月월
星셩辰신繫계焉언ᄒᆞ며萬만物믈覆부焉언
ᄒᆞ고今금夫부地디ㅣ一일撮찰土토之지多
다ㅣ로及급其기廣광厚후ᄒᆞ얀載지華화嶽
악而이不블重듕ᄒᆞ며振진河하海ᄒᆡ而이不
블洩셜ᄒᆞ며萬만物믈載ᄌᆡ焉언ᄒᆞ고今금夫부
山산이一일卷권石셕之지多다ㅣ로及급
其기廣광大대ᄒᆞ얀草초木목生ᄉᆡᆼ之지ᄒᆞ며禽
금獸슈居거之지ᄒᆞ며寶보藏장興흥焉언ᄒᆞ고
今금夫부水슈ㅣ一일勺쟉之지多다ㅣ로
及급其기不블測측ᄒᆞ얀黿원鼉타蛟교龍룡
魚어鼈별生ᄉᆡᆼ焉언ᄒᆞ며貨화財ᄌᆡ殖식焉언
이니라
이제天텬이이昭쇼昭쇼호미한거시로

中庸諺解 四十

되그無무窮궁호매及급ᄒᆞ얀日일月월
과星셩辰신이繫계ᄒᆞ며萬만物믈이더
피여잇고이제地디ㅣᄒᆞᆫ줌土토ㅣ한거
시로되그廣광厚후호매及급ᄒᆞ얀華화
嶽악을載ᄌᆡᄒᆞ야도重듕티아니ᄒᆞ며河
하海ᄒᆡ를振진ᄒᆞ야도洩셜티아니ᄒᆞ며
萬만物믈이실리여잇고이제山산이ᄒᆞᆫ
卷권石셕이한거시로되그廣광大대호
매及급ᄒᆞ얀草초木목이生ᄉᆡᆼᄒᆞ며禽금
獸슈ㅣ居거ᄒᆞ며寶보藏장이興흥ᄒᆞ고

이제水슈ㅣᄒᆞᆫ勺쟉이한거시로ᄃᆡ그測측디몯호매及급ᄒᆞ야黿원이며鼉타ㅣ며蛟교ㅣ며龍룡이며魚어ㅣ며鼈별이生ᄉᆡᆼᄒᆞ며貨화財ᄌᆡㅣ殖식ᄒᆞᄂᆞ니라

26-10 詩시云운維유天텬之지命명이於오穆목不불已이라ᄒᆞ니蓋개曰왈天텬之지所소以이爲위天텬也야ㅣ오於오乎호不불顯현가文문王왕之지德덕之지純슌ᄒᆞ이여ᄒᆞ니蓋개曰왈文문王왕之지所소以이爲위文문也야ㅣ純슌亦역不불已이라ᄒᆞ니

詩시예닐오ᄃᆡ天텬의命명이於오ㅣ라穆목ᄒᆞ야已이티아니타ᄒᆞ니天텬의ᄡᅥ天텬이된바ᄅᆞᆯᄀᆞᆯ오미오於오乎호ㅣ라顯현티아니ᄒᆞ랴文문王왕의德덕의純슌ᄒᆞ시미여ᄒᆞ니文문王왕의ᄡᅥ文문이된신배純슌코ᄯᅩᄒᆞᆫ已이티아니샤ᄆᆞᆯᄀᆞᆯ오미니라

右第二十六章

27-1 大대哉재라聖셩人인之지道도ㅣ여

크다聖셩人인의道도ㅣ여

27-2 洋양洋양乎호發발育육萬만物믈ᄒᆞ야峻쥰極극于우天텬이로다

洋양洋양히萬만物믈을發발育육ᄒᆞ야峻쥰호미天텬의極극ᄒᆞ도다

27-3 優우優우大대哉재라禮례儀의三삼百ᄇᆡᆨ이오威위儀의三삼千쳔이로다

優우優우히크다禮례儀의ㅣ三삼百ᄇᆡᆨ이오威위儀의ㅣ三삼千쳔이로다

27-4 待ᄃᆡ其기人인而이後후行ᄒᆡᆼ이니

그人인을기드린後후에行ᄒᆡᆼ홀디니

27-5 故고曰왈苟구不불至지德덕이면至지道도不불凝응焉언이라ᄒᆞ니라

故고로ᄀᆞᆯ오ᄃᆡ진실로至지德덕곳아니면至지道도ㅣ凝응티몯ᄒᆞ다ᄒᆞ니라

27-6 故고君군子ᄌᆞᄂᆞᆫ尊존德덕性셩而이道도問문學ᄒᆞᆨ이니致티廣광大대而이盡진精졍微미ᄒᆞ며極극高고明명而이道도中듕庸용ᄒᆞ며溫온故고而이知디新신ᄒᆞ며敦돈厚후以이崇슝禮례니라

故고로君군子ᄌᆞᄂᆞᆫ德덕性셩을尊존ᄒᆞ

고問문學학을道도ᄒᆞᆯ디니廣광大대ᄅᆞᆯ
致티ᄒᆞ고精졍微미ᄅᆞᆯ盡진ᄒᆞ며高고明명
을極극ᄒᆞ고中듕庸용을道도ᄒᆞ며故
고ᄅᆞᆯ溫온ᄒᆞ고新신을知디ᄒᆞ며敦돈厚
후ᄒᆞ고ᄡᅥ禮례ᄅᆞᆯ崇숭ᄒᆞᆯ디니라

27-7

是시故고居거上샹不블驕교ᄒᆞ며爲위下하
不블倍ᄇᆡᄒᆞ며國국有유道도애其기言언足
족以이興흥ᄒᆞ고國국無무道도애其기默묵
足족以이容용이니詩시曰왈旣긔明명且챠
哲텰ᄒᆞ야以이保보其기身신이라ᄒᆞ니其기此ᄎᆞ

之지謂위與여뎌
이런故고로上샹의居거ᄒᆞ야驕교티아
니ᄒᆞ며下하ㅣ되여倍ᄇᆡ티아니ᄒᆞ며國
국이道도이신제그言언이足죡히ᄡᅥ興
흥ᄒᆞ고國국이道도업ᄉᆞᆫ제그默믁호미
足죡히ᄡᅥ容용ᄒᆞᆯ디니詩시예ᄀᆞᆯ오ᄃᆡ이
믜明명ᄒᆞ며ᄯᅩ호哲텰ᄒᆞ야ᄡᅥ그身신을
保보ᄒᆞ다ᄒᆞ니그이ᄅᆞᆯ닐오민뎌

右第二十七章

28-1

子ᄌᆞ曰왈愚우而이好호自ᄌᆞ用용ᄒᆞ며賤쳔
而이好호自ᄌᆞ專젼ᄒᆞ며生ᄉᆡᆼ乎호今금之지
世셰ᄒᆞ야反반古고之지道도ㅣ면如여此ᄎᆞ者
쟈ᄂᆞᆫ栽ᄌᆡ及급其기身신者쟈也야ㅣ라ᄒᆞ시니라
子ᄌᆞㅣᄀᆞᄅᆞ샤ᄃᆡ愚우코ᄉᆞᄉᆞ로用용ᄒᆞ기
ᄅᆞᆯ됴히너기며賤쳔코ᄉᆞᄉᆞ로專젼ᄒᆞ기ᄅᆞᆯ
됴히너기며이젯世셰예生ᄉᆡᆼᄒᆞ야녯道
도ᄅᆞᆯ反반호려ᄒᆞ면이런者쟈ᄂᆞᆫ栽ᄌᆡㅣ
그身신의미ᄎᆞᆯ者쟈ㅣ라ᄒᆞ시니라

28-2

非비天텬子ᄌᆞㅣ면不블議의禮례ᄒᆞ며不블制
졔度도ᄒᆞ며不블考고文문이니라

天텬子ᄌᆞㅣ아니면禮례ᄅᆞᆯ議의티몯ᄒᆞ
며度도ᄅᆞᆯ制졔티몯ᄒᆞ며文문을考고티
몯ᄒᆞᆯ디니라

28-3

今금天텬下하ㅣ車거同동軌궤ᄒᆞ며書셔同
동文문ᄒᆞ며行ᄒᆡᆼ同동倫륜이니라
이제天텬下하ㅣ車거ㅣ軌궤ㅣᄒᆞᆫ가지
며書셔ㅣ文문이ᄒᆞᆫ가지며行ᄒᆡᆼ이倫륜
이ᄒᆞᆫ가지니라

28-4

雖슈有유其기位위나苟구無무其기德덕
이면不블敢감作작禮례樂악焉언ᄒᆞ며雖슈有

28-5

유其기德덕이나苟구無무其기位위면亦역
不불敢감作작禮례樂악焉언이니라
비록그位위를두나진실로그德덕이업
스면敢감히禮례樂악을作작디몯ᄒᆞ며
비록그德덕을두나진실로그位위ㅣ업
스면敢감히禮례樂악을作작디몯ᄒᆞᆯ디
니라
子ᄌᆞ曰왈吾오說설夏하禮례나杞긔不불
足죡徵딩也야ㅣ오吾오學ᄒᆞᆨ殷은禮례ᄒᆞ니有
유宋송存존焉언이어니라吾오學ᄒᆞᆨ周쥬禮례

中庸諺解 四十九

29-1

ᄒᆞ니今금用용之지라吾오從죵周쥬ᄒᆞ리라
子ᄌᆞㅣᄀᆞᄅᆞ샤ᄃᆡ내夏하禮례를說설ᄒᆞᆫ
나杞긔를足죡히徵딩티몯ᄒᆞᆯ디오내殷
은禮례를學ᄒᆞᆨᄒᆞ니宋송이잇거니와내
周쥬禮례를學ᄒᆞᆨᄒᆞ니이제ᄡᅳᄂᆞᆫ디라내
周쥬를從죵ᄒᆞ리라

右第二十八章

王왕天텬下하ㅣ有유三삼重듕焉언ᄒᆞ니其
기寡과過과矣의乎호ᄂᆞᆫ뎌
天텬下하의王왕ᄒᆞ기세重듕이이시니

29-2

그過과ㅣ져글딘뎌
上샹焉언者쟈ᄂᆞᆫ雖슈善션無무徵딩이니無
무徵딩이라不불信신이오不불信신이라民민弗
불從종ᄒᆞ며下하焉언者쟈ᄂᆞᆫ雖슈善션不불
尊존이니不불尊존이라不불信신이오不불信신
이라民민弗불從종이니라
上샹읫者쟈ᄂᆞᆫ비록善션ᄒᆞ나徵딩이업
스니徵딩이업슨디라信신티아니코信
신티아닌ᄂᆞᆫ디라民민이從종티아니ᄒᆞ
며下하읫者쟈ᄂᆞᆫ비록善션ᄒᆞ나尊존티

中庸諺解 五十

29-3

아니ᄒᆞ니尊존티아닌디라信신티아니
코信신티아닌ᄂᆞᆫ디라民민이從종티아
닛ᄂᆞ니라
故고君군子ᄌᆞ之지道도ᄂᆞᆫ本본諸저身신
ᄒᆞ야徵딩諸저庶셔民민ᄒᆞ며考고諸저三삼王
왕而이不불謬뉴ᄒᆞ며建건諸저天텬地디而
이不불悖대ᄒᆞ며質질諸저鬼귀神신而이無
무疑의ᄒᆞ며百ᄇᆡᆨ世셰以이俟ᄉᆞ聖셩人인而
이不불惑혹이니라
故고로君군子ᄌᆞ의道도ᄂᆞᆫ身신의本본

29-4

호야庶셔民민의徵뎡호ᄂᆞ니三삼王왕의
考고호매謬뉴티아니호며天텬地디예
建건호매悖패티아니호며鬼귀神신의
質질호매의심이업ᄉᆞ며百ᄇᆡᆨ世셰예ᄡᅥ
聖셩人인을俟ᄉᆞ호매惑혹디아닐디니
라
質질諸져鬼귀神신而이無무疑의ᄂᆞᆫ知디
天텬也야오百ᄇᆡᆨ世셰以이俟ᄉᆞ聖셩人인
而이不블惑혹은知디人인也야ㅣ니라
鬼귀神신의質질호매의심이업ᄉᆞᆷ은天

中庸諺解 五十一

텬을알오미오百ᄇᆡᆨ世셰예ᄡᅥ聖셩人인
을俟ᄉᆞ호매惑혹디아니키ᄂᆞᆫ人인을알
오미니라

29-5

是시故고君군子ᄌᆞᄂᆞᆫ動동而이世셰爲위
天텬下하道도ㅣ니行ᄒᆡᆼ而이世셰爲위天텬
下하法법이며言언而이世셰爲위天텬下하
則측이라遠원之지則즉有유望망ᄒᆞ고近근之
지則즉不블厭염이니라
이런故고로君군子ᄌᆞᄂᆞᆫ動동호매世셰
로天텬下하의道도ㅣ되ᄂᆞ니行ᄒᆡᆼ호매

29-6

世셰로天텬下하의法법이되며言언호
매世셰로天텬下하의則측이되ᄂᆞᆫ디라
遠원호니ᄂᆞᆫ望망홈이잇고近근호니ᄂᆞᆫ
厭염티아닛ᄂᆞ니라
詩시曰왈在재彼피無무惡오ᄒᆞ며在재此ᄎᆞ
無무射역ᄒᆞ야庶셔幾긔夙슉夜야ᄒᆞ야以이永
終죵譽여ᄒᆞ니라君군子ᄌᆞㅣ未미有유不
如여此ᄎᆞ而이蚤조有유譽여於어天텬
下하者쟈也야ㅣ니라
詩시예ᄀᆞᆯ오ᄃᆡ뎌의이쇼매惡오호리업

中庸諺解 五十二

ᄉᆞ며이에이쇼매射역호리업서거의夙
슉夜야호야ᄡᅥ기리譽여를終죵호리라
호니君군子ᄌᆞㅣ이러티아니코일즉이
天텬下하의譽여를둘者쟈ㅣ잇디아니
니라

右第二十九章

30-1

仲듕尼니ᄂᆞᆫ祖조述슐堯요舜슌ᄒᆞ시고憲헌
章쟝文문武무ᄒᆞ시며上샹律률天텬時시ᄒᆞ
시고下하襲습水슈土토ᄒᆞ시니라
仲듕尼니ᄂᆞᆫ堯요舜슌을祖조述슐ᄒᆞ시

30-2

고文문武무ᄅᆞᆯ憲헌章쟝ᄒᆞ시며우ᄒᆞ로
天텬時시ᄅᆞᆯ律률ᄒᆞ시고아래로水슈土
토ᄅᆞᆯ襲습ᄒᆞ시니라

辟비如여天텬地디之지無무不블持디載
재ᄒᆞ며無무不블覆부幬도ᄒᆞ며辟비如여四ᄉᆞ
時시之지錯착行ᄒᆡᆼᄒᆞ며如여日일月월之지
代ᄃᆡ明명ᄒᆞᆷ이니

辟비컨댄天텬地디의持디載재아닐ᄃᆡ
업스며覆부幬도아닐ᄃᆡ업슴ᄀᆞᄐᆞ며辟
비컨댄四ᄉᆞ時시의錯착ᄒᆞ야行ᄒᆡᆼᄒᆞᆷᄀᆞ

30-3

ᄐᆞ며日일月월의代ᄃᆡᄒᆞ야明명ᄒᆞᆷᄀᆞᄐᆞ
니라

萬만物믈並병育육而이不블相상害해ᄒᆞ며
道도並병行ᄒᆡᆼ而이不블相상悖패ᄒᆞ야小쇼
德덕川쳔流류ᄒᆞ고大대德덕敦돈化화ᄒᆞᄂᆞ
니此ᄎᆞㅣ天텬地디之지所소以이為위大대
也야ㅣ라

萬만物믈이函함育육ᄒᆞ야서르害해티아
니ᄒᆞ며道도ㅣ函함行ᄒᆡᆼᄒᆞ야서르悖패티
아니ᄒᆞ야져근德덕은川쳔이流류ᄃᆞᆺᄒᆞ

31-1

고큰德덕은化화ᄅᆞᆯ敦돈히ᄒᆞᄂᆞ니이天
텬地디의ᄡᅥ大대ᄒᆞᆫ배니라

右第三十章

唯유天텬下하至지聖셩이아為위能능聰총
明명睿예知디ㅣ足죡以이有유臨림也야
ㅣ며寬관裕유溫온柔유ㅣ足죡以이有유容
용也야ㅣ며發발強강剛강毅의ㅣ足죡以이
有유執집也야ㅣ며齊재莊장中듕正졍이足
죡以이有유敬경也야ㅣ며文문理리密밀察
찰이足죡以이有유別별也야ㅣ니라

오직天텬下하의지극ᄒᆞᆫ聖셩이아能능
히聰총ᄒᆞ며明명ᄒᆞ며睿예知디호미足
죡히ᄡᅥ臨림호미잇ᄂᆞ니寬관ᄒᆞ며裕유
ᄒᆞ며溫온ᄒᆞ며柔유호미足죡히ᄡᅥ容용
호미이시며發발ᄒᆞ며強강ᄒᆞ며剛강ᄒᆞ
며毅의호미足죡히ᄡᅥ執집호미이시며
齊재ᄒᆞ며莊장ᄒᆞ며中듕ᄒᆞ며正졍호미
足죡히ᄡᅥ敬경호미이시며文문ᄒᆞ며理
리ᄒᆞ며密밀ᄒᆞ며察찰호미足죡히ᄡᅥ別
별호미잇ᄂᆞ니라

31-2
溥보博박淵연泉천ᄒᆞ야而이時시出츌之지
작니
溥보博박ᄒᆞ며淵연泉천ᄒᆞ야時시로出
츌ᄒᆞᄂᆞ니라

31-3
溥보博박은如여天텬ᄒᆞ고淵연泉천은如여
淵연ᄒᆞ니見현而이民민莫막不블敬경ᄒᆞ며言
언而이民민莫막不블信신ᄒᆞ며行ᄒᆡᆼ而이民
민莫막不블說열이니
溥보博박ᄒᆞ믄天텬ᄀᆞᆮ고淵연泉천ᄒᆞ믄
淵연ᄀᆞᄐᆞ니見현ᄒᆞ매民민이敬경티아
니리업ᄉᆞ며言언ᄒᆞ매民민이信신티아
니리업ᄉᆞ며行ᄒᆡᆼᄒᆞ매民민이說열티아
니리업ᄉᆞ니라

中庸諺解 五十五

31-4
是시以이聲셩名명이洋양溢일乎호中듕
國국ᄒᆞ야施시及급蠻만貊ᄆᆡᆨᄒᆞ야舟쥬車거所
소至지人인力력所소通통과天텬之지
所소覆부와地디之지所소載지와日일月
월所소照죠와霜상露로所소隊튜에凡범
有유血혈氣긔者쟈ㅣ莫막不블尊존親친
ᄒᆞᄂᆞ니故고曰왈配비天텬이라ᄒᆞ니라
일로ᄡᅥ聲셩名명이中듕國국의洋양溢
일ᄒᆞ야施시ᄒᆞ며蠻만貊ᄆᆡᆨ애미처舟쥬
車거의至지ᄒᆞᄂᆞᆫ바와人인力력의通통
ᄒᆞᄂᆞᆫ바와天텬의覆부ᄒᆞᆫ바와地디의載
지ᄒᆞᆫ바와日일月월의照죠ᄒᆞᄂᆞᆫ바와霜
상露로의隊튜ᄒᆞᄂᆞᆫ바의믈읫血혈氣긔
둔ᄂᆞᆫ者쟈ㅣ尊존ᄒᆞ며親친티아니리업
ᄉᆞ니故고로ᄀᆞᆯ오ᄃᆡ天텬을配비ᄒᆞ다ᄒᆞ
니라

右第三十一章

中庸諺解 五十六

32-1
唯유天텬下하至지誠셩이아爲위能능經경
綸륜天텬下하之지大대經경ᄒᆞ며立립天텬
下하之지大대本본ᄒᆞ며知디天텬地디之지
化화育육이니夫부焉언有유所소倚의리오
오직天텬下하의至지誠셩이아能능히
天텬下하의大대經경을經경綸륜ᄒᆞ며
天텬下하의大대本본을立립ᄒᆞ며天텬
地디의化화育육을아ᄂᆞ니엇디倚의ᄒᆞᆫ
배이시리오

32-2
肫쥰肫쥰其기仁인이며淵연淵연其기淵연

이며浩호浩호其기天텬이로다
肫쥰肫쥰호그仁인이며淵연淵연호그
淵연이며浩호浩호그天텬이로다
32-3 苟구不블固고聰총明명聖셩知디達달天
텬德덕者쟈ㅣ면其기孰슉能능知디之지리오
질실로실히聰총明명ᄒᆞ며聖셩知디ᄒᆞ
야天텬德덕을達달ᄒᆞᆫ者쟈ㅣ아니면그
뉘能능히알리오

右第三十二章

33-1 詩시曰왈衣의錦금尙샹絅경이라ᄒᆞ니惡오其

中庸諺解 五十七

기文문之지著뎌也야ㅣ니故고君군子ᄌᆞ之
지道도ᄂᆞᆫ闇암然연而이日일章쟝ᄒᆞ고小쇼
人인之지道도ᄂᆞᆫ的뎍然연而이日일亡망ᄒᆞ
ᄂᆞ니君군子ᄌᆞ之지道도ᄂᆞᆫ淡담而이不블
厭염ᄒᆞ며簡간而이文문ᄒᆞ며溫온而이理리니
知디遠원之지近근ᄒᆞ며知디風풍之지自ᄌᆞ
ᄒᆞ며知디微미之지顯현이면可가與여入입德
덕矣의니라
詩시예골오ᄃᆡ錦금을衣의ᄒᆞ고絅경을
尙샹ᄒᆞ다ᄒᆞ니그文문의著뎌호ᄆᆞᆯ惡오
호미니故고로君군子ᄌᆞ의道도ᄂᆞᆫ闇암
然연호ᄃᆡ날로章쟝ᄒᆞ고小쇼人인의道
도ᄂᆞᆫ的뎍然연호ᄃᆡ날로亡망ᄒᆞᄂᆞ니君
군子ᄌᆞ의道도ᄂᆞᆫ淡담호ᄃᆡ厭염티아니
ᄒᆞ며簡간호ᄃᆡ文문ᄒᆞ며溫온호ᄃᆡ理리
ᄒᆞ니遠원의近근호ᄆᆞᆯ알며風풍의自ᄌᆞ
호ᄆᆞᆯ알며微미의顯현호ᄆᆞᆯ알면可가히
더브러德덕의入입ᄒᆞᆯ디니라

33-2 詩시云운潛잠雖슈伏복矣의나亦역孔공
之지昭쇼ㅣ라ᄒᆞ니故고君군子ᄌᆞᄂᆞᆫ內ᄂᆡ省셩

中庸諺解 五十八

不블疚구ᄒᆞ야無무惡오於어志지니君군子
ᄌᆞ之지所소不블可가及급者쟈ᄂᆞᆫ其기唯
유人인之지所소不블見견乎호ᄂᆞᆫ뎌
詩시예닐오ᄃᆡ潛잠ᄒᆞᆫ거시비록伏복ᄒᆞ
나ᄯᅩᄒᆞᆫ孔공히昭쇼ᄒᆞ다ᄒᆞ니故고로君
군子ᄌᆞᄂᆞᆫ안ᄒᆞ로省셩호매疚구티아니
ᄒᆞ야志지예惡오호미업ᄂᆞ니君군子ᄌᆞ
의可가히及급디몯ᄒᆞᆯ바ᄂᆞᆫ그오직人인
의見견티아닌밴뎌

33-3 詩시云운相샹在ᄌᆡ爾이室실ᄒᆞᆫ뎌尙샹不블

33-4

愧괴于우屋옥漏루ㅣ라ᄒᆞ니故고君군子ᄌᆞᄂᆞᆫ
不블動동而이敬경ᄒᆞ며不블言언而이信신
이니라
詩시예닐오ᄃᆡ爾이의室실에이신재를
본ᄃᆡ거의屋옥漏루의도愧괴티아니타
ᄒᆞ니故고로君군子ᄌᆞᄂᆞᆫ動동티아녀셔
敬경ᄒᆞ며言언티아녀셔信신ᄒᆞᄂᆞ니라
詩시曰왈奏주假격無무言언예時시靡미
有유爭징이라ᄒᆞ니是시故고君군子ᄌᆞᄂᆞᆫ不블
賞샹而이民민勸권ᄒᆞ며不블怒노而이民민

中庸諺解 五十九

33-5

威위於어鈇부鉞월이니라
詩시예ᄀᆞᆯ오ᄃᆡ奏주ᄒᆞ야假격ᄒᆞᆯ제言언
이업소매時시예爭정ᄒᆞ리잇디아니타
ᄒᆞ니이런故고로君군子ᄌᆞᄂᆞᆫ賞샹티아
녀셔民민이勸권ᄒᆞ며怒노티아녀셔民
민이鈇부鉞월ㅣ곤젓ᄂᆞ니라
詩시曰왈不블顯현惟유德덕올百ᄇᆡᆨ辟벽
其기刑형之지라ᄒᆞ니是시故고君군子ᄌᆞᄂᆞᆫ
篤독恭공而이天텬下하平평이니라
詩시예ᄀᆞᆯ오ᄃᆡ顯현티아닌德덕을百ᄇᆡᆨ

33-6

辟벽이그刑형ᄒᆞ다ᄒᆞ니이런故고로君
군子ᄌᆞᄂᆞᆫ恭공을篤독히호매天텬下하
ㅣ平평ᄒᆞᄂᆞ니라
詩시云운予여懷회明명德덕의不블大대
聲셩以이色식이라ᄒᆞ야ᄂᆞᆯ子ᄌᆞ曰왈聲셩色식
之지於어以이化화民민에末말也야ㅣ라ᄒᆞ시
니詩시云운德덕輶유如여毛모ㅣ라ᄒᆞ니毛모
猶유有유倫륜이어니와上샹天텬之지載지ㅣ
無무聲셩無무臭취아至지矣의니라
詩시예닐으ᄃᆡ내明명ᄒᆞᆫ德덕의聲셩과

中庸諺解 六十

다ᄆᆞᆺ色식을大대케아니호ᄆᆞᆯ懷회ᄒᆞ노
라ᄒᆞ야ᄂᆞᆯ子ᄌᆞㅣᄀᆞᄅᆞ샤ᄃᆡ聲셩色식이
民민을化화호매末말이라ᄒᆞ시니詩시
예닐오ᄃᆡ德덕이가비야오미毛모ᄀᆞᆺ다
ᄒᆞ니毛모ᄂᆞᆫ오히려倫륜이잇거니와上
샹天텬의載지ㅣ聲셩업스며臭취업다
호미아지극ᄒᆞ니라

右第三十三章

中庸栗谷先生諺解

艮齋 中庸諺解

1-1

中듕庸용諺언解ᄒᆡ

天텬命명之지謂위性셩이오 率솔性셩之지謂위道도ㅣ오
修슈道도之지謂위教교ㅣ라니
ᄒᆞᆫᄂᆞᆯ히 命ᄒᆞ신거ᄉᆞᆯ 이론 性이오 性率ᄒᆞᆫ거ᄉᆞᆯ 이론 道
ㅣ오 道修ᄒᆞᆫ거ᄉᆞᆯ 이론 教ㅣ니라

1-2

道도也야者쟈ᄂᆞᆫ 不블可가須슈臾유離리也야ㅣ니 可가
離리면 非비道도也야ㅣ라 是시故고로 君군子ᄌᆞᄂᆞᆫ 戒계愼
신乎호其기所소不블睹도ᄒᆞ며 恐공懼구乎호其기所소
不블聞문이니라
道ᄂᆞᆫ 可히 須臾도 離티 몯ᄒᆞᆯ꺼시니 可히 離ᄒᆞᆯ꺼시면
道ㅣ 아니라 是故로 君子ᄂᆞᆫ 그 不睹ᄒᆞᄂᆞᆫ바ᄋᆡ도 戒愼
ᄒᆞ며 그 不聞ᄒᆞᄂᆞᆫ바ᄋᆡ도 恐懼ᄒᆞᄂᆞ니라

1-3

莫막見현乎호隱은이며 莫막顯현乎호微미니 故고로 君군
子ᄌᆞᄂᆞᆫ 愼신其기獨독也야ㅣ니라
隱만치 見ᄒᆞᆫ거시 업스며 微만치 顯ᄒᆞᆫ거시 업스니 故
로 君子ᄂᆞᆫ 그 獨애 愼ᄒᆞᄂᆞ니라

1-4

喜희怒노哀애樂락之지未미發발을 謂위之지中듕이오
發발而이皆개中듕節졀을 謂위之지和화ㅣ니 中듕也야
者쟈ᄂᆞᆫ 天텬下하之지大대本본也야ㅣ오 和화也야者쟈
ᄂᆞᆫ 天텬下하之지達달道도也야ㅣ라니
喜怒哀樂이 發티 아니홈을 中이라 니ᄅᆞ고 發ᄒᆞ야다
節에 中홈을 和ㅣ라 니ᄅᆞᄂᆞ니 中은 天下에 大本이오
和ᄂᆞᆫ 天下에 達道ㅣ니라

1-5

致치中듕和화ㅣ면 天텬地디位위焉언ᄒᆞ며 萬만物믈育육
焉언ᄒᆞᄂᆞ니라
中和를 致ᄒᆞ면 天地ㅣ 位ᄒᆞ며 萬物이 育ᄒᆞᄂᆞ니라

右우第뎨一일章쟝

2-1

仲듕尼니曰왈 君군子ᄌᆞᄂᆞᆫ 中듕庸용이오 小쇼人신은 反
반中듕庸용이니라
仲尼ㅣ ᄀᆞᄅᆞ샤ᄃᆡ 君子ᄂᆞᆫ 中庸이오 小人은 中庸을
反ᄒᆞᄂᆞ니라

2-2

君군子ᄌᆞ之지中듕庸용也야ᄂᆞᆫ 君군子ᄌᆞ而이時시中
듕이오 小쇼人신之지反반中듕庸용也야ᄂᆞᆫ 小쇼人신而이
無무忌긔憚탄也야ㅣ니라
君子의 中庸홈은 君子ㅣ오 時로 中홈이오 小人의
中庸을 反홈은 小人이오 忌憚홈이 업슴이라 ᄒᆞ시니
라

右우第뎨二이章쟝

3

子ᄌᆞ曰왈 中듕庸용은 其기至지矣의乎호뎌 民민鮮션
能ᄂᆞᆼ이 久구矣의니라

4-1

子ㅣᄀᆞᆯᄋᆞ샤ᄃᆡ中庸은그지극ᄒᆞᆫ뎌民이能히ᄒᆞᄂᆞ이
져근지오라다ᄒᆞ시니라
右우第뎨三삼章쟝
子ᄌᆞ曰왈道도之지不블行ᄒᆡᆼ也야ᄅᆞᆯ我아知지之지矣
의로니知지者쟈ᄂᆞᆫ過과之지ᄒᆞ고愚우者쟈ᄂᆞᆫ不블及급也
야ㅣ오道도之지不블明명也야ᄅᆞᆯ我아知지之지矣의로니
賢현者쟈ᄂᆞᆫ過과之지ᄒᆞ고不블肖쵸者쟈ᄂᆞᆫ不블及급也
야ᄂᆞᆫ시니라
子ㅣᄀᆞᆯᄋᆞ샤ᄃᆡ道의行치몯홈을내아노니知ᄒᆞᆫ者ᄂᆞᆫ
過ᄒᆞ고愚ᄒᆞᆫ者ᄂᆞᆫ及지몯ᄒᆞᆯ시오道의明치몯홈을내

4-2

아노니賢ᄒᆞᆫ者ᄂᆞᆫ過ᄒᆞ고不肖ᄒᆞᆫ者ᄂᆞᆫ及지몯ᄒᆞᆯ시니
라
人인莫막不블飮음食식也야ㅣ언마ᄂᆞᆫ鮮션能ᄂᆞᆼ知지味미
也야ㅣ라ᄒᆞ시니라
人이飮食아니ᄒᆞᄂᆞ이업건마ᄂᆞᆫ能히味ᄅᆞᆯ知ᄒᆞᄂᆞ이
젹다ᄒᆞ시니라
右우第뎨四ᄉᆞ章쟝

5

子ᄌᆞ曰왈道도其기不블行ᄒᆡᆼ矣의夫부ㅣᆫ뎌ᄒᆞ시니라
子ㅣᄀᆞᆯᄋᆞ샤ᄃᆡ道ㅣ그行치몯ᄒᆞ린뎌ᄒᆞ시니라
右우第뎨五오章쟝

6

子ᄌᆞ曰왈舜슌은其기大대知지也야與여ㅣ신舜슌이
好호問문而이好호察찰邇이言언ᄒᆞ샤ᄃᆡ隱은惡악而이揚
양善션ᄒᆞ시며執집其기兩량端단ᄒᆞ샤用용其기中듕於어
民민ᄒᆞ시니其기斯ᄉᆞ以이爲위舜슌乎호ㅣᆫ뎌ᄒᆞ시니라
子ㅣᄀᆞᆯᄋᆞ샤ᄃᆡ舜은그大知신뎌舜이問을好ᄒᆞ시며
邇言察ᄒᆞ기ᄅᆞᆯ好ᄒᆞ샤ᄃᆡ惡을隱ᄒᆞ시고善을揚ᄒᆞ시
며그兩端을執ᄒᆞ샤그中을民의게쓰시니그이ᄡᅧ舜
되시민뎌ᄒᆞ시니라
右우第뎨六륙章쟝

7

子ᄌᆞ曰왈人인皆ᄀᆡ曰왈予여知지ㅣ로ᄃᆡ驅구而이納납諸

8

져罟고擭화陷함阱졍之지中듕而이莫막之지知지辟
피也야ᄒᆞ며人인皆ᄀᆡ曰왈予여知지ㅣ로ᄃᆡ擇ᄐᆡᆨ乎호中듕庸
용而이不블能ᄂᆞᆼ期기月월守슈也야ㅣ라ᄒᆞ시니라
子ㅣᄀᆞᆯᄋᆞ샤ᄃᆡ人이다ᄀᆞᆯ오ᄃᆡ予ㅣ知ᄒᆞ노라ᄒᆞᄃᆡ驅ᄒᆞ
야罟擭陷阱中의들면ᄃᆡ辟ᄒᆞᆯ줄을아지몯ᄒᆞ며人이
다ᄀᆞᆯ오ᄃᆡ予ㅣ知ᄒᆞ노라ᄒᆞᄃᆡ中庸을擇ᄒᆞ야能히期月
도守치몯ᄒᆞᄂᆞ다ᄒᆞ시니라
右우第뎨七칠章쟝
子ᄌᆞ曰왈回회之지爲위人인也야ㅣ擇ᄐᆡᆨ乎호中듕庸
용ᄒᆞ야得득一일善션이면則즉拳권拳권服복膺응而이弗

9

불失실之지矣의니라ᄒᆞ시

子ㅣᄀᆞᆯᄋᆞ샤ᄃᆡ回의ᄉᆞᄅᆞᆷ되옴이中庸을擇ᄒᆞ야一善을得ᄒᆞ면拳拳히膺의服ᄒᆞ야失치아니ᄒᆞᆫ다ᄒᆞ시니라

右우第뎨八팔章쟝

子ᄌᆞ曰왈天텬下하國국家가을可가均균也야ㅣ며爵쟉祿록을可가辭ᄉᆞ也야ㅣ며白ᄇᆡᆨ刃인을可가蹈도也야ㅣ로되中듕庸용은不불可가能ᄂᆞᆼ也야ㅣ시니라ᄒᆞ

子ㅣᄀᆞᆯᄋᆞ샤ᄃᆡ天下國家ᄅᆞᆯ可히均ᄒᆞᆯ꺼시며爵祿을可히辭ᄒᆞᆯ꺼시며白刃을可히蹈ᄒᆞᆯ꺼시로ᄃᆡ中庸은可히能치못ᄒᆞᆯ꺼시라ᄒᆞ시니라

右우第뎨九구章쟝

10-1

子ᄌᆞ路로ㅣ問문强강ᄒᆞᆫ대

子路ㅣ强을問ᄒᆞ왓더니

10-2

子ᄌᆞ曰왈南남方방之지强강與여北북方방之지强강與여아抑억而이强강與여아

子ㅣᄀᆞᆯᄋᆞ샤ᄃᆡ南方의强이냐北方의强이냐너ᄒᆞᆫ네의强ᄒᆞᆯ꺼시냐

10-3

寬관柔유以이敎교ㅣᄒᆞ고不불報보無무道도ᄂᆞᆫ南남方방之지强강也야ㅣ니君군子ᄌᆞ居거之지라ᄒᆞ니

寬柔ᄒᆞ야써敎ᄒᆞ고道업ᄉᆞᆫ거ᄉᆞᆯ報치아니홈은南方의强이니君子ㅣ居ᄒᆞᄂᆞ니라

10-4

衽임金금革혁ᄒᆞ야死ᄉᆞ而이不불厭염은北북方방之지强강也야ㅣ니而이强강者쟈居거之지라ᄒᆞ니

金革을衽ᄒᆞ야死ᄒᆞ되厭치아니홈은北方의强이니强者ㅣ나居ᄒᆞᄂᆞ니라

10-5

故고君군子ᄌᆞᄂᆞᆫ和화而이不불流류ᄒᆞᄂᆞ니强강哉ᄌᆡ矯교ㅣ여中듕立립而이不불倚의ᄒᆞᄂᆞ니强강哉ᄌᆡ矯교ㅣ여國국有유道도에不불變변塞ᄉᆡᆨ焉언ᄒᆞᄂᆞ니强강哉ᄌᆡ矯교ㅣ여國국無무道도애至지死ᄉᆞ不불變변ᄒᆞᄂᆞ니强강哉ᄌᆡ矯교ㅣ여ᄒᆞ시니라

故로君子ᄂᆞᆫ和ᄒᆞ되流치아니ᄒᆞᄂᆞ니强ᄒᆞ다矯홈이여中立ᄒᆞ야倚치아니ᄒᆞᄂᆞ니强ᄒᆞ다矯홈이여國이道잇슴애塞을變치아니ᄒᆞᄂᆞ니强ᄒᆞ다矯홈이여國이道업슴애死애至ᄒᆞ여도變치아니ᄒᆞᄂᆞ니强ᄒᆞ다矯홈이여ᄒᆞ시니라

右우第뎨十십章쟝

11-1

子ᄌᆞ曰왈索ᄉᆡᆨ隱은行ᄒᆡᆼ怪괴를後후世셰예有유述슐焉언이어니와吾오弗불爲위之지矣의라로

子ㅣᄀᆞᆯᄋᆞ샤ᄃᆡ隱을索ᄒᆞ며怪를行홈을後世예述ᄒᆞ

ᄂᆞᆫ이잇거니와내ᄒᆞ지아니ᄒᆞ노라
11-2 君군子ᄌᆞㅣ遵준道도而이行ᄒᆡᆼ이라가 半반塗도而이廢
폐ᄒᆞᄂᆞ니 吾오弗블能ᄂᆞᆼ已이矣의로라
君子ㅣ道ᄅᆞᆯ遵ᄒᆞ야行ᄒᆞ다가半塗에廢ᄒᆞᄂᆞ니내能
히마지몯ᄒᆞ노라
11-3 君군子ᄌᆞᄂᆞᆫ依의乎호中듕庸용ᄒᆞ야遯둔世셰不블見견
知지而이不블悔회ᄒᆞᄂᆞ니 唯유聖셩者쟈ㅣ아能ᄂᆞᆼ之지라
ᄒᆞ시니라
君子ᄂᆞᆫ中庸을依ᄒᆞ야世ᄅᆞᆯ遯ᄒᆞ야知홈을見티몯ᄒᆞ
야도悔티아니ᄒᆞᄂᆞ니오직聖者ㅣ아能히ᄒᆞᄂᆞ다ᄒᆞ시

니라
右우第뎨十십一일章쟝
12-1 君군子ᄌᆞ之지道도ᄂᆞᆫ費비而이隱은이니라
君子의道ᄂᆞᆫ費ᄒᆞ되隱ᄒᆞ니라
12-2 夫부婦부之지愚우로可가以이與여知지焉언이어니와 及
급其기至지也야ᄒᆞ얀雖슈聖셩人인이라도 亦역有유所소
不블知지焉언ᄒᆞ며夫부婦부之지不블肖쵸로 可가以이
能ᄂᆞᆼ行ᄒᆡᆼ焉언이어니와 及급其기至지也야ᄒᆞ얀雖슈聖셩人
인이라도 亦역有유所소不블能ᄂᆞᆼ焉언ᄒᆞ며天텬地디之지
大대也야로도人인猶유有유所소憾감이니故고로君군子ᄌᆞ

ㅣ語어大대ᄒᆞᆫ댄天텬下하ㅣ莫막能ᄂᆞᆼ載ᄌᆡ焉언이오語어小
쇼ᄒᆞᆫ댄天텬下하ㅣ莫막能ᄂᆞᆼ破파焉언이니라
夫婦의愚로可히ᄡᅥ與ᄒᆞ야知홀꺼시로ᄃᆡ그지극홈
애及ᄒᆞ얀비록聖人이라도ᄯᅩᄒᆞᆫ知티몯ᄒᆞᄂᆞᆫ바이시
며夫婦의不肖로可히ᄡᅥ能히行홀꺼시로ᄃᆡ그지극
홈애及ᄒᆞ얀비록聖人이라도ᄯᅩᄒᆞᆫ能티몯ᄒᆞᄂᆞᆫ바이
시며天地의大로도人이오히려憾ᄒᆞᄂᆞᆫ바잇ᄂᆞ니故
로君子ㅣ大ᄅᆞᆯ語홀진댄天下ㅣ能히載티몯ᄒᆞ며小
ᄅᆞᆯ語홀진댄天下ㅣ能히破티몯ᄒᆞᄂᆞ니라
12-3 詩시云운鳶연飛비戾려天텬ᄒᆞ고魚어躍약于우淵연이라

ᄒᆞ니言언其기上샹下하察찰也야ㅣ니라
詩예닐오ᄃᆡ鳶은飛ᄒᆞ야天의戾ᄒᆞ고魚ᄂᆞᆫ淵의셔躍
ᄒᆞ다ᄒᆞ니그上下의察홈을니ᄅᆞ니라
12-4 君군子ᄌᆞ之지道도ㅣ造조端단乎호夫부婦부ᄒᆞ야及급
其기至지也야ᄒᆞ얀察찰乎호天텬地디니라
君子의道ㅣ端이夫婦의造ᄒᆞ야그지극홈애及ᄒᆞ얀
天地예察ᄒᆞᄂᆞ니라
右우第뎨十십二이章쟝
13-1 子ᄌᆞㅣ曰왈道도不블遠원人인ᄒᆞ니人인之지爲위道도而
이遠원人인이면不블可가以이爲위道도ㅣ니라

13-2

子ㅣᄀᆞᆯᄋᆞ샤ᄃᆡ道ㅣ人에遠치아니ᄒᆞ니人이道을ᄒᆞ오
ᄃᆡ人에遠히ᄒᆞ면可히ᄡᅥ道를삼ᄒᆞ지못ᄒᆞ리니라
詩시云운伐벌柯가伐벌柯가여ᄒᆞ여其기則즉不불遠원이라
ᄒᆞ니執집柯가以이伐벌柯가호ᄃᆡ睨예而이視시之지ᄒᆞ고猶
유以이爲위遠원ᄒᆞ니ᄂᆞ故고君군子ᄌᆞᄂᆞᆫ以이人인治치
人인ᄒᆞ다가改기而이止지ᄒᆞᄂᆞ니라
詩예닐오ᄃᆡ柯를伐ᄒᆞᆷ이여柯를伐ᄒᆞᆷ이여그則이遠
치아니타ᄒᆞ니柯를執ᄒᆞ야ᄡᅥ柯를伐호ᄃᆡ睨ᄒᆞ야視
ᄒᆞ고오히려ᄡᅥ遠타ᄒᆞᄂᆞ니故로君子ᄂᆞᆫ人으로ᄡᅥ人
을治ᄒᆞ다가改커든止ᄒᆞᄂᆞ니라

13-3

忠튱恕셔ㅣ違위道도不불遠원ᄒᆞ니施시諸저己긔而이
不불願원을亦역勿물施시於어人인이니라
忠恕ㅣ道에違ᄒᆞᆷ이遠치아니ᄒᆞ니己예施ᄒᆞ야願치
아니ᄒᆞᆷ을ᄯᅩᄒᆞᆫ人의施치말ᄯᅵ니라

13-4

君군子ᄌᆞ之지道도ㅣ四ᄉᆞ애丘子未미能ᄂᆞᆼ一일焉언
이로니所소求구乎호子ᄌᆞ로以이事ᄉᆞ父부를未미能ᄂᆞᆼ
也야ㅣ며所소求구乎호臣신으로以이事ᄉᆞ君군을未미能
ᄂᆞᆼ也야ᄒᆞ며所소求구乎호弟뎨로以이事ᄉᆞ兄형을未미
能ᄂᆞᆼ也야ᄒᆞ며所소求구乎호朋븡友우로先션施시之지
를未미能ᄂᆞᆼ也야ㅣ라庸용德덕之지行ᄒᆡᆼᄒᆞ며庸용言언
之지謹근ᄒᆞ야有유所소不부足족이어든不불敢감不불勉
면ᄒᆞ며有유餘여ㅣ어든不불敢감盡진ᄒᆞ야言언顧고行ᄒᆡᆼᄒᆞ며
行ᄒᆡᆼ顧고言언이면君군子ᄌᆞㅣ胡호不불慥조慥조爾이
리오ᄒᆞ시니라
君子의道ㅣ四애丘ㅣ一도能치못ᄒᆞ노니子의求ᄒᆞ
ᄂᆞᆫ바로ᄡᅥ父를事ᄒᆞᆷ을能치못ᄒᆞ며臣의求ᄒᆞᄂᆞᆫ바로
ᄡᅥ君을事ᄒᆞᆷ을能치못ᄒᆞ며弟의[illegible]求ᄒᆞᄂᆞᆫ바로ᄡᅥ兄
를事ᄒᆞᆷ을能치못ᄒᆞ며朋友의求ᄒᆞᄂᆞᆫ바로[illegible]先施ᄒᆞᆷ
을能치못ᄒᆞ노라庸德을行ᄒᆞ며庸言을謹ᄒᆞ야不足
ᄒᆞᆫ바잇거든敢히勉치아니치못ᄒᆞ며有餘ᄒᆞ거든敢
히盡치못ᄒᆞ야言이行을顧ᄒᆞ며行이言을顧ᄒᆞ면君
子ㅣ엇지慥慥치아니리오ᄒᆞ시니라

右우第뎨十십三삼章쟝

14-1

君군子ᄌᆞᄂᆞᆫ素소其기位위而이行ᄒᆡᆼᄒᆞ고不불願원乎호
其기外외니라
君子ᄂᆞᆫ그位예素ᄒᆞ야行ᄒᆞ고그外를願치아니ᄒᆞᄂᆞ
니라

14-2

素소富부貴귀ᄒᆞ야行ᄒᆡᆼ乎호富부貴귀ᄒᆞ며素소貧빈賤쳔
ᄒᆞ야行ᄒᆡᆼ乎호貧빈賤쳔ᄒᆞ며素소夷이狄뎍ᄒᆞ야行ᄒᆡᆼ乎호夷
이狄뎍ᄒᆞ며素소患환難난ᄒᆞ야行ᄒᆡᆼ乎호患환難난이니君군

14-3

子ᄌᆞ는 無무入입而이不불自ᄌᆞ得득焉언이니라
富貴에素ᄒᆞ야富貴에行ᄒᆞ며貧賤의素ᄒᆞ야貧賤의
行ᄒᆞ며夷狄에素ᄒᆞ야夷狄에行ᄒᆞ며患難에素ᄒᆞ야
患難에行ᄒᆞᄂᆞ니君子ᄂᆞᆫ入ᄒᆞ야自得지아니홈이업
ᄉᆞ니라
在ᄌᆡ上샹位위ᄒᆞ야不불陵릉下하ᄒᆞ며在ᄌᆡ下하位위ᄒᆞ야不
불援원上샹이오正졍己긔而이不불求구於어人인이면則
즉無무怨원이니上샹不불怨원天텬ᄒᆞ며下하不불尤우人
인이니라
上位예在ᄒᆞ야下ᄅᆞᆯ陵치아니ᄒᆞ며下位예在ᄒᆞ야上
ᄅᆞᆯ援치아니ᄒᆞ고己ᄅᆞᆯ正ᄒᆞ고人의求치아니ᄒᆞ면怨
이업스리니上으로天ᄋᆞᆯ怨치아니ᄒᆞ며下로人ᄋᆞᆯ尤
치아니ᄒᆞᄂᆞ니라

14-4

故고君군子ᄌᆞᄂᆞᆫ居거易이以이俟ᄉᆞ命명ᄒᆞ고小쇼人인
은行힝險험以이徼요幸힝이니라
故로君子ᄂᆞᆫ易예居ᄒᆞ야ᄡᅥ命ᄋᆞᆯ俟ᄒᆞ고小人은險의
行ᄒᆞ야ᄡᅥ幸ᄋᆞᆯ徼ᄒᆞᄂᆞ니라

14-5

子ᄌᆞㅣ曰왈射샤ㅣ有유似ᄉᆞ乎호君군子ᄌᆞㅣ니失실諸져正
졍鵠곡이오反반求구諸져其기身신이니라
子ㅣᄀᆞᆯᄋᆞ샤ᄃᆡ射ㅣ君子ᄀᆞᄐᆞᆷ이잇시니正과鵠의失
ᄒᆞ거든도라고身의求ᄒᆞᄂᆞ다ᄒᆞ시니라

右우第뎨十십四사章쟝

15-1

君군子ᄌᆞ之지道도ㅣ辟비如여行ᄒᆡᇰ遠원必필自ᄌᆞ邇
이며辟비如여登등高고必필自ᄌᆞ卑비니라
君子의道ㅣ辟컨댄遠의行홈이반ᄃᆞ시邇로브터홈
ᄀᆞᄐᆞ며辟컨댄高의登홈이반ᄃᆞ시卑로브터홈ᄀᆞᄐᆞ
니라

15-2

詩시曰왈妻쳐子ᄌᆞ好호合합이如여鼓고瑟슬琴금ᄒᆞ며
兄형弟뎨旣긔翕흡ᄒᆞ야和화樂락且챠耽담이로다宜의爾
이室실家가ᄒᆞ며樂락爾이妻쳐帑노ㅣ라ᄒᆞ야ᄂᆞᆯ
詩예ᄀᆞᆯ오ᄃᆡ妻子의好合홈이瑟琴을鼓홈ᄀᆞᄐᆞ며兄
과弟ㅣ이믜翕ᄒᆞ야和樂ᄒᆞ고ᄯᅩ耽ᄒᆞ도다爾의室家
ᄅᆞᆯ宜케ᄒᆞ며爾의妻와帑ᄅᆞᆯ樂케ᄒᆞ다ᄒᆞ야ᄂᆞᆯ

15-3

子ᄌᆞㅣ曰왈父부母모ㅣ其기順슌矣의乎호신뎌ᄒᆞ시니라
子ㅣᄀᆞᆯᄋᆞ샤ᄃᆡ父母ㅣ그順ᄒᆞ시린뎌ᄒᆞ시니라

16-1

子ᄌᆞㅣ曰왈鬼귀神신之지爲위德덕이其기盛셩矣의乎
호뎌
子ㅣᄀᆞᆯᄋᆞ샤ᄃᆡ鬼神의德되미그盛ᄒᆞᆫ뎌

16-2

視시之지而이弗불見견ᄒᆞ며聽텽之지而이弗불聞문이로ᄃᆡ
體톄物물而이不불可가遺유니라

16-3

視ᄒᆞ야도見치몯ᄒᆞ며聽ᄒᆞ야도聞치몯호ᄃᆡ物의體
ᄒᆞ야可히遺치몯ᄒᆞᆯ꺼시니라
使ᄉᆞ天텬下하之지人인齊지明명盛셩服복ᄒᆞ샤以이承
ᄉᆞ祭졔祀ᄉᆞ호ᄃᆡ洋양洋양乎호如여在ᄌᆡ其기上샹ᄒᆞ며如
여在ᄌᆡ其기左자右우ㅣ니라
天下의人ᄋᆞ로ᄒᆡ여곰齊ᄒᆞ며明ᄒᆞ며服을盛히ᄒᆞ야
써祭祀를承ᄏᆡ호ᄃᆡ洋洋히그上의인ᄂᆞᆫᄃᆞᆺᄒᆞ며그左

16-4

右의잇ᄂᆞᆫᄃᆞᆺᄒᆞ니라
詩시曰왈神신之지格격思ᄉᆞ를不블可가度탁思ᄉᆞㅣ온
矧신可가射역思ᄉᆞ아ᄒᆞ니

16-5

詩예ᄀᆞᆯ오ᄃᆡ神의格ᄒᆞ심을可히度치몯ᄒᆞᆯ꺼시온ᄒᆞ믈
며可히射ᄒᆞᆯ꺼가ᄒᆞ니
夫부微미之지顯현이니誠셩之지不블可가揜엄이如여
此ᄎᆞ夫부ᄂᆞᆫ뎌ᄒᆞ시니라
微의顯ᄒᆞᆷ이니誠의可히揜치몯ᄒᆞᆯ꺼시이ᄀᆞᄐᆞ뎌ᄒᆞ시
니라
右우第뎨十십六륙章쟝

17-1

子ᄌᆞ曰왈舜슌은其기大대孝효也야與여ㅣ신뎌德덕爲
위聖셩人인이고尊존爲위天텬子ᄌᆞㅣ시고富부有유四
ᄉᆞ海ᄒᆡ之지內ᄂᆡᄒᆞ샤宗종廟묘饗향之지ᄒᆞ시며子ᄌᆞ孫손

17-2

保보之지ᄒᆞ시니라
ᄌᆞㅣᄀᆞᆯᄋᆞ샤ᄃᆡ舜은그大孝ㅣ신뎌德이聖人이되시
고尊이天子ㅣ되시고富ㅣ四海ㅅ內를두샤宗廟를
饗ᄒᆞ시며子孫을保ᄒᆞ시니라
故고大대德덕은必필得득其기位위ᄒᆞ며必필得득其기
祿록ᄒᆞ며必필得득其기名명ᄒᆞ며必필得득其기壽슈ㅣ니라
故로大德은반ᄃᆞ시그位를得ᄒᆞ며반ᄃᆞ시그祿을得
ᄒᆞ며반ᄃᆞ시그名을得ᄒᆞ며반ᄃᆞ시그壽을得ᄒᆞᄂᆞ니
라

17-3

故고天텬之지生ᄉᆡᆼ物믈이必필因인其기材ᄌᆡ而이篤

17-4

독焉언ᄒᆞᄂᆞ니故고栽ᄌᆡ者쟈培빈之지ᄒᆞ고傾경者쟈覆복
之지니라
故로天의物生ᄒᆞᆷ이반ᄃᆞ시그材를因ᄒᆞ야篤ᄒᆞᄂᆞ니
故로栽ᄒᆞᆫ者를培ᄒᆞ고傾ᄒᆞᆫ者를覆ᄒᆞᄂᆞ니라
詩시曰왈嘉가樂락君군子ᄌᆞㅣ여憲헌憲헌令령德덕이로셔
다宜의民민宜의人인이라受슈祿록于우天텬이어늘保보
佑우命명之지ᄒᆞ시고自ᄌᆞ天텬申신之지ᄒᆞ니라
詩예ᄀᆞᆯ오ᄃᆡ嘉樂ᄒᆞᆫ君子여顯ᄒᆞ며顯ᄒᆞᆫ令德이로다
民에宜ᄒᆞ며人에宜ᄒᆞᆫ지라祿을天에受ᄒᆞ얏거늘保
ᄒᆞ며佑ᄒᆞ며命ᄒᆞ시고天으로부터申ᄒᆞ시다ᄒᆞ니

17-5

故고大대德덕者쟈ᄂᆞᆫ必필受슈命명이시니라ᄒᆞ

故고로大대德덕신者쟈ᄂᆞᆫ반ᄃᆞ시命명을受호다ᄒᆞ시니라、

右우第뎨十십七칠章쟝

18-1

子ᄌᆞ曰왈無무憂우者쟈ᄂᆞᆫ其기惟유文문王왕乎호신뎌

以이王왕季계爲위父부ᄒᆞ고以이武무王왕爲위子ᄌᆞᄒᆞ시니

父부ㅣ作작之지어시ᄂᆞᆯ子ᄌᆞㅣ述슐之지ᄒᆞ시니라

子ᄌᆞㅣᄀᆞᆯᄋᆞ샤ᄃᆡ憂업슨者ᄂᆞᆫ그오직文王이신뎌王

18-2

季로써父사므시고武王으로써子삼으시니父ㅣ作

ᄒᆞ야시ᄂᆞᆯ子ㅣ述ᄒᆞ시니라

武무王왕이纘찬大태王왕王왕季계文문王왕之지緖

18-3

셔ㅣ시니러壹일戎융衣의而이有유天텬下하ᄒᆞ대샤身신不

불失실天텬下하之지顯현名명ᄒᆞ고ᄒᆞ시尊존爲위天텬子

ᄌᆞㅣ시富부有유四ᄉᆞ海ᄒᆡ之지內ᄂᆡᄒᆞ샤宗종廟묘饗향

之지ᄒᆞ며ᄒᆞ시子ᄌᆞ孫손保보之지ᄒᆞ시니라

武王이大王과王季와文王의緖를纘ᄒᆞ더시니ᄒᆞᆫ번

戎衣ᄒᆞ샤天下를두샤ᄃᆡ身이天下의顯名을失치아

니ᄒᆞ시고尊이天子ㅣ되시고富ㅣ四海內ᄅᆞᆯ두샤宗

廟를饗ᄒᆞ시며子孫을保ᄒᆞ시니라

武무王왕이末말受슈命명이어시ᄂᆞᆯ周쥬公공이成셩文문

武무之지德덕ᄒᆞ샤追츄王왕大태王왕王왕季계ᄒᆞ고시上

상祀ᄉᆞ先션公공以이天텬子ᄌᆞ之지禮례ᄒᆞ시니斯ᄉᆞ禮

례也야ㅣ達달乎호諸져侯후大대夫부及급士ᄉᆞ庶셔

人인ᄒᆞ니父부爲위大대夫부ᄒᆞ며子ᄌᆞ爲위士ᄉᆞㅣ어든葬장

以이大대夫부ᄒᆞ며祭졔以이士ᄉᆞᄒᆞ고父부爲위士ᄉᆞᄒᆞ며子

ᄌᆞ爲위大대夫부ㅣ어든葬장以이士ᄉᆞᄒᆞ며祭졔以이大대

夫부ᄒᆞ고期긔之지喪상은達달乎호大대夫부ᄒᆞ고三삼年

년之지喪상은達달乎호天텬子ᄌᆞㅣ니父부母모之지喪

상은無무貴귀賤쳔一일也야ㅣ니라ᄒᆞ시니라

武王이末애命을受ᄒᆞ야시ᄂᆞᆯ周公이文武의德을成

ᄒᆞ샤大王과王季를追ᄒᆞ야王ᄒᆞ시고上으로先公을天

子의禮로써祀ᄒᆞ시니이禮ㅣ諸侯와大夫와밋士

와庶人의達ᄒᆞ니父ㅣ大夫ㅣ되고子ㅣ士ㅣ되얏든葬

ᄒᆞᄃᆡ大夫로써ᄒᆞ고祭ᄒᆞᄃᆡ士로써ᄒᆞ고父ㅣ士ㅣ되

고子ㅣ大夫ㅣ되야든葬ᄒᆞᄃᆡ士로써ᄒᆞ고祭ᄒᆞᄃᆡ大

夫로써ᄒᆞ고期의喪은大夫의達ᄒᆞ고三年의喪은天

子에達ᄒᆞ니父母의喪은貴賤업시ᄒᆞᆫ가지라ᄒᆞ시니

라

右우第뎨十십八팔章쟝

19-1

子ᄌᆞ曰왈武무王왕周쥬公공은其기達달孝효矣의乎

호뎌신

19-2

ᄌᆞㅣ ᄀᆞᄅᆞ샤ᄃᆡ 武王과 周公은 그 達孝ㅣ신뎌
夫부孝효者쟈ᄂᆞᆫ 善션繼계人인之지志지ᄒᆞ며 善션述술
人인之지事ᄉᆞ者쟈也야ㅣ니라
孝ᄂᆞᆫ 善히 人의 志ᄅᆞᆯ 繼ᄒᆞ며 善히 人의 事ᄅᆞᆯ 述ᄒᆞᄂᆞᆫ 者
ㅣ니라

19-3

春츈秋츄에 修슈其기祖조廟묘ᄒᆞ며 陳진其기宗죵器긔
ᄒᆞ며 設셜其기裳샹衣의ᄒᆞ며 薦쳔其기時시食식ᄒᆞᄂᆞ니라
春秋에 그 祖廟ᄅᆞᆯ 修ᄒᆞ며 그 宗器ᄅᆞᆯ 陳ᄒᆞ며 그 裳衣ᄅᆞᆯ
設ᄒᆞ며 그 時食을 薦ᄒᆞᄂᆞ니라

19-4

宗죵廟묘之지禮례ᄂᆞᆫ 所ᄉᆞ以이序셔昭쇼穆목也야ㅣ오 序

19-5

셔爵쟉은 所소以이辨변貴귀賤쳔也야ㅣ오 序셔事ᄉᆞᄂᆞᆫ
所소以이辨변賢현也야ㅣ오 旅려酬슈에 下하爲위上샹
은 所소以이逮톄賤쳔也야ㅣ오 燕연毛모ᄂᆞᆫ 所소以이序
셔齒치也야ㅣ니라
宗廟의 禮ᄂᆞᆫ ᄡᅥ 昭穆을 序ᄒᆞᄂᆞᆫ 바ㅣ오 爵을 序홈은 ᄡᅥ 貴
賤을 辨ᄒᆞᄂᆞᆫ 바ㅣ오 事ᄅᆞᆯ 序홈은 ᄡᅥ 賢을 辨ᄒᆞᄂᆞᆫ 바ㅣ오 旅
酬에 下ㅣ 上을 爲홈은 ᄡᅥ 賤의 逮ᄒᆞᄂᆞᆫ 바ㅣ오 燕애 毛로
홈은 ᄡᅥ 齒ᄅᆞᆯ 序ᄒᆞᄂᆞᆫ 바ㅣ니라
踐쳔其기位위ᄒᆞ야 行ᄒᆡᆼ其기禮례ᄒᆞ며 奏주其기樂악ᄒᆞ며 敬
경其기所소尊존ᄒᆞ며 愛ᄋᆡ其기所소親친ᄒᆞ며 事ᄉᆞ死ᄉᆞ如

19-6

셔事ᄉᆞ生ᄉᆡᆼᄒᆞ며 事ᄉᆞ亡망如셔事ᄉᆞ存존이 孝효之지至
지ㅣ니라
그 位ᄅᆞᆯ 踐ᄒᆞ야 그 禮ᄅᆞᆯ 行ᄒᆞ며 그 樂을 奏ᄒᆞ며 그 尊ᄒᆞ
더신 바ᄅᆞᆯ 敬ᄒᆞ며 그 親ᄒᆞ더신 바ᄅᆞᆯ 愛ᄒᆞ며 死ᄅᆞᆯ 事호
ᄃᆡ 生을 事홈ᄀᆞ티 ᄒᆞ며 亡을 事호ᄃᆡ 存을 事홈ᄀᆞ티 홈
이 孝의 至홈이니라
郊교社샤之지禮례ᄂᆞᆫ 所소以이事ᄉᆞ上샹帝뎨也야ㅣ오
宗종廟묘之지禮례ᄂᆞᆫ 所소以이祀ᄉᆞ乎호其기先션也
야ㅣ니 明명乎호郊교社샤之지禮례와 禘톄嘗샹之지義
의면 治치國국이 其기如여示시諸져掌쟝乎호ᄂᆞᆫ뎌ᄒᆞ시니라
郊社의 禮ᄂᆞᆫ ᄡᅥ 上帝ᄅᆞᆯ 事ᄒᆞᄂᆞᆫ 바ㅣ오 宗廟의 禮ᄂᆞᆫ ᄡᅥ 그
先祀을 ᄒᆞᄂᆞᆫ 바ㅣ니 郊社의 禮와 禘嘗의 義에 明ᄒᆞ면 國
을 治ᄒᆞ기 그 掌에 示홈ᄀᆞᄐᆞᆫ뎌 ᄒᆞ시니라
右우第뎨十십九구章쟝

20-1

哀ᄋᆡ公공이 問문政졍이어시ᄂᆞᆯ
哀公이 政을 問ᄒᆞ얏더시니

20-2

子ᄌᆞ曰왈 文문武무之지政졍이 布포在ᄌᆡ方방策ᄎᆡᆨᄒᆞ니
其기人인存존則즉其기政졍擧거ᄒᆞ고 其기人인亡망則
즉其기政졍息식이니라
ᄌᆞㅣ ᄀᆞᄅᆞ샤ᄃᆡ 文武의 政이 方과 策의 布ᄒᆞ야 在ᄒᆞ니

20-3

그人이存ᄒᆞ면그政이擧ᄒᆞ고그人이亡ᄒᆞ면그政이
息ᄒᆞᄂᆞ니라

人인道도ᄂᆞᆫ敏민政졍ᄒᆞ고地디道도ᄂᆞᆫ敏민樹슈ᄒᆞᄂᆞ니夫부
政졍也야者쟈ᄂᆞᆫ蒲포盧로也야ㅣ니라
人의道ᄂᆞᆫ政에敏ᄒᆞ고地의道ᄂᆞᆫ樹애敏ᄒᆞ니政은蒲
盧ㅣ니라

20-4

故고爲위政졍在지人인ᄒᆞ니取취人인以이身신이오修슈
身신以이道도ㅣ오修슈道도以이仁인이니라
故로政을ᄒᆞᆷ이人의在ᄒᆞ니人을取호ᄃᆡ身으로써ᄒᆞ
고身을修호ᄃᆡ道로써ᄒᆞ고道를修호ᄃᆡ仁으로써ᄒᆞᆯ
지니라

20-5

仁인者쟈ᄂᆞᆫ人인也야ㅣ니親친親친爲위大대ᄒᆞ고義의者
쟈ᄂᆞᆫ宜의也야ㅣ니尊존賢현爲위大대ᄒᆞ니親친親친之지
殺쇄와尊존賢현之지等등이禮례所소生ᄉᆡᆼ也야ㅣ니라
仁은人이니親을親홈이大되고義ᄂᆞᆫ宜니賢을尊홈
이大되니親을親ᄒᆞᄂᆞᆫ殺와賢을尊ᄒᆞᄂᆞᆫ等이禮의生
ᄒᆞᆫ배니라

20-6

故고君군子ᄌᆞㅣ不블可가以이不블修슈身신이니思ᄉᆞ
修슈身신인댄不블可가以이不블事ᄉᆞ親친이오思ᄉᆞ事ᄉᆞ
親친인댄不블可가以이不블知지人인이오思ᄉᆞ知지人인
인댄不블可가以이不블知지天텬이니라
故로君子ㅣ可히써身을修치아니치몯ᄒᆞᆯ꺼시니身
修홈을思ᄒᆞᆯ진댄可히써親을事치아니치몯ᄒᆞᆯ꺼시
오親事홈을思ᄒᆞᆯ진댄可히써人을知치아니치몯ᄒᆞᆯ
꺼시오人知홈을思ᄒᆞᆯ진댄可히써天을知치아니치
몯ᄒᆞᆯ꺼시니라

20-7

天텬下하之지達달道도ㅣ五오애所소以이行ᄒᆡᇰ之지
者쟈ㅣ三삼이니曰왈君군臣신也야父부子ᄌᆞ也야夫부
婦부也야昆곤弟뎨也야朋븡友우之지交교也야五오
者쟈ᄂᆞᆫ天텬下하之지達달道도也야ㅣ오知지仁인勇용
三삼者쟈ᄂᆞᆫ天텬下하之지達달德덕也야ㅣ니所소以이
行ᄒᆡᇰ之지者쟈ㅣ一일也야ㅣ니라
天下의達道ㅣ五애써行ᄒᆞᄂᆞᆫ밧者ㅣ三이니골온君
臣과父子와夫婦와昆弟와朋友의交五者ᄂᆞᆫ天下의
達道ㅣ오知와仁과勇三者ᄂᆞᆫ天下의達德이니ᄡᅥ行
ᄒᆞᄂᆞᆫ밧者ㅣ一이니라

20-8

或혹生ᄉᆡᆼ而이知지之지ᄒᆞ고或혹學ᄒᆞᆨ而이知지之지ᄒᆞ고
或혹困곤而이知지之지ᄒᆞᄂᆞ니及급其기知지之지ᄒᆞ얀一
일也야ㅣ오或혹安안而이行ᄒᆡᇰ之지ᄒᆞ고或혹利리而이行
ᄒᆡᇰ之지ᄒᆞ고或혹勉면强강而이行ᄒᆡᇰ之지ᄒᆞᄂᆞ니及급其기

20-9

成셩功공ᄒᆞ샨一일也야ㅣ니라
或生ᄒᆞ야知ᄒᆞ고或學ᄒᆞ야知ᄒᆞ고或困ᄒᆞ야知ᄒᆞᄂᆞ
니그知홈애及ᄒᆞ얀ᄒᆞᆫ가지오或安ᄒᆞ야行ᄒᆞ고或利
ᄒᆞ야行ᄒᆞ고或勉强ᄒᆞ야行ᄒᆞᄂᆞ니그功을成홈애及
ᄒᆞ얀ᄒᆞᆫ가지니라
子曰好호學ᄒᆞᆨ은近근乎호知지ᄒᆞ고力력行ᄒᆡᆼ은近근乎
호仁인ᄒᆞ고知지恥티ᄂᆞᆫ近근乎호勇용이니라
學을好홈은知예近ᄒᆞ고行을力홈은仁의近ᄒᆞ고恥
ᄒᆞᆯ줄을知홈은勇의近ᄒᆞ니라

20-10

知지斯ᄉᆞ三삼者쟈ㅣ면則즉知지所소以이修슈身신이오

20-11

知지所소以이修슈身신이면則즉知지所소以이治치人
인이오知지所소以이治치人인이면則즉知지所소以이治
치天텬下하國국家가矣의리라
이三者를知ᄒᆞ면ᄡᅥ身修ᄒᆞᆯ바를知ᄒᆞ고ᄡᅥ身修ᄒᆞᆯ바
를知ᄒᆞ면ᄡᅥ人治ᄒᆞᆯ바를知ᄒᆞ고ᄡᅥ人治ᄒᆞᆯ바를知ᄒᆞ
면ᄡᅥ天下國家治ᄒᆞᆯ바를知ᄒᆞ리라
凡범爲위天텬下하國국家가ㅣ有유九구經경ᄒᆞ니曰왈
修슈身신也야와尊존賢현也야와親친親친也야와敬
경大대臣신也야와體톄羣군臣신也야와子ᄌᆞ庶셔民
민也야와來ᄅᆡ百ᄇᆡᆨ工공也야와柔유遠원人인也야와

20-12

懷회諸져侯후也야ㅣ니라
믈읏天下國家를ᄒᆞ욤이九經이이시니골온身을修
홈과賢을尊홈과親을親홈과大臣을敬홈과羣臣을
體홈과庶民을子홈과百工을來홈과遠人을柔홈과
諸侯를懷홈이니라
修슈身신則즉道도立립ᄒᆞ고尊존賢현則즉不블惑혹ᄒᆞ고
親친親친則즉諸져父부昆곤弟뎨不블怨원ᄒᆞ고敬경大
대臣신則즉不블眩현ᄒᆞ고體톄羣군臣신則즉士ᄉᆞ之지
報보禮례重듕ᄒᆞ고子ᄌᆞ庶셔民민則즉百ᄇᆡᆨ姓셩勸권ᄒᆞ고
來ᄅᆡ百ᄇᆡᆨ工공則즉財ᄌᆡ用용足죡ᄒᆞ고柔유遠원人인則

20-13

즉四ᄉᆞ方방歸귀之지ᄒᆞ고懷회諸져侯후則즉天텬下하
畏외之지ᄒᆞ니라
身을修ᄒᆞ면道ㅣ立ᄒᆞ고賢을尊ᄒᆞ면惑지아니ᄒᆞ고
親을親ᄒᆞ면諸父昆弟ㅣ怨치아니ᄒᆞ고大臣을敬ᄒᆞ
면眩치아니ᄒᆞ고羣臣을體ᄒᆞ면士의禮를報홈이重
ᄒᆞ고庶民을子ᄒᆞ면百姓이勸ᄒᆞ고百工을來ᄒᆞ면財
用이足ᄒᆞ고遠人을柔ᄒᆞ면四方이歸ᄒᆞ고諸侯를懷
ᄒᆞ면天下ㅣ畏ᄒᆞᄂᆞ니라
齊쟤明명盛셩服복ᄒᆞ야非비禮례不블動동은所소以이
修슈身신也야ㅣ오去거讒참遠원色ᄉᆡᆨᄒᆞ며賤쳔貨화而이

貴귀德덕은所소以이勸권賢현也야ㅣ오尊존其기位위ᄒᆞ며重듕其기祿록ᄒᆞ며同동其기好호惡오ᄂᆞᆫ所소以이勸권親친親친也야ㅣ오官관盛셩任임使ᄉᆞᄂᆞᆫ所소以이勸권大대臣신也야ㅣ오忠튱信신重듕祿록은所소以이勸권士ᄉᆞ也야ㅣ오時시使ᄉᆞ薄박斂렴은所소以勸권百ᄇᆡᆨ姓셩也야ㅣ오日일省셩月월試시ᄒᆞ야旣희稟름稱칭事ᄉᆞᄂᆞᆫ所소以이勸권百ᄇᆡᆨ工공也야ㅣ오送송往왕迎영來ᄅᆡᄒᆞ며嘉가善션而이矜긍不블能능은所소以이柔유遠원人인也야ㅣ오繼계絶졀世셰ᄒᆞ며擧거廢폐國국ᄒᆞ며治치亂란持디危위ᄒᆞ며朝됴聘빙以이時시ᄒᆞ며厚후往왕而이薄박來ᄅᆡᄂᆞᆫ所소以이懷회諸져侯후也야ㅣ니라

齊ᄒᆞ며明ᄒᆞ고服을盛히ᄒᆞ야禮아니어든動치아니ᄒᆞᆷ은ᄡᅥ身을修ᄒᆞᄂᆞᆫ배오讒을去ᄒᆞ고色을遠ᄒᆞ며貨ᄅᆞᆯ賤히너기고德을貴히너김은ᄡᅥ賢을勸ᄒᆞᄂᆞᆫ배오그位ᄅᆞᆯ尊히ᄒᆞ며그祿을重히ᄒᆞ며그好惡ᄅᆞᆯᄒᆞᆫ가지로ᄒᆞᆷ은ᄡᅥ親을親ᄒᆞᆷ을勸ᄒᆞᄂᆞᆫ배오官이盛ᄒᆞ야使ᄅᆞᆯ任케ᄒᆞᆷ은ᄡᅥ大臣을勸ᄒᆞᄂᆞᆫ배오忠信ᄒᆞ고祿을重히ᄒᆞᆷ은ᄡᅥ士ᄅᆞᆯ勸ᄒᆞᄂᆞᆫ배오時로使ᄒᆞ며薄히斂ᄒᆞᆷ은ᄡᅥ百姓을勸ᄒᆞᄂᆞᆫ배오日로省ᄒᆞ며月로試ᄒᆞ야旣稟이事애稱케ᄒᆞᆷ은ᄡᅥ百工을勸ᄒᆞᄂᆞᆫ배오往을送ᄒᆞ고來ᄅᆞᆯ迎ᄒᆞ며善ᄅᆞᆯ嘉ᄒᆞ고不能을矜ᄒᆞᆷ은ᄡᅥ遠人을柔ᄒᆞᄂᆞᆫ배오絶世ᄅᆞᆯ繼ᄒᆞ며廢國을擧ᄒᆞ며亂을治ᄒᆞ고危ᄅᆞᆯ持ᄒᆞ며朝와聘을時로ᄡᅥᄒᆞ며往을厚히ᄒᆞ고來을薄히ᄒᆞᆷ은ᄡᅥ諸侯을懷ᄒᆞᄂᆞᆫ배니라

20-16

20-15 20-14

凡범爲위天텬下하國국家가ㅣ有유九구經경이니ᄒᆞᆫ所소以이行ᄒᆡᆼ之지者쟈ㅣ一일也야ㅣ니라

ᄆᆞᆯ읏天下國家ᄅᆞᆯᄒᆞ욤이九經이이쇼ᄃᆡᄡᅥ行ᄒᆞᄂᆞᆫ밧者ᄂᆞᆫ一이니라

凡범事ᄉᆞㅣ豫여則즉立립ᄒᆞ고不블豫여則즉廢폐ᄒᆞᄂᆞ니言언前젼定뎡則즉不블跲겁ᄒᆞ며事ᄉᆞ前젼定뎡則즉不블困곤ᄒᆞ며行ᄒᆡᆼ前젼定뎡則즉不블疚구ᄒᆞ며道도前젼定뎡則즉不블窮궁이니라

凡事ㅣ豫ᄒᆞ면立ᄒᆞ고豫치아니ᄒᆞ면廢ᄒᆞᄂᆞ니言이前의定ᄒᆞ면跲지아니ᄒᆞ며事ㅣ前의定ᄒᆞ면困치아니ᄒᆞ며行이前의定ᄒᆞ면疚치아니ᄒᆞ며道ㅣ前의定ᄒᆞ면窮치아니ᄒᆞᄂᆞ니라

在ᄌᆡ下하位위ᄒᆞ야不블獲획乎호上샹이면民민不블可가得득而이治치矣의니라獲획乎호上샹이有유道도ᄒᆞ니不블信신乎호朋븡友우ㅣ면不블獲획乎호上샹矣의오信신乎호朋븡友우ㅣ有유道도ᄒᆞ니不블順슌乎호親친이면

不불信신乎호明붕友우矣의오順슌乎호親친이有유道도나ᄒᆞ反반諸져身신不불誠셩면이不불順슌乎호親친矣의오誠셩身신이有유道도나ᄒᆞ不불明명乎호善션면이不불誠셩乎호身신矣의라티

下位예在ᄒᆞ야上에獲지몯ᄒᆞ면民을可히어더治치몯ᄒᆞ리니上에獲홈이道ㅣ잇시니朋友에信치몯ᄒᆞ면上에獲지몯ᄒᆞ고朋友에信홈이道ㅣ잇시니親에順치몯ᄒᆞ면朋友에信치몯ᄒᆞ고親에順홈이道ㅣ잇시니身에反ᄒᆞ야誠치몯ᄒᆞ면親에順치몯ᄒᆞ고身을誠홈이道ㅣ잇시니善에明치몯ᄒᆞ면身에誠치몯ᄒᆞ리라

20-17

誠셩者쟈ᄂᆞᆫ天텬之지道도也야ㅣ오誠셩之지者쟈ᄂᆞᆫ人인之지道도也야ㅣ니誠셩者쟈ᄂᆞᆫ不불勉면而이中즁며ᄒᆞ不불思ᄉᆞ而이得득야ᄒᆞ從종容용中즁道도나ᄒᆞ聖셩人인也야ㅣ오誠셩之지者쟈ᄂᆞᆫ擇ᄐᆡᆨ善션而이固고執집之지者쟈也야ㅣ니라

誠ᄒᆞᆫ거ᄉᆞᆫ天의道ㅣ오誠ᄒᆞ기者ᄂᆞᆫ人의道ㅣ니誠ᄒᆞᆫ者ᄂᆞᆫ勉치아니ᄒᆞ야셔中ᄒᆞ며思치아니ᄒᆞ야셔得ᄒᆞ야從容히道애中ᄒᆞ나니聖人이오誠ᄒᆞᄂᆞᆫ者ᄂᆞᆫ善을擇ᄒᆞ야固執ᄒᆞᄂᆞᆫ者ㅣ니라

20-18

博박學ᄒᆞᆨ之지며ᄒᆞ審심問문之지며ᄒᆞ愼신思ᄉᆞ之지며ᄒᆞ明명辨변之지며ᄒᆞ篤독行ᄒᆡᆼ之지라니

博히學ᄒᆞ며審ᄒᆞ야問ᄒᆞ며愼ᄒᆞ야思ᄒᆞ며明히辨ᄒᆞ며篤히行홀ᄯᅵ니라

20-19

有유弗블學ᄒᆞᆨ이언뎡學ᄒᆞᆨ之지면ᄃᆞᆫ弗블能ᄂᆞᆼ이어든弗블措조也야며ᄒᆞ有유弗블問문이언뎡問문之지면ᄃᆞᆫ弗블知지어이ᄃᆞᆫ弗블措조也야며ᄒᆞ有유弗블思ᄉᆞ이언뎡思ᄉᆞ之지면ᄃᆞᆫ弗블得득이어든弗블措조也야며ᄒᆞ有유弗블辨변이언뎡辨변之지면ᄃᆞᆫ弗블明명이어든弗블措조也야며ᄒᆞ有유弗블行ᄒᆡᆼ이언뎡行ᄒᆡᆼ之지면ᄃᆞᆫ弗블篤독이어든弗블措조也야야ᄒᆞ人인一일能ᄂᆞᆼ之지어든己긔百ᄇᆡᆨ之지며ᄒᆞ人인十십能ᄂᆞᆼ之지어든己긔千쳔之지라니

學지아니홈이잇실지언뎡學ᄒᆞᆯ진댄能치몯ᄒᆞ거든措치아니ᄒᆞ며問치아니홈이잇실지언뎡問ᄒᆞᆯ진댄知치몯ᄒᆞ거든措치아니ᄒᆞ며思치아니홈이잇실지언뎡思ᄒᆞᆯ진댄得지몯ᄒᆞ거든措치아니ᄒᆞ며辨치아니홈이잇실지언뎡辨ᄒᆞᆯ진댄明치몯ᄒᆞ거든措치아니ᄒᆞ며行치아니홈이잇실지언뎡行ᄒᆞᆯ진댄篤지몯ᄒᆞ거든措치아니ᄒᆞ야人은一에能히ᄒᆞ거든己ᄂᆞᆫ百을ᄒᆞ고人은十에能히ᄒᆞ거든己ᄂᆞᆫ千을ᄒᆞᆯ지니라

20-20

果과能ᄂᆞᆫ此ᄎᆞ道도矣의면雖슈愚우必필明명ᄒᆞ며雖슈
柔유必필强강이라ᄒᆞ시니라
과연이道를能히ᄒᆞ면비록愚ᄒᆞ나반ᄃᆞ시明ᄒᆞ며비
록柔ᄒᆞ나반ᄃᆞ시强ᄒᆞ리라ᄒᆞ시니라.

21

右우第뎨二이十십章장
自ᄌᆞ誠셩明명을謂위之지性셩이오自ᄌᆞ明명誠셩을謂
위之지教교ㅣ니誠셩則즉明명矣의오明명則즉誠셩矣
의니라
誠으로부터明ᄒᆞᆫ이를性디로홈이라일ᄋᆞ고明으로
부터誠ᄒᆞᆫ이를教로홈이라일ᄋᆞᄂᆞ니誠ᄒᆞ면明ᄒᆞ고

22

明ᄒᆞ면誠ᄒᆞ리니라
右우第뎨二이十십一일章장
惟유天텬下하至지誠셩이아為위能ᄂᆞᆫ盡진其기性셩이니
能ᄂᆞᆫ盡진其기性셩이면則즉能ᄂᆞᆫ盡진人인之지性셩이오
能ᄂᆞᆫ盡진人인之지性셩이면則즉能ᄂᆞᆫ盡진物물之지性
셩이오能ᄂᆞᆫ盡진物물之지性셩이면則즉可가以이贊찬天
텬地디之지化화育육이오可가以이贊찬天텬地디之지
化화育육이면則즉可가以이與여天텬地디參참矣의니라
오즉天下의、至誠이아能히그性을盡ᄒᆞᄂᆞ니能
히그性을盡ᄒᆞ면能히人의性을盡ᄒᆞ고能히人의性

23

을盡ᄒᆞ면能히物의性을盡ᄒᆞ고能히物의性을盡ᄒᆞ
면可히ᄡᅥ天地의化育을贊ᄒᆞ고可히ᄡᅥ天地의化育
을贊ᄒᆞ면可히ᄡᅥ天地로더브러參ᄒᆞᄂᆞ니라
右우第뎨二이十십二이章장
其기次ᄎᆞᄂᆞᆫ致치曲곡이니曲곡能ᄂᆞᆫ有유誠셩이니誠셩則
즉形형ᄒᆞ고形형則즉著져ᄒᆞ고著져則즉明명ᄒᆞ고明명則즉
動동ᄒᆞ고動동則즉變변ᄒᆞ고變변則즉化화ㅣ니唯유天텬下
하至지誠셩이아為위能ᄂᆞᆫ化화ㅣ니라.
그次ᄂᆞᆫ曲을致ᄒᆞᆯ디니曲ᄒᆞ면能히誠이잇ᄂᆞ니誠ᄒᆞ
면形ᄒᆞ고形ᄒᆞ면著ᄒᆞ고著ᄒᆞ면明ᄒᆞ고明ᄒᆞ면動

24

ᄒᆞ고動ᄒᆞ면變ᄒᆞ고變ᄒᆞ면化ᄒᆞᄂᆞ니오직天下의至
誠이아能히化ᄒᆞᄂᆞ니라
右우第뎨二이十십三삼章장
至지誠셩之지道도ᄂᆞᆫ可가以이前젼知지니國국家가
將장興흥에必필有유禎뎡祥샹ᄒᆞ고國국家가將장亡망
에必필有유妖요孽얼ᄒᆞ며見현乎호蓍시龜귀ᄒᆞ며動동乎
호四ᄉᆞ體톄라禍화福복將장至지에善션을必필先션
知디之지ᄒᆞ며不블善션을必필先션知디之지ᄒᆞᄂᆞ니故고
至지誠셩如여神신이시니라
至誠의道ᄂᆞᆫ可히ᄡᅥ前의知ᄒᆞᄂᆞ니國家ㅣ장ᄎᆞᆺ興ᄒᆞ

랴매반ᄃᆞ시積祥이잇고國家ㅣ장ᄎᆞᆺ亡ᄒᆞ랴매반ᄃᆞ
시妖孽이잇시며蓍龜예見ᄒᆞ며四體예動ᄒᆞᄂᆞᆫ지라
禍福이장ᄎᆞᆺ至ᄒᆞ랴매善을반ᄃᆞ시몬져知ᄒᆞ며不善을
반ᄃᆞ시몬져知ᄒᆞᄂᆞ니故로至誠은神ᄀᆞᆺᄐᆞ니라
右우第뎨二이十십四ᄉᆞ章쟝

25-1
誠셩者쟈ᄂᆞᆫ自ᄌᆞ成셩也야ㅣ오而이道도ᄂᆞᆫ自ᄌᆞ道도也
야ㅣ라니
誠은스ᄉᆞ로成ᄒᆞᄂᆞᆫ거시오道ᄂᆞᆫ스ᄉᆞ로道홀거시니라

25-2
誠셩者쟈ᄂᆞᆫ物믈之지終죵始시니不블誠셩無무物믈
이라是시故고君군子ᄌᆞᄂᆞᆫ誠셩之지爲위貴귀ㅣ니라
誠은物의終始ㅣ니誠치아니ᄒᆞ면物이업ᄉᆞᆯ지라이런
故로君子ᄂᆞᆫ誠홈을貴히너기ᄂᆞ니라

25-3
誠셩者쟈ᄂᆞᆫ非비自ᄌᆞ成셩己긔而이已이也야ㅣ라所소
以이成셩物믈也야ㅣ니成셩己긔ᄂᆞᆫ仁인也야ㅣ오成셩物
믈은知지也야ㅣ니性셩之지德덕也야ㅣ라合합內ᄂᆡ外외
之지道도也야ㅣ니故고時시措조之지宜의也야ㅣ니라
誠은스ᄉᆞ로己만成코마롬이아니라ᄡᅥ物을成ᄒᆞᄂᆞᆫ
배니己를成홈은仁이오物을成홈은知니性의德이
라內外를合ᄒᆞᆫ道ㅣ니故로時로措홈애宜ᄒᆞᄂᆞ니라
右우第뎨二이十십五오章쟝

26-1
故고至지誠셩은無무息식이라니
故로至誠은息홈이업ᄂᆞ니라

26-2
不블息식則즉久구ᄒᆞ고久구則즉徵징ᄒᆞ고
息지아니ᄒᆞ면久ᄒᆞ고久ᄒᆞ면徵ᄒᆞ고

26-3
徵징則즉悠유遠원ᄒᆞ고悠유遠원則즉博박厚후ᄒᆞ고博박
厚후則즉高고明명이니라
徵ᄒᆞ면悠遠ᄒᆞ고悠遠ᄒᆞ면博厚ᄒᆞ고博厚ᄒᆞ면高明
ᄒᆞᄂᆞ니라

26-4
博박厚후ᄂᆞᆫ所소以이載ᄌᆡ物믈也야ㅣ오高고明명은所
소以이覆부物믈也야ㅣ오悠유久구ᄂᆞᆫ所소以이成셩物
믈也야ㅣ니라
博厚ᄂᆞᆫᄡᅥ物을載ᄒᆞᄂᆞᆫ배오高明은ᄡᅥ物을覆ᄒᆞᄂᆞᆫ배
오悠久ᄂᆞᆫᄡᅥ物을成ᄒᆞᄂᆞᆫ배니라

26-5
博박厚후ᄂᆞᆫ配비地디ᄒᆞ고高고明명은配비天텬ᄒᆞ고悠유
久구ᄂᆞᆫ無무疆강이니라
博厚ᄂᆞᆫ地ᄅᆞᆯ配ᄒᆞ고高明은天을配ᄒᆞ고悠久ᄂᆞᆫ疆이
업ᄂᆞ니라

26-6
如여此ᄎᆞ者쟈ᄂᆞᆫ不블見현而이章쟝ᄒᆞ며不블動동而이
變변ᄒᆞ며無무爲위而이成셩이니라
이ᄀᆞᆮᄐᆞᆫ者ᄂᆞᆫ見치아니ᄒᆞ야셔章ᄒᆞ며動치아니ᄒᆞ야

26-7 26-8 26-9

付變ᄒᆞ며爲홈이無ᄒᆞ야付成ᄒᆞᄂᆞ니라
天텬地디之지道도ㅣ可가一일言언而이盡진也야ㅣ니
其기爲위物물不불貳이라則즉其기生ᄉᆡᆼ物물不불測
측이니라
天地의道ㅣ可히一言의盡ᄒᆞᆯ꺼시니그物되옴이貳
치아닌지라그物을生홈이測지몯ᄒᆞᄂᆞ니라
天텬地디之지道도ᄂᆞᆫ博박也야厚후也야高고也야明
명也야悠유也야久구也야ㅣ니라
天地의道ᄂᆞᆫ博과厚와高와明과悠와久ㅣ니라
今금夫부天텬이斯ᄉᆞ昭죠昭죠之지多다ㅣ로디及급其
기無무窮궁也야ᄒᆞ얀日일月월星셩辰신繫계焉언ᄒᆞ며今
萬만物물覆부焉언
금夫부地디ㅣ一일撮촬土토之지多다ㅣ로디及급其기
廣광厚후ᄒᆞ얀載ᄌᆡ華화嶽악而이不불重즁ᄒᆞ며振진河하
海ᄒᆡ而이不불洩셜ᄒᆞ며萬만物물載ᄌᆡ焉언ᄒᆞ고今금。山산
이一일卷권石셕之지多다ㅣ로디及급其기廣광大대ᄒᆞ얀
草초木목生ᄉᆡᆼ之지ᄒᆞ며禽금獸슈居거之지ᄒᆞ며寶보藏장
興흥焉언ᄒᆞ고今금夫부水슈ㅣ一일勺쟉之지多다ㅣ로
及급其기不불測측ᄒᆞ얀黿원鼉타蛟교龍룡魚어鼈별生
ᄉᆡᆼ焉언ᄒᆞ며貨화財ᄌᆡ殖식焉언ᄒᆞᄂᆞ니라
이제天이이昭昭의多ㅣ로디그無窮홈애及ᄒᆞ얀日

26-10

月星辰이繫ᄒᆞ여시며萬物이覆ᄒᆞ얏고이제地ㅣ一
撮土의多ㅣ로디그廣厚홈애及ᄒᆞ얀華嶽을載ᄒᆞ야
도重치아니ᄒᆞ며河海ᄅᆞᆯ振ᄒᆞ야도洩치아니ᄒᆞ며萬
物이載ᄒᆞ얏고이제山이一卷石의多ㅣ로디그廣大
홈애及ᄒᆞ얀草木이生ᄒᆞ며禽獸ㅣ居ᄒᆞ며寶藏이興
ᄒᆞ고이제水ㅣ一勺의多ㅣ로디그不測홈애及ᄒᆞ얀
黿鼉蛟龍魚鼈이生ᄒᆞ며貨財ㅣ殖ᄒᆞᄂᆞ니라
詩시云운維유天텬之지命명이於오穆목不불已이라ᄒᆞ
니蓋개曰왈天텬之지所소以이爲위天텬也야ㅣ오於오
乎호不불顯현가文문王왕之지德덕之지純슌이여ᄒᆞ니蓋

27-2 27-1

개曰왈文문王왕之지所소以이爲위文문也야ㅣ니純슌
亦역不불已이라ᄒᆞ니
詩예닐오ᄃᆡ天의命이於ㅣ라穆ᄒᆞ야已치아니타ᄒᆞ
니天의ᄡᅥ天이된바ᄅᆞᆯ닐오미오於乎ㅣ라顯치아니
냐文王의德이純ᄒᆞ심이여ᄒᆞ니文王의ᄡᅥ文이되신
바ᄅᆞᆯ닐음이니純이ᄯᅩᄒᆞᆫ已치아니홈이니라
右우第뎨二이十십六륙章쟝
大대哉ᄌᆡ라聖셩人인之지道도여
大ᄒᆞ다聖人의道ㅣ여
洋양洋양乎호發발育육萬만物믈ᄒᆞ야峻쥰極극于우天

텬이로다

洋洋히萬物을發育ᄒᆞ야峻ᄒᆞᆷ이天에極ᄒᆞ얏도다

27-3 優우優우大대哉지라禮례儀의三삼百ᄇᆡᆨ이오威위儀의三삼千쳔이로다

優優히大ᄒᆞ다禮儀ㅣ三百이오威儀ㅣ三千이로다

27-4 待ᄃᆡ其기人인而이後후行ᄒᆡᆼ이니라

그人을待ᄒᆞᆫ後에行ᄒᆞᄂᆞ니

27-5 故고曰왈苟구不블至지德덕이면至지道도不블凝응焉언이라ᄒᆞ니라

故로ᄀᆞᆯ오ᄃᆡ진실로至德이아니면至道ㅣ凝치아니ᄒᆞᆫ다ᄒᆞ니라

27-6 故고君군子ᄌᆞᄂᆞᆫ尊존德덕性셩而이道도問문學ᄒᆞᆨ이니致치廣광大대而이盡진精졍微미ᄒᆞ며極극高고明명而이道도中듕庸용ᄒᆞ며溫온故고而이知지新신ᄒᆞ며敦돈厚ᄒᆞ고以이崇숭禮례니라

故로君子ᄂᆞᆫ德性을尊ᄒᆞ고問學을道ᄒᆞᄂᆞ니廣大를致ᄒᆞ고精微를盡ᄒᆞ며高明을極ᄒᆞ고中庸을道ᄒᆞ며故를溫ᄒᆞ고新을知ᄒᆞ며敦厚ᄒᆞ고ᄡᅥ禮를崇ᄒᆞᄂᆞ니라

27-7 是시故고居거上샹不블驕교ᄒᆞ며爲위下하不블倍ᄇᆡᄒᆞ며國국有유道도애其기言언足죡以이興흥이오國국無무道도애其기默믁足죡以이容용이니詩시曰왈旣긔明명且차哲텰ᄒᆞ야以이保보其기身신ᄒᆞ니其기此ᄎᆞ之지謂위與여ᄂᆞᆫ뎌

이런故로上의居ᄒᆞ야驕치아니ᄒᆞ며下ㅣ되여倍치아니ᄒᆞ며國이道ㅣ이숌애그言이足히ᄡᅥ興ᄒᆞ고國이道ㅣ업슴애그默이足히ᄡᅥ容ᄒᆞᄂᆞ니詩예ᄀᆞᆯ오ᄃᆡ이믜明ᄒᆞ고ᄯᅩ哲ᄒᆞ야ᄡᅥ그身을保ᄒᆞ다ᄒᆞ니그이를닐옴인뎌

右우第뎨二이十십七칠章쟝

28-1 子ᄌᆞ曰왈愚우而이好호自ᄌᆞ用용ᄒᆞ며賤쳔而이好호自ᄌᆞ專젼ᄒᆞ며生ᄉᆡᆼ乎호今금之지世셰ᄒᆞ야反반古고之지道도ㅣ면如여此ᄎᆞ者쟈ᄂᆞᆫ烖지及급其기身신者쟈也야ㅣ라ᄒᆞ시니라

子ㅣᄀᆞᆯᄋᆞ샤ᄃᆡ愚ᄒᆞ고自用홈을好히너기며賤ᄒᆞ고自專홈을好히너기며이젯世예生ᄒᆞ야녯道를反ᄒᆞ면ᄒᆞ면이ᄀᆞᄐᆞᆫ者ᄂᆞᆫ烖그身에及ᄒᆞᆫ者ㅣ라ᄒᆞ시니라

28-2 非비天텬子ᄌᆞㅣ면不블議의禮례ᄒᆞ며不블制졔度도ᄒᆞ며不블考고文문이니라

天子ㅣ아니면禮를議치몯ᄒᆞ며度를制치몯ᄒᆞ며文

-67-

28-3

을考치못ᄒᆞᄂᆞ니라
今금天텬下하ㅣ車거同동軌궤ᄒᆞ며書셔同동文문ᄒᆞ며行
칭同동倫륜이니라
이제天下ㅣ車ㅣ軌ㅣ同ᄒᆞ며書ㅣ文이同ᄒᆞ며行이
倫이同ᄒᆞ니라

28-4

雖슈有유其기位위나苟구無무其기德덕이면不불敢감
作작禮례樂악焉언이며雖슈有유其기德덕이나苟구無무
其기位위면亦역不불敢감作작禮례樂악焉언이니라
비록그位ㅣ잇시나진실로그德이업스면敢히禮樂
을作지못ᄒᆞ며비록그德이잇시나진실로그位ㅣ업

28-5

스면ᄯᅩᄒᆞᆫ敢히禮樂을作지못ᄒᆞᄂᆞ니라
子ᄌᆞㅣ曰왈吾오說셜夏하禮례나杞긔不불足족徵징也
야ㅣ오吾오學ᄒᆞᆨ殷은禮례ᄒᆞ니有유宋송存존焉언이어니와吾
오學ᄒᆞᆨ周쥬禮례ᄒᆞ니今금用용之지라吾오從죵周쥬ㅣ라
ᄒᆞ시니라

29-1

子ㅣᄀᆞᆯᄋᆞ샤ᄃᆡ내夏禮를說ᄒᆞ나杞ㅣ足히徵치못ᄒᆞ
고내殷禮를學ᄒᆞ니宋이잇거니와내周禮를學ᄒᆞ니
이제用ᄒᆞᄂᆞᆫ지라내周를從ᄒᆞ리라ᄒᆞ시니라
右우第뎨二이十십八팔章쟝
王왕天텬下하ㅣ有유三삼重즁焉언이니其기寡과過과

29-2

矣의乎호ᄂᆞᆫ뎌
天下의王ᄒᆞᆷ이三重을두니그過ㅣ寡ᄒᆞᆫ뎌
上샹焉언者쟈ᄂᆞᆫ雖슈善션無무徵징이니無무徵징이라不
불信신이오不불信신이라民민不불從죵ᄒᆞ고下하焉언者쟈
ᄂᆞᆫ雖슈善션不불尊존이니不불尊존이라不불信신이오不불
信신이라民민弗불從죵이니라
上잇者ᄂᆞᆫ비록善ᄒᆞ나徵이업스니徵이업슨지라信
치못ᄒᆞᆯ거시오信치못ᄒᆞᆯ찌라民이從치아니ᄒᆞ고下
잇者ᄂᆞᆫ비록善ᄒᆞ나尊치아니ᄒᆞ니尊치아닌지라信
치못ᄒᆞᆯ거시오信치못ᄒᆞᆯ찌라民이從치아닛ᄂᆞ니라

29-3

故고君군子ᄌᆞ之지道도ᄂᆞᆫ本본諸져身신ᄒᆞ야徵징諸져
庶셔民민ᄒᆞ며考고諸져三삼王왕而이不불謬무ᄒᆞ며建건
諸져天텬地디而이不불悖패ᄒᆞ며質질諸져鬼귀神신而
이無무疑의ᄒᆞ며百ᄇᆡᆨ世셰以이俟ᄉᆞ聖셩人인而이不불
惑혹이시니라
故로君子의道ᄂᆞᆫ身에本ᄒᆞ야庶民에徵ᄒᆞ며三王에
考ᄒᆞ야도謬치아니ᄒᆞ며天地에建ᄒᆞ야도悖치아니
ᄒᆞ며鬼神에質ᄒᆞ야도疑업스며百世에ᄡᅥ聖人을俟
ᄒᆞ야도惑지아니ᄒᆞᄂᆞ니라

29-4

質질諸져鬼귀神신而이無무疑의ᄂᆞᆫ知지天텬也야ㅣ오

29-5

百ᄇᆡᆨ世셰以이俟ᄉᆞ聖셩人인而이不블惑혹ᄒᆞᆫ은知지人
인也야ᄂᆞᆫ시니라
鬼神에質ᄒᆞ야도疑ㅣ업슴은天을知ᄒᆞ시오百世예
써聖人을俟ᄒᆞ야도惑지아니홈은人을知ᄒᆞ시니라
是시故고君군子ᄌᆞᄂᆞᆫ動동而이世셰爲위天텬下하道
도ㅣ니行ᄒᆡᆼ而이世셰爲위天텬下하法법이며言언而이世
셰爲위天텬下하則측이라遠원之지則즉有유望망ᄒᆞ고近근
之지則즉不블厭염이니라
이런故로君子ᄂᆞᆫ動홈애世로天下의道ㅣ되ᄂᆞ니行
홈애世로天下의法이되며言홈애世로天下의則이

29-6

되ᄂᆞᆫ지라멀리ᄒᆞᆫ이면望홈이잇고갓가이ᄒᆞᆫ이면厭
치아닛ᄂᆞ니라
詩시曰왈在ᄌᆡ彼피無무惡오ᄒᆞ며在ᄌᆡ此ᄎᆞ無무射역ᄒᆞ야
庶셔幾긔夙슉夜야ᄒᆞ야以이永영終죵譽예라ᄒᆞ니君군子
ᄌᆞㅣ未미有유不블如여此ᄎᆞ而이蚤조有유譽예於어
天텬下하者쟈也야ㅣ니라
詩예닐오ᄃᆡ彼예在홈애惡ᄒᆞ리업스며此에在홈애
射ᄒᆞ리업서거의夙夜ᄒᆞ야써기리譽를終ᄒᆞ리라ᄒᆞ
니君子ㅣ이러치아니코일즉이天下의譽를둔者ㅣ
잇지아니ᄒᆞ니라

30-1

右우第뎨二이十십九구章쟝
仲즁尼니ᄂᆞᆫ祖조述슐堯요舜슌ᄒᆞ시고憲헌章쟝文문武
무ᄒᆞ시며上샹律률天텬時시ᄒᆞ시고下하襲습水슈土토ᄒᆞ시니라
仲尼ᄂᆞᆫ堯舜을祖述ᄒᆞ시고文武를憲章ᄒᆞ시며上으
로天時를律ᄒᆞ시고下로水土를襲ᄒᆞ시니라

30-2

辟비如여天텬地디之지無무不블持지載ᄌᆡᄒᆞ며無무不
블覆부幬도ᄒᆞ며辟비如여四ᄉᆞ時시之지錯착行ᄒᆡᆼᄒᆞ며如
여日일月월之지代ᄃᆡ明명이니라
辟컨댄天地의持載치아니홈이업스며覆幬치아니

30-3

홈이업슴ᄀᆞᆺᄐᆞ며辟컨댄四時의錯行홈ᄀᆞᆺᄐᆞ며日月
의代明홈ᄀᆞᆺᄐᆞ니라
萬만物물이並병育육而이不블相샹害해ᄒᆞ며道도並병行
ᄒᆡᆼ而이不블相샹悖패ᄒᆞ야小쇼德덕川쳔流류ᄒᆞ고大대德
덕敦돈化화ᄒᆞᄂᆞ니此ᄎᆞㅣ天텬地디之지所소以이爲위
大대也야ㅣ니라
萬物이ᄀᆞᆯ와育ᄒᆞ야서로害치아니ᄒᆞ며道ㅣᄀᆞᆯ와行
ᄒᆞ야서로悖치아니ᄒᆞ야小德은川의流홈이오大德
은化를敦ᄒᆞᄂᆞ니이天地의써大ᄒᆞᆫ배니라
右우第뎨三삼十십章쟝

31-1

唯유天텬下하至지聖셩이아爲위能ᄂᆞᆼ聰총明명睿예知지ㅣ足죡以이有유臨림也야ㅣ니寬관裕유溫온柔유ㅣ足죡以이有유容용也야ㅣ며發발強강剛강毅의ㅣ足죡以이有유執집也야ㅣ며齊제莊장中듕正졍이足죡以이有유敬경也야ㅣ며文문理리密밀察찰이足죡以이有유別별也야ㅣ니라

오직天下의至聖이아能히聰明睿知ᄒᆞᆷ이足히써臨ᄒᆞᆷ이잇ᄂᆞ니寬裕溫柔ᄒᆞᆷ이足히써容ᄒᆞᆷ이잇시며發強剛毅ᄒᆞᆷ이足히써執ᄒᆞᆷ이잇시며齊莊中正ᄒᆞᆷ이足히써敬ᄒᆞᆷ이잇시며文理密察ᄒᆞᆷ이足히써別ᄒᆞᆷ이잇ᄂᆞ니라

31-2

溥부博박淵연泉쳔ᄒᆞ야而이時시出츌之지니라

溥博ᄒᆞ며淵泉ᄒᆞ야時로出ᄒᆞᄂᆞ니라

31-3

溥부博박은如여天텬ᄒᆞ고淵연泉쳔은如여淵연ᄒᆞ니見현而이民민莫막不블敬경ᄒᆞ며言언而이民민莫막不블信신ᄒᆞ며行ᄒᆡᆼ而이民민莫막不블說열이니라

溥博은天ᄀᆞᆮ고淵泉은淵ᄀᆞᆮᄐᆞ니見ᄒᆞᆷ애民이敬치아니리업스며言ᄒᆞᆷ애民이信치아니리업스며行ᄒᆞᆷ애民이說치아니리업스니라

31-4

是시以이聲셩名명이洋양溢일乎호中듕國국ᄒᆞ야施이及급蠻만貊ᄆᆡᆨᄒᆞ야舟쥬車거所소至지와人인力력所소通통과天텬之지所소覆부와地디之지所소載지와日일月월所소照죠와霜상露로所소隊츄ㅣ에凡범有유血혈氣긔者쟈ㅣ莫막不블尊존親친ᄒᆞᄂᆞ니故고曰왈配ᄇᆡ天텬이라ᄒᆞ니라

일로써聲名이中國의洋溢ᄒᆞ야施ᄒᆞᆷ이蠻貊에及ᄒᆞ야舟車의至ᄒᆞᄂᆞᆫ바와人力의通ᄒᆞᄂᆞᆫ바와天의覆ᄒᆞᆫ바와地의載ᄒᆞᆫ바와日月의照ᄒᆞᄂᆞᆫ바와霜露의隊ᄒᆞᄂᆞᆫ바의믈읫血氣잇ᄂᆞᆫ者ㅣ尊親치아니리업ᄂᆞ니故로ᄀᆞᆯ오ᄃᆡ天을配ᄒᆞ다ᄒᆞ니라

右우第뎨三삼十십一일章쟝

32-1

唯유天텬下하至지誠셩이아爲위能ᄂᆞᆼ經경綸륜天텬下하之지大대經경ᄒᆞ며立립天텬下하之지大대本본ᄒᆞ며知지天텬地디之지化화育육이니夫부焉언有유所소倚의리오

오직天下의至誠이아能히天下의大經을經綸ᄒᆞ며天下의大本을立ᄒᆞ며天地의化育을知ᄒᆞᄂᆞ니엇지倚ᄒᆞᆫ바ㅣ잇시리오

32-2

肫쥰肫쥰其기仁인이며淵연淵연其기淵연이며浩호浩호其기天텬이로다

32-3

肫肫ᄒᆞᆫ그仁이며淵淵ᄒᆞᆫ淵그이며浩浩ᄒᆞᆫ그天이로
다
苟구不블固고聰총明명聖셩知지達달天텬德덕者쟈
면其기孰슉能능知지之지리
진실로본ᄃᆡ聰明聖知ᄒᆞ야天德을達ᄒᆞᆫ者ㅣ아니면
그뉘能히知ᄒᆞ리오
右우第뎨三삼十십二이章쟝

33-1

詩시曰왈衣의錦금尙샹絅경ᄒᆞ이니라惡오其기文문之지
著져也야ㅣ라故고君군子ᄌᆞ之지道도ᄂᆞᆫ闇암然연而이
日일章쟝ᄒᆞ고小쇼人인之지道도ᄂᆞᆫ的뎍然연而이日일
亡망ᄒᆞᄂᆞ니君군子ᄌᆞ之지道도ᄂᆞᆫ淡담而이不블厭염ᄒᆞ며
簡간而이文문ᄒᆞ며溫온而이理리니知지遠원之지近근
ᄒᆞ며知지風풍之지自ᄌᆞᄒᆞ며知지微미之지顯현이면可가與
여入입德덕矣의리라
詩예ᄀᆞᆯ오ᄃᆡ錦을衣ᄒᆞ고絅을尙ᄒᆞ다ᄒᆞ니그文의著
ᄒᆞᆷ을惡ᄒᆞᆷ이라故로君子의道ᄂᆞᆫ闇然ᄒᆞᄃᆡ날로章ᄒᆞ
고小人의道ᄂᆞᆫ的然ᄒᆞᄃᆡ날로亡ᄒᆞᄂᆞ니君子의道ᄂᆞᆫ
淡ᄒᆞᄃᆡ厭치아니ᄒᆞ며簡ᄒᆞᄃᆡ文ᄒᆞ며溫ᄒᆞᄃᆡ理ᄒᆞ니
遠의近으로ᄒᆞᆷ을知ᄒᆞ며風의自ᄒᆞᆷ을知ᄒᆞ며微의顯
ᄒᆞᆷ을知ᄒᆞ면可히더브러德애入ᄒᆞ리라

33-2

詩시云운潛잠雖슈伏복矣의나亦역孔공之지昭죠ㅣ라
ᄒᆞ니故고君군子ᄌᆞㅣ內ᄂᆡ省셩不블疚구샤ㅣ라無무惡오
於어志지니ᄒᆞᄂᆞ君군子ᄌᆞ之지所소不블可가及급者쟈
ᄂᆞᆫ其기唯유人인之지所소不블見견乎호ᄂᆞᆫ뎌
詩예ᄀᆞᆯ오ᄃᆡ潛ᄒᆞᆫ거시비록伏ᄒᆞ나ᄯᅩᄒᆞᆫ孔히昭ᄒᆞ다
ᄒᆞ니故로君子ㅣ內로省ᄒᆞ야疚치아니ᄒᆞ야志예
惡ᄒᆞᆷ이업ᄂᆞ니君子의可히及지못ᄒᆞᆯ바ᄂᆞᆫ그오직人
의見치못ᄒᆞᄂᆞᆫ빈뎌

33-3

詩시云운相샹在ᄌᆡ爾이室실ᄒᆞᆫ대尙샹不블愧괴于우屋
옥漏루ㅣ라ᄒᆞ니故고君군子ᄌᆞᄂᆞᆫ不블動동而이敬경ᄒᆞ며不
블言언而이信신ᄒᆞᄂᆞ니라
詩예ᄀᆞᆯ오ᄃᆡ爾室에在ᄒᆞᆫ제ᄅᆞᆯ相ᄒᆞᆫᄃᆡ거의屋漏에愧
치아니타ᄒᆞ니故로君子ᄂᆞᆫ動치아녀셔敬ᄒᆞ며言치
아녀셔信ᄒᆞᄂᆞ니라

33-4

詩시曰왈奏주假격無무言언ᄒᆞ야時시靡미有유爭ᄌᆡᆼ이라
ᄒᆞ니是시故고君군子ᄌᆞᄂᆞᆫ不블賞샹而이民민勸권ᄒᆞ며不
블怒노而이民민威위於어鈇부鉞월이니라
詩예ᄀᆞᆯ오ᄃᆡ奏ᄒᆞ야假ᄒᆞᆯ제言이업소ᄃᆡ時예爭ᄒᆞ리
잇지아니타ᄒᆞ니이런故로君子ᄂᆞᆫ賞치아니ᄒᆞᄃᆡ民
이勸ᄒᆞ며怒치아니ᄒᆞᄃᆡ民이鈇鉞두곤威ᄒᆞᄂᆞ니라

33-5

詩시曰왈不블顯현惟유德덕을百빅辟벽其기刑형之
지라ᄒᆞ니是시故고君군子ᄌᆞᄂᆞᆫ篤독恭공而이天텬下하
平평ᄒᆞ니라

詩셰ᄅᆞᆯ오ᄃᆡ顯치아니ᄒᆞᆫ德을百辟이그刑ᄒᆞ다ᄒᆞ니
이런故로君子ᄂᆞᆫ恭을篤히ᄒᆞᆷ애天下ㅣ平ᄒᆞᄂᆞ니라

33-6

詩시云운予여懷회明명德덕의不블大대聲셩以이色
색이라ᄒᆞ야ᄂᆞᆯ子ᄌᆞ曰왈聲셩色색之지於어以이化화民민
애末말也야ㅣ라ᄒᆞ시고詩시云운德덕輶유如여毛모ㅣ라ᄒᆞ니
毛모猶유有유倫륜ᄒᆞ니上샹天텬之지載ᄌᆡㅣ無무聲셩
無무臭취ㅣ아至지矣의니라

詩예닐오ᄃᆡ내明德의聲과다ᄆᆞᆺ色을大케아니ᄒᆞᆷ을
懷ᄒᆞ노라ᄒᆞ야ᄂᆞᆯ子ㅣᄀᆞᄅᆞ샤ᄃᆡ聲色이ᄡᅥ民을化ᄒᆞᆷ
애末이라ᄒᆞ시고詩예닐오ᄃᆡ德의輶ᄒᆞᆷ이毛ᄀᆞᆺ다ᄒᆞ
나毛ᄂᆞᆫ오히려倫이잇ᄉᆞ니上天의載ㅣ聲이업스며
臭ㅣ업다ᄒᆞᆷ이아지극ᄒᆞ니라

右우第뎨三삼十십三삼章쟝

中듕庸용諺언解ᄀᆡ